Döblers Kultur- und Sittengeschichte der Welt umfaßt folgende Bände:

Eros, Sexus, Sitte
Stadt, Technik, Verkehr
Kochkunst, Tafelfreuden, Eßkultur
Kleidung, Mode, Schmuck
Schrift, Buch, Wissenschaft
Magie, Mythos, Religion
Handwerk, Handel, Industrie
Spiel, Sport, Kunst
Herrschaft, Recht, Krieg
Jäger, Hirten, Bauern

HANNSFERDINAND DÖBLER

Döblers Kultur- und Sittengeschichte der Welt

Handwerk
Handel
Industrie

Mit 32 Farb- und Schwarzweiß-Tafeln

Wilhelm Goldmann Verlag

Made in Germany · 6/78 · 1. Auflage · 116
Genehmigte Taschenbuchausgabe. © der Originalausgabe 1974 by C. Bertelsmann Verlag GmbH, München. Umschlagentwurf: Creativ Shop, A. + A. Bachmann, München. Umschlag: Adolph von Menzel, Eisenwalzwerk, Gemälde. Bildarchiv Preußischer Kulturbesitz. Druck: Pressedruck Augsburg · Verlagsnummer: 11171 · Schulte/Ernst
ISBN 3-442-11171-4

Inhalt

115 *Aufbruch ins Unbekannte*

159 *Der Sieg der Industrie*

199 *Weltmacht Geld*

Vorwort

Was ein Mann verdient, wie hoch sein Bankkonto ist, gilt heute fast als alleiniger Maßstab der gesellschaftlichen Einstufung, wenn man von den bürgerlichen Normen der Herkunft oder des Wohlverhaltens absieht; Geld ist nicht mehr nur ein Zahlungsmittel, sondern Prestigefaktor geworden, fast ein Wert an sich, so etwas wie ein Schlüssel zum Leben – und mancher mag darin einen über Jahrhunderte währenden Verfall menschlicher Kultur sehen. Ohne Zweifel hat Geld aber auch die Dinge verfügbar gemacht, hat Anreiz für Produktion und Handel geboten und wirtschaftliche Energiepotentiale geschaffen, aus denen Leistungen finanziert wurden – etwa die Inthronisation eines Papstes, die Niederwerfung von Bauernheeren, die Errichtung von Kraftwerken oder die Einrichtung von Eisenbahnlinien kreuz und quer durch Länder, auf deren Wegen sich Pferdekarren vorwärts quälten. Die menschliche Arbeitskraft, die zur Ware geworden ist, wird in Geld bezahlt, und die Herrschaft des großen Geldes, eben des Kapitals, hat sich zur politischen Herausforderung entwickelt, weil die Steigerung des Profits, die das Kapital erzwingt, nicht der einzige Zweck menschlicher Arbeit sein kann. So sind Streitgespräche um Politik heute im Grunde meist Streitgespräche um Wirtschaftsformen, weniger um die geistige oder existentielle Zielvorstellung des Menschen.

Wie hat das angefangen, wo liegen die Brüche der Entwicklung, die großen Sprünge in der Geschichte der Menschheit? Offensichtlich gibt es da in den verschiedenen Hochkulturen ganz ähnliche Strukturen, die zu vergleichbaren Ergebnissen führen. So gibt es also die handwerklichen Erzeugnisse, die Mehrproduktion an Stoffen, Töpferware, Waffen – über den Familienbedarf hinaus. Daß der Mensch mit seiner Hände Arbeit etwas herstellt, das er gelegentlich gegen etwas anderes tauscht, das ihm begehrenswert erscheint – etwa eine Schmuckperle aus Edelstein gegen Salz, ein Stück gewebten und gefärbten Stoff gegen Felle –, gehört schon in den Anfängen der Menschheit zur Existenz, Handwerk und Handel sind früh verknüpft.

Handwerk ist alles, was der Mensch mit seinen Händen herstellt; man weiß, daß diese Grundmuster auch in der Maschine stecken: Die Schaufel, die Schneide, der Bohrer, der Hammer, sie alle sind von Grundformen der Hand in ihrer Arbeitsfunktion abzuleiten. Wirtschaftlich wird Handwerk erst bedeutsam, wo es Ware schafft, wo Handel stattfindet, und mit dem wirtschaftlichen Gewicht stellen sich auch politische Fragen. Vom Handwerk der Antike, das von Sklaven ausgeübt wurde, zum Genossen der Zunft, der in der mittelalterlichen Stadt ein revolutionäres, jedenfalls fortschrittliches Element verkörpert, führt ein weiter Weg. Handwerksgeschichte, die Entwicklung der einzelnen Handwerkszweige vom Schmied bis zum Buchdrucker, vom Metzger bis zum Goldschmied, kann hier nur angedeutet werden. Wohl aber lassen sich die Verhältnisse schildern, unter denen sich das Leben des Handwerkers abspielte – seiner Kunst sind ja alle jene Stücke zu verdanken, die heute, von der griechischen Gemme bis zum Rokokotisch, vom indischen Gewebe bis zur Vase aus Porzellan, die Schlösser und Museen, Kirchen und Landhäuser schmücken.

Ein wichtiger Schritt zur modernen Zivilisation ist die »Erfindung des Geldes«, dessen Wertung leicht Ressentiments weckt. Aber Geld ist zunächst nicht mehr als ein wirtschaftliches Instrument, das den Austausch von Gütern belebt und differenziert – kein Wunder, daß die Einführung des Münzgeldes bei einer bestimmten Kulturhöhe an verschiedenen Stellen der Erde gleichzeitig stattfand, wie auch später der Übergang vom Münzgeld zum Papiergeld.

Technische Erfindungen und komplizierte wirtschaftliche Strukturen hat es in vielen Hochkulturen gegeben, vor allem in China und Indien. Aber nur in Europa ist aus den frühen Formen des Handwerks Industrie geworden. Alles Unheil, das die Menschheit sich selbst zugefügt hat, hatte gute Gründe für sich, von der Ketzerverfolgung bis zum Handelskrieg – nur Utopisten und unvernünftige Außenseiter bieten jeweils auch andere Betrachtungsweisen. Allerdings ist die moderne Industriegesellschaft nicht geschaffen und geplant, sondern gewachsen. Dieser Vorgang ist aber nicht mehr umkehrbar, es sei denn um den Preis einer Katastrophe. Wer die Industriegesellschaft ablehnt, weil sie mit ihrem unbarmherzigen Leistungsdruck die Menschen deformiert, greift oft auf Vorstellungen vom ländlichen Leben zurück, das in die familiären Wirtschaftsformen zurückführt. Solchen Propheten des einfachen Lebens mag es genügen, wenn sie selbst auf Fernsehen und Rundfunk, Medikamente und Motoren, auf Mode und Hausbar verzichten – nur würden sie, wenn diese Lösung Schule machte, Millionen von Menschen in ein Hungerdasein zurückwerfen, dessen Primitivität, als Massenphänomen erlebt, auch sie selbst erschrecken würde. Aus der komplexen Entfaltung gesteigerter und verfeinerter Ansprüche ist entstanden, was man Kultur nennen mag, und aus dem Zwang, die eigenen Kräfte und Möglichkeiten bis an die Grenzen zu treiben, der sogenannte menschliche Fortschritt. Daß der Mensch den Sprung aus der Steinzeit ins Industriezeitalter noch nicht voll bewältigt hat, ist heute eine Binsenwahrheit, und immer stärker treten in seinem Bild die fragwürdigen, die Menschheit selbst gefährdenden Züge aus dem biologischen Urerbe hervor.

Um so wichtiger erscheint es, die Industriegesellschaft nicht für den Höhepunkt der Menschheitsentwicklung, den Verbrauch von Strom und Erdöl, Stahl und Uran nicht für den einzigen Sinn ihrer Anstrengungen zu halten. Ohne geschichtlichen Überblick, wie aus dem schweifenden Jäger der seßhafte Handwerker, wie aus dem geachteten Handwerker der Zunft der entwurzelte Industriearbeiter geworden ist, läßt sich schwer urteilen, und auch die Erkenntnis, daß Handel, diese Manifestation menschlicher Begehrlichkeit, schon in steinzeitlichen Epochen über weite Zeiträume hin Austausch ermöglichte, nimmt dem Angriff auf heutige Formen des Konsumstrebens nichts von seiner Notwendigkeit und Bedeutung. Der Mensch ist schon immer »Verbraucher« gewesen – aber heute ist die Menschheit insgesamt Verbraucher; sie zehrt auf, was sie offenbar nicht mehr ersetzen kann, und sieht mit Schrecken die Folgen dessen, was sie für Fortschritt hielt. Der geschichtliche Überblick über die Entwicklung bis zu diesem Punkt mag ein Anstoß sein, das Verhältnis des Menschen zu seinen Produktionen und Wirtschaftsformen neu zu überdenken.

Frühes
Handwerk

Vom Wesen, das Werkzeuge herstellt

Irgendwo über eine Steppe laufen affenähnliche Wesen. Sie stoßen auf ein Bachbett, an dem das Wasser Steine und Geröll ausgewaschen hat. Einer von ihnen kauert sich nieder und zerschlägt eine Feuersteinknolle. Er nimmt ein scharfkantiges Stück, schlägt es mit einem anderen Stein zurecht und läuft weiter, bis er die Böschung erreicht hat, hinter der das tote Mammut liegt. Mit seinem Werkzeug schneidet und hackt er an dem stinkenden Aas herum – ein Mensch? Vielleicht ein Mensch.

Wenn ein Wissenschaftler, ein Paläanthropologe, dieses Wesen würde beobachten können, so würde er es in die Gruppe der sogenannten Urmenschen einreihen. Ein Paläanthropologe (griechisch palaios: alt; anthropos: Mensch) bezeichnet diese Phase als »Tier-Mensch-Übergangsfeld« und versteht darunter jene ebenso affenähnlichen wie menschenähnlichen Wesen, die vermutlich schon vor etwa zweieinhalb Millionen Jahren gelebt haben und als die nächsten Verwandten der Gattung Mensch gelten können. Er erkennt die Verwandtschaft dieser Wesen zum Menschen an den sogenannten Artefakten, an den Gegenständen, die sie künstlich hergestellt haben.

Man könnte diese zierlichen, 1,20–1,50 m großen Laufmenschen mit den schmalen Rennfüßen und dem vorgebauten Gebiß ebensogut als Raubaffen bezeichnen, hätten sie nicht jene zugeschlagenen Geröllgeräte hinterlassen. Man kann nachweisen, daß es sich hier nicht etwa um zufällige Bildungen der Natur handelt. Um diese Artefakte, diese »künstlichen Werkzeuge«, hervorzubringen, war zweierlei notwendig, nämlich die Hand, die greifen und halten kann – der Delphin, so intelligent er ist, könnte niemals Werkzeug herstellen –, und ein Gehirn, das über ausreichend »Schaltungen« verfügt, das intelligent genug ist.

Als menschlich wird dabei nicht nur die Fähigkeit definiert, Werkzeug herzustellen, sondern auch die Praktik, ein Werkzeug wiederholt zu benutzen. Auch hier ist das Gehirn in den Mittelpunkt gerückt, eine offenbar breitere, höhere Form von Bewußtheit, als sie das Tier besitzt. Der Mensch kann sich an das Werkzeug erinnern, das er vor einiger Zeit zum gleichen Zweck herstellte, und er kann dieses Werkzeug sogar für den Fall aufbewahren, daß er es wieder brauchen wird – mit anderen Worten, er kann Zukunft denken. Eben diese Fähigkeit, die meist mit Angst verknüpft ist – denn wer Zukunft denken kann, reproduziert Ängste –, wird ihn zu Höchstleistungen antreiben, was das Überlebenwollen angeht. Das Feuer hätte er ohne diese Fähigkeit nie nützen können, er hätte es weder bewahrt noch auf seine Streifzüge mitgenommen.

Menschsein also beginnt, soweit man bisher feststellen kann, mit »Handwerk«, das heißt mit der Fähigkeit, nicht nur einen Knüppel oder Stein zu benutzen – das können auch Schimpansen, sogar Fischotter oder Vögel –, sondern sich ein Werkzeug herzustellen. Die Hirnzentren für Sprache und für die Steuerung der Hand liegen bekanntlich eng beieinander, was stammesgeschichtlich Rückschlüsse auf eine frühe, zeitlich parallele Entwicklung zuläßt. Von Wesen, die vor zweieinhalb Millionen Jahren gelebt haben, findet man keine schriftlichen Urkunden, nur Knochenreste und Reste von Mahlzeiten – und eben jene Werkzeuge, die den Hinweis auf das spezifisch Humane geben. Damit ist gesagt: Es mag sein, daß die Fähigkeit zur Kommunikation charakteristischer für Menschenwesen ist, aber allein das Werkzeug ist ein sicherer Hinweis, denn es hat sich in den uralten Ablagerungen der Erde erhalten.

Es sind die ersten »Fremdkörper« im Boden – noch kein Müll. Der kommt erst, als die Jäger seßhaft werden und sich, in Europa um etwa 9000 v. Chr., an fischreichen Gewässern niederlassen. Nahrung findet sich im Wasser so reichlich, daß man nicht weiterziehen muß, sondern an Ort und Stelle bleiben kann. Die Kopfzahl wächst, man lebt viele Jahrhunderte lang an derselben Stelle und wirft alle Abfälle auf dieselbe Stelle. So entstehen die bis zu zwei Meter hohen Müllbänke der Steinzeit, in denen man nun wiederum Geräte findet, die eine Klassifizierung erlauben – so kommt es zum Begriff der »Kjökkenmöddinger«, der »Muschelhaufenleute«. Man hat zuerst in Dänemark diese Muschelhaufen archäologisch erschlossen, es gibt solche Müllbänke aus vorgeschichtlicher Zeit aber auch in England, Spanien, Portugal, Japan und selbst in Australien, Südafrika und Südamerika. In Europa gehören sie zur Mittel- und Jungsteinzeit. Auch hier werden Werkzeuge – etwa Angelhaken aus Knochen, knöcherne Schaber, auch Nadeln, messerähnliche Schaber usw. – zum Hinweis darauf, um welche Art Menschen es sich handelt. In welche Zusammenhänge diese Lebensformen eingebettet waren, ist in dem Band »Jäger · Hirten · Bauern« geschildert worden.

Zu diesen frühen Grundlagen des Hand-Werks im wörtlichen Sinne gibt es einige interessante Überlegungen. Zunächst einmal sind alle diese frühen Werkzeuge ja Projektionen menschlicher Organe, vor allem der Hand: Der Hammer entspricht natürlich der geballten Faust, die Schneide soll der Schneide der Zähne oder der Fingernägel entsprechen, also sind Feile und Säge sozusagen als Zahnreihen zu verstehen, und der Bohrer soll dieser Auffassung nach den gestreckten Finger nachahmen. Man könnte den Eindruck gewinnen, als sei den Organprojektionen ein gewisser Grad von Bewußtheit zuzuschreiben und als habe der Mensch sich gleichsam erst seine Hand betrachtet, ehe er den Hammer schuf.

Tatsächlich aber sind sie unbewußt vollzogen worden. Wenn man nach der Entwicklung forscht, so kann man davon ausgehen, daß erst Dinge benutzt wurden, welche die Hand vervollkommneten, etwa ein hohles Blatt zum Trinken für die hohle Hand, ein Stein für die Faust usw. Später trat die Auslese unter den verschiedenen Gegenständen ein, noch später die eigenmächtige Formgebung des gefundenen Materials. Das Werkzeug wird nun immer handlicher, die Anpassung an das lebende Organ findet immer inniger statt, bis auf der Höhe der Ausbildung beide fast zu einer Einheit werden (Feldhaus).

Noch in der vollautomatischen Drehbank sind dann die Grundprinzipien aus der frühen Technologie konserviert oder, anders ausgedrückt: Die Erfindung einer Maschine bedeutet, daß der Mensch seine Organe für sich arbeiten lassen möchte, ohne selbst Kraft zu verbrauchen.

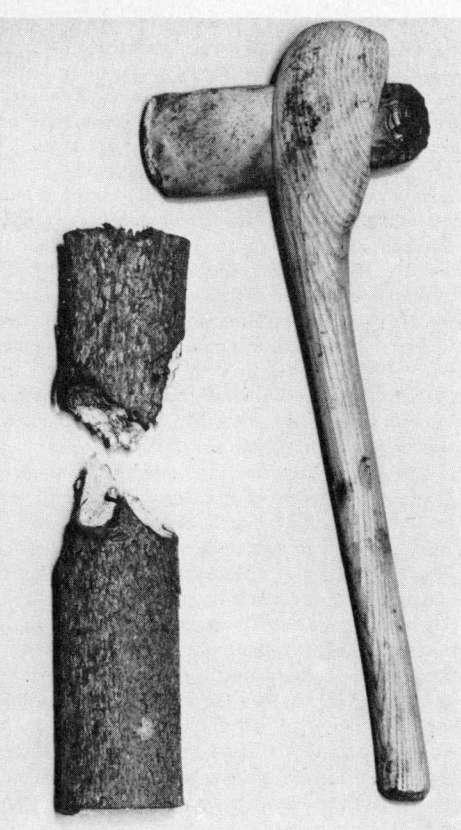

Mit diesem Feuersteinbeil *war es möglich, den oben gezeigten Fichtenstamm in 2,5 Minuten zu behauen. Der Schaft ist einem Originalfund der Jungsteinzeit nachgebildet. Schleswig-Holsteinisches Landesmuseum für Vor- und Frühgeschichte, Schleswig*

Bei der Erschaffung der frühen Werkzeuge und Apparate spielt die Hand eine zentrale Rolle. Sie ist zunächst das angeborene Werkzeug, sie bietet das Vorbild für die »Organprojektion«, und sie ist wiederum bei der Herstellung dieser Nachbildungen wesentlich beteiligt.

In dieser frühen Stufe sind Geräte und Waffen nicht einfach Dinge, die man beliebig herstellt und wegwirft, sondern sie bedeuten dem Hersteller mehr: Er nennt sie, wie die Sprachforschung und die frühe Rechtsgeschichte ergeben hat, »sein eigen«, rechnet sie also zu seiner Leiblichkeit, zu seinem Selbst. Hier ist ein Eigentumsbegriff verwurzelt, der für das mit eigenen Händen Geschaffene seine Berechtigung hat.

Biologisch hat sich der Mensch seit etwa 30000 v. Chr., seit dem Auftreten des sogenannten Cro-Magnon-Menschen – er ersetzte oder verdrängte den Neandertaler –, nicht mehr wesentlich verändert. Seiner Herkunft und Kultur nach identifiziert man ihn nach dem, was er an Geräten und Werkzeugen verfertigt hat: also an der Art der steinernen Klingen, Schaber, Speerspitzen, später an den Töpferscherben – lange vor der Entstehung der Schrift und der ersten Städte. Die Frage, ob der frühe Mensch also vor allem ein Handwerker war, könnte bejaht werden, wenn man unter einem Handwerker einen Menschen verstünde, der seine Hände gebrauchte, um Werkzeug für die Herstellung bestimmter Dinge anzufertigen. Aber eben dies tut ja jener Mensch der vorgeschichtlichen Zeit und der steinzeitlichen Lebensform: Er verfertigt Gerät für den eigenen Gebrauch. Erst wenn Menschen davon leben, daß sie Geräte für andere herstellen, kann man vom Handwerk sprechen.

Man weiß, daß diese Spezialisierung zweierlei voraussetzt: Die Horde, der Stamm, die Familie müssen so viel Nahrungsmittel produzieren, daß sie es sich leisten können, jemanden zu ernähren, der nur Töpfe oder Speerspitzen oder Steinschaber herstellt, und der Bedarf an solchen Erzeugnissen muß groß sein. Vielleicht gibt man ihm ein Stück Fleisch, vielleicht auch Muschelketten, die er begehrt, um sein Weib zu schmücken, oder auch ein Bärenfell – kurzum, es beginnt der Warenaustausch, es werden Güter hergestellt und veräußert, erst innerhalb des engsten Lebenskreises, später auf anderen Märkten, die weit außerhalb des eigenen Horizontes liegen. Wann hat das angefangen? Weitaus früher, als man eigentlich für möglich hält, viele tausend Jahre vor der Entstehung der großen Hochkulturen am Nil und am Indus, in Mesopotamien und auf Kreta. Alle wichtigen »Erfindungen«, wie etwa das Rad, das Beil, der Jagdbogen, das Boot, der Schlitten, fallen in die Epoche, von der schon die Rede war, und sind also rund 10000 Jahre alt.

Zwischen dem sogenannten Südmenschen, der vor zwei Millionen Jahren gelebt hat und als Werkzeug Knochen benutzt hat, sowie dem Homo habilis, der die ersten Geröllgeräte benutzte, und dem schon genannten Cro-Magnon-Menschen, der um 15000 v. Chr. alle diese Erfindungen gemacht hat und über erhebliche handwerkliche Fähigkeiten verfügt hat, liegen also einige hunderttausend Jahre. Zwischen den Anfängen der handwerklichen Spezialisierung und dem heutigen Stand der Industrie und Technik liegen nur wenige tausend Jahre. Das bedeutet: Seit der Mensch sich der Fähigkeit bewußt geworden ist, seine natürlichen Organe Hand und Fuß, Auge und Ohr mit künstlichem Werkzeug ergänzen, verstärken, verfeinern zu können, ist für den Menschen die Umwelt der menschgeschaffenen Dinge an die Stelle der Natur getreten, und die Natur selbst wurde zur widerspenstigen Lieferantin von Rohstoffen degradiert.

Mit Faustkeilen und Blattspitzen

Man stelle sich vor: Ein Zeitraum von etwa 600000 v. Chr., dem Beginn der ersten langen Kälteperiode auf der Erde, bis zum Ende der letzten Eiszeit um 10000 v. Chr. – das ist das Feld der Forschung. In diesem Zeitraum sind die Kontinente umgestaltet, unter den Meeresfluten begraben worden, wieder aufgetaucht, erneut unter Wasser gesetzt, haben sich Gebirge gehoben und ganze Landstriche unter dem Druck der Eismassen gesenkt. Tierarten sind entstanden und ausgestorben, und eine dieser Tierarten hat sich, auf bisher noch sehr rätselhafte Weise, zu jenem Hirnwesen entwickelt, das jetzt seine eigene Vergangenheit erforscht – dies seit etwa eineinhalb Jahrhunderten.

Nach mühevoller Suche sind in den riesigen geographischen Räumen, um die es hier geht, an einzelnen Stellen Knochenreste gefunden worden, die erlauben, das Gerippe jener ausgestorbenen Vormenschen und Urmenschen zu rekonstruieren. Aus dem Bau der Knochen wiederum kann man mittlerweile ziemlich genau die Art der Muskeln ableiten, kurzum auf kriminalistische Weise den »Täter« und sein Aussehen ermitteln. Auch Tatspuren findet man, und für die ersten paar hunderttausend Jahre sind das ausschließlich Werkzeuge aus Stein. Zum Beispiel ganze Haufen von zugeschlagenen Steinknollen, wie sie schon beschrieben wurden. Man weiß, das hat kein anderes Tier sein können, so wie man bei einem Haufen benagter Fichtenzapfen weiß: Hier sind Eichhörnchen am Werk gewesen. Der Wissenschaftler spricht von regelrechten »Geröllindustrien«, das heißt von Plätzen, wo der Urmensch nicht nur ein oder zwei Werkzeuge zugeschlagen hat. Man findet solche Plätze in Afrika, Vorderasien, Burma und China.

Das bedeutet: Wo die Erde den Rohstoff Stein anbot, wurde die Gunst des Bodens genutzt, ebenso wie man sich an fischreichen Gewässern niederließ oder an Wildwechseln immer wieder der Herden auflauerte. Es ist die Haltung dessen, der sich, weil die Erde unerschöpfliche Fülle bietet, jeden Zugriff leisten kann.

Steine als Werkzeuge, also teilt der Wissenschaftler diese Zeitspanne der Vorgeschichte, die über eine halbe Million Jahre umfaßt, nach der Art der Steinbearbeitung ein. In jahrzehntelanger Arbeit hat man die Menschenknochen, die geologischen Schichten, die Pflanzenreste und die Steinwerkzeuge in Beziehung zueinander setzen können. Man spricht von Schabern, die um 350000 v. Chr. entstanden sind und dem Heidelberg-Menschen zugeordnet werden, von Schildkernen und Faustkeilen, wobei die Schildkerne kleine, scharfe Obsidiankanten haben; diese schmalen Werkzeuge, nicht größer als ein kleiner Finger, hat der Rhodesier verfertigt, während die Faustkeile und Nasenschaber des Steinheim-Menschen etwa 250000 Jahre alt sind und schon eleganter wirken.

Die Wissenschaft kennt, grob vereinfacht, die sogenannten Faustkeilkulturen und die Abschlagkulturen. Der Faustkeil ist ein Kernstein oder Feuersteinknollen, der handlich zurechtgeschlagen worden ist. Was dabei absplittert, ist Abfall. Bei den Abschlagkulturen, nach ihrem englischen Fundort Clacton-on-Sea als Clactonien bezeichnet, werden die scharfkantigen Abschläge von Feuersteinen genutzt. Es sind viele hunderttausend Faustkeile aus der Erde geborgen worden, und zwar in Afrika wie in Europa. In Afrika gibt es keinen Feuerstein, also war die Herstellung mühsamer. Allein die Erforschung dieser Faustkeilkulturen ist eines der großen geistigen Abenteuer der Menschheit. Begonnen hat sie 1832, als der vielseitige

Schriftsteller Boucher de Perthes, Zolldirektor von Abbéville in der Nachfolge seines Vaters, auf seinen Spaziergängen am Rande der dortigen Steinbrüche auf kleine Steine traf, welche die Arbeiter Katzenzungen nannten. Er sah sich diese Steine genau an und fand, daß sie von Menschen bearbeitet sein müßten. Nun herrschte damals die unumstößliche Lehre, begründet von Georges Cuvier, daß es vor der Sintflut keine Menschen gegeben haben könne.

Perthes fand Unmengen von Knochen. Sie gehörten Tieren, die aus der Eiszeit stammen mußten, so daß sich der zwingende Schluß ergab, die Hersteller dieser Faustkeile müßten zusammen mit jenen ausgestorbenen Urtieren gelebt haben. Perthes schrieb ein Buch, in dem er exakte Grabungsberichte mit Vermutungen mischte, und legte es 1846 der Akademie in Paris vor. Es enthielt die ersten Abbildungen von Faustkeilen überhaupt und war vom letzten Geld des Autors im Selbstverlag gedruckt worden. Die Akademie lehnte, übrigens mit Recht, diese Thesen ab, aber Perthes ließ sich nicht entmutigen. Daß der erste Mensch offenbar ein »Franzose« war, begeisterte ihn, also rüttelte er die Franzosen mit dem Slogan wach: »Adam war Franzose, Adam jagte in Frankreich« (Honoré). Zwanzig Jahre lang kämpfte er gegen die herrschenden Meinungen an und erhielt im Jahre 1859 entscheidende Hilfe; der berühmte Geologe Lyell stellte sich auf seine Seite, Napoleon III. rehabilitierte ihn, seine Sammlung wurde für das Nationalmuseum in Saint Germain-en-Laye angekauft, und die Wissenschaft vom Urmenschen war begründet, denn Funde gab es nun auch anderswo in ganz Europa und später auch in Afrika.

Die verschiedenen Urmenschenrassen haben, verkürzt ausgedrückt, verschiedenartige Techniken der Steinbearbeitung verwendet. Man sagt sogar, daß das Vordringen dieser Techniken von Afrika nach Europa wesentlich mit der Tatsache zusammenhängt, daß die Steinsorten Afrikas schwerer zu bearbeiten waren als der Feuerstein, wie er in Europa gefunden wurde. In Afrika mußte der Urmensch Dolerit bearbeiten. Man tat dies, indem man den Block mit kleinen, vorsichtigen Schlägen bearbeitete, bis die Oberfläche facettiert aussah, um dann von der anderen Seite mit einem einzigen Schlag das fertige Werkzeug abzutrennen.

Die wohl älteste Technik ist die, einen Stein auf einem Amboßstein zu schlagen, um auf diese Weise scharfe Kanten zu erzeugen. Schließlich hatte der Neandertaler einen genialen Einfall, er erfand den Handamboß. Man hielt den Stein, den man bearbeiten wollte, auf eine Spitze und spaltete mit einem Schlag, gleichsam scheibenförmig, den Feuerstein ab. Schließlich hielt man das abgeschlagene Stück auf einen steinernen Amboß und arbeitete es mit einem leichten Hammer nach. Auch gab es sogenannte Spitzmesser und Buchtschaber, kurz, ein reiches Arsenal von Werkzeugen, mit denen man Holz glattschaben, Pfeile schäften, Leder schneiden und Flechtruten glätten konnte – dies alles, als Mammut, Riesenhirsch und Wollnashorn noch existierten.

Der Nachfolger des Neandertalers, dieses verhältnismäßig jungen Urmenschentyps, der vor der letzten Kälteperiode gelebt hat und dann wohl ausgestorben ist, war der Cro-Magnon-Mensch, aufrecht und klobig, wie etwa ein besonders stattlicher Westfale. Er hat schmale Klingen aus Stein verfertigt, aber als Material auch Knochen benutzt. Bemerkenswert ist daran nicht so sehr, daß es verschiedene Formen von Werkzeug aus Stein gibt, sondern daß sich tatsächlich über so lange Zeiträume hinweg etwas wie ein Stil nachweisen läßt, eine kollektive Überlieferung, die dann durch eine neue Auffassung ersetzt wird. Es mag sein, daß bereits hier eine Rolle spielt, welche Art von Horde da am Werke ist und wie viele Menschen, vielleicht sogar in einer Form der Zusammenarbeit, Steinwerkzeuge herstellen. Spezialisierungen gibt es früh, nur eben nicht in der Form eines »Berufes«. Der Mann zum Beispiel stellt sich seine Jagdwaffen selbst her, weil nur er etwas davon versteht, und das Weib näht die Felle zusammen – Nähnadeln aus Knochen mit einem Öhr gibt es schon seit rund 500 000 Jahren. Man kann das nicht als eine Form von Ausbeutung bezeichnen, sondern als Kooperation, als Zusammenarbeit. Bestimmte Handwerke bleiben traditionell weiblich, manche anderen männlich, und erst in langwierigen Zivilisationsprozessen verändern sich das, bis schließlich Männer zu Schneidern oder Schustern werden. Gerade diese Aufteilung auf die Geschlechter wirft ein seltsames Licht auf uralte Gewohnheiten. Für die Zubereitung der Nahrung zum Beispiel sorgt seit vielen hunderttausend Jahren die Frau – aber noch heute gibt es in keiner großen Hotelküche eine Chefköchin; Koch ist ein absolut männlicher Beruf geworden, jedenfalls in Europa.

Wann sich im Laufe der Entwicklung die einzelnen Handwerke aus der Familienproduktion herausgelöst haben und selbständig geworden sind, läßt sich pauschal kaum beantworten. Bei den einzelnen Berufen ist das unterschiedlich, auch hängt das von der jeweiligen kulturellen Entwicklung ab. Wo zum Beispiel, wie in Ägypten, die Götter von Fleisch leben und große Rinderherden gehalten werden, um den Fleischbedarf zu decken – noch die Bibel spricht ja bewundernd von den »Fleischtöpfen Ägyptens« –, da ist der Metzger schon früh ein Beruf. Damit ist aber nur eine gewisse Spezialisierung der Tätigkeit gemeint, kein Handwerk im heutigen Sinne. Denn in Sklavenstaaten, die, verglichen mit den Hirtennomadenvölkern oder gar den schweifenden Jägerhorden, eine fortschrittliche Gesellschaft darstellen, wird zunächst alles Handwerk von Sklaven ausgeführt. Das bedeutet aber, es bilden sich keine Berufserfahrungen, die in der Familie vom Vater auf den Sohn weitergegeben werden, keine ständischen Lebensformen, keine Traditionen: Der Sklave bleibt geschichtslos.

Manche Tätigkeiten werden allerdings früh zu Berufen, sie verkörpern in der Kultur der Menschheit uraltes Erfahrungsmaterial: Hirte und Priester, Krieger und Bauer, Fischer und Schmied sind solche archaischen Berufe, die nun schon als Sinnbilder für bestimmte Aspekte der menschlichen Kultur gelten. Andererseits ist es charakteristisch für die Kultur der Naturvölker, daß nicht jeder alles herstellen kann und darf, denn ein Bronzeguß, die Herstellung einer Schamanentrommel oder eines Häuptlingsbootes ist nicht einfach ein Fabrikationsprozeß mit der Stückzahl Eins, sondern eine Tätigkeit, die tief in die magischen Zusammenhänge zwischen Menschen und Geisterwelt eingreift, die Dämonen erzürnen und Ahnengeister beunruhigen kann. Ursprünglich ist Handwerk heilig, vor allem, wenn es sich um neue Kunstfertigkeiten wie Metallguß oder das Schmieden handelt, und bald wirken bestimmte Fertigkeiten bereits als ökonomische Faktoren: Man treibt Handel mit Feuerstein, den man aus regelrechten Grubenbetrieben gewonnen hat, schon in der mittleren Steinzeit, also um 8000 v. Chr., und zwar in verarbeiteter Form; Messer, Beile, Hämmer, Mahlsteine usw. werden an Ort und Stelle gefertigt und über viele tausend Kilometer quer durch Europa gehandelt.

Die Übergänge zwischen handwerklicher Tätigkeit und dem Stand des Handwerkers, zwischen einer frühen Industrie und dem frühen Handel sind fließend, ebenso die zwischen handwerklicher Tätigkeit und dem, was wir Kunst zu nennen gewöhnt sind. Manchmal bewahren ja die Naturvölker Lebenshaltungen, wie sie gewiß schon seit vielen tausend Jahren unverändert fortbestehen. So kann man sich denken, daß es bei vielen Stämmen etwas Ähnliches gab wie die »mai evera haele« bei den Arehava-Dörfern in der Papua-Bay von Neu-Guinea. Es sind die »Männer mit der kundigen Hand«, ältere, offenbar künstlerisch begabte Männer, deren Sache es war, bestimmte Sippenmasken für ein bestimmtes Sippenfest herzustellen. Es handelt sich um mannshohe Masken aus Rohr, die mit Tapa, dem Rindenstoff, umwickelt und mit reichen Malereien geschmückt wurden. Diese Masken sind Gebrauchsgegenstände, aber auch mehr als das, und alle älteren Männer des Stammes prüften, wenn die Arbeit vollendet war, ob sie ein getreues Abbild der beim vorigen Fest zerstörten Masken waren.

Handwerk in diesen frühen, vorindustriellen Bereichen ist nicht nur eine manuelle Tätigkeit, sondern eine Verrichtung, die in einen breiten kulturellen Zusammenhang eingebettet ist. Heute ist der technische Fortschritt der Menschheit in den Akten von Patentämtern dokumentiert; vor einigen tausend Jahren verkörperte er sich in einem Spezialwissen, das unverändert durch Generationen weitergegeben wurde. Nicht aus Büchern, sondern durch das Beispiel wurde Erfahrung vermittelt, und wenn ein »Mann mit der kundigen Hand«, etwa ein Schmied oder ein Goldschmied, ein geschickter Weber oder ein erfahrener Hirte, einem jungen Menschen sein Wissen weitergab, so wurde nicht nur Fachwissen überliefert, sondern eine bestimmte Haltung.

Himmlisches Handwerk

Gottes Hand greift in die Geschicke der Menschen ein, und die »große« Hand ist herrscherliches Symbol noch auf den frühmittelalterlichen Abbildungen christlicher Kaiser. Der Mensch selbst ist ja, wenn man der Bibel folgt, aus Gottes Händen hervorgegangen und von ihm geformt worden, wie der Ton vom Töpfer. Auch die Chirurgie, die bei Erschaffung des Weibes herhalten muß, hat etwas »Handwerkliches«; das griechische Wort chirurgeia bedeutet ja »Arbeit, die mit der Hand verrichtet wird«.

Wie spiegelt sich überhaupt Handwerk in der Götterwelt, welchen Stellenwert hat es in Mythen und Märchen? Über das Feuer, das bei der Bearbeitung von Metallen, beim Backen und Brennen von Töpferware eine so entscheidende Rolle spielt, ist schon an anderer Stelle gesprochen worden (siehe Band »Kochkunst · Tafelfreuden · Eßkultur«). Feuer wurde »gezeugt«, der Feuerbohrer der frühen steinzeitlichen Kulturen hat etwas vom sexuellen Akt, bei dem die stoßende Reibung Leben erzeugt, und im indischen Mahâbhârata wie in der germanischen Mythologie, bei den Dajak und Eskimos wie in der Sonnenmythologie der Japaner spielen diese Geräte ihre Rolle. Selbst das Christentum hat sich mit dem sogenannten Notfeuer, das um Sankt Johannis mit zwei aneinander geriebenen Hölzern neu erzeugt wurde, auseinanderzusetzen. Noch im 8. Jahrhundert wird es als Ausgeburt des Heidentums verdammt, und das Konzil von Lestines, ein Jahr nach der Geburt Karls des Großen, erklärt die Notfeuer zur Gotteslästerung, so sehr fürchtete man die Kraft uralten Feuerglaubens. Wer mit dem Feuer umgeht, muß auch wohl selbst über besondere Kräfte verfügen. So sieht das Volk den Schmied mit anderen Augen an als den gewöhnlichen Handwerker und hält ihn für besonders mächtig. Es gibt keinen Gott, der Schmied wäre, oder überhaupt Handwerker als Götter, es gibt nur den griechischen Hephaistos und seinen römischen Bruder Vulkan, beide zwar auf unzähligen farbenprächtigen Bildern der Renaissance und des Barock als rußige Kerle mit Schurz und Hammer dargestellt, aber fälschlich: Beide sind ursprünglich Götter des Feuers und erst in späterer Zeit mit dem Schmiedehandwerk identifiziert worden.

Nun ist ja, nüchtern betrachtet, das Herstellen von Töpfen aus Ton, von Stoffen aus Wolle und Leinen, von Gerät und Waffen aus Bronze oder Eisen ebensogut menschliche Arbeit wie das Säen und Pflügen. Aber während alle Tätigkeiten, die mit der Nahrung zusammenhängen, mit Mythen gleichsam aufgeladen werden – Saat und Ernte, Tod und Auferstehung stehen im Mittelpunkt zahlloser Religionen seßhafter Ackerbauer –, ist das Handwerk nur Hilfstätigkeit. Allenfalls die Schmiedekunst findet Beachtung.

Es sind die sogenannten »Kulturbringer«, die wie Prometheus in grauer Vorzeit den Menschen bestimmte Tätigkeiten gelehrt haben. Prometheus, über den es unterschiedliche Mythen gibt, ist nicht nur Feuerbringer gewesen, sondern in Athen auch Gott des Handwerks, wie Athene oder Hephaistos. Solche Gestalten, die dem Menschen Kultur bringen, gibt es auch bei anderen Völkern. Bei den ausgestorbenen Indianern Nordost-Kanadas, den Ostalgonkin, hieß der Kulturbringer Gluskap. Die indianischen Mythen beschreiben seine Jungfrauengeburt, seinen Kampf gegen den bösen Zwillingsbruder und seine Neuschöpfung der Erde nach der Sintflut. Wenn seine Erlebnisse geschildert werden, spielt er darin eine tragikomische Rolle, und doch wirkt er zum Besten der Menschen und bringt ihnen ihre Künste bei. Solche Mythen wechseln von Stamm zu Stamm, von Volk zu Volk, so wird dieser Gluskap auch als Hase geschildert, was wiederum seinem trickreichen Charakter nicht schlecht entspricht. Was der Hase bei den Indianern, ist die Spinne an der afrikanischen Guineaküste und die Gottesanbeterin bei den Buschmännern gewesen, und von den Bakuba-Königen des Kongo heißt es, der erste hätte das Feuer gebracht und die Beschneidung eingeführt, der nächste hätte den Gebrauch des Salzes gelehrt und die Jagd eingeführt, und ein dritter König habe das Brettspiel gebracht, aber auch die Herstellung von Stoffen aus Palmblattfasern.

Das Bild vom trickreichen Hasen, dem Gluskap, erfaßt einen Aspekt des technischen Fortschrittes, den der List: Durch einen bestimmten Einfall, eine sinnreiche Konstruktion wird ein Widerstand entmachtet; das griechische Wort für »List« heißt »techné«, daraus ist das heutige Wort Technik abgeleitet. In Griechenland hat es mehrere Gottheiten gegeben, die für das Handwerk zuständig waren. Da ist zunächst die Stadtgöttin selbst, die kriegerische Athene. Ursprünglich hat sie sich nur der Herrin und ihren Tätigkeiten, dem Spinnen und Weben, zugehörig gefühlt. Später war sie dann die Schützerin allen Handwerks, vor allem der Töpferei. Das hängt mit der Reihenfolge zusammen, in der sich die Handwerke als eigenständige Berufe herausbildeten; die Töpferei hat damit den Anfang gemacht und sich als erster Handwerksberuf außerhalb des Hauses entwickelt. Die römischen Kulte kennen kaum andere Götter des Handwerks als die Griechen. Allerdings gab es, als unter dem Einfluß Griechenlands in hellenistischer Zeit, nach Alexander dem Großen, schon die ersten Mysterienreligionen in Rom Fuß faßten,

Zwei Scheibenäxte mit Nephritklingen aus Neukaledonien. Die rechte mit den Schnurverzierungen diente zeremonialen Zwecken. Museum für Völkerkunde und Schweizerisches Museum für Volkskunde, Basel

eine Fülle von römischen Kleingöttern, vergleichbar den christlichen Heiligen, die je ein Handwerk beschützten.

Seltsam geht es im Christentum zu, wenn man das Handwerk betrachtet. Jesus ist Sohn eines Zimmermannes, er wird im »Haus des Brotes« geboren, und zwar in einer Futterkrippe, er sucht sich seine Jünger unter den Fischern und findet nur selten ein Gleichnis, das aus dem handwerklichen Lebensraum kommt – fast alle Gleichnisse benutzen Vorstellungen aus dem Acker- und Gartenbau (Jacob). Immerhin hat das Christentum die handwerklichen Arbeiten, nicht selten mit dem Hinweis auf den frommen Zimmermann Joseph, mit eigenem Ethos versehen. Seltsam genug, daß selbst der Name des Joseph auf Nahrung verweist: Er bedeutet in der hebräischen Sprache »Vermehrer«.

Die List der Schmiede

Bei einem Schmied läßt Richard Wagner den jungen Sigurd aufwachsen, der Mann ist erfahren in Zauberkünsten und unübertroffen, was sein Handwerk angeht: So scharf schmiedet er Sigurds Schwert, daß es eine Flaumfeder zerteilt. Hier in der nordischen Sage hat der Schmied etwas vom Zwerg oder Berggeist, sein grobes oder schlaues Wesen verweist ihn in einen niederen Rang, edel wirkt er nicht und hochgemut, wie die Helden, sondern eher gerissen, dabei aber höchst geschickt.

Auch Wieland der Schmied, der ältesten germanischen Sage entstammend, die im nordischen Völund-Lied erhalten ist, war kein Himmelsgott, sondern ein Albe, also ein niederes Naturwesen, das vom König Nidhard gefangengehalten wurde. Der König ließ ihn lähmen – diese Verkrüppelung der Gehwerkzeuge gehört existentiell zu seiner Erscheinung – und zwang ihn, kunstvolle Schmiedearbeiten auszuführen. Wieland vergewaltigte die beiden Töchter des Königs und floh mit selbstgeschmiedeten Flügeln. Diese Flucht erinnert an die des Daidalos, der auf Kreta gefangen saß. Für die Gattin des Königs Minos hatte er eine »künstliche Kuh« ersonnen, in die eingeschlossen die Königin sich durch Stiere bespringen lassen konnte, und für den König das Labyrinth. Die Wut des Königs hatte er auf sich gezogen, als er Ariadne das Garnknäuel gegeben hatte, damit sie Theseus half, im Labyrinth den Minotauros zu erschlagen, das Ungeheuer. Wie Wieland der Schmied baute sich Daidalos Flügel, um zu fliehen. Ikaros, sein Sohn, kam der Sonne zu nahe und stürzte ins Meer, Daidalos, der Erfinder und Konstrukteur der Flugmaschine, erreichte Sizilien. Deshalb führte König Minos gegen Sizilien Krieg, um Daidalos zurückzuerobern, und fand dort den Tod. Hier ist die seltsame Verkettung zwischen technischem Können und Krieg bereits im Mythos vorgezeichnet, die zum Beispiel in der Renaissance die Situation der genialen Ingenieure bestimmt. Freilich ist Daidalos kein Schmied, übrigens aber Lehrmeister von Perdix, dem Erfinder des Zirkels, der Säge und der Töpferscheibe.

Für die Griechen ist Hephaistos, der Gott des Feuers, der erste Schmied, ein grober und häßlicher Geselle, der wie Wieland verkrüppelt zu sein scheint, denn merkwürdigerweise stellen ihn die Griechen stets hinkend dar – der Schritt zum hinkenden Teufel, dem Herrn des höllischen Feuers, ist nicht sehr groß. Man nimmt an, daß dieser Hephaistos ursprünglich ein kleinasiatischer Gott gewesen ist, vermutlich der Gott des Erdfeuers, das aus dem Vulkan Moschylos auf der Insel Lemnos loderte. Zum griechischen Gott ist Hephaistos erst dadurch geworden, daß er in den homerischen Epen, als der Gott des Feuers und der Schmiedekunst, in den Kreis der strahlenden Götter aufgenommen worden ist, eine dunkle Gestalt, wie aus der Tiefe der Erde, woher das Erz kam. Welche Gefühle man ihm entgegenbrachte, der so grob und häßlich, so geschickt und unheimlich war, läßt sich leicht erraten: Die Griechen lachten über ihn, also mag Furcht im Spiele gewesen sein, nach Homer erregte er das »unauslöschliche Gelächter« der Götter.

In allen Kulturen galt der Schmied als etwas Besonderes. Tatsächlich verfügte er über ein Können, das ihn über alle, die sonst in den Dörfern werkten, weit hinaushob. Spinnen und weben, töpfern und backen konnten auch Frauen, die Männer wußten mit dem Ackergerät umzugehen und mit der Waffe, sie wußten Häuser zu bauen und kannten alle Überlieferungen des Stammes oder Volkes – aber was der Schmied wußte, war mehr, er schuf aus totem Erz kunstvolle Formen, Klingen, Helme, Schlösser, er beherrschte das Feuer und die Stoffe selbst, die nur aus der Erde kamen – kein Wunder, daß man ihm mehr zutraute als nur Brot zu essen.

Gesteigert wurde diese Mischung aus Neid und Staunen noch durch seine Körperkraft, denn wer täglich den Hammer über dem Amboß schwang, durfte kein Schwächling sein. Symbolisch wirkte, daß er verstand, zwei glühende Metallstücke zusammenzuschweißen; wer das verstand, hatte wohl auch die besondere Gabe, Menschen zusammenzugeben: Der »Schmied« im schottischen Dorf Gretna Green hat davon bis heute profitiert . . . Seltsam berührt es, daß die magische Kraft des Schmiedes in den verschiedenen Kulturen unterschiedlich eingeordnet wird. In Indonesien zum Beispiel müssen die Königssöhne das Schmiedehandwerk lernen, und im Sudan wie in Zentralasien gehört das Schmiedehandwerk zu den angesehensten Handwerken mit hohem Sozialprestige. Gelegentlich, wie im Sudan, kommt es zur Bildung eines zunftmäßigen »Staates im Staate« mit eigenem »König« und eigener Gerichtsbarkeit. Völlig anders ist die Reaktion der Hirtennomaden hamitischer Herkunft in der Sahara und in Ostafrika; hier gehören die Schmiede zu einer verachteten Kaste, wie die Wäscher in Indien.

Der Schmied ist in der ländlich-dörflichen Gemeinschaft der erste technische Spezialist, seine Arbeit bedeutet für den Acker, für den Hausbau, für den Krieg mehr als die jedes anderen Mannes, denn ohne Sicheln und Schwerter, ohne Axt und Säge, Nägel und Stangen kommt man schlecht aus. Die Arbeit in der Schmiedeesse ist mit allerlei Brauchtum und Magie umgeben; im vorwissenschaftlichen Zeitalter konnte der Erfolg nicht errechnet werden, man war auf Erfahrung und Glück angewiesen, so bildete sich mancherlei Aberglaube. Typisch für die frühe Form des Handwerks sind die Auffassungen, wie man sie bei den Bambalas in Nord-Rhodesien fand. Hier wußte man, daß die Eisenarbeiter, die Schmiede, die ja zugleich auch das Eisen ausschmolzen, vollständig abgesondert vom Dorf leben mußten, wenn das Werk gelingen sollte. Aber das genügte noch nicht, zu groß war die Gefahr, daß Leichtfertigkeit die Dämonen erzürnte und das Werk verdarb. Also benahmen sich die Frauen der Schmiede, die im Dorf lebten, wie Witwen, die eben erst ihren Mann verloren haben – ihnen war es weder erlaubt, sich zu waschen, noch sich zu schmücken.

Um das Erz in Metall zu verwandeln, sind Kenntnisse nötig, die denen des Schamanen, des Zaubermannes ähneln; so ist der »Eisendoktor« bei der Verhüttung der Erze die wichtigste Person. Auch das Werkzeug des Schmiedes ist heilig; der Gott Thor, auch Donar, der Donnergott, dessen Name im »Donnerstag« steckt, vor allem in Norwegen und auf Island verehrt, führte den heiligen Hammer, mit dem er Ehen weihte und Fruchtbarkeit für Mensch und Tier schuf. Ihm war die Eiche geweiht, man brachte ihm Tieropfer, verwandelte ihn aber eigentümlicherweise mit der Zeit auch in eine mehr derbe Schwankfigur. Thors Hammer aber behielt seine Kraft; noch im frühen Mittelalter wurde das Tageding einberufen, indem der Dorfälteste einen Hammer von Herdstatt zu Herdstatt weiterreichen ließ. Im Hammer des Auktionators steckt etwas von dieser alten Überlieferung.

Wenn in den Gesellschaften der frühen Ackerbauer und der Hirtennomaden der Schmied eine Sonderstellung einnahm, so hat sich das Bild gewandelt, als sich im Zuge einer fortschreitenden Zivilisation das Handwerk spezialisierte. Da gab es die Gold- und Silberschmiede, aber auch die Messerschmiede und Schwertschmiede, die Kesselschmiede und die Gürtler, die Messingschlosser, die früher auch Rüstungen hergestellt haben. Die einfachen Schmiede verloren an Ansehen und Einfluß, weil ganz andere Handwerkszweige, etwa die Tuchmacher, Wollenweber u. ä., das große Geld machten und politischen Einfluß errangen. Auf dem Dorf aber hat die Schmiede noch lange ihre Bedeutung erhalten und ist, wie Kirche und Gasthof, ein unveränderlicher Bestandteil des ländlichen Lebens geblieben. Wenn man sich der Schmiede nähert, hört man schon von weitem das klingende Hämmern im Takt. Meist ging es ja um den Hufbeschlag, allenfalls um Ausbesserung und Ersatz für ein einfaches Ackergerät oder um den Eisenbeschlag der hölzernen Karrenräder.

Vor dem Amboß steht breitbeinig der Schmied, den Lederschurz vorm Leib. Mit der einen Hand hält er die Zange, steckt das Eisen tief in die Glut, während der Geselle mit dem Blasebalg das Feuer anfacht, dann zieht er das Eisen heraus und schmiedet mit schnellen Schlägen, wobei einem Schlag aufs glühende Eisen ein blinder Schlag auf den Amboß folgt – so entsteht der taktmäßige, klingende Schlag, während aus dem Schornstein der Esse die Funken stieben.

Solche Beschlagschmiede gibt es bekanntlich nur noch, wo Pferde versorgt werden müssen; auf dem Land sind sie meist Reparaturwerkstätten für Traktoren geworden, und der Mechaniker hat den Schmied ersetzt.

In den Volkssagen haben sich uralte Vorstellungen vom Schmiedehandwerk noch lange erhalten, oft auch in ganz vordergründiger Bedeutung. So heißt es in den Sagen der Brüder Grimm: »Zu Ruhla im Thüringer Wald liegt eine uralte Schmiede, und sprichwörtlich pflegt man von langen Zeiten her einen strengen unbiegsamen Mann zu bezeichnen: Er ist in der Ruhla hart geschmiedet worden. Landgraf Ludwig zu Thüringen und Hessen war anfänglich ein gar milder und weicher Herr, demütig gegen jedermann; da huben seine Junkern und Edelinge an stolz zu werden, verschmähten ihn und seine Gebote; aber sie drückten die Untertanen und schatzten sie aller Enden.« Man weiß, wie die Geschichte ausgeht. Der Landgraf findet nach langer Jagd Unterschlupf in der Ruhlaer Mühle, gibt sich als Jäger des Landgrafen aus und hört des Volkes Stimme; die ganze Nacht redet der grimmige Schmied, »wenn er so mit dem großen Hammer das Eisen zusammenschlug«, sein berühmtes Wort: »Landgraf, werde hart, Landgraf, werde hart wie dieses Eisen!« Und so geht denn die Sache gut aus, denn »der Landgraf fasset alles zu Ohren und Herzen und ward seit der Zeit scharf und ernsthaftig in seinem Gemüt, begunnte die Widerspenstigen zu zwingen und zum Gehorsam zu bringen«. Dieser Ludwig von Thüringen (1140–1172) hatte den Beinamen »Der Eiserne«, so mag das Volk mit der Zeit seine Geschichte dazu gesponnen haben, und zwar eine, die geheime Wünsche ausdrückt: Im Fürsten sah man ja lange Zeit den Verbündeten gegen den Übermut der Grundherren.

Frühe Werkstoffe

Wie ein Clochard, der Müll durchstöbert, hat der frühe Jäger alles, was ihm unter die Hände kam, auf seine Verwendbarkeit geprüft: Neben den klassischen Werkstoffen Holz und Stein, Knochen und Lehm, Binsen und Sehnen wurde vielerlei genutzt, vom Asbest und Obsidian bis zu Muscheln, Federn, Haifischzähnen, Schildkrötenschalen und Tierhörnern. Holz ist, nächst dem Feuerstein, der älteste Werkstoff. Seit etwa 600000 Jahren, mit einigen Fragezeichen, als Rohstoff fürs Feuer, seit etwa 240000 Jahren, auch dies nicht genau datiert, für die ersten Holzwurfspeere, also Fernwaffen für die Jagd. Bei Verden an der Aller ist eine etwa drei Meter lange Lanze aus Eibenholz gefunden worden, noch im Leib des erlegten Mammuts. Holz erhält sich nur unter bestimmten Bedingungen, etwa bei wüstenhafter Trockenheit oder unter Wasser. Aus den Jahrhunderten nach der letzten Eiszeit hat man in den nordeuropäischen Mooren mancherlei hölzerne Geräte gefunden, die um die 8000 bis 10000 Jahre alt sein dürften, zum Beispiel Weidenpaddel, Einbäume, Balken, Stangen, Werkzeugstiele, sogar Särge aus Eichenholz.

Mit Beginn der Metallurgie (siehe Band »Stadt · Technik · Verkehr«) bekommt Holz als Rohstoff eine neue Bedeutung. König Hammurabi, Herrscher von Babylon (1728–1686 v. Chr.), fordert mit folgendem Schreiben Holz an: »Man soll 7200 Stück Holz mit einem Rauminhalt von je ein drittel bis einem Liter und einer Länge von einem bis zwei Metern schlagen. Man soll nicht trockenes Holz nehmen, sondern nur grünes Holz. Und man soll sich beeilen, damit die qurqurru nicht unbeschäftigt bleiben.« Das Wort heißt tatsächlich so und ist kein Schreibfehler; das Semitische präzisiert bekanntlich die Vokale nicht und schreibt nur die Konsonanten. Diese qurqurru sind wohl die »Hüttenwerker«, die das Metall herstellen, während die sogenannten nappalu die Schmiede sein dürften. Trockenes Holz zu nehmen hätte nicht viel Sinn gehabt, denn für die Schmelzvorgänge mußte das Holz ohnehin erst zu Holzkohle verarbeitet werden. Das gilt ja auch für die Gießereien des Mittelalters; der Meiler des Köhlers im Wald ist so typisch für die frühe Industrie des Mittelalters wie der Klopfhammer der Wassermühle.

Zurück zum Holz – es hatte, seiner Verformbarkeit und Elastizität wegen, jenen Rang, den heute der Stahl einnimmt. Holz, übrigens auch Bambus, kann man bohren, spalten, spannen, nageln, man kann aus Holz Konstruktionen bauen, wie sie aus keinem anderen Material geschaffen werden können – Keule und Schild, Speer und Pflug sind im Prinzip aus Holz, wie das Rad und das Paddel. Aus diesem Grund haben es die Zivilisationen, die in waldarmen Gegenden entstanden sind, ungleich schwerer gehabt, anders ausgedrückt, sie mußten mehr Scharfsinn, mehr Energie aufwenden, um diesen Mangel wettzumachen. Übrigens hat man schon in sehr frühen Zeiten verstanden, Holz über Hitze zu biegen; diese Technik ist verlorengegangen und erst Ende des 18. Jahrhunderts von einem französischen Tischlermeister neu erfunden worden.

Uraltes Material ist auch Elfenbein, zunächst vom Mammut gewonnen, erst spät vom heutigen Elefanten. Aus Elfenbein sind die Statuetten der Urmütter gearbeitet, die Fruchtbarkeitsidole, deren erstes Stück bei Willendorf in der Wachau gefunden worden ist und die nach diesem Fund in der Archäologie ironischerweise »Venus« heißen. Elfenbein ist leicht zu bearbeiten, man kann es polieren; nachdem es in der mittleren und jüngeren Steinzeit – also um 30000 bis 10000 v. Chr.

– zu steinzeitlichen Kleinplastiken verarbeitet worden ist, aber auch zu Speerschleudern (siehe Band »Jäger · Hirten · Bauern«), wird es schon zu Beginn der ägyptischen Kultur um 4000 v. Chr. zum »Kunststoff der Frühgeschichte«: Armreifen, Kämme, Messergriffe, Möbelfüße und Schreibplättchen werden aus Elfenbein gearbeitet. In dieser Zeit wurde Elfenbein aus dem Sudan bezogen, aus Syrien und aus Libyen; man nahm aber nicht nur die Stoßzähne des Elefanten, sondern auch die Hauer des Nilpferdes als Material für diese Dinge. Neuerer Forschung zufolge soll man die erstaunlich großen Elfenbeinplatten der Antike gewonnen haben, indem man den hohlen, oberen Schaft des Stoßzahnes aufsägte, erweichte und auseinanderrollte. Die Platte wurde dann sorgfältig beschnitzt und mit Fischhaut poliert. Angeblich hat man, um das Elfenbein biegsam zu machen, es in Gerste abgekocht, auch ist bei antiken Autoren von magischen Wurzeln die Rede.

Wie Elfenbein und Bernstein, nach dem die große Handelsstraße der Vorzeit aus dem Baltikum nach Süden benannt worden ist, gehören auch Email und Glas zu den ältesten Werkstoffen des Handwerks. Mit den Metallen sind sie vergleichbar, weil hier nicht in der Natur gefundenes Material nur bearbeitet wird, sondern weil man es erst herstellen muß. Email ist bekanntlich gefärbter Glasfluß. Feingestoßener Quarzsand wurde, mit allen seinen Bestandteilen, in flachen Gefäßen in Backöfen geschoben und einer Temperatur von maximal 750°C ausgesetzt. Bei diesem Vorgang, dem »fritten«, backen die Teilchen aneinander. Die Masse wird erneut pulverisiert, in kleine Schmelztiegel gefüllt und nun bei einer Temperatur von ca. 1100°C in eine farbige Glaspaste verwandelt. Die Ägypter zum Beispiel vergossen sie in Formen oder Bändern. Um die leuchtenden Farben zu erzielen, setzte man der Paste Metalloxyde zu; zum Beispiel Kupfer für Schwarz, Mangan für Violett, Blei für Gelb, Zinn für Milchweiß und für Rot ein rotes Kupferoxyd. In den ägyptischen Gräbern aus der Zeit um 4000 v. Chr. hat man blaue, emaillierte Perlen entdeckt. Blau wurde mit Kupfer- oder Kobaltoxyd hergestellt. Aus einer rund tausend Jahre späteren Epoche gibt es bereits emaillierte Perlenketten, aber auch Skarabäen, Amulette, Menschen- und Tierfiguren bis zu 60 cm Höhe. Email hat damals eine Art Oberflächenschutz gegeben, vor allem für den doch recht anfälligen Lehmziegel.

So bilden Lehmziegelreliefs mit farbigem Emailüberzug den kostbarsten Schmuck der Tempelmauern von Assur und Babylon, deren Haltbarkeit damit erheblich gesteigert wurde – Bruchstücke haben die Jahrtausende unter dem Schutt überdauert und finden sich heute in den Museen. Gelegentlich stellte man auch zwei Emailschichten her, wobei eine Schicht 0,5 bis 2,5 mm stark war. Bekannt sind auch die pilzförmigen Stifte, die, zu Mosaiken zusammengesetzt, die Mauer schmückten und deren Köpfe emailliert waren. Übrigens setzt die Herstellung solcher Ziegelmauern bereits eine hochentwickelte Planung voraus. Ein Beispiel: Das Ziel war, etwa eine Ziegelmauer mit »vorüberziehenden Drachen« zu schaffen. Zunächst mußte ein Modell im Maßstab 1:1 gebaut werden, und zwar aus Ton, der an der Luft trocknen konnte. Dann wurde das Modell wie ein Stamm im Sägegatter in horizontale Längsstreifen zerlegt und anschließend, entsprechend den üblichen Ziegelmaßen, in handliche Formstücke zerteilt. Die Schauseite eines solchen Stückes zeigte dann einen Ausschnitt aus dem Gesamtrelief, die übrigen Seiten waren glatt. Nun nahm man von jedem Stück, das seiner Lage nach sorgfältig markiert werden mußte, eine Gießform ab. Mit diesen Gießformen konnte man dann die »Bandproduktion« von Mauern aufnehmen, und zwar mit mythischen Endlosmustern: Viele Hunderte von Ziegeln wurden nach diesem Verfahren gegossen und mit entsprechendem farbigen Emailüberzug versehen, ehe sie erneut gebrannt und schließlich in die Mauer eingepaßt werden konnten.

Aus der Beschäftigung mit Email, also mit dem ersten »chemisch« hergestellten Werkstoff, ist als Kuriosität durchsichtiges Glas entstanden. Der Schmelzvorgang war so unvollkommen, daß sich in der Glasmasse zahllose kleine Bläschen bildeten. Erst zur Zeit Tutanchamuns (1342 bis 1333 v. Chr.) fand sich das, was man heute Glas nennt. In Phönizien ist die Glasherstellung zu einem blühenden Gewerbe geworden, wobei man annimmt, daß die Glasbläserei dort erfunden worden ist. Gefäße aus phönizischem Glas waren ja nicht nur Zierstücke, sondern haben dann während der arabischen Renaissance in der arabischen Medizin und mittelalterlichen Alchemie eine wichtige Rolle gespielt (siehe Band »Schrift · Buch · Wissenschaft«). Allerdings hat es Fenster aus Glas – Fenster kommt ja vom lateinischen fenestra – erst in der römischen Kaiserzeit gegeben. Sie waren durchscheinend, nicht durchsichtig, und sind aus Rohglas gegossen. Bis zum Ende des 17. Jahrhunderts wurden Glastafeln geblasen, und erst als ein gewisser Lucas de Nehon 1688 ein Verfahren fand, Glastafeln zu gießen, wurde aus der Luxusware ein Massenartikel.

Die Glasfenster des Mittelalters stellen einen unglaublichen Luxus dar und demonstrieren, jedem sichtbar, die Macht der Kirche. Aus den Experimenten mit Email und Glas sind übrigens nicht nur Glasgefäße, Glasscheiben und die bunten Kirchenfenster hervorgegangen, sondern auch Glasmosaiken. Diese altorientalische Technik hat in Byzanz und in Oberitalien hervorragende Leistungen entstehen lassen. Email bot für die Lehmziegel von Assur und Babylon einen praktisch unverwüstlichen Oberflächenschutz, und genau dies tat auch der Lack für das in China stellenweise sehr seltene Holz. Schon an Holzteilen aus Gräbern der Schang-Zeit (1500 bis 1000 v. Chr.) hat man Lackanstriche gefunden. Aus der Mitte des ersten vorchristlichen Jahrtausends gibt es dann kleine Tonfigürchen als Grabbeigaben, die poliert und zum Teil rot gelackt sind.

Lack ist, wie Harz und Bernstein, ursprünglich der Saft eines Baumes, und zwar des Rhus vernicifera, der zur Klasse der Sumachgewächse gehört. Der Gerbersumach des Mittelmeerraumes zum Beispiel enthält in seinen Blättern Gerbstoff, auch chinesische Sumachgattungen werden zum Gerben verwandt. Der Lacksaft wird wie Gummi gezapft, gereinigt und gefärbt. Stärker noch als bei den Glas- und Glasurtechniken fasziniert bei diesem Material die handwerkliche Feinheit der Verarbeitung, die zur »Kunst« wird. Man unterscheidet gemalte Lacke, rote oder schwarze geschnittene Lacke, wozu die bekannten Koromandellacke gehören, sowie Lacke mit Einlagen aus Gold- und Silberstaub, aus Perlmutt und Blei und gebranntem Ton. Die Lackmeister haben die verschiedensten Materialien als Untergrund genommen und mit unglaublicher Geduld gearbeitet: Ein guter Lackgrund, der aus 30 Schichten besteht, ist nur Bruchteile eines Millimeters stark; die 200 bis 300 Lackaufträge für Schnitzarbeiten erreichen insgesamt eine Dicke von ca. 3 Millimetern. Jede einzelne Schicht muß angeschliffen werden, bevor sie mit der nächsten, meist feineren Lackschicht überzogen wird. Ein besonders interessantes Verfahren ist das Trockenlackverfahren: Man legt um eine Tonstatue Seiden-, Hanf- oder Leinengewebe, die man lackiert, bis das Material fest geworden ist.

Iranisches Tongefäß, *um 3700 v.Chr. entstanden. Die Herstellung von Töpferware geht bis in die Ältere Steinzeit zurück. Aber erst die Entwicklung der Töpferscheibe im dritten vorchristlichen Jahrtausend ermöglichte es, ein Gefäß in einem Arbeitsgang zu ziehen. Damit war die Grundlage geschaffen für die massenweise Produktion von Tonwaren. The Metropolitan Museum of Art, Joseph Pulitzer Bequest 1959, New York*

Wenn man den Tonkern entfernt, erhält man eine wunderbar leichte und feste Statue.

Indischen Ursprunges ist ein anderer Lack, der entsteht, wenn das Weibchen einer bestimmten Schildlausart (Coccus lacca) in die Zweige bestimmter Bäume sticht. Aus der Rinde tritt ein Balsam, der das Insekt wie Schaum umhüllt und zu einer gefärbten Kruste erstarrt, wobei die Färbung vom Insekt kommt. Die Bauern kratzen die Kruste ab und bringen sie als Stocklack in den Handel – das ist der »Schellack«, ein aus dem Englischen stammendes Wort, das wohl auf indischen Ursprung (indisch: 1000 Läuse) zurückgeht. Die Damen und Herren höherer indischer Kasten färbten sich damit Füße und Hände, Körper und Mund, aber auch die Pfeiler der Paläste wurden mit dem harzigen Material überzogen.

Holz und Elfenbein, Email und Glas oder Lacke stehen hier für viele andere frühe Werkstoffe. Die Leistung des frühen Handwerks liegt in der unendlich geduldigen Behandlung des Materials und des einzelnen Stückes. Was man aus Quarzsand oder einem Baumsaft, aus einem Elefantenzahn oder aus Ton geschaffen hat, übersteigt schon vor vielen tausend Jahren die rein praktischen Erfordernisse, erregt Staunen in der Welt der Massenfertigung und wird heute zum Museumsobjekt – was übrigens wiederum nicht selbstverständlich ist und ein bestimmtes geschichtliches Verständnis voraussetzt.

Werkzeuge

»Was wäre, wenn« – die alte Frage der Historiker und Träumer sei hier angewandt auf ein so einfaches Werkzeug wie das Beil. Was also wäre, wenn um 9000 v. Chr. der Mensch unfähig gewesen wäre, dieses Werkzeug aus Feuerstein und Schaft zu schaffen?

Er hätte nie vermocht, Knochen und Holz zu bearbeiten. Also keine Planken aus Holz, keine Boote, keine Paddel, kein Pfosten fürs Haus – um nur einige Beispiele zu nennen. Das Beil als Form war also gefunden, aber seine Wirksamkeit erhielt es erst, als der Mensch die Bronze herzustellen gelernt hatte. Bronze ist eine Legierung aus Kupfer und Zinn, die sich leichter gießen läßt als Kupfer, aber eine gewisse Sprödigkeit besitzt, verglichen mit Eisen und Stahl. Als man um 1900 v. Chr. in Europa gelernt hatte, aus Bronze Beile herzustellen, begann die große Umgestaltung der Landschaft, die Ausrottung der Wälder, die Kultivierung zu Ackerland – noch heute wäre ganz Mitteleuropa mit dichten Urwäldern bedeckt, wenn die Menschen der Bronzezeit nicht hätten beginnen können, die Wälder urbar zu machen. Dieses etwas simple Beispiel soll zeigen, welche Dynamik in der Erfindung eines neuen Werkzeuges liegen kann oder in der Entdeckung eines neuen Materials. Die Lehren, die schon die frühe Technik, das frühe Handwerk erteilen, sind alt, doch kommen sie dem Menschen erst in einem Augenblick zum Bewußtsein, als ihm sein Werkzeug, die Maschine, aus den Händen gleitet und er immer mehr Mühe aufwenden muß, um es unter Kontrolle zu halten.

Das Beil, der Hammer, die Axt sind frühe Werkzeuge, ebenso Messer, Nadeln und selbstverständlich das Rad, das ja ursprünglich eine Scheibe ist. Wer das Rad erfunden habe, wird oft rhetorisch gefragt, und natürlich kennt niemand die Namenlosen, die irgendwo im 4. Jahrtausend vor der Zeitwende in Vorderasien einen Kasten auf Achsen gesetzt und an diese die abgeschnittenen Scheiben eines Baumstammes gesteckt haben. Der Wagen ist bekanntlich nicht die einzige Möglichkeit, Räder zu gebrauchen – das Prinzip des Rades liegt dem Spinnrad wie der

Töpferscheibe zugrunde. Auch das Spinnrad kommt aus Asien, wo es vermutlich im ersten vorchristlichen Jahrtausend erfunden worden ist.

Die Töpferscheibe ist älter. Aus ägyptischen Texten weiß man, daß die ersten Töpferscheiben, waagerechte Scheiben auf einem zylindrischen Fuß, schon um 3200 v. Chr. bekannt und rund ein Jahrtausend später allgemein verbreitet gewesen sind. Ebenso alt ist auch die Säge. Die ägyptischen Stücke bestehen aus einem länglichen Kupferblatt und einem geraden Holzstiel, ganz wie beim Fuchsschwanz. Schrotsägen, also zweihändige Sägen, um zum Beispiel Bäume zu sägen, sind erst um 900 v. Chr. aufgekommen. Mit feuchtem Sand, den man als Schmirgel benutzt, hat man ein feuchtes Seil oder eine Holzkante schon in der Steinzeit Europas zur Säge gemacht; solche Schmirgelsägen, diesmal aus Bambusschnur, gibt es auf Neu-Guinea heute noch. Mühsam wie das Schneiden und Schleifen ist auch das Bohren, dabei benötigte man ständig Löcher – zum Beispiel, um steinerne Beile schäften zu können. Erstaunlich ist es also nur, daß man sehr früh zu einer ersten Form von maschinellem Bohren gekommen ist.

Wann die ersten Bohrapparate in Betrieb gesetzt worden sind, weiß man nicht – man hat nur Funde, aus denen hervorgeht, daß diese Bohrmaschinen schon in der jüngeren Steinzeit, also vor rund 6000 Jahren, benutzt wurden und sogar Handelsobjekt gewesen sind. Das Grundprinzip dieser Konstruktion ist einfach: Man stellt einen Bohrstab aus Holz mit steinerner Spitze, bisher wie ein Rührquirl mit den Händen gedreht, zwischen zwei waagerechte Balken, die wiederum auf senkrechten Pfosten gelagert sind. Dann nimmt man einen Jagdbogen, löst die Sehne und schlingt sie einmal um den Bohrstab, um sie dann wieder am Bogen zu befestigen. Wenn man jetzt den Bogen wie einen Geigenbogen hin und her führt, bewegt die um den Bohrstab geschlungene Sehne den Stab und versetzt ihn in schnelle Drehung. Auf diese Weise, mit einem Jagdbogen und einem Bohrstab, hat man schon vor vielen Jahrtausenden auf trockenem Holz mit Zunder Glut erbohrt; hier, in Form einer festen Konstruktion, kann man selbst harte Steine durchbohren. Meist wird, zur Erhöhung der Bohrwirkung, Sand auf die Höhlung des Bohrgutes gegeben. Wenn man nun, in stunden- und tagelanger Arbeit, zum Beispiel ein Schaftloch in einen steinernen Hammer bohren wollte, mußte man praktisch die ganze Masse des künftigen Loches ausbohren und zu Staub zermahlen. Irgendwann ist man dann auf den Gedanken gekommen, statt der Bohrspitze ein Rohr zu verwenden; wenn man dieses Rohr, etwa aus Hirschknochen, drehte, dann bohrte man einen Kern aus dem Stein, sparte also Energie.

Dieser Schritt vom Feuerbohrer über das Handbohren zur regelrechten Bohrmaschine, besser gesagt, zum Bohrapparat, bietet ein ausgezeichnetes Beispiel dafür, wie in den frühen Kulturen tatsächlich riesige Zeiträume von vielen tausend Jahren notwendig sind, bis etwas verändert und verbessert wird. Erst der Mangel an Händen, an Arbeitssklaven und an Zeit wird den Menschen gezwungen haben, über Verbesserungen nachzudenken. Auch diese Bohrmaschine ist verbessert worden. Um den Druck des Bohrschaftes zu verstärken, hat man ihn mit Sandsäcken beschwert; die Vasen und Schminkgefäße aus hartem Stein, die man in Ägypten hergestellt hat, sind mit solchen Bohrapparaten ausgebohrt worden. Es gibt eine Hieroglyphe, die diesen Apparat darstellt. Sie bedeutet den Bereich, den man heute mit »Handwerk und Kunst« bezeichnen würde – offenbar ist diese kräftesparende Methode, Löcher zu bohren, eben doch als ein Beweis erheblicher Kunstfertigkeit erlebt worden. Im bronzezeitlichen Ägypten hat man aus dem senkrecht arbeitenden Fiedelbohrer den waagerecht gelagerten Bohrer entwickelt, eine Art Drehstuhl oder Drehbank. Hier wurde der Bohrschaft zwar wie bisher mit der Fiedel angetrieben, aber der Zapfen aus Holz, Horn oder Metall bohrt sich nicht senkrecht, sondern waagerecht in das Werkstück. Franz M. Feldhaus, der Klassiker der Technikforschung, bezeichnet diesen Apparat als Universalmaschine aus der Zeit um 1500 v. Chr. und sagt, man könne mit ihr abdrehen, ausbohren, ausdrehen, Löcher und Verzierungen einschleifen, außerdem auch noch abschleifen, fräsen, drücken und polieren.

Phantastische Bohrleistungen hat die Kultur am Indus erbracht, die um 2500 v. Chr. dort angesiedelt war und ihren Namen nach den Hauptsiedlungen Harappa und Mohenjo Daro trägt. Dort wurden Perlen von rund 10 cm Länge aus Achat und Karneol hergestellt, also aus äußerst hartem Material (Härtegrad 7). Man schaffte das mit feinsten Bohrern, die aus Felsgestein zu dünnen Stäben von etwa 2,8 mm Dicke geschliffen waren und an deren unterem Ende eine kleine Höhlung eingearbeitet war, damit die Spitze des Kernbohrers besser faßte und den Steinstaub mit Wasser, der als Bohrmittel benutzt wurde, ausnutzen konnte. Man hat heute Versuche mit Bohrern dieser Kultur gemacht – es waren Bogenbohrer – und in zwanzig Minuten einen Millimeter erbohrt. Für eine Perle benötigt man demnach 33 Arbeitsstunden (Honoré). Die Handwerker von Mohenjo Daro haben mit Hilfe einer besonderen Technik sogar Mikroperlen hergestellt, die ein Loch von nur 0,25 mm Durchmesser haben und außen spiralige Rinnen aufweisen, also »abgedreht« worden sind. Diese Perlen bestehen aus Steatit, einem Material mit der Härte 1, das unter Hitze so hart wie Karneol wird. Die Handwerker von Mohenjo Daro wußten das. Sie schnitten sich Steatitstäbe, die sie in der Längsachse durchbohrten und dann durch das Loch einer Kupferplatte spiralig »abdrehten«. Diese Platte war die erste »Drehbank«, die es gab. Dann zerlegte man die Stange in kleine Stücke und schliff sie mit Quarzsand rund und glatt. Wenn die Perle anschließend auf 1200°C erhitzt wurde, bekam sie die Härte des Karneols.

In der Steinzeit hat es Apparate für das Bohren und für das Sägen gegeben – einfache Pendelsägen und jene frühen Bohrmaschinen. Nun erweitern sich die technischen Möglichkeiten erheblich, nicht etwa durch die Verwendung von Bronze, sondern durch die Verbreitung der Technologie. Von den Ägyptern haben die Babylonier, Assyrer und Phönizier diese Vorformen der Drehbänke übernommen. Auch die Griechen und Römer haben mit solchen Bohrmaschinen Holz, Elfenbein, Horn u. ä. bearbeitet.

Ein Spezialwerkzeug haben sich die griechischen Gemmenschneider geschaffen, die Edelsteine zu Gemmen verarbeitet haben, also auf kleinem Raum eine hohe Präzision erreichen mußten. Die Bohrer dieser Steinschneider bestanden aus stumpfem Eisen, dessen Spitze mit Diamantsplittern besetzt war. Vor dem Arbeitsgang tauchte man den Bohrschaft in ein Gemisch aus Öl und Diamantenstaub. Die Kraft wurde nicht mehr mit der Hand erzeugt, sondern mit dem Fuß; das Pedal als Kraftantrieb, wie bei der alten Nähmaschine bis ins 20. Jahrhundert üblich, ist ein wesentlicher Fortschritt gewesen. Solche Apparate sind offensichtlich auch von den römischen Glasschleifern benutzt worden.

Hammer, Säge, Beil, Bohrer – seit der frühen Steinzeit ist offenbar nicht sehr viel Neues erfunden worden; neu ist nur der Gedanke, Kräfte und damit Zeit zu sparen, und hier hat die technische Intelligenz der frühen Kulturen keine geringen Leistungen erbracht. Ein paar tausend Jahre lang ging es darum, das Material zu überwinden. Die Hilfsmittel blieben sich gleich, als Energie diente Muskelkraft, multipliziert mit Geduld. Handwerksarbeit blieb immer Arbeit am Einzelstück. Das Maschinenwesen, das aus dem Handwerk hat Industrie werden lassen, ist im Grunde aus dem Traum entstanden, Mühen abzuwälzen. Niemand auf diesem Weg hat ahnen können, daß diese Mühen als Streß in verdoppelter Wucht auf den Menschen zurückfallen würden.

Im Dienste königlicher Herrscher

Auf den ägyptischen Fresken herrscht reges Leben: Da sieht man Männer, die Korn schneiden, und andere, die das Vieh schlachten, man erkennt Hüttenwerker, die das Erz aufbereiten, geschmolzenes Metall in die Form gießen, oder Kunsthandwerker, die eine mannshohe Vase bearbeiten. Alle die Handwerke, die zum städtischen Leben gehören, sind vorhanden, also Schlachter und Bäcker, Schmiede und Goldschmiede, Tischler und Zimmerleute, Bootsbauer und Lederseiler, Steinschleifer und Töpfer, doch jeder, der da hämmert und werkt, schneidet und bohrt, webt und klopft, tut es nicht als freier Handwerker auf eigenes Risiko und eigene Rechnung, sondern als Leibeigener des Pharao, im Dienste der Priesterschaft oder irgendeines mächtigen Herrn. So wurden in Ägypten die Arbeiten der Handwerker vor der Werkstatt ausgelegt, wo sie vom Vorsteher der Gerber oder Steinschneider, Goldschmiede oder Töpfer begutachtet wurden. Erst nach dieser Qualitätsprüfung entschied man, ob sie für die Schatzkammer des Gottes oder des Königs geeignet waren. Es gab aber auch regelrechte Gesamtausstellungen alles dessen, was das ägyptische Handwerk zu bieten hatte; Verzeichnisse solcher Darbietungen sind am Tempel von Karnak angebracht. Sie dienten aber nicht dem Markt, sondern dem Ruhm dessen, der die Macht hatte, alles dies zu spenden. Die soziale Kluft zwischen den Beamten des Tempels und des Königs und den Handwerkern scheint unüberbrückbar gewesen zu sein.

Auf einer Ruhmessäule des Pharao Ramses II. heißt es u. a.: »Ich verbessere eure Lage, indem ich sage: Wenn ihr mit Liebe für mich arbeitet, werde ich durch euer Heil gestärkt werden. Umfangreiche Vorräte werden euch übergeben, und ich hoffe, daß ihr leben und die Arbeiten durchführen werdet.« Der Pharao rühmt sich dann des »Bruttosozialproduktes«, aufgegliedert nach Backwerk, Fleisch, Korn, Sandalen, Kleidern usw., alles von ihm hergestellt, »um euch zu ernähren« usw. So sagt er auch: »Ich habe Töpferwerkstätten eingerichtet und ließ Tongefäße herstellen, in denen in der Jahreszeit ›schemu‹ euer Wasser kühl bleiben wird.« Vom Lohn wurde nicht geredet, kein Name genannt, diese Werke blieben namenlos, und ein Schreiber schreibt: »Nie habe ich einen Bildhauer als Gesandten noch einen mit einer Botschaft betrauten Metallgießer gesehen; aber ich erblickte den Schmied bei seiner Arbeit am Schlunde des Ofens. Seine Finger sind wie die eines Krokodils, und er stinkt wie Fischlaich.«

Die verschiedenen handwerklichen Tätigkeiten sind viele tausend Jahre alt, aber die Organisation dieser Produktion ist Wandlungen unterworfen. Es ist ein Unterschied, ob der leibeigene Handwerker für den Bedarf seines Herrn produziert und von ihm unterhalten wird oder ob seine Ware auf den Markt geht und er seinen Unterhalt vom Erlös bestreitet. Die frühen zunftähnlichen Organisationsformen des Handwerks gehen in den verschiedenen Kulturen aber nicht nur auf wirtschaftliche Überlegungen zurück. Oft war das handwerkliche Wissen von einem Gott oder einer mythischen Gestalt des Weltanfanges abgeleitet, es mußten bestimmte Riten durchgeführt, bestimmte Tabus beachtet werden, wenn das Werk gelingen sollte, und die Zusammengehörigkeit erwuchs aus solchen Traditionen. Ein bezeichnendes Beispiel dieser Art bieten die »toltecas«, die Federflechter, in Mexiko, deren Erzeugnisse im fernen Europa bewundert wurden, sobald sie an den Fürstenhöfen auftauchten. Als Albrecht Dürer, der gelernte Goldschmied der Renaissance, im Jahre 1520 in Belgien einige Geschenke sah, die Montezuma dem spanischen Landräuber Cortèz gemacht hatte und die dieser an seinen Herrscher, Kaiser Karl V., weitergeleitet hatte, schrieb er voll Staunen: »Diese Dinge sind alle köstlich gewesen, daß man sie beschätzt um hunderttausend Gulden wert. Und ich hab aber all mein Lebtag nichts gesehen, daß mein Herz also erfreuet hat als diese Ding. Dann ich hab darin gesehen wunderliche künstliche Ding und hab mich verwundert der subtilen Ingenia der Menschen in fremden Landen.«

Selbst dieser schwache Abglanz unermeßlicher Schätze genügte, um den weißen Handwerker aus der freien Reichsstadt Nürnberg, in der das Handwerk blühte wie nirgends sonst in Deutschland, zum Staunen zu bringen. Von dem Land, aus dem diese Wunderwerke kamen, wußte er wenig und noch weniger, also gar nichts, über die Lebensweise dieser Menschen mit der »subtilen Ingenia«. Gewiß hätte er sich nicht träumen lassen, wie diese Menschen in Wirklichkeit lebten, »Wilde« in seinen Augen, deren Geschick und wunderbarer Einfallsreichtum ihn so entzückten. Die Federflechter wurden von ihren Eroberern, den Azteken, »toltecas« genannt und als »Barbaren« betrachtet, weil sie nicht wie Menschen sprechen konnten, nämlich aztekisch. Sie verehrten einen eigenen Hauptgott, vier Götter und zwei Göttinnen, hatten das Recht, wie die Goldschmiede an einem bestimmten Tag ein Sklavenopfer darzubringen, und begingen im Monat Tlaxomichao ihr Sippenfest. Sie waren begehrte Spezialisten, man würde sie heute als Kunsthandwerker bezeichnen, die wie die Goldschmiede auf sehr alte ethnische Traditionen zurückblickten.

Jede Familie in der Stadt bildete ein eigenes Atelier. Die Frauen der Federflechter zum Beispiel webten und stickten, fertigten Decken aus Kaninchenfell oder widmeten sich dem Färben von Federn. Daß die Kinder, sobald sie stehen und sprechen konnten, den Eltern halfen, war selbstverständlich, denn am Sippenfest hatten die Eltern den Göttern gelobt, ihre Kinder in das Handwerk einzuweihen. Im Grunde unterscheidet sich diese patriarchalische Lebensform eines Familienbetriebes kaum von denen, die sich überall in der Welt entwickelt haben, wenn erst eine bestimmte Stufe der Überschußproduktion und der Naturalwirtschaft erreicht war. Nur werden hier die Erzeugnisse dieser Familien nicht auf den Markt gebracht – es sind Auftragsarbeiten, wie die der Renaissance-Künstler (siehe Band »Spiel · Sport · Kunst«). Ein zeitgenössischer Beobachter, Bernal Diaz, hat die Kunsthandwerker im Palast selbst arbeiten sehen. Andere wirkten zu Hause, wobei jede Familie eine Produktionseinheit bildete. Von den Auftraggebern, den Würdenträgern, erhielten sie das Material, also Steine, Federn oder Gold, und hatten daraus das geforderte Kunstwerk zu fertigen, oft einen Kopfschmuck oder ein

Ochsengespann mit Wagen. *Die Konstruktion des Rades gehört mit zu den wichtigsten Erfindungen der Menschheit.*
Das Rad ist bereits seit circa 3500 v.Chr. bekannt und hat sich aller Wahrscheinlichkeit nach aus runden Hölzern zum Transport von Lasten entwickelt. Mosaik aus einer römischen Villa in Piazza Armerina, Sizilien

Streitaxt *mit Löwenkopf, bekrönt von einer
Palmette. Bronze aus Luristan, Iran. Um 1200 v.Chr.
Abegg-Stiftung Bern in Riggisberg*

Drei römische Gläser, *gefunden in Katakomben in Rom.*
Die ältesten Glaserzeugnisse stammen aus Ägypten, und zwar aus dem vierten
vorchristlichen Jahrtausend. Diese Beispiele gehören dem 1.–3. Jh. n. Chr. an.
Biblioteca Apostolica Vaticana, Rom

Etruskische Fischerleute *bei der Arbeit.*
Wandmalerei aus dem Grab der Jagd- und Fischerei-Szenen,
um 520 v. Chr. Tarquinia

Zubereitung und Verkauf *wohlriechender Öle.*
Amorettenfries aus dem Haus der Vettier, 62–68 n.Chr. Pompeji

Chinesischer Bauer mit Ochsenkarren. *Die Landwirtschaft
stellt auch heute noch die wichtigste Lebensgrundlage des chinesischen Volkes dar.
Terrakottafiguren aus der Tang-Zeit (618–906).
Royal Ontario Museum, Toronto*

Chinesischer Händler mit einem Weinschlauch. *Glasierte Terrakottafigur, ebenfalls
aus der Tang-Zeit. Royal Ontario Museum, Toronto*

Arabische Bauhandwerker *errichten die Festung Kharnag. Miniatur von Kamal-Ud-Din Bihzad aus Ms. Or. 6810. fol. 154v, um 1494/95. British Museum, London*

sonstiges Rangsymbol, wie es den aztekischen Granden zustand. Ihre Entlohnung bestand in Naturalien, wie dies üblich war, also in Kakao, Bohnen, Mais, Geschirr und gelegentlich auch in Salz oder Stoffen.

Auf Reichtum und politische Würden im Staat legten diese Handwerker keinen Wert, waren aber angesehen. Zwar mußten sie wie jedermann Steuern zahlen, jedoch waren sie wie die Kaufleute vom persönlichen Staatsdienst und von der Landarbeit befreit. Die zunftartigen Körperschaften, die diese Handwerker bildeten, wurden anerkannt und konnten sich von ihren Ältesten beim Staat und vor Gericht vertreten lassen. Für das Ansehen, das sie allgemein genossen, ist bezeichnend, daß sich junge Adlige gelegentlich in ihren Künsten unterweisen ließen – ganz so, wie der junge Adlige des Rokoko in allerlei Künsten dilettierte. Solche hochentwickelten Organisationsformen, selbst in einem Militärstaat wie dem Aztekenreich, sind nicht selbstverständlich, doch sind die Handwerker, durch ihre Tätigkeit herausgehoben und von bestimmten Voraussetzungen abhängig, die ersten, die sich »organisieren«, weil sie die ersten wirklichen Spezialisten sind, die Vorläufer all der Techniker der Neuzeit. Für diese aztekischen Handwerker ist ein Zug bezeichnend, der fast in allen Hochkulturen zu beobachten ist, nur im europäischen Mittelalter nicht: Das Handwerk ist konservativ, es strebt nicht nach gesellschaftlichem Aufstieg, sondern nimmt in der Gesellschaft genau den Platz ein, den es sich wünscht.

Ausdruck dieser Ordnung ist der Götterhimmel, dem neben zahllosen Göttern für Stadtviertel und Körperschaften auch Coyotlinaual, der Gott der Federflechter, und Uixtociuatl, die Göttin der Salzsieder, angehören. Mexiko, die auf Pfählen errichtete Lagunenstadt, die rund eine halbe Million Menschen beherbergte, als Cortèz das Land eroberte, war in Stadtviertel eingeteilt, deren genaue Lage man nicht rekonstruieren kann. Man weiß aber, daß sich über jedem der Stadtviertel mit seinen geraden Kanälen, seinen Hütten und Palästen, seinen blumengeschmückten Innenhöfen und Terrassen die jeweilige Tempelpyramide erhob. An bestimmten Straßen lagen die Werkstätten der Juweliere, der Goldschmiede oder Federkünstler, so wie in anderen Vierteln die Lagerhäuser standen. Die Handwerke, die uns heute einfallen, etwa die Bäcker, Schneider, Friseure oder Metzger, werden in den alten Quellen nicht genannt. Diese Tätigkeiten wurden im Haus verrichtet, als regelrechte Handwerke hatten sie sich noch nicht etabliert – das ist wohl erst in Millionenstädten der frühen Kulturen passiert, wo große Massen ernährt werden mußten und die Familienstruktur zerstört war.

Diese Aufteilung in Handwerkerviertel zieht sich, den Erfordernissen der Erzeuger wie der Verbraucher entsprechend, durch alle Metropolen: In Konstantinopel wie in Kairo, in Athen wie in Chang'an, der chinesischen Hauptstadt, gab es solche Handwerkerviertel. So gab es im Fernen Osten Bazare für Gegenstände aus Leder, Bronze, Seide und Holz – aber leider weiß man nichts über die Handwerker dieser Zeit. Es gab Läden für Drogen und für Kuchen und Süßigkeiten, übrigens auch regelrechte »Cafés«, nur daß man sich dort bei einer Tasse Tee ausruhte und nicht bei Kaffee, es gab persische Edelsteinhändler und türkische Pfandleiher in der chinesischen Hauptstadt – aber man kennt von den alten Handwerken nicht viel mehr als die Tributzahlungen.

Aus Südchina wurden u. a. Papier, Matten und Geräte aus Ton geliefert, ferner Schuhe aus Bambus, Pfeile, Fächer und Duftstoffe. Lackwaren kamen aus dem öst-

Fischfang *mit Netzen. Ägyptisches Holzmodell aus*
dem Grab des Meketre, XI. Dynastie. The Metropolitan Museum of Art,
New York

lichen China, Porzellan und Schreibpinsel aus der Gegend des unteren Yangtse, während Nordchina Eisenspiegel, Hornbogen, Tusche, Farbe, Seide und Messer lieferte, außerdem Sättel und Leinen. Diese etwas umfangreiche Liste zeigt, daß das Handwerk in China damals straff genug organisiert gewesen sein muß, um solche kollektiven Lieferungen zustande zu bringen. Über die Erzeugnisse der Handwerkskunst, von der Töpferei bis zur Goldschmiedekunst, ist man ja aus den verschiedenen Epochen der alten Hochkulturen gut informiert; das Leben der Handwerker wurde aber kaum der Darstellung gewürdigt, und so ist es ein Glücksfall, wenn man – wie etwa bei den Azteken – gewisse Einblicke hat. Dies ist nur möglich, weil europäische Geschichtsschreiber ihre Eindrücke aufgezeichnet haben, wie auch die Berichte aus China wesentlich nicht aus der chinesischen Überlieferung stammen.

Handwerk in Rom

Unter der Sonne Homers fühlte sich der Bauer, mochte er sich auch noch so plagen und noch so arm sein, dem Handwerker überlegen, weil er selbst nur abhängig war vom Wetter und von dem Geschick, das die Götter ihm bereiteten. Er brauchte auf niemanden Rücksicht zu nehmen wie der Handwerker, der doch vielen und gewiß jedem Auftraggeber nach dem Mund reden und zu Gefallen sein mußte. Wie in allen bäuerlichen Gesellschaften wurde auch in Griechenland von einer Sippe alles selbst erzeugt, was zum Leben notwendig war, vielleicht von Waffen und Messern, von Salz und Schmuck abgesehen.

Nur der Schmied hat schon in der archaischen Zeit in eigener Werkstatt gearbeitet, sonst gab es auf dem Lande kein Handwerk. Das hat sich geändert, seit im 6. vorchristlichen Jahrhundert die Silbermünze als Zahlungsmittel eingeführt wurde; davon wird in späterem Zusammenhang noch zu reden sein. Dieses Geld bot Anreize, den Markt auszuweiten, der für die eigene Ware bestand, und auf Vorrat zu produzieren. Alle späteren Wirtschaftsformen bis zum heutigen Tag sind aus dem Bestreben hervorgegangen, dieses Prinzip zu vertiefen und zu verfeinern. Von allen Erzeugnissen, die in der Familie hergestellt wurden, benötigte die Töpferware neben der Weberei die meiste Arbeitszeit. Aber Töpfe waren Gebrauchsgut, während im Leinen und im Wollstoff die Ehre der Hausfrau lag.

So entstanden in der zweiten Hälfte des 7. Jahrhunderts, also außerordentlich früh, an der Einführung des Silbergeldes gemessen, die ersten handwerklichen Manufakturbetriebe, die Töpferware für den Export herstellten. Weitere Werkstätten wurden im 6. Jahrhundert in Athen, Kleinasien und Unteritalien ins Leben gerufen. Schon damals hat man die Ware mit einem Markenzeichen versehen, gewiß aus keinem anderen Grund als heute, und die Betriebe vererbten sich von Generation zu Generation. Mit der Zeit bildete sich eine besondere Betriebsform heraus, übrigens nicht nur für die Töpferei, sondern auch für das Metall-, Leder-, Holz- und Steingewerbe. Die Struktur dieser Betriebe, die bis zu fünfzig Sklaven beschäftigten, war denkbar einfach: Der Eigentümer stellte den Arbeitsraum und sorgte für die Rohstoffe, also Ton, Erz, Leder oder Stein, und die Sklaven stellten die Ware her. Sie verkauften sie auch, nur mußten sie ihrem Eigentümer einen bestimmten, festen Satz zahlen, die sogenannte »Abgabe«, weil auf diese Weise natürlich die Beschaffung von Rohstoffen einfacher war, ebenso der Verkauf. Andererseits schlossen sich die Handwerker, die gleiche Interessen hatten, zu Zünften, um nicht zu sagen Gewerkschaften, zusammen. In der späten Kaiserzeit hatte der Staat alles Interesse daran, den hochspezialisierten Handwerker an seinen Beruf zu binden. Deshalb wurden strenge Bestimmungen erlassen, die das regeln sollten. Selbstverständlich hatten Söhne den Beruf ihres Vaters zu erlernen, und oft wurden die Töchter gezwungen, den richtigen Mann für den Betrieb zu heiraten. Auf diese Weise ähnelte die Situation des freien Handwerks immer mehr dem Sklavenhandwerk.

Der Zusammenschluß der Handwerker zu zunftähnlichen Korporationen ist in Rom uralt und wird legendär auf König Numa Pompilius zurückgeführt. Eigentümlich sind die Handwerksarten, auf die das zutrifft. Die Quellen nennen die Flötenhersteller, die Goldschmiede, die Holzverarbeiter, die Färber, die Schuster, die Lederhandwerker sowie die Kupfer- und Pfannenschmiede (Paoli). Wie problematisch es selbst für Historiker ist, lateinische Berufsbezeichnungen ohne weitere konkrete Kenntnis des Gemeinten zu übersetzen, zeigt ein Vergleich: In der »Sozialgeschichte der Arbeit« von van der Ven ist ebenfalls von diesen Berufen die Rede, doch heißt es hier, es seien Flötenspieler, Goldschmelzer, Schmiede, Maler, Schuhmacher, Ledergerber, Bronzearbeiter und Töpfer in Zünften organisiert gewesen. Selbst bei exakter Übersetzung stimmen die Berufsbezeichnungen aber nicht immer mit dem überein, was man sich heute darunter vorstellt. So fertigen die Goldschmiede oder Goldschmelzer nicht nur Schmuck aller Art an, sondern auch Goldkapseln für schlechte und plombierte Zähne. Später sind es rund 150 Berufsgruppen, die als die ersten Zünfte einwandfrei belegt sind: Dazu gehören allerdings die Reeder ebenso wie die Straßenhändler, die Lupinenverkäufer oder Fischhändler, die Konditoren wie die Pastetenbäcker. Es gab Drogisten und Spiegelverkäufer, Blumenhändler und Elfenbeinschnitzer, Uniformschneider und Seidenweber; diese durchschossen mit Baumwolle die chinesische Seide, die seit dem 1. Jahrhundert nach Rom importiert wurde (Paoli).

Diese Sklaventeams waren feste, aufeinander eingespielte Einheiten, die man ungern auseinanderriß. So weiß man von einem Ergasterion, einer Produktionsgruppe, die Betten herstellte; sie wurde zum Gegenstand eines langwierigen Erbschaftsstreites und wechselte mehrfach den Besitzer, ohne daß es jemand in den Sinn gekommen wäre, die Leute auseinanderzureißen. Man hätte dies als vermeidbaren Schaden angesehen, etwa so, wie man früher zwei eingefahrene Kutschpferde nur ungern trennte. Solche Sklaven, die produzierten, waren Investitionen des Kapitals. Im 4. Jahrhundert war Nikias der reichste Mann von Athen; er hatte den größten Teil seines Vermögens in Sklaven investiert. Den Gewinn zog er aus ihrer Produktion, mehr noch aus ihrer Vermietung.

Roms Imperialismus ist übrigens, so gut das ins Schema passen würde, kein industrieller Imperialismus gewesen, denn was Rom einführte, überstieg stets die Ausfuhr um ein Vielfaches: Rom war Verbraucher, nicht Produzent.

Die Struktur des »Ergasterion«, also der Produktionseinheit mit einem Vorarbeiter, ist auch in der römischen Antike allgemein verbreitet gewesen. Es gab die großen Unternehmer, die für öffentliche Bauten viele Sklavenabteilungen vermieteten – selbstverständlich keine Handwerker im beschriebenen Sinne –, aber auch solche, die sich Handwerker hielten, wie dies in Griechenland üblich war. Neben diesen Sklavenbetrieben kannte man auch den freien Handwerker, der in seiner Werkstatt mit Gehilfen und Lehrlingen arbeitete und seine Ware selbst verkaufte. Es gab regelrechte Industrien, also ursprünglich handwerkliche Produktionsprozesse, deren einzelne Arbeitsgänge zerlegt und spezialisiert waren, und es gab freie Arbeiter, die im Tagelohn und im Akkord arbeiteten. Die Löhne wurden frei ausgehandelt; erst unter Kaiser Diokletian (284 bis 305 n. Chr.) sind einige Löhne tariflich festgelegt worden.

Überhaupt war die Freiheit dieser freien Handwerker stets bedroht und sehr fragwürdig. Man bildete zum Beispiel wie bei den Sklaven Gruppen von Spezialisten. Zwei Berufsgruppen spielten eine besonders große Rolle im Straßenleben der Stadt. Das waren die, die mit ihrer Hände Arbeit bestimmte Dinge herstellten, zum Beispiel die Gerber, die Seiler, die Kürschner, die Schreiner und Kunsttischler, die Bronzewerker und Eisenwerker und die Kalfaterer, die Werg und Hanf produzierten, um damit zum Beispiel die Ritzen von Schiffsrümpfen zu dichten. Die andere

Gruppe umfaßte alle, die zum Baugewerbe gehörten, vom Abbruchunternehmer bis zum Maurer und Zimmermann. Trotz dieses wimmelnden Lebens und dieser vielfältigen Tätigkeiten blieb die Familie im antiken Rom die sozusagen produktive Grundeinheit. Das Leben des einzelnen wurde nicht davon bestimmt, was Handwerk und Industrie ihm an Leistungen anboten, sondern davon, was die Familie selbst herstellen konnte und damit zum Verbrauch anbot. Erst in zweiter Linie wurden die Dienste des Handwerks herangezogen.

Besonders angesehen und gesucht waren die Kunsthandwerker, welche die Fußböden ausgestalteten, ähnlich wie die Federflechter in Mexiko, die ja auch den Bedarf der Adelskaste befriedigten. Man unterscheidet in der Bezeichnung die Handwerker, die Mosaiken fabrizieren, die Hersteller von Fenstern aus Specksteintafeln oder Glas – dieses war übrigens durchsichtig, aber zu grob gegossen, als daß man hätte hindurchsehen können – und die Maler der Wandfresken. Zwischen allen diesen Läden und Werkstätten, Wohnblocks und Plätzen gab es Barbierstuben – etwa so häufig wie im modernen Straßenbild die Eckkneipen. Kein Mensch konnte sich mit den damaligen Mitteln selbst rasieren, also übertrug man diese Aufgabe einem Sklaven oder begab sich in die nächste Barbierstube, die zugleich, wie das heutige Café, Treffpunkt und Nachrichtenbörse war.

Die Läden und Werkstätten waren überhaupt Treffpunkte oder dienten als Ortsangabe. Es gab ja keine bezeichneten Straßen, keine Hausnummern und erst recht keine Stadtpläne. Also verabredete man sich an bekannten Monumenten oder Läden, zum Beispiel »beim frischen Käse« oder »bei den Töpfern«. Noch heute sind ja in vielen Straßennamen, nicht nur in Rom, solche alten Bezeichnungen enthalten. Der Catalinarier M. Laeca wohnte zum Beispiel »inter falcarios«, d. h. »zwischen den Sichelschmieden«. Gelegentlich verschmelzen auch zwei verschiedene Ortsangaben zu einer, die Verwechslungen ausschließt; so zum Beispiel heißt es, auf bestimmte Denkmäler bezogen, »beim Sandalenschuster in der Nähe der Apollo-Statue« oder »beim Grünzeughändler in der Nähe des Elefanten«.

Übrigens gab es, wie in modernen Städten auch, unterschiedliche Lagen. Die gepflegten Läden, wo man kostbare Kleinigkeiten, Schmuck, Nippes und Sklaven kaufen konnte, lagen weit weg vom Forum in der gelockerten Umgebung des vorderen Marsfeldes, während die Handwerker und Händler für den täglichen Bedarf in der Nähe des Tiber die sogenannte Suburbia bevölkerten, ein dichtgedrängtes, wenn auch nicht monotones Ladenviertel, in dem die Sklaven ihre Einkäufe für die Herrschaft tätigten. Keine römische Matrone erledigte nämlich selbst ihre Einkäufe für Küche und Haus; das war Aufgabe der Dienstboten. Frauen aus gehobenen Kreisen sah man deshalb auch nie in diesen Läden, weder als Inhaberinnen noch als Kundinnen. Der Lebensbereich der Frau war ausschließlich aufs Haus beschränkt, wenn man von öffentlichen Festen und den Spielen absieht.

Vom ehrbaren Handwerk

Frühchristliches Handwerk

Nie hat es im christlichen Kulturkreis eine strahlendere Metropole gegeben als das alte, 330 zur Hauptstadt des Reiches ernannte Konstantinopel, von dessen Pracht das heutige Istanbul nichts mehr ahnen läßt. Viele hundert Jahre lang diktierte es der christlichen Welt den Geschmack, wie Paris dies seit dem Barock für Europa tat, und nach byzantinischem Vorbild wurden noch in den äußersten Vorposten des Abendlandes Dome gebaut, Stoffe gewebt, Bilder gemalt – die russischen Ikonen wie die Mosaiken von Ravenna, die Pontifikalgewänder der Patriarchen von Bulgarien wie der Priester in Rom orientierten sich am Vorbild von Byzanz. Hier kreuzten sich die Handelsstraßen von Ost und West, von Nord und Süd, im Hafen am Bosporus wimmelte es von Schiffen, und in den engen Gassen der Viertel über dem Meer hörte man alle Sprachen des Orients und Okzidents. Man könnte meinen, daß gerade in dieser Stadt das gewerbliche Leben eine besondere Vielfalt der Formen ausgebildet hätte, daß selbstbewußte Zünfte in die politischen Ereignisse der Stadt eingegriffen oder wenigstens ihre eigenen Rechte mit Nachdruck formuliert hätten. Das Gegenteil ist der Fall.

In diesem tausendjährigen Reich hat es keine politisch neuen Ideen, keine wissenschaftlichen Erkenntnisse, keine neuen Stile gegeben, wie in Europa zur Zeit der Gotik, und auch im handwerklichen Bereich beschränkte man sich darauf, das Bestehende bis zur Raffinesse zu verfeinern, vermochte aber nicht, etwa neue technische Methoden zu ersinnen oder Maschinen zu entwickeln. Dabei war die technische Intelligenz sicher nicht geringer als etwa in Rom oder Paris, es gab im kaiserlichen Palast die raffiniertesten Maschinenanlagen, die das Staunen ausländischer Besucher erregten. Daß die Gewerbe und Handwerke trotz dieser Möglichkeiten in Traditionen erstarrten und nicht zu schöpferischen Leistungen kamen, liegt wohl in der Zeit, aber auch in der verfehlten Wirtschaftspolitik der Kaiser begründet, Konstantinopel war auf eine heute kaum mehr vorstellbare Weise Hauptstadt der Christenheit, also metaphysisch orientiert. Technischer Fortschritt und wissenschaftliche Erkenntnis lohnten der Mühe kaum, und wo Gewinne zu erwarten waren, etwa wie bei der Zucht von Seidenraupen, die man mit viel Schläue aus China geholt hatte, schuf sich der Staat ein Monopol und verhinderte, daß wie in China die Zucht eine breite Basis in der Bauernschaft erhielt (siehe Band »Kleidung · Mode · Schmuck«).

Die alten Formen wurden bis zum Überdruß wiederholt, die alten Techniken wieder und wieder bis zur Raffinesse verfeinert, so entstanden Brokate, wie man sie nie wieder hat herstellen können, Mosaiken von erlesener Schönheit, Glasgefäße, Goldschmiedearbeiten, kunstvolle Teppiche und vielerlei anderes mehr; der Export solcher Waren in alle Teile der »bewohnten Erde« bildete einen wichtigen

Goldmedaillon *Constantins I. (306–337). Die Handwerkskünste standen in Byzanz
völlig unter dem Einfluß des kaiserlichen Hofes. Sie konnten sich nicht als freie Berufs-
stände entwickeln, wie dies später im mittelalterlichen Abendland möglich war.
Cabinet des Médailles, Louvre, Paris*

Posten der byzantinischen Bilanz. Politisch hat sich in Byzanz das Handwerk aber
nie, etwa wie in Europa, durchsetzen können, denn der Staat hatte die Gewerbe
fest im Griff.

So gehörte jeder Handwerker zu einer bestimmten Zunft, jede Zunft hatte ein
streng umrissenes Monopol, war aber andererseits auch einer staatlichen Kontrolle
unterworfen, und die Höhe der Gewinnspannen war durch den Staat festgelegt.
Die Planung ging so weit, daß sogar vorgeschrieben war, an welchen Plätzen der
Stadt die Handwerker ihre Läden einrichten durften; auch die Bedingungen, zu
denen neue Mitglieder in die Gilde aufgenommen werden durften, waren vorgeschrieben. Im übrigen war die Organisation der Rohstoffbeschaffung und des
Exports durchaus modern, und es wurde in großem Maßstab eingekauft und ex-
portiert. Über Konstantinopel gingen zum Beispiel die Gewürze, die in Europa und
im Westgotenreich verbraucht wurden, die getrockneten Früchte aus Griechenland gingen an den Rhein, und der Historiker Gregor von Tours (540 bis 594) berichtet von einem Einsiedler, der sich ausschließlich von bestimmten Wurzeln er-
nährte – eingeführt aus Alexandria über Konstantinopel. Die Einwohner
Konstantinopels nannten sich bekanntlich »Romäer«, also Römer, und verstanden

sich als die Erben der römischen Tradition und des römischen Imperiums, dessen Grenzen die des Christentums waren.

Auch im westlichen Christentum, dessen Haupt der Papst in Rom war, hatte man kulturell auf dem römischen Erbe aufgebaut. Allerdings war die Wirtschaft der germanischen Stämme die einer frühen Gesellschaft, in der die Familie herstellt, was sie verbraucht. Allenfalls der Schmied, und zwar vor allem der Waffenschmied, ist tatsächlich Handwerker. Andere handwerkliche Tätigkeiten mögen sich spezialisiert haben, wurden aber doch immer im Rahmen der Familie, der Hof- und Produktionsgemeinschaft, ausgeübt. Aber selbst der Waffenschmied ist im heutigen Sinne kein freier Handwerker gewesen, sondern – wie ein Schullehrer, der von der Gemeinde angestellt und mit Nahrungsmitteln bezahlt wurde – vor allem Teil des Dorfes. Diese Berufsform hat sich für den Dorfhirten bis ins 19. Jahrhundert erhalten.

Wie sah es zum Beispiel mit dem Handwerk auf einem fränkischen Gutshof vor über tausend Jahren aus? Im Wohnhaus und in einem besonderen Gebäude, dem Webhaus, waren Frauen tätig. Neben dem Hauspersonal, den Jägern, Hirten, Schweineknechten usw. erwähnt das Gesetz den »Handwerker«, lateinisch »artifex«, ohne daß man Näheres weiß, aber auch den Müller, den Zimmermann, den Schmied und den Goldschmied – wohlgemerkt, auf dem Lande. Denn diese oft auf alten römischen Landgütern aufgebauten Höfe waren, bevor das Wachstum der Städte einsetzte, neben den Klöstern die stärkste wirtschaftliche Macht. Oft wurde auch, wie heute, die Landwirtschaft im Nebenerwerb betrieben, und die Bauern auf den kleinen, hörigen Höfen waren in kluger Voraussicht ausgesucht: Wenn einer Bier brauen oder als Schmied arbeiten, Netze knüpfen oder als Grobschmied einspringen konnte, war er dem Herrn willkommen.

Wie bei den Germanen die Familie, so waren die Fronhöfe, also die staatlichen Güter, wirtschaftlich autark, d. h., sie konnten sich selbst versorgen mit allem, was sie zum Leben benötigten, außer vielleicht mit Salz. Auf dem Lande haben sich wohl auch frühe Formen der Selbständigkeit entwickelt, wobei der Handwerker zwar hörig blieb, aber doch einen eigenen Handwerksbetrieb hatte, wie der hörige Bauer seinen Hof.

Noch herrschte aber weitgehend Naturalwirtschaft, die Auftraggeber lieferten die Grundstoffe selbst, wie dies in Rom der Fall gewesen ist, und die Kaufkraft war gering. So konnte von dem großstädtischen Unternehmertum, wie es in Rom vor allem im Baugewerbe üblich gewesen war, keine Rede sein, und das ganze Wirtschaftsleben spielte sich auf einer primitiveren Stufe ab. Es gibt leider wenige Zeugnisse aus dieser Epoche, die einen Einblick erlauben. Daher ist der Wirtschaftshistoriker meist auf Rechtsurkunden angewiesen, die allerdings einigen Aufschluß geben. So heißt es in einer alten burgundischen Urkunde: »Wenn jemand seinem Sklaven, er sei Goldschmied, Silberschmied, Eisenschmied, Kupferschmied, Reparateur oder Flickschuster, zugestanden hat, das ihm zugewiesene Handwerk öffentlich auszuüben, und dieser hat dann das angenommene Werk möglicherweise zerstört, dann muß sein Herr dafür Schadenersatz leisten oder kann, wenn ihm das lieber ist, den Sklaven selbst abstehen.« Wer also einem Handwerker einen Auftrag gab, tat gut daran, sich zu vergewissern, ob der sein Handwerk mit stillschweigender Billigung oder ausdrücklicher Erlaubnis seines Grundherrn ausübte. Nur dann wußte er nämlich, an wen er sich zu halten hatte, wenn zum Beispiel der Brustharnisch mißlang oder das Gold für die Armreifen verdorben war.

Wie es nun zur Bildung von Zünften gekommen ist, liegt im »Dämmer der Geschichte«. Manche Historiker meinen, es seien die alten römischen Corporationen vollkommen untergegangen; andere sind da nicht so sicher. Um die Frage zu klären, greift man schließlich zum Hilfsmittel der Analyse von lateinischen Worten aus den Urkunden des Frühmittelalters. Da steht dann etwa ein Ausdruck wie »ministerium« oder »officium«, in denen man so etwas wie Bruderschaften oder Gilden sieht; ursprünglich ist es wohl nur ein verwaltungstechnisches Kollektiv; das »ministerium« der Schmiede meint also alle Schmiede des Fronhofes, das »officium« der Schuster alle Schuster usw.; der Schluß liegt nahe, daß diese Handwerker sich nun auch selbst als Einheit verstanden haben – wie in allen anderen Hochkulturen auch, das erscheint logisch und entspricht dem menschlichen Geselligkeitstrieb. Im 12. Jahrhundert, also zur Zeit der Kreuzzüge, bekommen diese Handwerker offenbar einen eigenen »magister«, also einen eigenen Vorsteher, und damit eigenes Recht. Die Frage ist, ob sich aus diesen handwerklichen Gruppen auf dem Land die späteren Zünfte entwickelt haben. Die Wirtschaftshistoriker bezweifeln dies, das ist wissenschaftlich ausgedrückt eine Frage, »deren positive Beantwortung man nur mit größtmöglicher Zurückhaltung erwägen sollte« (van der Ven). Wahrscheinlicher ist, daß sich die »Gilden« der Handwerker bewußt nach dem Vorbild der Kaufmannschaft organisiert haben, die bereits Gilden gebildet hatte, und in vielerlei Hinsicht nachahmten, was die reichen Herren an Repräsentation zu entfalten wußten.

Glanz und Elend der Zünfte

Zum mittelalterlichen Bild einer Stadt gehören neben Turm und Wehrgang, Speicher und Burg, Rathaus und Kirche die fein gearbeiteten Handwerksschilder der alten Gewerbe, aber auch die stattlichen Zunfthäuser, meist in Fachwerk, die an repräsentativer Stelle das Straßenbild beherrschten. Jedermann kennt das Zunftwesen mit seinen Trinksitten und Grußformen, dem wandernden Gesellentum und dem Meisterbetrieb, in dem der redliche Handwerksmeister sein Reich regiert, nämlich Altgesellen, Gesellen und Lehrlinge, soweit er selbst nicht von seiner Meisterin regiert wird – es ist die Butzenscheibenromantik der »Meistersinger«, ein kulturgeschichtliches Stereotyp, und ist doch mehr: In alledem, was heute so putzig wirkt, steckt ein revolutionäres Element, ein Zug zur Demokratisierung, der die Städte jahrhundertelang in Atem gehalten hat. Die Zünfte des 12. und 13. Jahrhunderts sind Unruhestifter gewesen, sie haben die Ordnung der von Kaufleuten beherrschten Städte gestört und waren gelegentlich sogar gefürchtet. Vor allem die Metzgerzunft, an den Umgang mit Beil und Messer gewöhnt und mit blutigem Fleisch vertraut, zählte zu den radikalsten Gruppen, deren Wut man fürchtete – oft genug ist es ja innerhalb der Stadtmauern zu Rebellion und Umsturz, zu Totschlag und bewaffnetem Kampf gekommen.

Politischen Gewinn haben die Zünfte auf lange Sicht nicht erkämpfen können, und die Macht der Handelsherren erwies sich als unüberwindlich. In den flämischen Städten wurde die demokratische Revolution zwar vollzogen, die anderswo nur ein Traum blieb, aber wenn auch die neue Ordnung die politischen Verhältnisse änderte, so beseitigte sie doch nicht die Ungleichheit. »Mochten sie auch die patrizische Verwaltung gestürzt, die Kaufmannsgilden abgeschafft, die Londoner Hanse vernichtet haben, das Los des industriellen Arbeiters haben sie nicht verbessert. Ihnen brachte es wenig Vorteil, politische Rechte erlangt zu haben, die Vorstände ihrer Korporationen wählen zu können, einer milderen Gesetzgebung zu unterliegen, angesichts der Tatsache, daß sie wie eh und je gezwungen waren, ihre Arbeit weiterhin für den Arbeitgeber zu verrichten.« Dieses Urteil des Historikers Pirenne greift allerdings der Entwicklung voraus und betrifft vor allem die Lage der flämischen Industriearbeiter, einer Vorhut der späteren Arbeiterschaft. Von jener allmählichen Entwicklung aus der Enge zunftgemäßer Verhältnisse zur Manufaktur großen Stils wird noch zu reden sein. Selbstverständlich herrschte Zunftzwang. Schon bei der Fischhändlerzunft in Worms, die im 12. Jahrhundert gegründet wurde, ist dieser Zunftzwang unabdingbar. Die Schuhmacher zu Magdeburg erhielten 1157 zugleich mit der Innung das Gesetz, daß niemandem erlaubt sein sollte, Schuhe zu verkaufen, der sich nicht in ihre Zunft hatte aufnehmen lassen. In Basel durften nur die Zunftgenossen der Metzger an den Fleischbänken Fleisch verkaufen, aber andererseits konnte man jemanden, der ein Handwerk innerhalb der Mauern betrieb, in die entsprechende Zunft zwingen.

An der Frage, ob der einzelne Handwerker seine zunftgemäßen Grenzen überschritt, entzündeten sich immer neue Konflikte, denn das ganze System war auf Einhaltung der Ordnung gegründet. Da gab es zum Beispiel in Utrecht sogenannte »Wantschneider«, die es gewagt hatten, neue Kleider anzufertigen, obwohl Wantschneider nur alte Kleider reparieren und handeln durften – von 1511 bis 1548 wurde um die Lösung dieser Frage gerungen. Anderswo gehörten die Bildhauer zu den Sattlern, doch hatten die Steinklopfer gewagt, den Bildhauern Konkurrenz zu machen – das führte zu einem langwierigen Konflikt zwischen beiden Gruppen, den die Sattler gewonnen haben. Ein weiteres Beispiel: In Nürnberg gab es gegen Ende des 15. Jahrhunderts die Kompaßmacher, die wie Brillenmacher oder Holzdrechsler, wie Zinngießer und Geschmeidemacher eine »freie Kunst« ausübten und immer neue Anträge an den Rat der Stadt richteten, man möge sie als geschworene Zünfte anerkennen. Wenn dies gelang, waren sie ein für allemal vor Konkurrenz geschützt, denn nun lag es in ihrer Hand, ob sie einen zum Handwerk zuließen. Viele Handwerkszweige, etwa die Waffenschmiede, die Steinmetzen oder die Zimmerleute, sind erst spät als Zunft anerkannt worden, in Nürnberg zum Beispiel Anfang des 16. Jahrhunderts, und es kam vor, daß die Gesuche den entgegengesetzten Zweck erreichten. So verfügte der Rat der Stadt Nürnberg im Jahre 1501, die sogenannten Wetscher- oder Mantelsackmacher sollten zu ewigen Tagen eine freie Kunst bleiben. Die Buchbinder wurden erst 1634 ein geschworenes Handwerk, und die Maler haben das in Nürnberg niemals erreicht, sondern blieben im Stadium der freien Kunst stecken.

Nun gab es in der Tat allerlei Zwischenformen, und es hatte sich auch bei der »freien Kunst« eingebürgert, daß Zulassungsbeschränkungen erlassen und handwerkliche Ordnungen gegeben wurden, welche die Freiheit nicht unerheblich einschränkten. Aber diese Künste hatten nicht das Gewicht des »geschworenen Handwerks«, weil offenbar heute kaum noch nachvollziehbare Prestigefragen eine Rolle spielten. Das wird deutlich in der Metallverarbeitung: Wer die edlen Metalle verarbeitete, stand höher als der Schmied, der nur Eisen- oder Kupferschmied war; aber auch hier gab es Unterschiede. Aus dem Gewerbe des Huf- und Waffenschmiedes schied nämlich nach einiger Zeit das Schlosserhandwerk aus, und aus diesem bildete sich dann das des Bogners oder Armbrusters. Klingenschmied und Messerschmied, Kettenschmied und Nagelschmied, Feilenhauer und Drahtzieher sind weitere Spezialformen des Schmiedehandwerks gewesen, das noch eine Fülle von weiteren, heute längst verlorengegangenen Tätigkeiten kannte. In der städtischen Ordnung haben alle diese Handwerke nur Gewicht gehabt, wenn an ihrer Spitze geschworene Meister standen, die sich dem Rat durch Eid zur Aufrechterhaltung von Satzung und Ordnung verpflichtet fühlten.

Jede Epoche hat ihre eigene Form von Engstirnigkeit, die sich im Lichte der Vergangenheit freilich grotesk genug ausnimmt – aber wer sich über den Zünftestreit in Utrecht amüsiert, soll nur nicht meinen, diese Form der Dummheit sei ausgestorben; sie ist ja nur die Kehrseite einer Logik, die nicht über ihren eigenen Schatten zu springen vermag, auch erklärt sich die Strenge der Auseinandersetzungen aus dem Gewicht der Interessen – letzten Endes ging es um Marktanteile, und zwar fast im wörtlichen Sinn: Auf dem Markt, zwischen den spitzgiebeligen Häusern mußte Ordnung herrschen. Wer klug war, baute vor und ließ sich in mehrere Zünfte einschreiben, wie heute mancher die Parteibücher verschiedener Parteien in der Tasche hat. Die Aufnahmegebühren in der zweiten oder dritten Zunft waren übrigens, wenn einer erst zu einer Zunft gehörte, nicht hoch, so daß sich dieses Verfahren bald durchsetzte.

Im 13. Jahrhundert hat man die Zünfte zu unterdrücken und zu bekämpfen versucht wie im 19. Jahrhundert die Gewerkschaften. Die Fürsten hätten es gern gesehen, wenn es derlei demokratische Zusammenschlüsse nicht gegeben hätte. So schaffte Rudolf II. von Habsburg in Wien im Jahre 1287 alle Handwerksinnungen wie die der Fleischer, Bäcker und Fischer ab, und unter Herzog Rudolf IV. wurden die Zünfte gar im Jahre 1364 als gemeinschädlich verboten. Man hat solche Nachrichten auch aus anderen Städten, so aus Magdeburg, wo die »Geschlechter« im Jahre 1301 zehn »Aldermänner« der Zünfte auf offenem Markt verbrannten, so aus Köln, wo 1371 nach der Weberschlacht 33 Weber hingerichtet und 1800 Aufständische vertrieben wurden. In einigen Städten, etwa in Lindau, Ulm, Speyer oder Augsburg, haben die Zünfte sich gegen die Geschlechter durchsetzen und lokal ihre Stellung festigen können, eine entscheidende Änderung erreichten sie nicht. Erst im 16. Jahrhundert ist diese Entwicklung zur Ruhe gekommen.

Für den Handwerker war die Zunft etwa das, was die Truppe für den Berufssoldaten ist: Ohne sie konnte er nicht existieren, denn sie regelte alle Probleme seines Alltags, sie bot ihm Ansehen und Geselligkeit, sie schützte ihn nach außen und überwachte sein Leben bis in alle Einzelheiten. Die Gerichtsbarkeit war, was die Streitigkeiten zwischen Mitgliedern anging, der Zunft übertragen, auch maßte sich das Zunftgericht gelegentlich die Zuständigkeit in strafrechtlichen Dingen an. Wer sich durch unsittlichen Lebenswandel, durch Verschwendung oder Müßiggang mißliebig machte, wurde von der Zunft zur Rechenschaft gezogen, auch hatten viele Zünfte das Recht, einen Marktdieb durch »Schlagen mit Fäusten, Backenstreiche oder Haarreißen« selbst zu strafen. Diese Sitten haben sich lange gehalten. Unter freiem Himmel, auch in Kirchen oder auf den Plätzen, hielt man die »Morgensprache« ab und gab sich dabei nicht weniger feierlich, als man es vom Tagding her kannte (siehe Band »Herrschaft · Recht · Krieg«). Noch im 18. Jahrhundert hielt der Großvogt der Brüderschaft der Brauerknechte zu Hamburg das Gericht auf einer hohen Bühne ab, dem »hohen Gericht«. Häufig sind solche Versammlungen aber auch in den Zunftstuben abgehalten worden; meist waren es kleinere Stuben, gelegentlich aber auch repräsentative Zunfthäuser, die in Konkurrenz zu den Herrentrinkstuben der Patrizier errichtet wurden. Selbstverständlich dienten die Zunfthäuser auch gewerblichen Zwecken, man stellte dort seine Erzeugnisse aus, die von den vereidigten »Schauern« auf ihre Qualität hin geprüft wurden, es wurde auch verkauft.

Wer die alten Zeremonien studiert, mit denen der Handwerksgeselle auf der Wanderschaft begrüßt, aufgenommen, verabschiedet und schließlich losgesprochen wurde, der staunt, wieviel Zeit und Sorgfalt auf diese Dinge verwandt wurde, wie wichtig man jede Einzelheit nahm.

Man stelle sich das heute vor, etwa im Kfz-Handwerk oder im Elektro-Handwerk: Da kommt ein junger Mann von irgendwoher »aus der Fremde«, von der Frühlingssonne braun gebrannt und von der Landstraße, die ein zerfahrener Karrenweg ist, von Kopf bis Fuß mit Staub bedeckt. Er hat sich am Stadttor mit dem Handwerkszeichen ausgewiesen und Auskunft gegeben, woher und wohin, sich am Brunnen etwas gewaschen und ist in die Herberge gegangen, die ihm die Kinder gezeigt haben. Dort erscheint der zuständige Altgeselle, den er um Arbeitsvermittlung bittet, und es entwickelt sich ein höchst gravitätischer Abtausch von zeremoniellen Höflichkeiten: »Gott ehre das Handwerk«, sagt der Fremde, und der Geselle erwidert artig: »Gott dank Euch! Mit Gunst, Gesellschaft, seid Ihr nach Handwerksbrauch und -gewohnheit eingezogen? Wollet Ihr Euch lassen um Arbeit schauen?« – »Mit Gunst«, sagt der Fremde und kommt auf die gleiche förmliche Weise zum Kern der Sache, den jeder der beiden Gesprächspartner recht gut kennt.

Es geht bei diesem überlieferten Gespräch zwischen Kannengießern um die Frage, ob für vierzehn Tage Arbeit zu bekommen sei. Der Geselle geht, den Meister der Zunft zu fragen, und kommt unverrichteterdinge zurück: »Gesellschaft, ich bin bei denen Meistern gewesen und habe meinen möglichsten Fleiß angewendet. Die Meister beklagen sich sehr, Zinn und Kohlen seyn teuer, und das Handwerk geht schlecht abe, und tun sich auf diesmal bedanken.« Nach ein paar Floskeln sagt der Fremde zum Altgesellen: »Ich denke, du wirst das Beste tun und mir das Geleite hinaus geben.« Er habe es noch keinem abgeschlagen, erwidert der Geselle. »Ich denke, du wirst das Beste tun und mir das Bündel zum Tor hinaustragen«, sagt der Fremde, und wieder erfolgt eine ähnliche Antwort. Nun ist der Höflichkeit endlich Genüge getan, der einheimische Sprecher, ein stattlicher Kerl mit gegürtetem Wams, Schnallenschuhen und gestreiftem Beinkleid, wirft sich das Felleisen über die Schulter, und beide treten auf die Straße hinaus, wo zwischen Karren und Reitern die Schweine herumlaufen und Bettler umherlungern.

Vom Lehrling zum Meister

Wenn ein Bäcker oder Schneider, Schuster oder Koch auf einem der karolingischen Meierhöfe, also um das Jahr 1000, in seinem Fach etwas Besonderes leistete, nannte man ihn einen »magister«; daraus hat sich das Wort Meister entwickelt und ist, wie es in einer Urkunde heißt, »maulrecht« geworden. Einer, der Meister werden wollte, hatte allerlei Auflagen zu erfüllen. So heißt es in einem Amtsbrief der Kölner Faßbinder aus dem Jahre 1397: »Wer sich des Amts ernähren, zu Hause setzen und Meister werden will, der soll einen ganzen Harnisch haben, sofern er das vermag. Und so er Meister werden will, so soll er vor die Meister kommen und soll die vorgeschriebene Bruderschaft gewinnen mit zween Gulden, gut von Golde und schwer von Gewicht, die man in ihren Schrein handreichen soll . . .« Bei den Goldschmieden und Goldschlägern aus Köln wird gesagt, daß keiner Lehrling werden darf, der nicht fünfzehn Jahre alt ist. Der Meister, heißt es, soll auch »zuvor besehen, daß er den Lehrling mit Recht halten möge: zum ersten, daß er ein rechtes Ehekind sei, ferner, daß er keines Bartscherers Kind sei, noch jemandes eigen, noch Spielmanns oder Leinewebers Sohn sei und auch ein reines Haupt habe.« In Frankfurt a. O. legte man Wert darauf, daß der Lehrling nicht wendisch sei, so wurde schon 1516 dafür gesorgt, daß jeder wußte, wohin er gehörte.

Daß das Lehrlingsleben kein Herrenleben sei, hat man schon vor rund 400 Jahren den Jungen einzubleuen gewußt, denn vor allem war der Lehrling eine billige Arbeitskraft, auch sah man darauf, daß des jungen Menschen Charakter gebildet wurde, was bekanntlich durch harte Arbeit am leichtesten zu bewerkstelligen ist. Im Wanderbüchlein des Johannes Butzbach wird ein Bild des Lehrlingsdaseins um 1500 gegeben: »Was ich bei diesem Meister während der zwei Jahre meiner Lehrzeit ausgestanden habe, auch abgesehen von den Schwierigkeiten des Handwerks und dem unmenschlichen Nachtwachen, wodurch ein junger Mensch körperlich völlig heruntergebracht wird; wie ich von morgens bis abends 9 oder 10, bisweilen auch bis 11 oder 12 Uhr, wie ich aber besonders an den höheren Festtagen gemeiniglich bis zur Hochmesse in einem fort arbeiten mußte; wie ich geplagt wurde mit Wasser tragen, Haus kehren, Feuer stochern, mit Hin- und Herlaufen von Kommissionen machen in und außer der Stadt, an Festtagen mit Schulden eintreiben, und, was mir am meisten verhaßt war, mit dem Sammeln oder richtiger mit dem Stehlen des Wachses von den Leuchtern in den Kirchen zum Gebrauch der Geschäfte.«

Auch die »Erziehung zum Konsum« hat es in dieser durchaus ungemütlichen Leistungsgesellschaft schon gegeben. Denn schon damals wird der Kunde zu Dingen gedrängt, die er bei Lichte besehen nur seiner eigenen Dummheit zuliebe trägt: »Da wurden wir gedrängt, nicht aus einfachem, sondern aus vielfarbigem Tuch auch die geringfügigsten Kleidungsstücke anzufertigen. Wir mußten aufs sorgfältigste, wie Maler, Wolken, Sterne, blaue Himmel, Blitze, Hagel, wie bei Liebenden ineinander geschlungene Hände darauf sticken; außerdem noch Würfel, Lilien, Rosen, Bäume, Zweige, Stämme, Kreuze, Brillen sowie andere endlose Torheiten mehr.« Unter dem Schneidertisch steht ein Kasten, das »Auge« genannt, dorthin wirft der Schneider die oft stattlichen Stoffmengen, die nach dem Schnitt übrigbleiben. Den Schreiber dieses Berichts, der offensichtlich ein feineres Gewissen als seine Umgebung hat, grämt dieser Betrug. Ihm mißfällt, daß die

Leute betrogen werden, und ihn ärgert diese »allgemeine, von allen Habsüchtigen und Dieben gebilligte Gewohnheit«. Er schreibt, wenn diese darum angegangen würden, so gäben sie zur Antwort, »es sei kaum so viel übriggeblieben, womit man ein Auge bedecken könne«.

Mit der guten alten Zeit, als die Leute noch ehrlich und die Lehrlinge noch brav gewesen sind, kann es also nicht weit her gewesen sein, eher wird man annehmen können, daß Roheit und Gewalt in weit stärkerem Maße als heute das Handwerksleben bestimmt haben, weil die Rechtsverhältnisse unsicher waren – kein Gesell hätte gegen seinen Meister, kein Handwerker gegen einen adligen Herrn recht bekommen, wenn es um Delikte des Zivilprozesses ging, und die Ausbeutung der Wehrlosen muß in jenen Tagen stärker gedrückt haben als in heutiger Zeit, ganz sicher jedenfalls in Europa. Da heißt es in Aufzeichnungen, die der Handwerker J. W. Probst 1790 über die »Handwerksbarbarei, oder die Geschichte meiner Lehrjahre« veröffentlicht hat: »Es ist bey den Handwerkern mehrenteils gebräuchlich, daß die Lehrjungen ihren Meistern und Gesellen die Schuhe putzen müssen. Dieses hatte auch ich den vorigen Abend, so wie jedes Mal, mit größter Sorgfalt verrichtet. So bald als er mich sahe, bewillkommnete er mich mit vier Ohrfeigen, die mir an der einen Seite die Nadeln meiner Haarlocken tief ins Fleisch trieben. Ich erschrak und schrie laut über den unvermutheten Schmerz auf. Schreist du noch? warte, ich will dichs lehren. Und nun etliche dreyßig mit dem Peitschenstock. Ich war mir keines Vergehens bewußt, wußte also gar nicht, wie mir geschahe. Da die Bastonade vorüber war, erfuhr ich das schreckliche Geheimniß. Ich sollte nemlich an einigen Schuhen zu schwärzen verfehlt haben und doch hat er sie angehabt« (Lahnstein). Dieser Lehrling wurde schließlich, weil er nicht essen wollte, bewußtlos geprügelt, mit Wasser wieder zur Besinnung gebracht und erneut beschimpft. All das mag nicht typisch gewesen sein, doch charakterisiert es die Verhältnisse, daß derlei überhaupt ungestraft möglich war.

Wer Meister werden wollte, hatte sich in die oft verstaubten und sinnlos gewordenen Zunftbräuche zu fügen. Um 1780, also knapp ein Jahrzehnt vor Ausbruch der Französischen Revolution und der Durchsetzung der Gewerbefreiheit, wurden diese Verhältnisse in Deutschland als unerträglich empfunden.

Der Schuhmacher Steube (Lahnstein) berichtet, wie dies um 1780 in Gotha geschah. Steube war um die halbe Welt gewandert und hatte, wie er schreibt, in Rom »Pantoffeln gemacht, die von manchem – geküßt wurden«, er war seit langem in Gotha ansässig, nun mußte er allerlei läppische Formalitäten erfüllen und vor allem ein Meisterstück vorlegen. Historisch, wie sich die Zünfte nun einmal gaben, mußte auch das Meisterstück sein. Der brave Mann mußte »zwey Stiefel machen, die zu unsern Zeiten beynah für das ganze Menschengeschlecht unbrauchbar sind, dabey so viel Arbeit kosten, daß oft dem, der dieselbe gewohnt ist, das Blut unter den Nägeln hervorrinnt, welche nach vollbrachter, mühsamer Arbeit gewöhnlich wieder zerschnitten werden, um die Überbleibsel zu etwas anderm verwenden zu können; und blos für einen isländischen Bären gemacht zu sein scheinen.«

Er versucht eine Neuerung durchzusetzen, nämlich die Lieferung von Stiefeln, wie sie gebraucht werden, dringt aber nicht durch und wird schließlich, nach Ablieferung der Stiefelmonstren, in allen Ehren in die Zunft aufgenommen. Hundert Gulden baren Geldes hat er aufwenden müssen, um das Ziel zu erreichen, und rechnet hart mit den Zunftbräuchen ab, denen er jeden Nutzen abspricht: »Im

Gegenteil, sie schadet jungen Anfängern unendlich; denn mancher muß schon borgen, um die zum Meister erforderliche Summe aufzubringen; sind sie es nun, so haben sie sich vom Geld entblößt und nichts in Händen, ihre Profession mit Vortheil treiben zu können.« Ob das wenige, »so die Meister bey einem Sterbefalle aus der Leichenkasse erhalten, diesen Aufwand rechtfertigt oder ob sie nicht zweymal mehr damit verdienen konnten, wenn sie gedachtes Geld in Händen behalten, braucht wohl keiner großen Untersuchung«.

Die Eifersucht, mit der die Zünfte über ihre Privilegien wachten, ist im Laufe der Zeit zu einer unerträglichen Fessel für das Erwerbsleben geworden. Die öffentliche Meinung wandte sich in zunehmendem Maße gegen die Zünfte, vor allem, wenn sie ihre Rechte mit Gewalt durchsetzten. So schreibt das Blatt »Der Freimüthige« in Berlin im Jahre 1805: »In mehreren öffentlichen Blättern stand: in Frankfurt seyen die Handwerksmißbräuche aufgehoben; daß es wenigstens der Handwerksunfug noch nicht ist, beweist mir eine Geschichte, welche vor einigen Monaten einem hiesigen, angesehenen Bürger wiederfuhr. Acht Weißbendergesellen (Anm. d. Verf.: Anstreicher) drangen obrigkeitlich autorisirt in sein Haus, beleidigten seine Frau und sein Gesinde und wollten seinen Bedienten arretiren, weil er in seinem Garten ein Spalier angestrichen habe. – Wohlzuvermerken, die Weißbender haben hier alle Hände voll zu tun, sodaß sie kaum alles bestreiten können.«

Wem Gott will rechte Gunst erweisen

Im Schneidersitz, die Nadel in der Hand und schon hohlbrüstig vom ewigen Schuften, oder vor der Schusterkugel, das Leder auf den Knien, so träumte sich der Handwerker aus seiner öden Wirklichkeit heraus. Es ist gewiß kein Wunder, daß gerade die Handwerke, bei denen man sitzen muß und Zeit zum Denken hat, auch im Märchen ihre besondere Rolle spielen. Seifensieder und Köhler kommen wohl auch vor, diese als Ärmste der Armen, die weit draußen im Wald, fernab von der Stadt, ihr schwarzes Handwerk ausüben. Diese Köhlersleute blieben dem Städter, wie etwa die Hirten, unheimlich, aber Gevatter Schneider, Schuster und Handschuhmacher waren vertraut, auch der Barbier war es, alles Nachbarn, deren Leben und Wandel man so gut kannte wie alles, was in der Stadt passierte. Das Märchenhafte knüpft häufig ans Alltägliche an. So heißt es bei den Brüdern Grimm: »Es waren drei Handwerksburschen, die hatten es verabredet, auf ihrer Wanderung immer zusammen zu bleiben und immer in einer Stadt zu arbeiten. Auf eine Zeit aber fanden sie bei ihren Meistern kein Verdienst mehr, so daß sie endlich ganz abgerissen waren und nichts mehr zu leben hatten.« Ein Herr begegnet ihnen, der ihnen verspricht, große Herren könnten sie werden und in Kutschen fahren – aber leider hat der Herr einen Pferdefuß, die Armut wird in Versuchung geführt, und sie erliegt. Schließlich werden die drei »Burschen« in einen Mordfall verwickelt, ums Haar kommen sie an den Galgen, weil man glaubt, im Wirtshaus hätten sie einen reichen Kaufmann mit der Axt erschlagen und ausgeraubt, erst im letzten Augenblick greift der Teufel zu und holt sich den wahren Schuldigen, den Wirt – ein guter Teufel, denn er sagt: »Nun hab ich die Seele, die ich haben wollte, ihr aber seid frei und habt Geld für euer Lebtag.«

Solche Träume vom großen Geld oder eher noch von der Hochzeit mit der Prinzessin sind durch alle Werkstätten gegangen. Dennoch gibt es im Märchen nur wenige Schilderungen aus dem Handwerkerleben, etwa wie die paar Sätze aus dem Märchen »Meister Pfriem«, der als »kleiner, hagerer und lebhafter Mann« beschrieben wird, als der ewig nörgelnde Choleriker, der seiner Umgebung das Leben zur Hölle machen kann. »Seines Handwerks war er Schuster, und wenn er arbeitete, so fuhr er mit dem Draht so gewaltig aus, daß er jedem, der sich nicht weit genug in die Ferne hielt, die Faust in den Leib stieß. Kein Geselle blieb länger als einen Monat bei ihm, denn er hatte an der besten Arbeit immer etwas auszusetzen. Bald waren die Stiche nicht gleich, bald war ein Schuh länger, bald ein Absatz höher als der andere, bald war das Leder nicht hinlänglich geschlagen.« Daß der Mann, dem es niemand recht machen kann, auch im Himmel Ärger bekommt, wundert niemanden; es ist eines von den Märchen, die weniger tiefsinnig und symbolträchtig sind, vielmehr handfeste Lebensweisheiten liefern – man erzählte sie, um einen mit der Nase auf die eigenen Fehler zu stoßen oder sich Luft zu machen, wenn man gerade so einen unguten Meister hatte.

Zwei Handwerksmeister hat es gegeben, die in der Dichtung zu Ehren gekommen sind, der Mystiker Jakob Böhme (1575–1624) und der Meistersinger Hans Sachs. Jakob Böhme ist Schuhmachermeister in Görlitz gewesen, als er seine »Aurora, oder die Morgenröte im Aufgang«, sein »Mysterium magnum« und seine »Göttlichen Schriften« schrieb. Dieser Handwerker hat mit seiner Mystik, die das Böse als vom Guten, d. h. von Gott, bestimmt sah, noch 200 Jahre später die Romantik beeinflußt und selbst Hegel beschäftigt. Verglichen mit dieser inbrünstigen Gestalt ist der fast um ein Jahrhundert frühere Hans Sachs (1494–1576) ein handfester Literat, der seine Lebensweisheiten in Dramen, Versgedichte und Schwänke packte, von denen er viele hundert Stück geschrieben hat. Aus der barocken Tradition und aus dem bürgerlichen Humanismus waren die Impulse gekommen, die einen Mann wie Sachs zum Dichter machten. Man hat ihn bald vergessen, bis Goethe ihn 1776 mit seiner Schrift »Hans Sachsens poetische Sendung« neu entdeckte, wie vorher die Gotik neu entdeckt worden war. Man griff aufs Altdeutsche zurück und fand in Sachsens Stücken den Volksgeist des alten Nürnberg; hier begann eine Deutschtümelei, die sich bis ins Souvenir aus dem heutigen Nürnberg fortsetzt.

In den »Meistersingern« hat Richard Wagner diese Verhältnisse idealisiert dargestellt. Hans Sachs ist der Sohn eines Schneiders gewesen. Nach der Lateinschule kam er in die Schuhmacherlehre, und von dem Weber Nunnebeck lernte er den Meistersang. Diese Verknüpfung von Handwerk und Meistersang ist ein interessantes Kapitel aus der Kulturgeschichte des Handwerks. Es ging nämlich, als die erste »Liedertafel« gegründet wurde, durchaus um Klassengegensätze zwischen Adel und Bürgertum und um den Versuch, die Kluft zwischen den verschiedenen Gilden, Zünften und Innungen zu überbrücken. Heinrich von Meißen, genannt Frauenlob, ist um 1260 geboren worden – kein Adliger, sondern bürgerlicher Herkunft, aber offenbar ein Mann von sächsischem Gemüt, also von eher besinnlicher und ausgleichender Wesensart. Heinrich Frauenlob, ein Zeitgenosse des Albertus Magnus und Rudolfs I. von Habsburg, war ein bürgerlicher Minnesänger und hat um 1280, im Jahre des Aufstands flandrischer Weber gegen die Patrizier, in Mainz seine Singschule gegründet: Er setzte Gesang gegen Unsitt-

Schneidergesellen *bei der Arbeit. Der Meister ist gerade dabei, einem Kunden einen neuen Mantel anzupassen. Miniatur aus dem Hausbuch der Cerruti, Cod. ser. nov. 2644, fol. 165, 14. Jh. Österreichische Nationalbibliothek, Wien*

lichkeit, gegen die abendliche »Sauf-, Schmaus- und Spiellust«. Kurfürst Georg II. hat seine Bestrebungen mit Nachdruck unterstützt; zuerst kamen die Steinmetzen zur Liedertafel, später die Gold-, Grob-, Zeug- und Hammerschmiede, dann die Weber, Schneider, Schuster und die übrigen Handwerker.

Das starre Schema ihrer eigenen Arbeitswelt übertrugen sie auf die Kunst, als würden sie unsicher, wenn nicht alles nach Regel und Schnur ging. So verhielt man sich wie ein Kunsthandwerker im Reich der Töne, drechselte die alten Weisen neu und hielt sich an »Tabulaturen«, über deren Reinhaltung die »Merker« mit Gesetzen unnachsichtiger Strenge wachten. Wie in der Zunft gab es die Hierarchie vom Schüler über den Schulfreund zum Singer und Dichter. So wurde Sänger, wer nach alten Regeln die alten Weisen fehlerfrei wiederzugeben vermochte (Renner), und zum »Dichter« wurde jemand ernannt, wenn er eigene Reime erfand. Der »Meister« endlich hatte zu neuen Reimen neue Weisen zu schaffen. Diese Meistersingerzünfte haben bis ins 18. Jahrhundert bestanden. Ihre starren Regeln hemmten die eigene künstlerische Entfaltung, andererseits wäre ohne ihre Tradition vieles an alten Liedern verlorengegangen. Hans Sachs ist die bedeutendste Gestalt des Meistersangs gewesen; einige seiner Lieder leiten über zum evangelischen Kirchengesang, aus dem die klassische Musik eines Händel oder Bach erwachsen ist. Als letzte Meistersingerzunft löste sich 1839 die aus Ulm auf; die vier Meister übereigneten ihre Innungsbücher, Insignien und Fahnen dem dortigen Gesangverein, dem »Liederkranz«, wie überhaupt alle noch bestehenden Liedertafeln und Gesangvereine im Grunde auf Heinrich Frauenlobs Singschule zurückgehen; dem entspricht auch heute noch der soziologische Querschnitt, der auf das Kleinbürgertum verweist.

Aus dem Ursprung erklärt sich nun auch, weshalb der Gesangverein eine so deutsche Erscheinung ist. Überhaupt ist das Zunftwesen in keinem Lande Europas so entwickelt gewesen wie in Deutschland, und so erscheinen die alten Handwerksbräuche als etwas typisch Deutsches, zumal sie in der Romantik neu entdeckt und mit frischen Farben geschildert worden sind. Aus einer Niederschrift, die der Konrektor Frisius aus Altenburg in Thüringen um 1700 verfertigte, stammt die folgende Passage über die Wanderschaft eines Schmiedegesellen: »Wenn du aus dem Tore kommst, so nimm drei Federn in die Hand und blase sie in die Höhe, die eine wird fliegen über die Stadtmauer zurück, die andere über das Wasser, die dritte gerade hinaus; stoße nicht mit dem Kopf durch die Mauer, und eh du über das Wasser fährst, wirf einen Stein hinein, trägt's den Stein, dann trägt's auch dich. Frisch an und eine gerade hinaus. Und wenn du eine Straße gehst, wirst du kommen an einen dürren Baum, darauf sitzen drei schwarze Raben und schreien: ›Er ziehet dahin, er ziehet dahin.‹ Du sollst deinen Weg fortgehen und gedenken: ›Ihr schwarzen Raben, ihr sollt mir keine Botschaft sagen.‹« Da ist der Wald noch ein Ort voller Ängste und Schrecken, und der Birnbaum auf der Wiese hinter dem Wald wird zur Verheißung wie im Märchen. Diese Wanderlust der Handwerksgesellen hat die Romantik wieder neu entdeckt und in Kunstformen stilisiert, hierher gehören der »Taugenichts« von Eichendorff wie der »Lumpacivagabundus« von Nestroy, die Volkslieder vom Wandern und die »Müllerlieder« von Schubert. Selbst im Jugendherbergswesen ist mit dem »Herbergsvater« ein Stück der alten Wanderbräuche erhalten. Wie heißt es bei Frisius: »Wenn es nun an den Abend kömmt, so wird dir der Herr Vater lassen das Bett weisen. Wenn dir nun die Schwester auf den Boden leuchtet und du das Bett gewahr wirst, so wünsche ihr eine gute Nacht und sprich: sie soll in Gottes Namen hingehen, du willst dich schon ins Bett finden.«

Vorleger für Drahtzieher

In der niedrigen Stube stand ein stattlicher Herr, dessen farbige Kleidung ihn als Städter, als Kaufmann auswies. Nie hätte ein Mann niederen Standes so spitze Schuhe, so kostbaren Pelzbesatz zu tragen gewagt, von den schweren Ringen und der Halskette ganz zu schweigen, die ihm über den Leib hing. Daß er wie ein Engel Gottes in letzter Stunde erschienen war, als keine Krume Brot mehr im Hause war und die Suppe so dünn, daß die Kinder auch nach der Mahlzeit vor Hunger plärrten, kam dem einfältigen Steffen Härlin, seines Zeichens gelernter Leinenweber, wie ein Mirakel vor. Denn was der Mann ihm anbot, war die Rettung vor aller Not und eine feste Arbeit, die ihren Lohn wert war. Der Herr bot an, ihm einen Webstuhl hier ins Haus zu stellen und ihn mit Flachs ausreichend zu versorgen; dafür sollte Steffen Härlin gutes Leinen weben und in regelmäßiger Frist nach Glogau liefern, von wo der Herr es weiterverkaufen würde, vielleicht nach Preußen oder Flandern, Polen oder Rußland, was ging's den Steffen Härlin an. Überall hier im schlesischen Land klapperten schon die Webstühle, nur im Dorf Langenbielau selbst hatte sich noch kein Verleger sehen lassen, sehr zum Schaden des Dorfes. Steffen schlug ein, und einstweilen war sein Brot gesichert. Seine Abhängigkeit bot ihm Sicherheit, aber auch Gefahren. Hundert Jahre später, als schon seine Enkel am Webstuhl saßen, würden die Schwächen des Verlegersystems Schlagzeilen machen und die Öffentlichkeit beschäftigen.

Diese Entwicklung zur wirtschaftlichen Konzentration, zur »kleingewerblichen Organisation« setzte schon im 14. Jahrhundert ein. Ursprünglich hatten die Zünfte bestimmt, daß jeder Meister seine Ware selbst verkaufen müsse. Ob das möglich war, hing von der Marktlage ab, so wurde diese Regelung bis ins 17. Jahrhundert praktiziert. Auch heute noch, etwa beim Goldschmied, beim Bäcker, beim Metzger, gehören Meisterbrief und Laden ja eng zusammen. Wenn die Zunft Absatzschwierigkeiten hatte, kam man auf den nächsten naheliegenden Gedanken, nämlich auf die Gründung einer Genossenschaft. Eine Verkaufsgenossenschaft von Handwerkern konnte zu damaliger Zeit aber keinen Handel mit Venedig oder Genua, Konstantinopel oder Paris treiben, es fehlten Kapital und Kenntnisse. Hier wiederum sah der Fernkaufmann seine Chance, selbst ins Geschäft zu kommen.

Friesische Wolle, in Schlesien versponnen und verwebt, gab Tuche, die sich in Venedig mit Gewinn absetzen ließen – also mußte er Kapital vorschießen. Er verhandelte mit in Not geratenen Handwerksmeistern oder gab Gesellen ein Darlehen, die sich damit selbständig machten, sicherte sich aber die Produktion, die er zu einem garantierten Preis abnahm. Ein solcher Mann trat als »Vorleger« auf, wie dies heute noch bei der Einrichtung von Gaststätten geschieht, an denen sich Brauereien beteiligen. Seltsam genug hat sich das Wort »Verleger« ja nur im Buchwesen erhalten. Gelegentlich war im Mittelalter der Gesprächspartner des Verlegers die gesamte Zunft, mit der ein jederzeit kündbarer Vertrag abgeschlossen wurde. Hier verhandelten gleich starke Partner miteinander, und das Ergebnis war von so hohem allgemeinen Interesse, daß sich der Stadtrat einschaltete und bei der Verhandlungsführung mitwirkte, um die Sache zu einem guten Ende zu bringen. Verleger, das heißt unternehmerisch denkende Kapitalgeber, entstanden auch in Zünften, die auf Produktionsgenossenschaften gegründet waren. Im Handwerk liefen immer mehr Walk-, Hader-, Draht- und Lohmühlen, also einfache Maschinen, die, mit Wasserkraft getrieben, Tuche walkten, Draht zogen oder Gerberlohe herstellten – aber kein einzelner Handwerksmeister konnte es sich leisten, eine solche Mühle aus eigener Kraft zu erstellen. Das waren Anlagen, die mit Hilfe einer Betriebsgenossenschaft errichtet worden waren. Bei der Verwaltung und Nutzung solcher Mühlen durch die Zunftmitglieder wußte sich gelegentlich einer von ihnen Vorteile zu verschaffen. Der Schritt vom uneigennützigen Ratgeber zum »Vorleger« war dann nicht weit.

Schließlich gab es noch eine weitere »kleingewerbliche Organisation der Produktion«, die eine »großgewerbliche Organisation des Absatzes« zur Folge hat. Je mehr nämlich die Fertigung von bestimmten Erzeugnissen arbeitsteilig wurde, um so ferner rückte für den, der das Werkstück in erster Stufe bearbeitete, der Markt. Ein Beispiel: Die Schwertmacher von Solingen, die im Mittelalter etwa eine ähnliche Rolle spielten wie das Ruhrgebiet im 19. Jahrhundert, hatten sich in drei Bruderschaften organisiert, nämlich in die der Schwertschmiede, die der Härter und Schleifer und die der Schwertfeger und Reidter. Hier, in der letzten Bruderschaft, sammelten sich also die fertigen Schwertklingen, so verfügte die Zunftordnung, nur die Reidter durften auf Reisen gehen und Schwerter verkaufen. Im Laufe der Zeit rückte der Verkauf für diese Handwerker an die erste Stelle, das Handwerk selbst wurde von ihren Gesellen ausgeübt, und schließlich wurde der am Verkauf reich gewordene Handwerksmeister selbst zum »Vorleger«.

Wie im Bergischen Land lag auch im Siegerland der gesamte Eisenhandel seit dem Ende des 16. Jahrhunderts bei den Reidtmeistern. Im Bergbau, im Verhüttungs- und Metallgewerbe, in der Textilherstellung, in der Buchherstellung und im holzverarbeitenden Handwerk führte das Verlegerwesen zur Entfaltung der Produktion, und so entwickelte sich in den waldreichen Einöden der Mittelgebirge, im Erzgebirge und Riesengebirge, im Bergischen Land, im Sauerland, im Siegerland, aber ebenso in der Rhön und im Spessart der Typ des Kleinbauern, der zugleich abhängiger Heimarbeiter war und dessen gesamte Familie helfen mußte, die Produktion fertigzustellen. Die Spielzeugindustrie im Thüringer Wald, die Waffenschmiede bei Suhl, die »Weihnachtslandschaft« im Erzgebirge, wo noch heute Krippen und Lichterpyramiden hergestellt werden, haben ihren Ursprung im Verlegerwesen. Welche Formen der Ausbeutung durch das Verlegersystem entstehen mußten, hat sich erst im 19. Jahrhundert mit aller Deutlichkeit gezeigt.

Aber selbst das Verlegersystem genügte den steigenden wirtschaftlichen Anforderungen des 17. Jahrhunderts nicht mehr, als zum Beispiel große stehende Heere mit Kleidung und Waffen versorgt werden mußten. In der Textilherstellung waren arbeitsteilige Produktionsvorgänge – Spinnen, Weben, Bleichen, Färben, Zurichten – seit langem üblich. Diese Teilung ließ sich verbessern, indem man die Arbeitskräfte in größeren Werkstätten, den »Manufakturen«, zusammenfaßte. Zunächst von hohen Beamten, sogar Geistlichen beaufsichtigt und vom Landesfürsten mit großen Hoffnungen und erheblichem Kapitaleinsatz gegründet, arbeiteten sie doch erst mit Erfolg und Gewinn, als freie Männer mit Sachkenntnis, aber ohne Adelsbrief oder geistlichen Titel, die Sache in die Hand nahmen. Man nannte sie »entrepreneurs« – auf gut deutsch Unternehmer. Wie sich diese Entwicklung zum industriellen Unternehmertum vollzog, wird später zu berichten sein. Mit den alten Zunftordnungen jedenfalls ließ sich der sogenannte wirtschaftliche Fortschritt nicht mehr meistern.

Für und wider die Gewerbefreiheit

Auch Regierungen haben ihre lichten Augenblicke. So erklärt eine Geschäftsinstruktion aus dem Jahre 1808 für sämtliche Provinzialregierungen des Königreiches Preußen: »Es ist dem Staate und seinen einzelnen Gliedern immer am zuträglichsten, die Gewerbe jedesmal ihrem natürlichen Gang zu überlassen, das heißt: keine derselben vorzugsweise durch besondere Unterstützung zu begünstigen und zu heben, aber auch keine in ihrem Entstehen, ihrem Betriebe und Ausbreiten zu beschränken.«

Der Grundsatz, jedem eine möglichst freie Entwicklung und Anwendung seiner Anlagen, Fähigkeiten und Kräfte zu gestatten, werde die allgemeine Wohlfahrt fördern. Deshalb sei »möglichste Gewerbefreiheit« anstelle der Erhaltung von Zünften ein Gebot der Stunde. Das war ein vernünftiger Standpunkt, der auf radikale Veränderungen des gewerblichen Lebens zielte. Das Wort Gewerbefreiheit wirkte denn auch auf Handwerkerkreise ähnlich wie heute der Gedanke des staatlichen Gesundheitsdienstes auf praktizierende Ärzte – und so fühlte sich der selbständige Handwerker, der geschützt von den Zünften sein Brot verdiente, von der Gewerbefreiheit unmittelbar in seiner Existenz bedroht. Die Gewerbefreiheit war, wie viele Erscheinungen der modernen Welt, ein Kind des bürgerlichen Liberalismus mit der Französischen Revolution und wurde in Frankreich 1791 eingeführt. Natürlich entsprach sie den wirtschaftlichen Interessen der Bourgeoisie und des Kapitals, denn nur wenn Gewerbefreiheit herrschte, konnte man neue Textilbetriebe gründen, neue Schneiderwerkstätten, neue Gießereien – aber sie entsprach auch den Erfordernissen der Zeit.

In Preußen, das sich nach der Niederlage gegen Napoleon, d. h. gegen die Armee des ehemals revolutionären Frankreich, zu Reformen von oben zwang, hatte man die Gewerbefreiheit in allen preußischen Provinzen durchführen wollen. Aber es zeigte sich nach den sogenannten Freiheitskriegen, daß nur Westfalen und das Rheinland die Gewerbefreiheit angenommen hatten. In den anderen Provinzen zögerte man mit der Einführung, und im gemütlichen Sachsen war die alte Zunftordnung überhaupt gänzlich unangetastet geblieben. Überall in den Städten formierte sich die Restauration, die sich vor allem auf den kleinen Mittelstand stützte, und machte Stimmung gegen jede Veränderung. Dabei schlug man, wie könnte es anders sein, sehr herzhafte patriotische Töne an und verwies darauf, daß gerade der ordentliche Handwerker zu den »Stützen von Thron und Altar« gehört habe. Auch der reaktionäre Landjunker Bismarck äußerte sich im Jahre 1849 zum Thema und sah in einem gesunden Handwerkerstand einen Damm gegen das aufkommende Proletariat, als ob auf diese Weise die sozialen Konsequenzen der Industrialisierung hätten aufgehalten werden können.

Alle diese Kassandrarufe verfehlten ihre Wirkung nicht, und so gewann das Handwerk schrittweise an Boden. In Preußen zum Beispiel gab man die liberalen Prinzipien der Gewerbeordnung auf und führte für 42 namentlich aufgeführte Gewerbezweige erneut einen Befähigungsnachweis ein; man forderte ihn auch, wenn jemand Lehrlinge ausbilden wollte, und erkannte damit erneut die Existenzberechtigung von Innungen an. Auch in den übrigen deutschen Bundesstaaten ging der Kampf zwischen fortschrittlichen Beamten und konservativen Kräften des Handwerkertums über mehrere Runden.

In Bayern, wo es keine Industrie gab, wurde die Gewerbefreiheit 1804 und 1825 grundsätzlich anerkannt, auch hatte man die Zünfte weitgehend ausgeschaltet. Aber schon 1834 erreichten die Meister eine Einschränkung der Gewerbefreiheit und 1853 die Wiederherstellung alter Rechte. In einigen Staaten wie Baden, Sachsen und Hessen-Darmstadt blieb der Zunftzwang bis 1862 erhalten, in Hannover und Oldenburg wurde die Zunftordnung neu bestätigt, nachdem man sie von einigen alten Zöpfen befreit hatte. Das Schneckentempo, mit dem hier die Vernunft sich durchsetzte, ist symptomatisch für Prozesse ähnlicher Art. Erst die Gewerbeordnung des Norddeutschen Bundes von 1869 brachte die allgemeine Gewerbefreiheit für alle Mitglieder; sie ist 1870 als Reichsgewerbeordnung übernommen worden, blieb aber nicht unangefochten; schon in den siebziger Jahren des vorigen Jahrhunderts gelang es dem Handwerk, seine Vorstellungen erneut durchzusetzen. Auch heute noch ist die Frage der Gewerbefreiheit umstritten.

Einige Handwerkszweige, etwa die Bäcker und Fleischer, nahmen einen beachtlichen Aufschwung, weil die Bevölkerung wuchs, die versorgt sein mußte. So stieg die Zahl der Bäckermeister entsprechend dem Bevölkerungswachstum, die Zahl der Bäckergesellen wuchs um das Dreifache. Ähnliche Größenverhältnisse gab es im Fleischerhandwerk, denn immer mehr Haushaltungen verzichteten darauf, ihr Brot selbst zu backen und selbst zu schlachten, andererseits gab es noch keine Brotfabriken oder Schlachthäuser. Einen Aufschwung nahm auch das Schneiderhandwerk. Hier war verlockend, daß man, um eine Werkstatt einzurichten, nicht viel mehr als eine Nähmaschine, Fingerhut und Schere brauchte. Bis zur Mitte des vorigen Jahrhunderts gab es keinen Textilgroßhandel, keine Fachgeschäfte, so blieb jeder, der sich mit modischer Kleidung versorgen wollte, auf den Schneider oder die Schneiderin angewiesen – ein Fünftel der in diesem Handwerk Tätigen bestand aus Frauen.

Es ist die Epoche des Dandys, des modischen Kavaliers, dessen Vorbild George B. Brummel ist, von dem ein Zeitgenosse schreibt: »Besonders berühmt war er wegen seiner Kleidung, von der durchweg jedes einzelne Stück von ihm selbst entworfen war; die Ausführung überließ er dem überlegenen Genius des Schneiders Weston in Old Bond Street.« Während so die Schneiderei florierte, bis die ersten Fachgeschäfte schlecht entlohnte Heimarbeiter anwarben und mit ihren Preisen das Handwerk in Schwierigkeiten brachten, ging es den Webern aus vielerlei Gründen schlecht. Man kennt die Thematik aus dem Drama Gerhart Hauptmanns, aus den Blättern der Käthe Kollwitz. Ursprünglich war auf den schlesischen Dörfern mit der Hand Flachs gesponnen worden wie in Indien die Baumwolle. Anfang des 19. Jahrhunderts kam die Spinnmaschine auf (siehe Band »Kleidung · Mode · Schmuck«), und schon 1818 lieferte die Spindel einer solchen Maschine etwa hundertmal soviel wie ein Handspinner in der gleichen Zeit. In den vierziger Jahren produzierte ein Arbeiter an einer Spinnmaschine angeblich fünfhundertmal soviel wie ein Handspinner (Bechtel). So ging zuerst die Flachsspinnerei ein, wenig später die Leinenweberei. Als die »Verleger« die Preise zu drücken begannen, weil der Markt eng wurde, erhoben sich die Weber in den schlesischen Gebirgsdörfern im Jahre 1844, und erst als Militär eingesetzt wurde, war die Ruhe wiederhergestellt.

Heute weiß man, daß für das Elend dieser Menschen weder die Maschinen noch die Gewerbefreiheit verantwortlich waren, sondern die Marktlage, anders ausgedrückt, der Zwang zum Profit, unter dem sich der Verleger sah. Denn Leinen unterlag im Konkurrenzkampf gegen die Baumwollgewebe, weil diese dem Geschmack der Massen entgegenkamen und billiger waren. Auch anderen Handwerken ging es schlecht. Die Böttcher, die hölzerne Fässer machten, mußten dem Siegeszug eiserner Fässer weichen, die Töpfer kamen gegen das Emaillegeschirr nicht an. Im Gräflich Einsiedel'schen Hüttenwerk Lauchhammer hatte man schon 1785 das Emailleverfahren auf Gußgeschirre angewandt, aber erst 1810 gelang es, Stahlblechgeschirre zu emaillieren. Damit verlor die Töpferei als Herstellerin von Massenware ihre Bedeutung. Typisch für die Bilder der Armut in Großstädten war auch die kinderreiche Familie des Flickschusters. Wie bei der Schneiderei brauchte man nur geringe Investitionen, um einen Laden aufmachen zu können. So wuchs die Zahl der Meister unaufhaltsam an, so daß schon 1870 der Volkswirtschaftler Gustav Schmoller von dem hungernden, verarmten Schuhmacher mit großer Kinderschar als von einer typischen Erscheinung sprechen konnte. Andererseits haben sich die Schlosser, Schmiede, Stellmacher und Mechaniker im Zeitalter der beginnenden Industrialisierung behaupten und neue Erwerbszweige dazugewinnen können. Auch die Bauhandwerker, die Maurer und Zimmerleute, die Installateure und Fliesenleger, die Anstreicher und Dachdecker, erlebten keinen Rückgang, sondern einen Aufschwung ihres Handwerks.

Von einem Untergang des Handwerks durch die allgemeine Gewerbefreiheit konnte also keine Rede sein, höchstens vom Verfall einiger Handwerkszweige, die nicht mehr zu retten waren, auch nicht durch genossenschaftliche Bestrebungen. Welche Arbeitsmöglichkeiten die Industrie würde bieten können, haben damals nur wenige Menschen in Umrissen geahnt. So waren es häufig Außenseiter, welche die Gunst der Stunde erkannten und zu nutzen verstanden.

Ein Pastor begründete in Rathenow die erste Brillengläserfabrik, der Ballonschausteller F. A. Winzer hat 1804 die Entwicklung der Glasindustrie eingeleitet, der Begründer einer der ersten Maschinenfabriken, Friedrich Harkort, ist Gerber gewesen, und ein Augenarzt entwickelte die Maschinenindustrie in Mecklenburg, ein Hutmacher die Zündholzindustrie. Das wirkt auf den Menschen unserer Zeit, der so viele abenteuerliche Gründerkarrieren kennt, nicht eben überwältigend, verrät aber doch die Tendenz der neuen, industriellen Epoche, die den Zunft- und Laufbahnzwang abschüttelt. Tatsächlich bringt das Maschinenwesen, verbunden mit neuen Energiequellen, mehr als nur bessere Erzeugnisse und massenweise Produktion: es revolutioniert die Lebensumstände des Menschen und schenkt ihm Freiheiten bisher ungekannten Ausmaßes, zwingt ihn aber auch in einen Arbeitsrhythmus, von dessen Strenge sich die Handwerker des Biedermeier nichts haben träumen lassen.

Wege zur Genossenschaft

Als am 12. Oktober 1848 der Verfassungsentwurf für die künftige deutsche konstitutionelle Monarchie in der Nationalversammlung durchdiskutiert wurde, erregte die Eingangsformel »Wir Friedrich Wilhelm von Gottes Gnaden König von Preußen . . .« Anstoß. Wie konnte ein König, dessen Souverän das Volk war, von Gottes Gnaden König sein? Der Abgeordnete Schulze aus Delitzsch in Sachsen, ein unbekannter Mann, erhob sich und erklärte, er hätte sich gewünscht, daß diese

Frage formaler Natur unberücksichtigt geblieben wäre, aber da es nun einmal geschehen sei, erachtete er es nicht für ratsam, »die Firma aus dem bankrott gegangenen Absolutismus in die neu zu errichtende konstitutionelle Monarchie hinüberzunehmen«. Man hat ihm in nationalkonservativen Kreisen diese offenen Worte bis zu seinem Tode nicht verziehen. Zu einer deutschen Demokratie ist es, wie man weiß, erst 1918 gekommen, und das Leben der Gottesgnadenformel zeigte sich zäher, als die Vernunft vermuten konnte. Die Nationalversammlung wurde nach Tumulten am 5. Dezember 1848 aufgelöst, die reaktionären Kräfte hatten gesiegt. Der Abgeordnete Schulze, der in einer Kommission der Nationalversammlung mit Angelegenheiten des Handwerks befaßt war, beschäftigte sich in seiner Heimatstadt weiterhin mit den gleichen Fragen. Delitzsch, damals ein Ort mit 5000 Einwohnern, liegt zwischen Halle und Leipzig auf einer reizlosen Ebene, auf deren Äckern vorwiegend Rüben gezogen wurden. Der Name bekam Weltruf, als er dem Namen des Hermann Schulze beigefügt wurde, dem Begründer der handwerklichen Genossenschaftsbewegung.

Die Krise des Handwerks in der Mitte des 19. Jahrhunderts ist durch verschiedene Faktoren ausgelöst worden. So hoben die neuen, schnellen Verkehrsverbindungen die Standortvorteile des örtlichen Handwerks auf: Jedermann konnte seine Erzeugnisse auf dem Schienenweg zu günstigen Transportkosten kreuz und quer durch Europa schicken. Auch wurde der Zeitungsleser besser als bisher über die Erzeugnisse der gewerblichen Wirtschaft informiert, und schließlich erzwang die fortschreitende Industrialisierung jene strukturellen Veränderungen, von denen bereits die Rede war. Schulze-Delitzsch hat die Situation so gesehen: »Der Handwerker war früher ein technischer Arbeiter, tätig für eine Anzahl ihm persönlich nahestehender Familien. Jetzt dagegen tritt das Verkaufen fertiger Waren immer mehr in den Vordergrund: Der Handwerker muß die Stoffe einkaufen, Lager halten, mit Vorräten spekulieren; dazu gehört Kapital, kaufmännische Bildung, eine höhere soziale Stellung. Eine viel kleinere Zahl größerer Geschäfte wird übernehmen, was früher eine viel größere Zahl technischer Arbeiter, d. h. kleiner Meister, mit den Hausfrauen zusammen besorgte.« Der Vorschlag Schulze-Delitzsch' hieß »Assoziation« – man liebte damals gebildete Vokabeln. Der Sache nach handelte es sich um Genossenschaften, nämlich »eine Verbindung unter den wenig bemittelten, vorzugsweise arbeitenden Klassen, welche dahin strebt, bei wirtschaftlichen Zwecken den einzelnen kleinen und im Verkehr schwindenden Kräften durch ihre Vereinigung soviel als möglich die Vorteile einer Großkraft zu Gebot zu stellen«.

Der Gedanke war nicht neu: Selbsthilfe durch Zusammenschluß hat es seit jeher gegeben, Gruppen- und Familienbesitz findet sich bei Jägervölkern und bei Nomaden, bis ins 19. Jahrhundert kannte man die dörflichen »Backgesellschaften«, die den örtlichen Backofen nutzten, ebenso gab es die Mühlen- und Moorgenossenschaften, doch hat erst das industrielle Zeitalter genug Druck ausgeübt, um Ansätze der Genossenschaftsbewegung hervorzubringen: Das Elend selbst setzte die Energien frei, die sich seine Abschaffung zum Ziel gesetzt hatten.

In den sozialen Utopien eines Francis Bacon (1561–1626) oder eines Rousseau (1712–1778), um nur zwei Namen zu nennen, war der Gedanke der Kollektivierung der Arbeit, der »Assoziativ-Produktion« vorgedacht. Im beginnenden 19. Jahrhundert wurde er zu einer ersten Arznei gegen den um sich greifenden Krebsschaden des Kapitalismus.

Der Mann, der nicht nur die Ideen, sondern auch die Kraft hatte, die gesellschaftlichen Verhältnisse wenigstens in seinem Machtbereich zu ändern, heißt Robert Owen (1771–1858), der übrigens sein wechselvolles Leben in einer Selbstbiographie beschrieben hat. Mit acht Jahren war er bereits Verkäufer in einem Kurzwarengeschäft – es war die Zeit, als zum Beispiel in Edinburgh täglich 500 Kinder aus dem Armenhaus im Alter von 5 bis 7 Jahren an Fabriken vermietet wurden, wo sie von morgens 6 Uhr bis abends 7 Uhr arbeiten mußten – und mit 19 Jahren Direktor einer Baumwollspinnerei in Manchester. So erhielt er jene Einblicke in die Arbeitsbedingungen der ersten Industriebetriebe, die zur Grundlage seiner späteren Tätigkeit wurden. Nach wenigen Jahren machte er sich selbständig – ein geborener Unternehmer, der schon bald zu den führenden Leuten seiner Branche zählte und ein Vermögen verdiente – und faßte zugleich den Entschluß, die unwürdige Kinder-, Frauen- und Sklavenarbeit abzuschaffen.

In seinem als Modell geplanten Unternehmen Lanark, das bald zum Mekka aller Reformer wurde, schränkte er die Kinderarbeit von 17 auf 10 Stunden ein und organisierte den Unterricht für die Jugend. Ein Wohnungsprogramm und der Bezug billiger Nahrungsmittel durch Großeinkauf rundeten das Programm ab, auch entwickelte er eine Kranken- und Invalidenfürsorge. Die Arbeiter, die er beschäftigte, schufteten nicht wie Sklaven in den üblichen düsteren Hallen, die an Dantes Höllenvisionen erinnerten, sondern in hellen, luftigen Gebäuden, die mit den damals modernsten Maschinen ausgestattet waren. Heute sind alle Forderungen dieser Art Selbstverständlichkeiten; damals erschienen sie dem Zeitgenossen als Herausforderung, nur gemildert durch die Profite, die Owen erzielte. Niemand wollte wahrhaben, daß man der Volkswirtschaft half, wenn man dem Arbeiter half, und als Owen während einer ausgedehnten Europareise mit Friedrich von Gentz, einem reaktionären österreichischen Minister, seine Theorien diskutierte, zeigten die Herrschenden ihr wahres Gesicht. »Wir wissen wohl«, erwiderte Gentz, »was Sie wollen, aber wir wollen nicht, daß die Massen wohlhabend und unabhängig werden.« Der Grundgedanke Owens war, die Arbeitslosen in Kolonien von etwa 1500 Personen produktiv zu beschäftigen und das Leben dort etwa nach der Art des heutigen Kibbuz, d. h. genossenschaftlich, zu organisieren.

Um seine Pläne auf breiterer Basis zu realisieren, erwarb er in Amerika im Jahre 1825 die Siedlung »New Harmony« und gründete dort ein Gemeinwesen »zu dem allgemeinen Zweck, das Glück der Welt zu fördern«. Insbesondere sollte es dem Ziel dienen, »Charakter und Lebensbedingungen der Mitglieder zu bessern und sie für die Bildung unabhängiger, kommunistischer Gemeinwesen vorzubereiten«. Alle Standesunterschiede sollten, wie einst im christlichen Mönchsorden, aufgehoben sein, die persönliche und gesellschaftliche Gleichheit war die Basis des Gemeinwesens, in dem jeder nach seinen Kräften dienen sollte; dafür bot ihnen Owen die Sicherung ihres Lebensunterhaltes, die Erziehung ihrer Kinder und alle Vorteile eines sozialistischen Systems.

Das Experiment ist mißglückt, weil man damals keine wissenschaftlich erprobten Mittel gegen die psychologischen und soziologischen Kinderkrankheiten des Sozialismus besaß: Verschwendung des Gemeineigentums und Faulheit der Mitglieder, Gleichgültigkeit im Umgang und Aggressivität, weil keine volle Gerechtigkeit verwirklicht werden konnte, zerstörten die Gruppe. Trotzdem wirkte das

Beispiel des Systems von Owen weiter, an das seine Anhänger damals so unbedingt glaubten wie die »ersten Christen an die Wiederkunft Christi«.

Als eine Folge dieser Entwicklung ist von einem Schüler Robert Owens 1828 in Brighton eine »genossenschaftliche Einkaufsvereinigung« ins Leben gerufen worden, und dieser Gedanke erwies sich als überaus lebenskräftig. In ganz England entstanden ähnliche Vereine, und schließlich gründete man 1829 die »Britische Assoziation zur Förderung genossenschaftlicher Ideen«, deren Mittelpunkt der Londoner Konsumverein war. Schon Ende des Jahres gab es in London 130 Konsumläden, und 1832 sollen es rund 400–500 gewesen sein, an denen rund 200000 Personen beteiligt waren. Aber auch dieses Patentrezept zur Beseitigung des Elends erwies sich als stumpf und war den folgenden Wirtschaftskrisen nicht gewachsen; so lösten sich viele Läden wieder auf, und nur die »Rochdaler Genossenschaft der redlichen Pioniere«, 1844 ins Register eingetragen, erhielt die Gedanken des Robert Owen in der Praxis lebendig. Es waren 28 Arbeiter, mit den Gedankengängen des »Owenismus« vertraut, die diesen kleinen Co-Operationsladen in der Krötengasse zu Rochdale ins Leben riefen. Im Jahre 1855 hatte diese Genossenschaft bereits 3450 Mitglieder; sie besaß eine eigene Getreidemühle und eine öffentliche Bücherei mit Lesesaal und bot vielfältige materielle und ideelle Hilfe, dies alles war erwachsen aus dem Mut jener »Rochdaler Achtundzwanzig«, die es unternommen hatten, eine »Bürgerinitiative« zu entwickln.

Auch im Bereich des Handwerks gab es, als Hermann Schulze-Delitzsch seine Arbeit begann, eine Reihe spezieller Vorbilder für die Gründung von Genossenschaften. So existierte in Frankreich seit 1832 eine Tischlergenossenschaft, und zwei Jahre später hatten sich die Goldarbeiter genossenschaftlich organisiert. Ebenso hatten die in Paris gegründeten nur wenig erfolgreichen »Nationalwerkstätten« des Jahres 1848 Anlaß zur Diskussion geboten.

Schulze-Delitzsch begann, gegen den Widerstand der Behörden, indem er eine Sterbekasse gründete, später kam eine »Rohstoffassoziation« hinzu. Den entscheidenden Erfolg hatte er, als er sich um Kredite für den Handwerker bemühte. Der kleine Schuhmacher oder Schneider konnte nur zum Wucherer gehen, der mit unerhörten Zinsforderungen arbeitete. »Der Mann saß da, über seine Arbeit gebückt, in schlecht gelüftetem Raum und mühte sich ab auf Tod und Leben, galt es doch wieder einmal, die morgen fälligen Zinsen, die sein Gläubiger zu verlangen hatte, herauszuwirtschaften. Die schuldige Summe war schon zwei-, dreimal bezahlt, aber immer nur in Form von Zinsen, die gar oft 30 bis 40 Prozent betrugen. Dazu machten sich die Nachwehen des Hungerjahres von 1847/48 immer noch bemerkbar.«

Der Handwerker hätte nur von der Sparkasse Geld leihen können, aber er besaß keine Sicherheiten; dafür konnte etwa ein reicher Nachbar, der ein Haus besaß, ein Darlehen aufnehmen und es gegen 30% Zins dem Handwerker ausleihen, um sich womöglich noch als dessen Wohltäter aufzuspielen.

Im März 1850 gründete Schulze-Delitzsch daher einen »Vorschußverein«, eine zunächst auf Schenkungen und Stiftungen angewiesene karitative Vereinigung. Erstaunlicherweise florierte er nicht, und erst ein im Nachbarort gegründeter ähnlicher Verein, der stärker auf das Prinzip der Selbsthilfe ausgerichtet war, hatte Erfolg. Schulze-Delitzsch hat diese Lehre beherzigt und seine Konsequenzen gezogen; ihr Ergebnis ist das genossenschaftliche System. Schon in einer 1853 erschienenen Schrift »Assoziationsbuch für Handwerker und Arbeiter« hat er sein Programm entfaltet, 1855 die »Vorschußvereine« zu Volksbanken umgewandelt. Im Jahre 1865 erfolgte als Höhepunkt dieser Entwicklung die Gründung der »Deutschen Genossenschaftsbank«. Wie bei fast allen Sozialreformern ist ihm sein Erfolg zur fixen Idee geworden. Eingeschworen auf den Gedanken der Selbsthilfe und auf ein liberales Konzept, hat er nicht sehen können, daß mit diesen Mitteln die soziale Frage nicht zu lösen war; die Sozialversicherung Bismarcks hat er, wie überhaupt jeden staatlichen Eingriff, scharf abgelehnt, im Gegensatz zu Raiffeisen. Er blieb seinen Grundsätzen treu und sah die Welt aus der Perspektive des mittelständischen Handwerks, was seinen Ruhm nicht schmälert. Mit 75 Jahren ist er an Altersschwäche gestorben.

Heute hat der Gedanke der Genossenschaften längst über den Bereich des Handwerks hinausgegriffen: Zu den ländlichen Genossenschaften Friedrich Wilhelm Raiffeisens (1818–1888) sind die Konsumgenossenschaften der Arbeiterschaft und schließlich die Wohnungsgenossenschaften getreten; der Grundgedanke der gemeinschaftlichen Selbsthilfe aber reicht über diese Anfänge und Möglichkeiten weit hinaus.

Vom Tausch zum Markt

Stummer Handel und Geschenke

Vorsichtig schiebt sich aus dem Blättergewirr des Urwaldes ein Kopf, ein faltiges, altes Gesicht. Sorgfältig suchen die Augen jeden Punkt der Lichtung ab, dann erhebt sich der Mann und tritt hinaus ins Freie, ein zwerghaft kleiner Mensch, ein Pygmäe, der mit einer leichten Handbewegung seine Gefährten heranwinkt. Ebenso behende und lautlos wie der Alte erscheint ein Trupp junger Männer. Sie tragen drei mächtige Elefantenstoßzähne, die sie vorsichtig auf den Boden legen, dazu ein paar Felle und einige Streifen luftgetrockneten Fleisches. Dann verschwinden sie lautlos, wie sie gekommen sind, als letzter der alte Mann. Es vergeht eine lange Zeit, bis sich die Lichtung wieder belebt, diesmal mit Negern, deren schwarze, muskulöse Körper glänzen, wenn ein Strahl der Sonne sie in der Tiefe des Waldes trifft. Sie prüfen das Gewicht der Zähne, die Qualität der Felle, dann legen sie nach einem kurzen, halblaut geführten Gespräch mehrere eiserne Pfeilspitzen, einen Haufen Bananenstauden und einen Lederbeutel mit Salz auf den Boden und ziehen sich ihrerseits zurück, um den Pygmäen Zeit zu lassen. Jede der beiden Parteien kennt die Spielregeln dieses stummen Handels, und so wissen auch die Bantu, daß sie während der ganzen Zeit beobachtet worden sind.

Wieder vergeht eine geraume Zeit, bis die Pygmäen erscheinen und die Pfeilspitzen, die Bananenstauden und das Salz an sich nehmen – nun ist der Handel abgeschlossen, und die Bantu können ohne Gefahr die Ware der Pygmäen mitnehmen. Anders wäre es gewesen, wenn die Pygmäen das Angebot der Neger auf diesem seltsamen Marktplatz hätten liegenlassen – denn das hätte »zu wenig« bedeutet. Mehr Salz oder mehr Pfeilspitzen hätten den Ausgleich geschaffen, bis der Handel dann zum Abschluß gekommen wäre. Der »stumme Handel« ist ein in der Völkerkunde bekannter Begriff geworden. Das Verfahren wird meist zwischen Stämmen angewandt, die miteinander in Feindschaft leben, aber doch Interesse an bestimmten Wirtschaftsgütern des Gegners haben. Die Angst diktiert diese seltsame Form des Umganges, die bezeichnenderweise vor allem für den Handel zwischen kulturell niedrigstehenden und schon weiter entwickelten Völkern nachweisbar ist; es dürften die Unterlegenen sein, die dem brutalen Partner den stummen Handel aufzwingen.

Schon in den antiken Quellen sind diese Formen des stummen Handels oder Depothandels beschrieben, die übrigens Betrug ausschließen und einen vollkommenen Ausgleich der Interessen erreichen. Zwischen Weddas und Singhalesen, Negritos und Malaien findet dieser Güteraustausch ebenso statt wie zwischen Pygmäen und Negern, aber Herodot hat ihn schon als Verfahren zwischen den Karthagern und den Negern beschrieben, Plinius kennt ihn aus Berichten über Ceylon. Der Depothandel ist nur gleichsam eine Spezialform des Austausches von

Geschenken; jemand bietet etwas an, wobei er erwartet, daß ihm mit einer Gabe in gleichem Wert vergolten wird.

Eine andere Form des Handels beschreibt der Maori Albert Kiki in seiner Biographie. Sie setzt die Existenz von Handelsfreunden voraus. Das sind nicht etwa beliebige, sich aus der Sache ergebende Geschäftsfreundschaften, sondern über lange Zeiträume beibehaltene Bindungen, die einen fast familiären Charakter tragen. Der Maori erzählt, wie solche Expeditionen an der Küste des Papua-Golfes von Neu-Guinea ausgerüstet wurden. Man befestigte mehrere Kanus aneinander und verband sie durch eine Plattform, dann belud man das Fahrzeug mit Töpferware, die man gegen Sago eintauschen wollte. »Es war kein gewöhnlicher Tauschhandel, das Geschäft war mit einer gewissen Zeremonie verbunden; und die Freundschaftsbeteuerungen, die ausgetauscht wurden, waren ebenso wichtig wie der Austausch der Produkte selbst.« Die Motu, der Stamm, der die Töpferwaren brachte, gingen nun nicht auf den Markt, sondern jeder ging zu seinem »Handelsfreund«, mit dem seine Familie seit Jahren oder auch Generationen in Verbindung stand. Der Maori schildert nun, wie der Geschäftsfreund seines Vaters diesem sofort alle Töpfe übergab. Es galt als unschicklich, sie zu zählen oder einen Preis zu fordern. Tatsächlich wird das Gesicht gewahrt. Einer der Söhne steht im Haus und macht, je nach Form und Größe der Töpfe, verschiedene Knoten in einen Strick. So kann der Vater die Menge Sago abschätzen, die er als Gegengabe überreicht, »und der Handelsfreund nahm den Sago ebenfalls ungewogen entgegen«.

So eng sind diese Bindungen, daß man den Handelsfreund als Mann der eigenen Sippe ansieht; »wäre in Orokoro einer gestorben, so hätte man ihn mit allen Riten beerdigt, als wäre er aus unserem Stamm«.

Für diesen Handel ist charakteristisch, daß die Fassade eines Austausches von Gastgeschenken streng aufrechterhalten wird; tatsächlich verweist dieses Ritual auf ältere Herkunft. Hier bei den Maoris hat der Besuch der Motu nämlich schon den Charakter einer Handelsexpedition, doch scheint es, als ob ursprünglich der Austausch von Geschenken nur ein Teil der zeremoniellen Stammesbegegnungen gewesen ist. So wurden im Frühjahr bei den Eskimos in Alaska große Zusammenkünfte abgehalten, zu denen schon im Herbst eingeladen wurde. Man schickte zwei junge Männer, die je einen mit Adlerfedern und rotbemalten Ringen verzierten Stab mit sich führten. Die Zahl der Ringe bezeichnete die Anzahl der Geladenen. Auch hier hatte jeder Eskimo – in diesem Fall vom Stamm der Colville-Eskimos in Nordalaska – in den anderen Siedlungen einen Freund, mit dem er Güter und meist während des Festes auch die Frau auszutauschen pflegte; auch maß er sich mit ihm im Wettgesang und in allen möglichen Sportarten.

Im frühen Winter, wenn genug Schnee lag, kamen die Gäste mit ihren schwerbeladenen Schlitten und wurden schon weit vor dem Dorf von Jünglingen empfangen, die vor ihnen Tänze aufführten, um sie zu zerstreuen, und ihnen Speisen anboten. Danach fand zwischen den Gästen und den Gastgebern ein regelrechter Wettlauf zum Dorf statt. Dort wurde ein weiterer Tanz vor dem Versammlungshaus aufgeführt, wo auf einer hohen Stange ein ausgestopfter Adler die Zeremonie überwachte; vom Adler, so hieß es, habe der Mensch gelernt, sich zu vergnügen und Feste zu feiern. Nach weiteren Zeremonien im Gemeinschaftshaus »tanzten die Gastgeber, um ihren Wünschen Ausdruck zu geben, und anschließend waren

Dieser Schild *aus Büffelleder mit Ritz- und Schälornamentik stammt aus dem Südseebereich. Deutsches Ledermuseum, Offenbach*

die Gäste an der Reihe«. Auf diese Weise, schreibt Kaj Birket-Smith, fand ein beträchtlicher Handel oder besser Tauschverkehr statt.

Die Eskimos betrieben ihren Handel mit gewöhnlichen Dingen wie Treibholz, Riemen aus Robbenleder, Walbarten und allerlei europäischem Kram, aber auch mit gefleckten Rentierfellen, wie man sie nur in Sibirien fand, mit Jade, die man nur aus Alaska kannte, mit Eisen aus dem Basaltgebiet der grönländischen Westküste und vielen anderen Dingen. Ein derartiger Güteraustausch setzt gewisse geographische Vorstellungen voraus; hier wie überall ist der Wunsch, bestimmte Güter einzuhandeln, zum Schrittmacher der Begegnung mit anderen Stämmen und Völkern geworden. Wo ein starkes Interesse am Handel besteht, entwickelt man neue Transportmöglichkeiten, bessere Orientierungshilfen – etwa bei den

Eskimos holzgeschnitzte Reliefs der Küstenformation, bei den Arabern der islamischen Renaissance die berühmten Seekarten für das Mittelmeer.

Ganz gewiß liegt in diesem Güteraustausch ein sozio-psychologisches Moment; wer mit seinem Güterüberschuß prahlen kann, gewinnt mehr Ansehen, und um Ansehen geht es auch bei den Potlasch-Festen, die zugleich dem Prestigebedürfnis und einem gewissermaßen volkswirtschaftlichen Zweck dienen. Beim Potlasch-Fest demonstrieren die Clan-Häuptlinge ihre wirtschaftliche Macht dadurch, daß sie Matten, Muschelgeld, bestimmte Kupferplatten verschenken. Sieger bleibt, wer den Rivalen im Angebot von Gütern oder in der Zerstörung des eigenen Besitzes übertrifft.

Aber nicht nur die Häuptlinge kämpfen auf diese Weise unblutig um Rang und Ansehen, sondern alle Männer, und jeder wird, je nach seiner wirtschaftlichen Kraft, mit einem Titel in der sozialen »Hackordnung« eingestuft – wobei niemandem etwas geschenkt wird, obwohl so viele Gegenstände verschenkt werden. Des Rätsels Lösung ist ein Trick: Zwar verteilt jedermann seine Habe, erwartet aber, daß er Gegengeschenke mit einem Aufschlag von 100% erhält. Falls sich jemand diesem Zwang entzieht, verliert er in seiner Sippe jedes Ansehen, stirbt also gleichsam einen »sozialen Tod«.

Diese Potlasch-Feste werden bei den Indianern der Nordwestküste von Nordamerika gefeiert. Anderswo gibt es ähnliche Zeremonien, die dem gleichen Zweck dienen. Auf den kleinen Tobriand-Inseln bei Neu-Guinea heißt die Zeremonie »Kula«. Zwei Sorten von Schmuckstücken gibt es auf dieser Insel, nämlich Halsketten aus roten Muschelschalen für Frauen und weiße Armringe aus der Schale einer Riesenmuschel, die von den Männern getragen werden. Wer solchen Schmuck besitzt, steht selbst hoch im Ansehen und vermehrt das Ansehen seines Dorfes. Jedermann kennt die Herkunft der Schmuckstücke und ihre Geschichte, und damit wäre alles wie anderswo, gäbe es nicht einen bestimmten Zwang der öffentlichen Meinung, dessen Ursprung man nicht kennt. Es gehört sich nämlich nach Ansicht der Tobriander nicht, ein Schmuckstück allzu lange zu behalten. Man muß es einem Freund im nächsten Dorf aushändigen, wofür dieser einige Zeit später reichliches Entgelt spenden wird. Wenn man diese Vorgänge aus der Vogelperspektive und mit einem Zeitraffer betrachten würde, so könnte man sehen, wie die Halsbänder mit der Sonne von Osten nach Westen und die Armbänder gegenläufig von Westen nach Osten langsam über die Insel wandern – aus keinem anderen Grunde als dem zwingenden Gebot des Sozialprestiges, das auch den Europäer immer wieder zum Kauf eines neuen Wagens oder einer vergoldeten Armbanduhr verlockt.

Bernstein in Steinzeitgräbern

Handel ist so alt wie die Menschheit, denn er stellt ein Element der Gesittung dar, das sich auf soziale Vernunft gründet; die Vorstufe des Handels ist der Raub. Aus der sogenannten jüngeren Altsteinzeit, aus den Höhlen der Jäger, die etwa 30 000–20 000 v. Chr. in der Schwäbischen Alb gelebt haben, stammen Funde von Muschelketten. Sie bezeugen, daß es eine frühe Form von Schmuckbedürfnis gegeben hat, wenn die Kette nicht überhaupt die einzige Möglichkeit war, einen gewissen Vorrat an Muscheln zu transportieren. Diese Muscheln stammen aus dem Mittelmeer – und das heißt, sie sind über viele hundert Kilometer hinweg transportiert worden, vermutlich im Tauschverfahren. Man weiß, daß Muschelgeld im frühen China der Tschou-Zeit (1000–256 v. Chr.) in Gebrauch war, ehe es durch Nachbildungen aus Kupfer verdrängt worden ist. Wenn ein Lehnsmann von seinem König einige Kaurischnüre als Geschenk erhalten hatte, ließ er wohl ein bronzenes Opfergefäß gießen, um diese Schenkung zu verewigen. Am Pazifik, in Ozeanien und Australien, aber vor allem auch in Neu-Guinea und Melanesien hortete man Muschelgeld als rituellen Besitz, um es bei bestimmten Gelegenheiten verschwenden zu können.

Auch hier kommen die Muscheln oft von weit her. Seltsam ist nur, daß diese Gehäuse an ihrem Fundort nicht besonders geschätzt werden. Erst wenn sie weit von der Küste entfernt zu Ringen, Plättchen usw. verarbeitet worden sind, nehmen sie den Charakter von Muschelgeld an und werden zum Prestigesymbol. Es sind also praktische, aber auch psychologische Momente, wie etwa bei der Kleidung (siehe Band »Kleidung · Mode · Schmuck«), die den Austausch von Gegenständen begünstigen, auch sind die Übergänge vom Geschenk zum Handelsartikel wohl fließend. Dieser frühe, vorgeschichtliche Handel spricht nur durch Fundstätten, nicht durch Urkunden wie später in Mesopotamien oder Ägypten. An Funden hat man die »Bernsteinstraße« vom Samland im ehemaligen Ostpreußen quer durch Polen und Rußland zur Krim oder durch Osteuropa und das Salzkammergut nach Triest rekonstruiert oder die Salzstraße von dem Hafen Haithabu an der Nordseeküste über Lüneburg quer durch Mitteleuropa nach Süden – aber der Handel mit Bernstein ist älter als Haithabu, Nowgorod oder Augsburg.

In den Königsgräbern von Mykene zum Beispiel, also in Griechenland, sind Bernsteinstücke gefunden worden, die aus dem 16. Jahrhundert v. Chr. stammen. Die chemische Untersuchung ermöglicht, den Gehalt an Bernsteinsäure exakt zu bestimmen, so daß man angeben kann, zu welcher Lagerstätte der gefundene Bernstein gehört. Die Stücke in Mykene stammen aus dem Baltikum. Um beim Bernstein zu bleiben: Im ersten vorchristlichen Jahrtausend ging Bernstein als Handelsware von der Ostsee nach Frankreich und Finnland, in die Schweiz und nach Rußland, vor allem aber ins Mittelmeerbecken. Später haben die Wikinger mit Bernstein wie mit Pelzen und Sklaven gehandelt, und die arabischen Münzen in ihren Gräbern zeigen, wo während der Blüte der normannischen Terrorherrschaft, etwa 900–1100, die Abnehmer saßen.

Man muß sich diese riesigen, durch keine politischen Grenzen künstlich verkleinerten Landmassen vorstellen, in deren Einöden sich die Siedlungen verloren und Städte selten waren. In vorgeschichtlicher Zeit, um diesen etwas veralteten Ausdruck zu benutzen, gab es keine Handelskarawanen, keine Wagen, keine Kaufleute, die wie später im Orient Karawanen ausrüsteten, man kannte Pferde nicht einmal als Reittiere, geschweige denn als Zugtiere; Lasten konnte man, unendlich langsam und nie über weite Strecken, allenfalls mit Ochsen schleppen. Man weiß nicht, wie die Bernsteinstücke nach Mykene gekommen sind, die afrikanischen Elfenbeinschnitzereien oder die ägyptischen Glasperlen in die Gräber bei Hallstatt und die Kaurimuscheln aus dem Roten Meer oder dem Indischen Ozean in die englischen Gräber der Steinzeit. Man weiß, daß in der jüngeren Steinzeit der Feuerstein aus den verschiedenen Lagerstätten in Belgien oder Norddeutschland bearbeitet und über weite Strecken gehandelt wurde, ebenso ist sicher, daß Salz, Honig, Bernstein, Felle Handelsgut waren, aber man kennt die Formen dieses Handels nicht, ebensowenig die »Währung«, also die Vergleichsbasis, auf der die Güter ausgetauscht wurden.

Ob irgendwo bestimmte Bedürfnisse entstehen, ob der Handel als gezieltes Unternehmen zum Zwecke des Warenaustausches überhaupt entstehen kann, hängt von verschiedenen Faktoren ab, zum Beispiel von der Art der eigenen Produktion, vom Umfang des Überschusses, von der Kenntnis anderer Länder und Bedürfnisse. Häufig mag es sich so verhalten haben, daß man im Kriege bei den Feinden neuartige Waffen, andersartigen Schmuck oder ein Material kennenlernte, das man nicht kannte und zu besitzen wünschte. Was ursprünglich Beute oder ein Geschenk war, wurde Gegenstand der Begehrlichkeit und schließlich Objekt des Austausches. Nun hat es verblüffenderweise schon in frühgeschichtlicher Zeit gleichzeitig den Tauschverkehr gegeben, wie er seit Jahrtausenden üblich war, ferner eine Art bargeldlosen Zahlungsverkehrs und eine Art Bankwesen. Dabei hat sich der Handel in den beiden alten Hochkulturen Ägypten und Mesopotamien ganz unterschiedlich entwickelt. In Ägypten gab es seit 3300 v. Chr. einen ausgedehnten Importhandel mit Holz, Kupfer, Silber, Elfenbein und Harzen, aber dieser Handel war Sache des Königs. So benötigte man weder Banken noch Handelsorganisationen, es genügte, militärische Expeditionen zu entsenden. Zum ersten Male hat, soviel wir wissen, um 1904 v. Chr. ein »Tempel«, also die Wirtschaftseinheit eines bestimmten Heiligtums, eine Handelsexpedition ausgerüstet; ihr Ziel war es, den Tempel mit Bauholz zu versorgen. Allerdings herrschte in dieser Epoche politische Anarchie, und der König konnte seinen Verpflichtungen nicht nachkommen.

Schon Ägypten soll übrigens eine Form des lokalen Handels gekannt haben, die bis in die heutige Zeit ihre Rolle spielt, die Auktion. Leichtverderbliche Waren wie Getreide und Fisch, die ja auch heute noch versteigert werden, hat man schon in Ägypten dem Meistbietenden zugeschlagen, und es heißt sogar, auch Kunstgegenstände seien damals so veräußert worden. Die Geschichte des Auktionswesens ist wenig erforscht; jedenfalls ist diese Form des Verkaufs bereits in Rom bekannt gewesen und in besonderen Auktionshallen abgehalten worden; man hielt die Versteigerungen »sub hasta«, unter der Lanze, ab, dem römischen Herrschaftssymbol, und kannte den Begriff des Auctionators (lateinisch augere: vermehren). Der Hammer des Auktionators, das germanische Herrschaftssymbol (siehe Band »Herrschaft · Recht · Krieg«), hat diese Tradition weitergeführt.

Ein differenzierter Handel, der die Stufe des einfachen Tauschhandels überwunden hat, bei dem Zug um Zug die begehrten Gegenstände übergeben werden, braucht für den Wert der Ware einen Vergleichsmaßstab, eine Währung. Ab 2800 v. Chr. wurde in Ägypten der Warenwert in Kupfer, Gold oder Silber geschätzt. Ein Ochse war also etwa 11 kg Kupfer wert, ein Kleid aus Leinen ein Sechstel dieser Summe usw. – aber Geldwährung und Wechsel, Münzen und alle Probleme der Kapitalbildung hat Ägypten erst kennengelernt, als um 650 v. Chr. griechische Söldner ins Land kamen. Das ist um so erstaunlicher, als in Mesopotamien, das ja im Gesichtskreis Ägyptens lag, die ersten Banken schon in der ersten Hälfte des dritten vorchristlichen Jahrtausends entstanden sind.

Bankiers um 2000 vor Christus

Man hörte das Blöken der Rinder, die zum Tempel getrieben wurden, das Geschrei der Lastträger und den Lärm der Straße nur schwach. Der Bankier Belanum saß im Innenhof seines Hauses, dessen weißgetünchte Wände sich grell gegen den tiefblauen Himmel abhoben. Vor ihm, mit untergeschlagenen Beinen, hockte sein Schreiber, bereit, mit dem Rohrgriffel die Schriftzeichen in den weichen Ton zu drücken, sobald sein Herr diktieren würde. Belanum war ärgerlich, und man sah es ihm an. Schließlich heftete er seinen dunklen Blick gedankenverloren auf den Schreiber, während er sich mit der ringgeschmückten Hand durch den duftenden Bart fuhr, und begann seine Vorwürfe an den »shamallu«, seinen Agenten, zu formulieren:

»Vor Deiner Abfahrt habe ich Dir befohlen, (schnell) zurückzukommen, was Du nicht getan hast! Zahle den erforderlichen Preis, und besorge mir ca. 60 Stück Tannenholz von 3–6 m Länge und 15–20 cm Stärke sowie 60 Stück Weidenholz, und lasse sie mir innerhalb von fünf Tagen nach Babylon kommen. Die Boote, die Du beladen zurückgeschickt hast, sind gut angekommen. Aber warum hast Du nicht den Wein besserer Qualität gekauft, wie ich Dir gesagt hatte? Laß mir 10 Krüge dieses Weines zukommen, und sei Du selbst binnen zehn Tagen hier, damit wir uns unterhalten.«

Leider weiß man nicht, wie sich die weitere »Unterhaltung« zwischen dem Bankier und seinem Beauftragten entwickelt hat. Es gab in den größeren Hafenstädten wie Babylon, Uruk, Sippar, Larsa oder Nippur eine Art »Handelskammer«, die man nach dem Sitz ihrer Geschäfte »Kai« nannte, babylonisch »karu«. Die »tamkaru« waren gleichzeitig Händler, Spekulanten, Bankiers und Vermittler. Man wird sich die Entstehung dieser Kaste so vorstellen dürfen, daß bei lebhaftem Binnenhandel in den Händen der Kaufleute eine ganze Menge an Kapital hängenblieb, das sie wiederum in andere Unternehmungen steckten, etwa in den Fernhandel. Einige Namen tauchen in den alten Tontafelurkunden immer wieder als Geldverleiher auf, auch darf man vermuten, daß es regelrechte Bankiersfamilien gab, wie man sie später auch aus Europa kennt. Jeder dieser geschäftstüchtigen Kaufleute, die allerlei Personal beschäftigten, betätigte sich auf verschiedene Weise – einmal als Geldverleiher, dann aber vor allem als Unternehmer. Die Agenten in der Stadt wurden mit einem anderen Begriff bezeichnet als die auf dem Lande, ein Beweis für die Vielseitigkeit der Unternehmungen. Der Geldverkehr war kein Austausch von Münzen, sondern von Edelmetallen, wie etwa in Ägypten, doch hatte der händlerische Geschäftssinn der Orientalen in Mesopotamien erstaunliche Vereinfachungen ersonnen, um die Geschäfte zu erleichtern. In dem schon häufig erwähnten Archiv von Mari findet sich das Schreiben eines gewissen Königs Shamsi-Addu an seinen Sohn, dem eine Braut beschafft werden soll. Der Vater erklärt sich bereit, für die erwählte Dame 120 Kilogramm Silber zu zahlen. Nun befindet sich aber der Sohn in Mari, der König selbst aus unbekannten Gründen an einem anderen, etwa 300 Kilometer entfernten Ort. Er verfährt so, wie auch heute ein wohlhabender Vater verfahren würde: Er stellt einen Verrechnungsscheck aus.

»Persönlich werde ich 90 Kilogramm Silber aushändigen. Für den Rest werde ich La-um (Anm. d. Verf.: einem seiner Vertrauensmänner) ein Dokument für den Wert von 30 Kilogramm übergeben.«

Tatsächlich handelt es sich also hier um einen Scheck, oder wenn man so will, um einen Wechsel. Im Prinzip ist der Geldverkehr in den oberitalienischen Handelsstädten, der im 12. Jahrhundert zu ähnlichen, wenn auch differenzierteren Formen des Finanzverkehrs führt, also keine Neuerfindung, sondern nur eine Sache, die sich aus der Logik der Verhältnisse ergibt. So unterschied man zum Beispiel schon in Babylon zwei Arten von Darlehen, nämlich das Notstandsdarlehen und jenes, das man heute als Investition bezeichnen würde. Meist wurden die kleineren Darlehen in Korn gezahlt, wobei der Zinssatz 33 % betrug, da das Korn zwischen dem Zeitpunkt der Anleihe und der Rückzahlung eine Wertminderung erlitt. Das sah dann so aus: »310 Liter Korn zum Zinssatz von 100 Liter für 300 Liter erhielt Samash-sheme, Sohn des Ur-Nisaba, von Warad-Sin, Kapital und Zinsen werden zur Erntezeit zurückgezahlt.« Es folgten dann die Namen dreier Zeugen und das Datum. Wenn jemand Kapital in eine Handelsexpedition investierte, kam zu den Zinsen gelegentlich noch die Gewinnbeteiligung. Diese Bankiers wurden mit der Zeit die Fugger oder Rothschilds des Vorderen Orients. So überließen die Könige, deren Ehrgeiz sich auf den Kriegsruhm richtete, die Mühe der Steuereintreibung jenen Bankiers. Gestützt auf eine genaue Buchführung, kontrollierten sie praktisch die Einnahmen des Königs und wickelten seine Geldgeschäfte ab. Auch die Außenstände von zahlungsunfähigen Untertanen, z. B. Mieten oder Steuern, ließ sich der Bankier überschreiben, um sich an den Betroffenen schadlos halten zu können. Wenn er das Geld nicht mit hohem Zins bekam, mag er sie in die Sklaverei überführt und so seinen Gewinn gemacht haben. Von ihren eigenen Zahlungsverpflichtungen dem König gegenüber zogen sie alles ab, was sie selbst im Auftrage ihres Herrn an Kosten übernommen hatten, als sie seine Aufträge erfüllten.

Man vermutet, daß es schon zu Beginn des 2. vorchristlichen Jahrtausends regelrechte Bankdynastien gegeben hat, wie rund 1200 Jahre später die Familien Egibi und Murashu, die Geldaristokratie des Alten Orients.

Fernhandel setzt Kapital voraus, das auf genossenschaftlicher Grundlage oder von einem Finanzier aufgebracht werden kann; interessant ist bei allen diesen Erscheinungen, wie sie sich in den Städten des Zweistromlandes entwickelt hatten, daß es nahezu alle Strukturen eines Bankwesens ohne Münzwährung gab, obwohl man doch anzunehmen geneigt ist, alle diese Übel seien erst mit dem Sündenfall des Metallgeldes in die Welt gekommen. Offensichtlich liegen sie aber im menschlichen Machtstreben begründet, das keine Versuchung ungenützt läßt, andere Menschen aus Gründen der Zweckmäßigkeit und Vernunft zum eigenen Vorteil auszubeuten.

Es hat auch in den anderen alten Hochkulturen, in Indien und in Ägypten, Fernhandel gegeben, man erhob in späteren Zeiten Zölle, man hatte Beamte, die auf den Märkten Aufsicht führten, auch kannte man staatliche Monopole. In China zum Beispiel unter den Tschou, um die Mitte des ersten vorchristlichen Jahrtausends, standen der Fischfang und der Bergbau unter staatlichem Monopol. Die Klasse der Kaufleute hatte damals ein so großes Gewicht, daß es keinen Herrscher gab, der es sich hätte leisten können, sie zu übergehen. Es muß auch, wie im mittelalterlichen Europa, Spannungen zwischen dem Landadel und der Kaufmann-

Männer beladen ein Kamel. *Handelsgüter wurden in den arabischen Ländern hauptsächlich auf dem Rücken von Kamelen transportiert. Um gegen die Überfälle wandernder Beduinenstämme besser gesichert zu sein, schlossen sich mehrere Kaufleute zusammen und rüsteten eine Karawane aus. Persische Federzeichnung des frühen 17. Jh.s. British Museum, London*

schaft gegeben haben, nur daß sich das Raubrittertum in China nicht wie in Europa hat entwickeln können. Vor einem solchen Hintergrund ist wohl die Äußerung eines Aristokraten jener Zeit zu sehen, der erklärte: »Früher einmal ging mein Vorfahr, der Herzog von Hsüan, zusammen mit einem Kaufmann aus der königlichen Domäne der Tschou heraus. Sie kultivierten gemeinsam ein Stück Land und wohnten dort beisammen. Sie schlossen für sich und ihre Nachkommen einen Freundschaftsvertrag, in dem es hieß: »Du wirst Dich nie gegen mich auflehnen, und ich werde Dir niemals Deine Ware zu Zwangspreisen abpressen oder mit Gewalt fortnehmen. Wenn Du auf meinen Märkten durch Pretiosenhandel Profit machst, soll es mich nicht kümmern.« Dank dieses Vertrages besteht zwischen uns und den Nachkommen jenes Kaufmannes ein gegenseitiges Garantieverhältnis, das sich aufs beste bewährt (Eichhorn).

Im frühen Indien, also seit 1500 v. Chr. bis 600 v. Chr., wurde der rege Binnen- und Außenhandel vom Staat kontrolliert. Schon in vedischer Zeit, also etwa seit

1500 v. Chr., ist Indien ein geschätzter Handelspartner gewesen. Seine geographische Lage legte den Handel mit Tibet und China, Persien und Ostafrika nahe, sein Reichtum an Bodenschätzen und die Vielfalt seiner Erzeugnisse boten dem Kaufmann günstige Voraussetzungen. Zu Beginn der christlichen Ära, ein Jahrtausend bevor Indien ausgebeutet und ein »Entwicklungsland« wurde, unterhielten die indischen Kaufleute Niederlassungen in vielen südostasiatischen Ländern. Die Warenliste umfaßte alle Schätze des Orients von Edelsteinen und Perlen bis zu Schildpatt und Lack, von Hölzern, Fellen, Baumwollstoffen bis zu dressierten Affen, Papageien und Schlangen, man handelte mit Elfenbein und Früchten aller Art, man verkaufte nach Ostafrika geklärte Butter und Gewürze nach Europa, man handelte mit Elefanten und Sklaven, und man importierte aus Hochasien Pferde, aus dem griechischen Orient Korallen, Bronzewaren und Silberarbeiten, aus Ägypten Glaswaren, Wein aus Italien und aus dem Iran, Bernstein von der Ostseeküste und griechische Sklavinnen, die vor allem als Aufseherinnen für die Frauengemächer des Königs und seiner Würdenträger Abnehmer fanden.

Alle Importwaren mußten verzollt werden; die Abgaben betrugen ein Zwanzigstel bei Korn, Öl, billigen Stoffen, Zucker und Töpferwaren, ein Fünfzehntel bis ein Fünftel bei den übrigen Waren. Auch die Mautstellen an den Stadttoren, in den Häfen und in den Dörfern erhoben solche Abgaben. Ein Bankwesen hat es in Indien erst in buddhistischer Zeit gegeben, weil die Klöster, wie die Tempel des alten Orients, zu einem wirtschaftlichen Faktor wurden. Ursprünglich ist ja der Tempelbesitz oder Klosterbesitz von der Priesterschaft gemeinsam verwaltet worden. Der Vorstand der Körperschaft übernahm praktisch die Rolle des Verwalters, des Leiters und des Bankiers. Er nahm Depositen und Schenkungen an, empfing die Beiträge der Gläubigen und erhob von den Einkünften einen gewissen Prozentsatz zugunsten der Gemeinschaft. So bildete sich Kapital, was wiederum zur Beteiligung am Handel führte. Manchmal kauften die Klöster Anteile an einem Schiff und wurden somit Aktionäre, oder sie gaben Anleihen, für Handelsreisen übrigens wie für Karawanen zu unglaublich hohen Zinssätzen, entsprechend der enormen Risikospanne. Die Gewinne waren entsprechend hoch und konnten 20% und mehr des genehmigten Darlehens erreichen.

Im Vergleich zur differenzierten buddhistischen Tempelwirtschaft nehmen sich die Bank- und Wechselgeschäfte, die in Jerusalem abgewickelt wurden, eher einfach aus, auch dürfte ihr materieller Umfang nicht übermäßig groß gewesen sein. Die von dem jungen, radikalen Jesus mit Gewalt praktizierte Austreibung der Geschäftsleute von einem Ort, an dem sie seit jeher saßen, verrät einen radikalen Zug, der ein neues Zeitalter anzukündigen scheint. Aber auf die Dauer ist selbst das christliche Abendland ohne Händler und Wechsler nicht ausgekommen, und heute ist der Heilige Stuhl kein geringerer Wirtschaftsfaktor, als ein Tempel in Memphis, Jerusalem oder Bangkok es war.

Die erste Börse der Welt ist übrigens in Delos, in Griechenland, errichtet worden, nämlich im Jahre 208 v. Chr., also in der hellenistischen Zeit. Sie hieß »Hypostyle-Saal«, also »Säulengang-Saal«. Zweihundert Jahre zuvor hatte es in Korinth an der Südseite des Marktes einen Säulengang gegeben, der mit kleinen Läden besetzt war. Solche Säulengänge wurden immer häufiger gebaut, hier spielte sich ein wesentlicher Teil des geschäftlichen Lebens ab. Der Bau der Börse krönte diese Entwicklung. Daß ein solcher Bau gerade in Griechenland errichtet wurde, ist verständlich, denn im griechischen Kulturkreis war bekanntlich der erste Schritt zur Geldmünze aus Metall getan worden.

Vom Muschelgeld zum Talent

Die älteste bekannte Spardose der Welt ist in Priene gefunden worden, einem Ort an der kleinasiatischen Küste, genauer gesagt, in Lydien. Das kleine Tongefäß, als Tempel modelliert, hatte offenbar kultischen Charakter. Ein lydischer Herrscher ist jener sagenhaft reiche König Krösus gewesen, dessen Name sprichwörtlich für unermeßliche Reichtümer steht: Schon mit dem ersten Auftreten der Münzwirtschaft also gibt es offenbar eine Art der Kapitalbildung, die alle bisherigen Dimensionen sprengt. Krösus hat sich während seiner Regierungszeit für den glücklichsten Menschen der Welt gehalten. Er soll Solon, den großen Gesetzgeber Athens, gefragt haben, ob er daran recht tue. Solon antwortete, das menschliche Leben sei ein Spiel des Zufalls, und niemand sei vor seinem Tode glücklich zu preisen. Viele, die unter bescheidenen Umständen lebten, seien mit dem Schicksal zufrieden, viele steinreiche Menschen wären unglücklich. Nur dann sei der Reiche glücklicher als der, der nur ausreichend zu leben hat, wenn er seine Reichtümer bis an sein Ende in Ruhe genießen könne.

Krösus war offenbar nicht der Mann, sich zu bescheiden. Er wagte, nachdem er die Nachbarstädte, auch die Handelsmetropole Milet, im Bündnis mit Babylon, Ägypten und Sparta unterworfen hatte, den Vorstoß nach Osten über den Grenzfluß Halys. Vorsichtig, wie er war, hatte er vor Beginn des Feldzuges das Delphische Orakel befragt und die Antwort erhalten: »Wenn du den Halys überschreitest, wird ein großes Reich zerstört werden.« Er faßte dies nicht als Warnung, sondern als Ermutigung auf, denn er sah im Geist schon das persische Reich zerstört, so kann zu große Macht das Denken verwirren.

Man wird den Grundelementen dieser Geschichte, dem Reichtum, der militärischen Aggression aus wirtschaftlichen Gründen und der Hybris des Aggressors immer wieder begegnen – und man wird sehen, wie viele Reiche auf Gold gegründet waren. Alle Söldner kämpften ja für Geld, das Wort Sold kommt von Solidus; es ist das »Ganzstück«, die im Jahre 312 von Kaiser Konstantin anstelle des abgewirtschafteten Aureus, einer Goldmünze, eingeführte und bis zum Ende von Byzanz herrschende Währung. Im Wehrsold, im »Soldaten«, lebt das Wort weiter. Um eine Spardose benutzen zu können, muß man Münzgeld haben. Herodot schreibt, das Münzgeld sei eine Erfindung der Lyder, und er mag recht haben; die Funde bestätigen seine Ansicht. Es gibt viele Vorformen der Münze und des Geldes, zum Beispiel die vorgewogenen und in der Reinheit garantierten Metallstücke, die man in Ägypten und in Griechenland als Zahlungsmittel benutzt hat.

Münzgeld ist nun offenbar ein so logischer Schritt, daß es im 7. vorchristlichen Jahrhundert gleichzeitig in China, in Indien und im europäischen Kulturkreis erfunden worden ist (Koch). Die schlauen und unternehmungslustigen Jonier, die Griechen, welche die Küste des heutigen Anatolien besiedelt und dort die großen Handelsstädte geschaffen haben, sind als erste darauf gekommen, für den Zahlungsverkehr ein kleines, handliches Geldstück zu schaffen, das als Zahlungs- und

Umlaufmittel dient und für dessen Grobgewicht und Feingehalt der Staat mit Bild und Aufschrift bürgt. Hier müssen ein paar Begriffe aus der Münzwissenschaft genannt werden, aus denen die ganze Vielfalt dieser höchst menschlichen Erfindung hervorgeht. In Nahrung und Kleidung ist vieles, was der Mensch erfindet und herstellt, eine Art Ergänzung oder ein Ersatz für Mängel der Natur, Gespinste und Panzer, Werkzeuge und selbst Wohnbauten lassen sich mit Dingen der Natur vergleichen – aber Geld ist »menschlich« und vielleicht gerade deshalb im Mittelalter verteufelt worden. Der Wertgrund des Geldes ist seine Substanz, wenn man unter Geld die »dingliche Erscheinung von mehr oder weniger meßbaren und umsetzbaren Werten« versteht.

Kaurimuscheln, Vieh, Kakaobohnen, wie bei den Inkas, oder Zigaretten, wie nach dem Zweiten Weltkrieg, können zur Substanz der Währung, können zu Geld werden. Einige Numismatiker, also Münzwissenschaftler, unterscheiden drei geschichtliche Stufen, nämlich die magisch-mythische Stufe, die Stufe des stoffbedingten Geldes und die der funktionsbedingten Substanz. Um das mit Beispielen zu verdeutlichen: Wenn Eingeborene der Gazellen-Halbinsel in der melanesischen Inselwelt der Südsee von einem weitentfernten Küstenstrich das »Diwarra« holen, das Muschelgeld, das genau genommen aus Schnecken besteht, so hat dies einen magischen Sinn. Denn jene Küste gilt als »Gefilde der Seligen«, und nur wer solche Schnecken besitzt, kann hoffen, nach seinem Tode je dorthin zu kommen. Hier hat der Besitz von Diwarra eine mythische, verbrämte Prestigefunktion, einen magisch-mythischen Wertgrund, der real mit diesen Schneckenhäusern nicht begründbar ist. Es könnten auch Steine von einem heiligen Berggipfel oder Hölzer eines heiligen Haines sein. In Melanesien werden Ehen mit Diwarra geschlossen, Bündnisse realisiert, Tribute nach verlorenem Krieg in Diwarra geleistet – und wer in einen Geheimbund aufgenommen wird, muß Diwarra zahlen – das heißt, das ursprünglich als Schatzgeld mit magischer Kraft genutzte Muschelgeld bekommt soziale Funktionen und übernimmt reale Aufgaben als Zahlungsmittel, so wird es zum Wertmaßstab: Ein Kanu kostet dort 150 Muschelschnüre, ein schweres Schwein 20 Schnüre, ein Haufen von 120 Kokosnüssen eine Muschelschnur – die Währung beruht auf Diwarra. Auf ähnliche Weise verwendet man anderswo Steinringe, Federgürtel, Matten oder Walzähne als »Geld«, und auf Borneo haben zeitweise chinesische Porzellangefäße diese Funktion übernommen.

Ursprünglich ist auch das Rind als »heiliges« Tier, als magisch-mythische Währung zum »Geld« geworden, wie dies überall im indogermanischen Bereich von Friesland und Norwegen bis nach Indien nachweisbar ist. Die indogermanischen Sprachen haben diese Wertschätzung des Rindes in zahllosen Worten erhalten. Dem deutschen Wort »Vieh« ist das englische Wort »fee«: Abgabe verwandt. Griechisch heißt das erste Geld »bous«, also Rind, im altindischen Sanskrit ist »rupa« das Wort für Vieh, daher stammt die heutige Rupie. Im Altfriesischen nennt man das Vieh »skett«; von diesem Wort ist »skatts« abgeleitet, das Wort für Geld – die sprachliche Wurzel des heutigen »Schatz«. Für jemand, der um das Wort »Vieh« im »Schatz« weiß, ist es nicht mehr ganz leicht, einen Menschen als »Schatz« zu bezeichnen – es könnten ihm unversehens handfeste Assoziationen einfallen. Als Wertmaßstab galt bei Homer das Rind, wenn auch in einer bäuerlichen, wirtschaftlich wenig entwickelten Kultur: Ein Mann ist bei Homer hundert Rinder wert, eine Frau vier bis zwanzig Rinder, je nach Frische, eine eherne

Rüstung »kostet« neun Rinder – man wird verstehen, daß diese Währung ihre Grenzen hatte und nur wenige Güter sich in dieser Einheit ausdrücken ließen.

Mit dem Rind und dem Fleisch hängt auch der Obolus zusammen, und zwar auf eine höchst merkwürdige Weise. Wenn im alten Athen jemand als Richter seine Pflicht getan hatte, gab er den Stab, das Zeichen seines Amtes, zurück und empfing mehrere eiserne Spieße – und diese sicherten ihm, wenn er damit zum Opferpriester ging, Ansprüche auf Fleisch der Opfertiere, je nach der Menge der Spieße. Griechisch heißt Bratspieß »obelos«. Bei großen Festen erhielt jeder Vollbürger zwei Bratspieße, also gleichsam »Zahlungsanweisungen für Fleisch« – so bekamen Bratspieße einen Tausch- und Währungswert. Man hortete später solche Spieße als »Schatzgeld«; noch Herodot hat hinter dem Altar des Tempels zu Delphi ein Bündel Bratspieße gesehen, das von der weltbekannten Hetäre Rhodopis dort deponiert worden war; sie hatte einen Teil ihres Kapitals sicher anlegen wollen. Als die griechischen Söldner unter Alexander dem Großen nach Ägypten kamen, sahen sie dort die spitzen Säulen und nannten sie »Bratspießchen« – so entstand die Bezeichnung »Obelisk«.

Metallgeld hat, wie schon erwähnt, ursprünglich keinen anderen Charakter als dieses Vieh-Geld. Ringe und Äxte haben in frühgeschichtlicher Zeit als Währung gegolten, der Ring der Ehe ist ja ein Rest des alten Brautgeldes, mit dem das Weib erworben wurde. In Babylon zahlt man Tribute mit Ringen, noch die Stauferkönige zeichnen mit Armreifen aus, hier verwischen die Grenzen zwischen Währung und Schmuck (siehe Band »Kleidung · Mode · Schmuck«). – Aber natürlich hat Metall einen Wert, und wenn statt der Rinder, der Federgürtel, der Muschelschnüre Metalle als Währung verwendet werden, ist der Übergang zur Münze abzusehen. Man könnte mit einiger Kühnheit sagen, daß die Metallmünze gleichsam die in Metall hergestellte Muschel ist – eine handliche, in großer Menge verfügbare »stoffwertbedingte« Geldsubstanz. In den Stadtkulturen des Vorderen Orients mit ihrer differenzierten Wirtschaft ist Silber schon um 3000 v. Chr. zum Wertmesser geworden, und zwar wurden die Silbermengen gewogen. Alle Güter, alle Leistungen, alle Verpflichtungen wurden auf diese Weise rationalisiert, d. h. einem absolut verbindlichen Maßstab unterworfen. Um wiederum für die Gewichtmengen eine Grundeinheit zu finden, verfiel man auf einen genialen Gedanken: Man zählte 180 Getreidekörner – die Zahl ist mythisch bedingt, die heutige Sechziger-Einteilung der Stunde geht ja auf diese Kultur zurück – und nahm dieses Gewicht, den »Sekel«, als Grundeinheit. So ergaben 180 Getreidekörner, je Korn mit einem Gewicht von 0,04675 Gramm, einen Sekel. Das galt schon um 2000 v. Chr., und von König Sanherib (705–681 v. Chr.) wird berichtet: »Ich ließ eine Tonform anfertigen und Bronze hineingießen, um Stücke im Wert eines halben Sekels herzustellen.« Ein Stück Silber mit dem Gewicht von 8,4 g war das Maß, das im Sechzigersystem erweitert wurde: 60 Sekel waren eine Mine, 60 Minen waren ein Talent, das entsprach einem Gewicht von 30,3 kg Silber.

Der ganze zentralistische Staat der Babylonier mit all seinen Abgaben, Naturalleistungen, Warenlieferungen und Tributen wäre ohne diesen Wertmesser kaum lenkbar gewesen. Als Zahlungsmittel genügte das gewogene Metall; den Schritt zur geprägten Münze hat man damals noch nicht tun müssen, weil diese Währung ausreichte. Neben Silber gab es wohl auch Gold als Währung – bis ins 20. Jahrhundert hat ja bei den Bankiers die Auseinandersetzung zwischen den

Verfechtern der Silberwährung und denen der Goldwährung eine Rolle gespielt. In Troja zum Beispiel sind Goldstangen ausgegraben worden, die gewichtmäßig zugerichtet waren, also wohl als Geld benutzt worden sind. In Milet gibt es dann eine Gruppe von Goldbarren aus dem 7. Jahrhundert v. Chr., die nach Gewicht und Feinheit genau abgestimmt sind und mit ornamentalen Gebilden gestempelt sind, d. h., diese Barren hatten wohl einen genormten Wert, eben den Metallwert. Auf den Gedanken, daß ein Barren mit einem bestimmten Gewicht für eine größere Wertmenge stehen könne, als er selbst repräsentiert, ist man damals nicht gekommen; auch die Münzen, von denen zu reden sein wird, bleiben bis in die Zeit des Hellenismus »stoffwertbedingt« und sind nicht Kreditgeld. Wer hat nun also wirklich die Geldmünze erfunden, den Vorfahren des Groschens und des Talers, der Zechine und des Dollars? Gewiß nicht König Midas, dem alles zu Gold wurde, was er berührte, wenn auch dieser Midas der König der Lydier war – und damit ist man beim Ursprung des Geldes in seiner Münzform.

An der kleinasiatischen Küste gab es die ersten, primitiven »Münzen« aus Elektron, einer Mischung aus Gold und Silber, dem sogenannten Blaßgold. Sie tragen den Namen des Königs Alyattes in lydischer Schrift, des vorletzten Königs von Lydien (ca. 650–560 v. Chr.) und somit des ersten Menschen, dessen Name auf einer Münze steht. Der Unterschied zwischen den bisherigen Metallwährungen und der Münze besteht im Format und darin, daß jede Münze einen Garantiestempel durch den »Staat« hatte, der zunächst nicht mehr besagte als das Brandzeichen beim Vieh. Dieser Einfall verbreitete sich schnell, er muß einem gesteigerten Bedürfnis nach Handel und nach handlichem Geld entsprochen haben. Im griechischen Mutterland sind die ersten Silbermünzen geprägt worden; diese »Schildkröten« der ägäischen Inseln stellen gleichsam die Gegenwährung dar zu den Elektronmünzen des Ostens.

Um 593 v. Chr. soll dann Solon die erste Münzreform der Geschichte durchgeführt haben. Er habe, so heißt es, die Silbermünze vergrößert; man nimmt an, daß die Fünfdrachmenstücke mit dem Kopf der Athene und der Eule gemeint sind, die dem Stil nach in die Zeit um 590 v. Chr. gehören. Im Laufe dieses Jahrhunderts tritt die Münze ihren Siegeszug in der ganzen griechischen Welt an. Überall in den Handelsstädten, in Korinth, Milet, Syrakus und Thasos werden eigene Münzen geprägt. Auch das persische Weltreich prägt eine eigene Münze, die Dareike, die aus Gold hergestellt wird. Ende des 5. Jahrhunderts gibt es in Griechenland denn auch ein bereits voll entwickeltes Bankwesen. Man kennt die Einlege- und Geschäftsbanken, das Kapital wird aus den Depositen der einzelnen Personen gebildet, man eröffnet sein Konto und läßt Überweisungen vornehmen, ganz wie heute im bargeldlosen Zahlungsverkehr, und nur der Bankraub scheint weitgehend unbekannt gewesen zu sein – offenbar mußte erst der Revolver erfunden werden, um dem Räuber eine Chance zu geben. Gegen Pfänder verliehen die Banken Geld oder gaben Hypotheken, auch wurden sehr gründliche Bücher geführt, die im Zivilprozeß als Beweismittel dienen mußten.

Im 4. vorchristlichen Jahrhundert hat es dann auch bereits öffentliche Banken gegeben, wie aus griechischen Inschriften hervorgeht. Sie wurden von Beamten verwaltet oder verpachtet und waren gleichzeitig Kassen der öffentlichen Hand. Auch hier sind die Banken aus Wechselstuben hervorgegangen, wie man das schon aus dem alten Orient kennt. Ursprünglich hat in Griechenland ja alles Vermögen in Land oder Sklaven bestanden; alle Vollbürger von Athen waren Besitzer von Land oder wenigstens von Häusern in Athen oder Landgütern in Attika. Man konnte Vermögen in diesen Schichten nicht dadurch bilden, daß man Geld hortete, denn der Geldumlauf aus den Silbergruben von Laurion war dazu nicht lebhaft genug, und wenn er Überschüsse abwarf, flossen diese in die Staatskasse; Themistokles hat damit den Bau der Flotte finanziert. Nur in den Händen der Geldwechsler, der Kaufmannschaft, die auch zugleich Bankiers waren, sammelte sich Geld nicht anders als in den Wechselstuben der jüdischen Geldverleiher im Mittelalter, beim alten Rothschild in Frankfurt.

Mit dem Fortschritt des Geldwesens änderte sich die gesellschaftliche Struktur Athens, denn die »Bankiers« sind selten Vollbürger gewesen. Fremde aus Kleinasien, aus Syrien, aus Mesopotamien, die in der Nähe des Hafens wohnten, die sogenannten »Metöken«, wickelten diese Geschäfte ab, von denen sich der Landadel fernhielt, ebenso der athenische Vollbürger. Man wird diese seltsame Aufgabenteilung noch im 19. Jahrhundert auf dem Lande finden, wo der Gutsbesitzer und der Geldleiher, der »Kornjude«, in einem ähnlichen, wenn auch oft freundschaftlichen Verhältnis zueinander stehen. Und wie für Europa die Eroberung Amerikas Schätze einbrachte und den Geldumlauf steigerte, so geschah dies für Hellas, als Alexander der Große seine Eroberungszüge durchführte und bis an die Grenze Indiens vordrang. Unter seiner Herrschaft wurden große Silbermengen in Münzen geprägt und verteilt, so daß sich zwischen den neu eroberten Ländern und dem Mittelmeerraum ein lebhafter Handel entwickelte. Zwischen Karthago und Indien belebte sich der Güteraustausch, dessen Zentrum damals die Insel Rhodos gewesen ist. Überall in der Welt sind Griechen nun die Händler, die Vermittler, die Finanzberater gewesen, und aus dieser Zeit stammt wohl auch jene griechische Geschäftstüchtigkeit, die so gar nicht mit dem Bild des klassischen Griechenland übereinstimmen will. Der Reichtum, der sich dann in den Schatzkammern der Diadochen, der Nachfolger Alexanders des Großen, gesammelt hat, ist wiederum zum Ziel römischer Aggressionslust geworden – so zeichnete von alters her die Spur des Goldes die der Kriege vor.

Im späten Griechenland hat es also, nach dem Tod Alexanders des Großen, ein voll entwickeltes Bankwesen gegeben, nicht weniger übrigens im antiken Rom. Hier aber zeichnet sich bereits, wie im Europa des Frühkapitalismus, eine Verteilung des Einkommens ab, die stärker als in Athen moderne Zustände vorwegnimmt: Das Geld, zum Kapital gehortet, verändert die Gesellschaftsstruktur. So lebte im kaiserlichen Rom zur Zeit Trajans, rund ein Jahrhundert nach Christi Geburt, ein Drittel bis die Hälfte der bürgerlichen Bevölkerung von staatlicher Unterstützung, man würde heute sagen, von der Fürsorge. Der überwiegende Teil des Mittelstandes, also der Kleinbürger, Handwerker und Intellektuellen, führte ebenfalls ein höchst ärmliches Leben, doch zählte diese Gruppe statistisch schon zu jenen Haushalten, die nicht auf die staatlichen Kornschalter angewiesen waren. Ein bescheidener Wohlstand war erreicht, wenn man ein Kapital von 400 000 Sesterzen besaß. Bei den üblichen 5 % Zinsen blieb man damit über jener Grenze, die einen von der Masse der Armen trennte. Ein typischer römischer Kapitalist aber besaß viele Millionen Sesterzen. Ein solcher Mann hatte sich während seines Aufstiegs in der Finanz- und Nahrungsmittelverwaltung skrupellos bereichert, verfügte über ausgedehnten Grundbesitz in Rom und Italien, aber auch in den

Provinzen, herrschte über viele hundert Sklaven und betrieb Handelsgeschäfte, führte ein großes Haus, brachte eine zahlreiche Klientel durch und verlieh in großem Umfange Geld zu Wucherzinsen.

Die Muster des Klassenkampfes in der arbeitsteiligen, auf Geldwährung errichteten Volkswirtschaft zeichnen sich zum ersten Male in Rom ab, und römische Bezeichnungen liefern die Muster politischer Auseinandersetzungen bis in die heutige Zeit. Praktisch spielte sich der Geschäftsverkehr in Rom auf dem Forum, und zwar auf verschiedenen Ebenen, ab. Da gab es wie überall die obligaten Wechselstuben, die in kleinen Läden, hinter Gittern geschützt, ausländische Währung in einheimische Münze eintauschten. Als die Wechsler, gelegentlich auch als Wucherer verschrien, ihre Gewinne in Unternehmen investierten, entwickelten sie sich zu Bankiers. Es gab keine römischen Staatsbanken, aber eine Art öffentlicher Banken, die Privatpersonen Darlehen auf lange Sicht und gegen Garantie gewährten. Von der Wechselstube zur Bank, über die Investitionen in Handelsunternehmen zum reinen Geldgeschäft, dieses Prinzip wird sich in der Geschichte des Bankwesens bewähren. Auch die Geschichte der Rothschilds aus Frankfurt beginnt mit einer Wechselstube in der Frankfurter Judengasse und erreicht ihren Höhepunkt mit den Geldgeschäften des Nathan Mayer Rothschild in London. Das Leben im antiken Rom mit seinem Streß, seinen geschäftlichen Verpflichtungen, seinen scharfen Klassengegensätzen erinnert durchaus an moderne Zustände, und es ist kein Zufall, daß eben in jener Zeit die Idylle des patriarchalischen Lebens, die einfachen Reize der Ländlichkeit gepriesen werden wie eineinhalb Jahrtausende später im Rokoko die Wonnen des Schäferdaseins. Weltflucht und Verinnerlichung sind um die Zeitenwende die Antwort des Menschen auf eine Gesellschaft, die vom antiken Kapitalismus korrumpiert ist.

Frühe Entdeckungen

Die Welt des frühen Menschen war ohne Anfang und ohne Ende, sie hatte Ränder, hinter denen das Grauen wohnte, höllische Dämonen oder ungeheuerliche Völker, denen Augen auf der Stirn wuchsen oder die ihre eigenen Kinder fraßen. Alle Angst richtete sich auf die finsteren Gegenden, aus denen die Völker Gog und Magog aufbrechen würden, die schrecklichen Reiterheere der Vernichtung, auch sah man die Wasserwüsten hinter den Säulen des Herkules, ahnte sagenhafte Reiche hinter den Grenzen der bewohnten Welt – wer dorthin vorstieß, mußte ein mutiges Herz haben. Wer auf einer vermessenen, kartographierten, durchforschten und von der Touristik erschlossenen, von Satelliten umkreisten Erde lebt, kann sich in das Lebensgefühl der früheren Jahrhunderte kaum noch hineindenken, als die »oikumene«, die »bewohnte« Welt, wie eine Insel in einem Meer voller Ängste lag, bedroht von unvorstellbaren Schrecken. Zugleich aber reizte die Ferne auch die Begehrlichkeit und die Neugier – auch dies eine höhere Form menschlichen Bewußtseins. Bei den frühen Sammlern und Jägern, die im Gebiet ihrer Ahnengeister umherschweiften, jahrtausendelang in den gleichen unsichtbaren Grenzen, ist der Kampf ums Überleben zu hart, als daß man sich Unternehmungen leisten könnte, die von reiner Neugier motiviert sind, auch ist der Horizont der Bedürfnisse zu begrenzt, um die Entdeckerlust zu fördern.

Anders sieht es in den frühen Hochkulturen aus, in denen sich Kulte entwickelten, in denen Städte entstanden sind und Handel getrieben wird, in denen Ware bezahlt und Register angelegt werden, hier richtet sich der Blick über die Grenzen des eigenen Landes, und das Seltene wird kostbar. Dies scheint ein typischer Reflex in einer hierarchischen Gesellschaft zu sein, in der Seltenes sich an der Spitze sammelt, im Palast des Gottkönigs und in den Häusern seiner Würdenträger: Etwas, das dem Herrscher gehört, muß so einmalig sein wie dessen Existenz. Der Wunsch, kostbare Dinge, wie Elfenbein, Straußenfedern, Edelsteine oder schöne Sklavinnen, zu besitzen, ist nicht das einzige, nicht einmal das wichtigste Motiv, Expeditionen auszurüsten und über die Grenzen des eigenen Landes vorzustoßen.

Da gibt es bestimmte materielle Bedürfnisse an Rohstoffen, an Kupfer oder Obsidian, an Menschenfleisch von erbeuteten Gefangenen oder an Gold, auch will man die eigene Herrschaft ausdehnen; letzten Endes sind alle solche Unternehmungen wohl eine Frage der Mentalität und deshalb fragwürdig, was die vorgeschobenen Motivationen angeht. So ist aus dem Alten Reich Ägyptens in einem Grab der Bericht eines mächtigen Statthalters erhalten, der im Gefolge des Königs Pepi I. an einem Kriegszug gegen das »Sandvolk« teilnahm. Das Sandvolk waren die Beduinen an der südlichen Grenze Ägyptens, und niemand wird je erfahren, weshalb sie sich den Zorn des so viele tausend Kilometer weiter im Norden wohnenden Pharao zugezogen haben. Immerhin ereigneten sich diese Dinge etwa um 2700 v. Chr., also vor über 4000 Jahren: »Pharao rüstete eine Armee von mehreren zehntausend Mann aus, die glücklich zurückkehrte, nachdem sie das Land der Sandbewohner verheert, ihre Feigenbäume und Weinstücke niedergehauen, ihre Saat in Brand gesteckt und viele Zehntausende von Männern getötet und eine große Anzahl Gefangene gemacht hatte.« Man wird die Zahlen nehmen müssen, wie man sie im Orient zu nehmen hat; der materielle Gewinn dieses Unternehmens bestand offenbar nur in Gefangenen.

Anders verliefen die friedlichen Expeditionen nach Nubien, die Elfenbein, Goldstaub und Ebenholz nach Ägypten brachten. An der Spitze solcher Unternehmungen standen hohe Beamte, die den Titel des Grenzlandes trugen und sich »Wächter am südlichen Tor des Reiches« nannten. Man hat Kenntnis von vier großen Zügen, die jeweils viele Monate dauerten. Der Statthalter Hechuf brachte von seiner dritten Expedition so viel Weihrauch, Elfenbein, Leoparden- und Pantherfelle und andere Kostbarkeiten mit, daß 300 Esel zum Transport eingesetzt werden mußten. Als er seine vierte Reise um 2550 v. Chr. unternahm, saß auf dem Thron der Pharaonen Pepi II., ein siebenjähriger Knabe, der sich über eine Nachricht freute, wie sich nur ein Kind über einen Spielgefährten freuen kann: Hechuf hatte berichtet, er habe einen Zwerg gefangen, und der Pharao war sehr in Sorge, ob es wohl gelingen würde, ihn heil nach Ägypten zu bringen. Man kennt diese Vorgänge aus dem ältesten Brief der Menschheitsgeschichte (siehe Band »Schrift · Buch · Wissenschaft«).

In den Gräbern der ägyptischen Würdenträger gibt es mehrfach Inschriften, aus denen hervorgeht, daß sie auf Befehl des Pharaos ins Innere des afrikanischen Kontinents eingedrungen seien, und nicht alle waren so erfolgreich wie Hechuf. Nubien war von wilden, dunkelhäutigen Stämmen bewohnt, und im Wüstensand bleichten die Knochen vieler Karawanen, die ihr Ziel niemals erreicht haben.

Diese Expeditionen zu Lande sind nicht zu vergleichen mit der Eroberung des

Eine griechische Triere *ist ein sogenannter Dreiruderer mit drei Reihen Ruder auf jeder Seite. Diese Schiffsart wurde in der Antike zur Kriegführung benützt. Rekonstruktionszeichnung eines Schiffes um das 7. Jh. v. Chr.*

Meeres. Für den frühen Jäger muß es ein unerhörtes Wagnis gewesen sein, sich zum ersten Male mit einem Baumstamm, der mit Feuer ausgehöhlt war, hinaus auf das bis zum Horizont reichende riesige Wasser zu begeben. Noch um die Mitte des vorigen Jahrhunderts ruderten die Eingeborenen an der Westküste Australiens auf ähnliche Weise zu den Schiffen der Europäer hinaus. Sie lagen auf einem Baumstamm, in den zur Stütze der Füße nur einige Pflöcke eingeschlagen waren, und paddelten sich mit den Händen vorwärts. Baumstämme, auch zum Floß zusammengebundene Stämme oder aufgeblasene Tierhäute reichen aus, um kurze Strecken zu bewältigen, einen Strom zu überqueren oder stromab sein Ziel zu erreichen. Runde Korbgeflechte, die mit Häuten bespannt waren, hat es schon vor vielen tausend Jahren in Mesopotamien gegeben; Herodot erwähnt, sie seien am Oberlauf des Tigris gebräuchlich gewesen. Für diese Art Handelsschiffahrt war ein Esel unerläßlich. Wenn ein Schiffer Ware stromab zu bringen hatte, lud er sie nebst Esel in sein Boot, ließ sich den Strom hinuntertreiben und verkaufte an Ort und Stelle die Ware und den Weidenkorb. Dann lud er die Häute auf den Esel und zog zurück in seine heimischen Berge (Birket-Smith).

In Ägypten waren eher Flöße üblich, auch die langgestreckten Barken, wie man sie aus den Gräbern der Pharaonen kennt. Für den Floßbau wächst am oberen Nil eine Baumart, der Ambatsch-Baum, dessen Holz so leicht ist, daß ein einziger Mann drei Flöße tragen kann, während ein Floß drei Männer trägt. Die Ägypter, keine Küstenbewohner, aber Anrainer des großen Stromes, vertraut mit dem jährlich steigenden und fallenden Wasser, sind ausgezeichnete Schiffbauer gewesen. Gelehrte unserer Zeit behaupten, daß alle Typen seetüchtiger Schiffe von ägyptischen Formen abgeleitet sind, was um so wahrscheinlicher wird, je mehr man die seetüchtigen Schiffe aus dem pazifischen Raum in die Betrachtung einbezieht (Warmington). Ruder und Segel sind jedenfalls schon in der frühesten Zeit bekannt, aus der es überhaupt Zeugnisse der ägyptischen Kultur gibt, also aus dem Alten Reich. Um 3200 v. Chr. fand bereits die erste beglaubigte Seefahrt unter einem Pharao namens Snofru statt; auch hier ging es um Rohstoffe: Dieser Herrscher feierte die Ankunft von 40 Schiffen von 100 Ellen Länge, beladen mit Zedernholz aus Byblos in Phönizien.

Die berühmten Zedern des Libanon, für den Schiffbau ausgezeichnet geeignet, sind durch die biblischen Texte jedem Kind vertraut; hier zeigte sich bald, daß die Kultur des Menschen auf der Ausbeutung der Natur beruht; heute sind die letzten Zedern des Libanon bereits botanische Raritäten. Wie es zum Seehandel für die Ägypter gekommen ist, weiß man nicht recht. Möglicherweise hat vom 4.–2. vorchristlichen Jahrtausend der Warenaustausch mit dem blühenden Kreta eine Rolle gespielt, ehe diese Kultur auf rätselhafte Weise erstarb. Die Ägypter jedenfalls sind danach mehr und mehr zu einem Binnenvolk geworden und haben das Interesse an der Seefahrt verloren, bis es in hellenistischer Zeit neu belebt wurde. So ist erst im Jahre 1972 ein Boot ägyptischer Herkunft 700 km landeinwärts am Kaspischen Meer entdeckt worden, das vermutlich aus der Zeit von 535–331 v. Chr. stammt und mit ägyptischen Hieroglyphen und Keilschriftzeichen versehen ist. Fachleute sind der Ansicht, daß dieser Fund auf erfolgreiche Handelsbeziehungen zwischen den nördlichen Nomadenstämmen und den Siedlungen am Euphrat, Tigris und Nil hindeute.

Daß man mit Schiffen aus zusammengebundenen Papyrusstauden auch über den Atlantik segeln kann, hat Thor Heyerdahl mit der »Ra« bewiesen, auch sprechen gewisse Indizien dafür, daß solche Fahrten stattgefunden haben. Man weiß aber heute noch zu wenig, um diese Vorgänge befriedigend erklären zu können.

Die erste Umsegelung Afrikas ist dann allerdings eine ägyptischen Herrscher angeregt worden, dem König Necho (610–595 v. Chr.). Sie wurde vom Roten Meer aus mit phönizischen Schiffen durchgeführt und ist von Herodot beschrieben worden; die Beobachtung der Seeleute, daß die Sonne während der Rückfahrt »auf der rechten Seite« gestanden habe, ist damals für jeden Leser unglaubwürdig gewesen und von den Geographen bis in die Renaissance mit einem Achselzucken beiseite geschoben worden. Dieser König hat übrigens, seiner Zeit weit voraus, das Meer in seine strategischen Überlegungen einbezogen, eine starke Flotte gebaut und versucht, einen Kanal vom Nil zum Roten Meer graben zu lassen; für ein solches Unternehmen fanden sich aber bekanntlich erst 2000 Jahre später genügend Mittel und Möglichkeiten.

Der Blick der frühen Kulturvölker reichte so weit wie ihre Handelsinteressen. So blieben die Griechen durchaus auf den Mittelmeerraum bezogen, die Araber auf das Rote Meer, dessen Name vermutlich nicht von der Farbe abgeleitet ist, sondern auf »Hjimar«, d. h. den »Roten«, zurückgeht, den heroischen Stammvater der Araber. Die Griechen haben alle orientalischen Meere, von denen sie Kenntnis hatten, mit diesem Namen bezeichnet. Das erste Volk, das die Aufmerksamkeit der Griechen weiter nach Osten lenkte, sind die Perser gewesen, die ihrerseits auch einen östlich orientierten Handel betrieben. So wundert es nicht, daß die Perser eine Expedition ausschickten, um die Mündung des Indus zu erforschen. Um 510 v. Chr. wurde ein Mann namens Skylax aus dem südwestlichen Kleinasien mit einigen anderen Griechen mit dieser Aufgabe betraut. Skylax gelangte, dem Kabulfluß folgend, bis zum Indus, folgte seinem Lauf bis zum Delta und umging den Persischen Golf, den man kannte. Sein Auftrag war, die noch unbekannte arabische Küste bis ins Rote Meer zu erkunden, wobei er ägyptische Stützpunkte berühren mußte. Nach zweieinhalb Jahren, während dieser Zeit Handel treibend und sich so die Hilfsmittel für diese Expedition verschaffend, kam er in Arsinoe bei Suez wohlbehalten an. Vermutlich aufgrund dieser Erkundung hat der persische König Dareios die Provinz Sind im Pandschab erobert.

Erst unter Alexander dem Großen ist eine zweite Expedition durchgeführt worden, auch sie wie die des Skylax von Ost nach West gerichtet. Eine Armada von 150 Schiffen, die 5000 Mann Besatzung trug, sollte entlang der Küste von Belutschistan segeln und von der parallel marschierenden Armee Alexanders des Großen verproviantiert werden. Die Fahrt begann Ende 325 v. Chr. und führte nach mancherlei Wechselfällen, die durchaus nicht der Zielsetzung entsprachen, zur Erkundung des Seeweges vom Indus zum Euphrat. Ihr Schiffsjournal ist durch den Historiker Alexanders des Großen, Arrian, der dessen Eroberungszüge im 2. Jahrhundert beschrieb, verwertet worden und deshalb weitgehend erhalten. Aus Handelsbeziehungen, aus der Küstenschiffahrt, die allmählich immer weiter griff, und schließlich aus Eroberungszügen, die wiederum wirtschaftlichen Interessen dienten, wurde die Kenntnis der Länder schrittweise vervollständigt – auch dies eine ungewollte Nebenwirkung sehr vordergründiger Interessen. So waren vor allem Ägypter und Perser, Phönizier und Araber an der Erweiterung des Weltbildes beteiligt, das doch kaum in seinem ganzen Umfange übersehen wurde.

Außer dem Mittelmeergebiet kannte man die Küsten Asiens von Suez bis Kanton, die afrikanische Westküste bis Sierra Leone und die Ostküste bis Delgado, vielleicht auch die Küste bis zum Kap, wenn man an die Umseglung durch phönizische Schiffe glauben will. Man kannte Kleinasien, die Länder am Kaspischen Meer und das iranische Hochland sowie die Seidenstraße nach China, das Nilbecken bis zur Sadd-Region in der Wüste und eine Landroute zum Viktoria-See sowie einige Wüstenpisten quer durch die Sahara zum Sudan und nach Nigeria. Man glaubte, quer durch Afrika zöge sich das Mondgebirge, im Atlantik gäbe es ein »geronnenes Meer«, in dem die Schiffe hilflos steckenblieben, und südlich Afrikas läge die »Terra Australis«, das Südland, an das man noch im 17. Jahrhundert geglaubt hat und das mit dem heutigen Australien nichts gemeinsam hat. Die Ozeane, so meinte man, teilten wie Balken eines Kreuzes die Erde in vier Teile, auch irrte man sich in den Dimensionen so gründlich, daß Kolumbus es für möglich hielt, die Gewürzländer und die Schätze Indiens auf dem Weg über den Atlantik erreichen zu können. So wurden Irrtümer und der Wunsch, Handelswege zu verkürzen und Reichtümer zu gewinnen, zum Anstoß für die Entdeckungen des 15. und 16. Jahrhunderts, all dies aus europäischer Sicht gesehen. Denn die unglaublichen Fernfahrten der Polynesier, die mit 30–40 m langen Doppelbooten um 700–1200 die Westküste Amerikas, die Insel Madagaskar und sogar die Antarktis erreicht haben sollen, lagen außerhalb der Oikumene, außerhalb einer Welt, deren geistiges Zentrum Jerusalem war.

Metzgerladen. *Die zunehmende Spezialisierung der Arbeitswelt begünstigte das Entstehen von Geschäften, die auf ganz bestimmte Dienstleistungen eingerichtet waren. Auf diese Weise wurden die privaten Haushalte entlastet, in denen bislang Tätigkeiten wie Brotbacken und Schlachten selbst besorgt wurden. Miniatur aus dem Hausbuch der Cerruti, Cod. ser. nov. 2644, fol. 73v, 14. Jh. Österreichische Nationalbibliothek, Wien (links)*

Maurer und Steinmetzen *errichten eine Kirche. Miniatur aus*
»L'Histoire de Charles Martel«, Ms. 6, fol. 554v, zweite Hälfte 15. Jh.
Bibliothèque Royale Albert I., Brüssel

König Arkesilaos von Kyrene *überwacht das Abwiegen und Verladen der Handels-*
ware Silphium. Schale des Arkesilas-Malers aus Vulci, um 565 v. Chr.,
Cabinet des Médailles, Paris

Werkstatt eines Möbeltischlers. *Miniatur von Jean Bourdichon, Ende 15. Jh.*
Bibliothèque de l'Ecole des Beaux Arts, Paris

Schmiede bei der Arbeit. *Im mittleren Feld wird ein Stück Eisen auf dem Amboß zurechtgeschlagen. Daneben der Schmelzofen mit einer Blasebalgvorrichtung. Miniatur aus Ms. Sloane 3983, fol. 5, 12. Jh. British Museum, London*

Straße der Buchhändler und Schneider. *Vom Kauf des Stoffes bis zur Anprobe und Fertigstellung des gewünschten Kleidungsstückes wickelt sich alles auf offener Straße ab. Italienische Miniatur, um 1470. Museo Civico, Bologna*

Stapelorte und Sklavenhandel

Im Winter lag der Platz verlassen, und über den frisch gefallenen Schnee führten keine anderen Spuren als die von Hirsch und Wolf, Luchs und Wildschwein, Hase und Reh. Auch im Frühjahr, zur Zeit der Schneeschmelze, rührte sich nichts, aber schon im April konnte man Feuer am Ufer brennen sehen, und die ersten Fernhändler zogen mit ihren Saumtieren auf den noch schlammigen Pfaden zu diesem Stapelplatz am Fluß, den man »Wik« nannte. Die Stadt mit ihren Mauern und Türmen lag drei Tagereisen stromaufwärts – dies war keine Siedlung, nur ein Ort, an dem Güter umgeschlagen wurden.

Die Männer, die sich hier trafen, um ihre Ware auszutauschen, waren Abenteurer ohne festen Wohnsitz, etwa wie die Goldgräber am Klondike im 19. Jahrhundert, sie taugten nicht für das Leben in den engen, dumpfen Siedlungen im Schatten einer Burg oder für die Fronarbeit auf den Äckern mit Hacke und Pflug. Nach den Schrecken der vergangenen Jahrhunderte hatte sich der Fernhandel jetzt, um 1000 nach Christus, langsam wieder belebt. Auf dem Hellweg, der alten Heerstraße von Duisburg nach Paderborn, quer durch das heutige Ruhrgebiet, lief der Handel zwischen Ost und West: Schwertklingen aus Köln und aus dem Siegerland, aus Remscheid und Solingen, Schmuckwaren und Weinfässer, Keramikware und friesische Tuche, ja sogar Mühlsteine aus der Eifel wurden mühselig nach Osten transportiert und unterwegs auf den Stapelplätzen umgeschlagen; einer davon gehörte zum Beispiel dem germanischen Edeling Bruno. Aus Bruneswik ist, als dort eine Niederlassung entstand, die im 12. Jahrhundert Stadtrecht bekam, Braunschweig geworden.

Aus dem Osten kamen Pelze, Bernstein, Wolle, Honig, Gewürze und Wachse, vor allem aber Sklaven. Dem Christen war es nicht erlaubt, Christen als Sklaven zu halten oder zu verkaufen. Andererseits war der Bedarf an Menschenkraft groß, und niemand verzichtete gern auf ein gutes Geschäft. So holte man sich die Ware im Osten, kaufte die untersetzten, breitgesichtigen Kerle, die nicht zu Christus und der heiligen Muttergottes beteten, sondern zu ihren finsteren Stammesgötzen, und verkaufte sie mit Gewinn an jene Heiden, die in Spanien am anderen Ende Europas saßen und mit blankem Silbergeld zahlten. Gewissensfragen wurden damals nicht gestellt, man empfand bei diesen Geschäften weniger Skrupel als heute der Metzger, der sich seine Rinder vom Bauern holt; daß der Mensch ein Mensch sei und jeder die gleichen Rechte habe, ist bekanntlich kein Gedanke, der jedem Menschen unmittelbar ins Herz gelegt wird, sondern Ergebnis einer langwierigen kulturellen Entwicklung (siehe Band »Herrschaft · Recht · Krieg«).

Es gab neben dieser Ostwestverbindung auch eine Nordsüdverbindung, die schon erwähnte Salzstraße. Diese Fernfahrten sind damals gefährlicher gewesen als heute ein Weltraumstart, denn die Risiken waren unberechenbar. So erwarb sich, wer einen solchen Fernhandel betrieb, neben dem Gewinn auch hohes Ansehen. Ein angelsächsisches Gesetz aus dem Jahre 975 besagt, daß jeder Kaufmann,

Aufmarsch der Zünfte *der Landwirte, Müller und Bäcker. Türkische Miniatur aus dem Festbuch des Vehbi (1703–1730) mit Illustrationen des Malers Levni. Topkapi-Museum, Istanbul*

der auf eigene Rechnung drei Fahrten in die Mittelmeerländer unternommen habe, in den Adel aufgenommen würde. Man weiß im Grunde über den Fernhandel dieser Zeit so gut wie nichts. Es gibt Münzfunde, die erlauben, etwa den Sklavenhandel aus Pommern bis nach Spanien zu rekonstruieren. Man kennt aus einer frühmittelalterlichen Verordnung von Raffelstätten an der Donau den Zollsatz für Sklaven, man kennt die Route der orientalischen Fernhändler, die entlang der Donau stromaufwärts zogen und über Regensburg und Augsburg das Rheintal erreichten. Häufiger fuhren sie auch über das Mittelmeer und erreichten Südfrankreich, etwa Marseille, denn dort gab es mehr Städte, höhere Ansprüche und deshalb höhere Gewinne. Aber das alles sind nur lose Anhaltspunkte; über den Bankverkehr in Ur oder Ninive im Jahre 2500 v. Chr. ist man besser im Bilde. Der Fernhandel jener Zeit verlief vor allem durch Süddeutschland. Norddeutschland lag weitab von aller Kultur, und auch die Mitteldeutschland durchquerenden Straßen wurden wenig befahren (Bechtel).

Die erfolgreichsten Fernhändler jener Epoche, sieht man von den Arabern ab, sind die Friesen gewesen. Sie hatten ihr Wollgewebe anzubieten, den »Fries«, und auch Pferde wurden gehandelt, vor allem aber vermittelten sie Erzeugnisse anderer Völker, etwa Glaswaren aus Italien oder das Pelzwerk aus dem Osten. Sie betrieben die Seeräuberei wie ein Geschäft, darin den arabischen Beduinen mit ihren geschäftsmäßig organisierten Überfällen verblüffend ähnlich. Vor allem befuhren sie den Rhein und besuchten die Märkte, die in der Nähe von Pfalzen, Königshöfen und Bischofssitzen abgehalten wurden, auch liefen sie kleine Siedlungen an, die sich zu Stapelplätzen und regelrechten Städten auswuchsen. Bardowiek oder das britannische Lundevic sind solche Orte, von denen London bis zum heutigen Tag Handelsmetropole geblieben ist. Auch den Namen der Wikinger hat man früher von »Wik« ableiten wollen und gemeint, dies seien die »Lagerleute« gewesen. Diese Deutung hat sich nicht lange halten können, die Herkunft des Namens ist nach wie vor umstritten, doch stehen ihre Raubzüge in einigem Zusammenhang mit den friesischen Plätzen und hatten wirtschaftliche Folgen, die erst von der neueren Forschung erkannt worden sind.

Der friesische Handel brach zunächst zusammen, als sich diese Seefahrer aus Norwegen mit blanker Gewalt in den Besitz der friesischen Waren und Güter setzten. Das Auftauchen der Wikinger, der erste Überfall auf Kloster Lindisfarne am 8. Juni 793 ist urkundlich bezeugt. Selten kann ein Ereignis von immerhin abendländisch-welthistorischer Bedeutung bis fast auf die Stunde genau datiert werden. Lindisfarne, eine über 1500 Jahre alte Abtei in Northumberland mit einer berühmten Schreibschule, eine Stätte der Gelehrsamkeit, ist gegen Mittag überfallen worden, und der Schlag traf das Kloster vollkommen überraschend. Alles Leben wurde vernichtet, alle Vorräte geplündert, man schlachtete in sinnloser Orgie Mensch und Vieh, wie es gute 200 Jahre später die mongolischen Reiter taten, dann kehrten die Eroberer, die den Kirchenschatz geraubt, die Altäre verwüstet, die Bibliothek verbrannt hatten, stolz und siegestrunken auf ihre schlanken Schiffe zurück. Überfälle wie der auf Lindisfarne waren seitdem an der Tagesordnung, bald begann Europa vor diesen Terroristen zu zittern, deren drachengeschmückte Boote mit ihren quergestellten Purpursegeln Schrecken hervorriefen, wo immer sie landeten. Die Wikinger nahmen sich, was sie haben wollten, mit Gewalt, aber sie erpreßten auch Lösegelder – davon wird noch zu reden sein.

Um 810 plünderten sie die friesische Landschaft an der Zuidersee, dann die Nordküste Westfrankens, also die heutige Normandie. Sie fuhren rheinaufwärts und plünderten um 892 von Löwen aus Bonn und Aachen, Köln und das Kloster Prüm, sie befuhren die Seine und brandschatzten Paris, im Osten stießen sie bis zum Ladogasee vor und drangen unter unglaublichen Strapazen quer durch Rußland auf dem San und dem Dnjestr, auf Düna und Dnjepr zur Wolga vor, um schließlich das Schwarze Meer zu erreichen und Konstantinopel zu bedrohen. Man kennt die »heldische« Seite des Wikingertums, die starrköpfige Mentalität dieser rotblonden, hochgewachsenen Schwertmänner, die ebenso wortkarg wie aufbrausend waren, aber man kennt sie nicht als Händler. Die Wikinger handelten mit allem, was auch zu friesischer Zeit Handelsgut gewesen ist, sie boten aus dem Norden Schwerter und gesalzenen Hering, Tran und Seehundsfelle, Fleisch und Walspeck an, aber ihr wichtigster Handelsartikel waren wohl Sklaven. Haithabu, die versunkene Stadt an der Elbmündung, ist der große Umschlagplatz für Sklaven aus vieler Herren Ländern gewesen.

Das war in ganz Europa, ja in der ganzen bewohnten Welt üblich. Alle zivilisierten Völker der damaligen Zeit waren auf Menschenjagd, denn diese Jagd versprach Gewinne. So veranstalteten die warägischen Händler, also die »Wikinger in Rußland«, Menschenjagd auf Slawen, die Slawen jagten im Süden, am Schwarzen Meer, die Muslims, die sie nach Byzanz und nach Griechenland verkauften, und die italienischen Händler bezogen ihre menschliche Ware aus Nordafrika. Die Wikinger ihrerseits hatten aber auch gutaussehende, kultivierte Christen anzubieten, die sie auf ihren Raubzügen am Rhein oder an der Seine, an der friesischen Küste oder in der Normandie erbeutet hatten. Ihre Sitten als Sklavenhändler waren ungeniert. Sie behandelten ihre Ware wie Pferdehändler, färbten und schnitten, stutzten und fälschten, wo es nur ging, wandten allerlei Geheimrezepte an, um Frauen jünger und Männer kräftiger erscheinen zu lassen, und behandelten die Menschen schlimmer als Vieh; ein arabischer Gewährsmann berichtet, diese nordischen Sklavenhändler hätten ohne weiteres mit ihren Sklavinnen in aller Öffentlichkeit den Geschlechtsverkehr vollzogen und sich auch von Kunden durchaus nicht stören lassen. Aus den Missionsberichten der damaligen Zeit erfährt man, daß zum Beispiel der Bischof Ansgar, seit 831 der erste Bischof von Hamburg, sich darum bemühte, das Los der Sklaven zu mildern; selbst Altargefäße wurden hingegeben, um den Heiden Christensklaven abzukaufen. Von Bischof Rimbert, dem Nachfolger Ansgars, gibt es eine rührende Geschichte, wie er im Land der Dänen eine Menge von Christengefangenen sah, die sich in Ketten dahinschleppten.

»Unter diesen befand sich eine Nonne, die ihm, indem sie das Knie beugte und wiederholt das Haupt neigte, ihre Ehrerbietung bezeugte; zugleich schien sie ihn wegen ihrer Auslösung um Erbarmen anzuflehen. Auch begann sie . . . mit lauter Stimme Psalmen zu singen.« Der Bischof, heißt es in der Chronik, betete, von Mitleid ergriffen, weinend zu Gott um Hilfe für sie. Dank seinem Gebet zerriß sofort die Kette an ihrem Hals, womit sie gefesselt war. Die Heiden hielten sie jedoch fest und verhinderten mit Leichtigkeit, daß sie entfloh. Darauf begann der heilige Bischof, von Angst und Liebe bewegt, den sie hütenden Heiden verschiedene Wertgegenstände für sie anzubieten; sie aber wollten auf nichts eingehen, wenn er ihnen nicht das Pferd abtrete, auf dem er selber ritt. Der Bischof habe sich nicht geweigert, heißt es, sei aus dem Sattel gesprungen und habe das Pferd samt allem Geschirr hingegeben, um der Nonne die Freiheit zu schenken; diese habe gehen können, wohin sie wollte (Pörtner).

Der Handel mit Pelzwerk und Walroßzähnen, rheinischer Töpferware und Sklaven aus aller Welt scheint, so wichtig er war, von einer anderen, gänzlich unvorhersehbaren wirtschaftlichen Wirkung an Bedeutung übertroffen worden zu sein. Diese Wikinger haben nämlich Geld in Umlauf gebracht und den seit der Völkerwanderung erstarrten finanziellen Kreislauf belebt. Es geschah so: Überall in Mitteleuropa saßen Adlige auf ihren Höfen, die der unsicheren Zeiten wegen das alte, spätrömische Geld, also schwere Gold- und Silbermünzen, in ihren Truhen gehortet hatten. Man war überall zur Naturalwirtschaft zurückgekehrt, wie stets in Kriegszeiten, und das Münzgeld hatte seine Bedeutung eingebüßt. Als die Wikinger von ganzen Landschaften Lösegelder erpreßten, zahlten die Grundherren des betroffenen Bezirks mit dieser Münze, die nun mit den Wikingern nach England und Skandinavien kam, d.h. in die Hände dortiger Kaufleute, die damit eine wirksame Nachfrage nach den handwerklichen Erzeugnissen und Handelsgütern des fränkischen Reiches hervorriefen. So sagt der Wirtschaftshistoriker van Klaveren: »Die Wikinger haben durch ihre Plünderungen eine Datenänderung herbeigeführt, die die naturalwirtschaftliche Rückbildung der spätrömischen Zeit für große Teile Westeuropas rückgängig gemacht und eine bis in unsere Tage sich steigernde Ausweitung des Geldkreislaufes eingeleitet hat« (Roth). Die Gesamtsumme, die in Umlauf geriet, soll sich, nach derselben Quelle, auf 5000–12 000 Pfund Silber belaufen haben – wobei zu sagen wäre, daß die Herkunft dieser Silbermengen zu den bisher ungelösten Rätseln der Wikingerforschung gehört.

Im Messetrubel

Im Frühjahr und Herbst wird in München seit dem 18. Jahrhundert ein Trödlermarkt im Stadtteil Au vor der Kirche St. Jakobi abgehalten, die sogenannte »Auer Dult«. Das Wort kommt schon im Althochdeutschen vor und ist lateinischen Ursprungs. Damals, im hohen Mittelalter, verlieh die Kirche für den Besuch besonders wirksamer Gnadenbilder und Kirchen den »indultus«, den Ablaß. So traf man sich vor der Kirche, um Geschäfte abzusprechen; die Menschenmenge lockte Händler an, denn man kam selten in die Stadt, brauchte allerlei Kram, so entwickelte sich vor der Kirche eine Art Markt – eben an jenem Tag, den man »tulditag« nannte, den Tag des Ablasses (Roth). Auch die Handelsmesse ist so entstanden. Nach der geistlichen Zeremonie ruft der Geistliche sein »ite, missa est« – und entläßt damit die Gemeinde aus der Kirche, auf den Markt. Vor allem im germanischen Sprachbereich hat sich das Wort »Messe« für den Handel auf Märkten zu bestimmten Zeiten eingebürgert; im Romanischen sagt man »foire« (französisch) oder »fiera« (italienisch), abgeleitet vom lateinischen Forum, das den Marktplatz, die Mitte der Stadt und des politischen Lebens, meint.

Messeplätze hat es in Paris und Bordeaux, in Leipzig und Poznan, im jugoslawischen Novi Sad und in Verona gegeben, das beginnt zur Zeit der Kreuzzüge und hat bis zum heutigen Tage kein Ende gefunden: Ohne Markt kein Handel – und Messen sind Märkte, die durch ihre Lage im Schnittpunkt der Transportwege begünstigt sind. Im Mittelalter waren die sogenannten Champagner-Messen berühmt, nicht etwa ein Treffpunkt der Sekthersteller, sondern von Kaufleuten, die aus Italien in die Niederlande reisten oder vom Rhein herüberkamen. Die Städte Troyes, das im 10. Jahrhundert die Hauptstadt der Champagne war, ferner Bare-sur-Aube und Provins lagen für den Nordsüdhandel verkehrsgünstig und boten den Vorteil, daß sie weder dem französischen König noch dem Kaiser des Heiligen Römischen Reiches unterstanden, denn die Grafschaft Champagne war selbständig und sorgte für Sicherheit, auch war sie währungspolitisch »neutraler Boden«.

In einem Jahr konnte der Kaufmann in der Champagne sechs gut besuchte Messen bereisen, um seine Geschäfte abzuwickeln. Der Umsatz reichte vom flämischen Tuch bis zu venezianischem Glas. Für die Entwicklung des Münzwesens hatten die Champagner-Messen besondere Bedeutung. Der Pfennig war eine zu kleine Münzeinheit, die verschiedenen Münzsorten der Grundherren wurden oft nicht als vollwertig erkannt. So begann man, anstatt mit der jeweiligen Landesmünze, mit Silberbarren nach Gewicht zu zahlen oder lieber noch ein Zahlungsversprechen abzugeben, also den Kreditverkehr zu entwickeln; anstelle der Barzahlung trat unter bekannten und bewährten Fernkaufleuten das Zahlungsversprechen, das zwecks Aufrechnung möglichst mit einer Gegenlieferung an Ware verbunden wurde. Für solche Geschäfte waren die Messen aus naheliegenden Gründen geeignet. Nachdem die Grafschaft Champagne dem französischen Königreich zugeschlagen wurde und ihre politische Neutralität verlor, hat der Rhein im Zuge der politischen und wirtschaftlichen Entwicklung Europas seine Bedeutung als Wasserstraße bekommen.

Das Erbe der Champagne fiel dann teilweise an die Seestadt Brügge, bis diese wiederum von Antwerpen entthront wurde. Im Laufe der Zeit bildeten sich gewisse Unterschiede zwischen den Städten heraus: Die Handels- und Messestädte wurden vorwiegend Konsumentenstädte, in denen die Kaufmannschaften starken Einfluß hatten. Andere Städte wuchsen zu Produzentenstädten heran. Die Vielfalt der mittelalterlichen Städte, gerade auch hinsichtlich dessen, was sie produzierten und als Ware lieferten, hält ein hansischer Spruch fest wie ein Merkvers: »Lübeck ein Kaufhaus, Köln ein Weinhaus, Braunschweig ein Zeughaus, Danzig ein Kornhaus, Hamburg ein Brauhaus, Magdeburg ein Backhaus, Rostock ein Malzhaus, Lüneburg ein Salzhaus, Stettin ein Fischhaus, Halberstadt ein Frauenhaus, Riga ein Hanf- und Butterhaus, Reval ein Wachs- und Flachshaus, Krakau ein Kupferhaus, Wisby ein Pech- und Teerhaus« – wobei Messestädte in ihrer Eigenschaft als Markt ja nicht genannt sind.

Um hier für viele Messeorte ein Beispiel zu geben: Da ist Frankfurt, die alte Kaiserstadt, ein politisches Zentrum, das sich seit den Kreuzzügen auch zu einem Wirtschaftszentrum entwickelt hatte, was wiederum mit den Straßenverhältnissen, den Linien des Fernhandels und dem königlichen Privileg zu tun hatte. Zur Geschichte: Im Jahre 1227 wird die Messe von Frankfurt zum ersten Male in einem königlichen Schreiben erwähnt, Kaiser Friedrich II. von Hohenstaufen stellt im Jahre 1270 Frankfurt ausdrücklich unter seinen Schutz. Da heißt es: »Wir gebieten, daß niemand sie (Anm. d. Verf.: die Reisenden) auf dem Hinweg zu diesen Messen oder auf dem Rückweg in irgendeiner Weise belästigen oder zu behindern wagen soll. Wer es dennoch wagen würde, soll wissen, daß er mit dem Zorn unserer Majestät zu rechnen hat. Zur Einprägung dieses Befehls haben wir die Urkunde darüber herstellen und mit dem Siegel unserer Majestät bekräftigen lassen.« Im Jahre 1330 bekam die Stadt von Ludwig dem Bayern das Privileg, außer der Herbstmesse auch eine Frühjahrsmesse abhalten zu können, die sogenannte Fastenmesse.

Knapp ein Menschenalter später wurde das Wirtschaftszentrum, in dem so viele Fäden zusammenliefen, zur Stadt der deutschen Königswahl, im 18. Jahrhundert auch zur Stadt der Banken. Daß hier Informationen zu bekommen waren wie sonst in kaum einer anderen Stadt, hat sich zu guter Letzt noch in der Gründung der wirtschaftlich orientierten »Frankfurter Allgemeinen« ausgedrückt. Der Ablauf einer Messe war, wie für das Mittelalter und auch bis weit in die neuere Zeit zu erwarten, durch ein Zeremoniell geregelt. In der ersten Woche reisten die Kaufleute an, rollten die schwerbepackten Wagen durch die Stadttore, wurden die Zelte aufgeschlagen, die Bänke und Gestelle. Die zweite Woche galt dem Verkauf, und in der dritten Woche wurde abgebaut – ein mühevoller Ablauf für den einzelnen Kaufmann, der sich mit seinem Treck von Zollstation zu Zollstation, über Gebirge und durch Furten gequält hatte, den Überfällen aus der Tiefe der Wälder glücklich entgangen war und nun auf dem von Menschen wimmelnden, überfüllten Marktplatz stand, um seine Geschäfte abzuwickeln. Schulden wurden bezahlt, Freundschaften begossen, Zinsen abgetragen und neue Geschäfte verabredet.

Ein schweres Hindernis für den Handel bildete die Zollhoheit der Grundherren; im Jahre 1500 betrug die mittlere Entfernung zwischen den Zollstationen am Rhein 10 Kilometer, an der Elbe zwischen Prag und Hamburg 14 Kilometer. In den Städtebünden gelang es den Messestädten, sich für die Zeit der Messe Zollfreiheit zu sichern. Auch zwischen einzelnen Städten gab es Absprachen dieser Art. Um solche Vereinbarungen nicht in Vergessenheit geraten zu lassen, veranstaltete man in Frankfurt das sogenannte Pfeifergericht. Angeführt von den Stadtpfeifern von Nürnberg, zogen die Delegationen der beteiligten Städte über den Markt zum Schöffengericht, wo man den Schöffen kleine Gastgeschenke übergab, um die alten Vereinbarungen und freundschaftliche Verbundenheit zu bekräftigen.

Im Laufe der Zeit realisierte die Messestadt im Unterschied zu den übrigen Städten, die ja auch Märkte abhielten, ihren Anspruch, vorwiegend dem Fernhandel, dem Geschäft der großen Kaufleute zu dienen. Diese Städte erzwangen ein Privileg, das sie in weitem Umkreis vor Konkurrenzen schützte. So hat Leipzig um 1500 bis zu einem Umkreis von 120 Kilometern das alleinige Markt- und Stapelrecht bekommen; selbst solche Städte wie die Salzstadt Halle, die Städte Naumburg und Zeitz, damals durchaus bedeutende Handelsplätze, mußten sich Leipzig beugen; schließlich haben die Leipziger auch die Städte an der Elbe und selbst Frankfurt am Main aus dem Messegeschäft drängen wollen. Die Stadt hat erhebliche Bestechungsgelder an Beamte des Kaisers verwenden und alle Register ziehen müssen, um ihr Ziel zu erreichen. Leipzig hat damals eine ähnlich günstige Verkehrslage wie Frankfurt gehabt. Dort kreuzte sich die aus Spanien über Frankfurt führende sogenannte Königsstraße, die bis nach Kiew führte, mit dem Nordsüdweg, der den Wirtschaftsraum der Hanse mit Oberdeutschland, d. h. also dem heutigen Sachsen, Böhmen, Franken und Bayern, verband; von dort führte die Handelsroute weiter nach Oberitalien, wo über die Seehäfen der Anschluß an den Orienthandel gewonnen war.

Wie heute die Bank den potentiellen Bankräuber anzieht, den Mann mit dem großen finanziellen Defizit und den starken Nerven, so zog die Messe ebenfalls Räuber an – Männer mit beachtlicher krimineller Energie, die nicht selten dem Hochadel oder niederen Adel entstammten und als Raubritter (siehe Band »Herrschaft · Recht · Krieg«) einem ehrbaren Gelderwerb nachgingen; die Frage nach den Maßstäben für Kriminalität ist eben doch nicht leicht zu beantworten. Im Interesse der Messestadt lag es, sich weithin Respekt zu verschaffen und mit denen, die man fing, nicht viel Federlesens zu machen. So ist mancher adlige Herr recht jämmerlich am Galgen geendet, den Bürgersleute haben errichten lassen.

Messen waren Spektakel, und so finden sich auch in den alten Gazetten, den Zeitungen von Anno dazumal, schon frühzeitig Notizen über diese Veranstaltungen. So heißt es in der Ordentlichen Wöchentlichen Postzeitung vom 16. Januar 1684, also ein Jahr nach der Belagerung von Wien durch die Türken und seiner glücklichen Befreiung: »Dise gehaltene New-Jahrs Messe ist Gott sey Danck noch zimblich wol abgelauffen . . .« Nach diesem Stoßseufzer kommt das Blatt zur Sache, wobei man nur hoffen kann, es habe sich um eine Zeitungsente gehandelt; die Sache ist aber so exakt beschrieben, daß man sie für real halten muß. Es heißt: »Unter allen Kauffmanns-Wahren aber habe eine allhier angetroffen, welche nebst mir noch keiner sein Lebtag und villeicht so lang die Welt gestanden auff offenem Markt hat feyl gebotten und verhandlen sehen, nemblich etliche Fässer voll gedörret Türcken-Köpffe unterschidlicher Art und Gestalt, abscheuliche Gesichter, seltsame Bärte und vilerhand Haaren/welche theils lang gewachsen/theils kurtz abgeschoren, und also von unterschidlichen Nationen und Posituren . . .« Diese Türkenköpfe hätten, so schreibt die Zeitung, ihre Liebhaber gefunden, die Preise seien je Kopf, je nach Zustand, bis auf 8 Taler gestiegen, und von den vielen hundert Köpfen seien welche nach Dänemark, Holland, Schweden, England und Hamburg versandt worden.

Man kann sich das Messewesen nicht bunt genug vorstellen, verglichen mit den nüchternen Messen der Gegenwart. Zur Zeit der Fürstenwirtschaft, des Merkantilismus, haben die Könige und Fürsten sorgsam darüber gewacht, daß die Messen Umsätze machten. Der preußische König Friedrich Wilhelm I., der »Soldatenkönig«, fragte laut Bericht des Braunschweiger Gesandten vom 19. November 1729 in Frankfurt a. O. den »hiesigen Kaufmann Hauffen«, wie denn die Messe gewesen sei. Schlecht, habe der Kaufmann geantwortet, weil keine Leute hinkämen. »Der König darauf näher nach der Ursache des Wegbleibens gefraget, und er solches damit versetzet: daß Se. Majestät die Leute wegnehmen ließen, ist der unbesonnene Mann dergestalt unter das spanische Rohr gerathen, dass er sich hinkünftig wohl beßer in Acht nehmen wird.« Ein Bürger, der die Wahrheit zu sagen wagt und von seinem König von Gottes Gnaden höchst eigenhändig durchgeprügelt wird – das entsprach dem Bild vom Zuchthaus Preußen, wie man es damals in ganz Deutschland und Europa kannte.

Die Mißachtung des Kaufmannsstandes hat sich gerade in Preußen lange gehalten und ist noch Anfang dieses Jahrhunderts bei Hof und in der Armee als Ressentiment lebendig geblieben. Friedrich der Große hat übrigens mit wenig Erfolg im Jahre 1742 eine Messe in Breslau ins Leben gerufen. Leipzig tat alles, um das Unternehmen zu unterbinden, aber der König ließ sich nicht beirren und förderte seinen Plan durch eine längere eigene Anwesenheit. Das Ziel war, den polnischen und ungarischen Handel nach Schlesien zu ziehen; die Leipziger fürchteten, daß

»die Ungarn und Siebenbürger künftig alles allhier kaufen und nicht weiter nach Leipzig gehen würden«. Woran es gelegen hat, daß die Messe nicht reüssierte, weiß man nicht recht; im Jahre 1749 kam es, laut zeitgenössischer Aufzeichnung, »zu einer Katastrophe«, was immer das gewesen sein mag, und seit 1750 wurde die Messe wieder aufgegeben, und man führte die alten Märkte wieder ein. Um noch einen letzten Eindruck zu geben: Die »Vossische Zeitung« vom Herbst 1820 schreibt: »Die Zahl der Fremden auf der Leipziger Michaelismesse wird auf fünfzigtausend angegeben. Mehrere tausend Meßbesucher mußten sich über 14 Tage länger als gewöhnlich dort aufhalten, weil sie im Dringen des Gewühls ihre Geschäfte nicht so schnell abmachen konnten. Zwei Drittel der Verkäufer sollen preußische Untertahnen gewesen seyn. Ein Merino-Fabrikant aus dem Preußischen verkaufte allein 1500 Stück Merino an Griechen. Baares Geld war im Überfluß auf dem Platze. Die Masse Goldes, welches von Leipzig in dieser Messen nach Hamburg remittirt worden, beträgt bis zur Mitte Oktober sechs bis sieben Zentner.« Soweit der Bericht aus der guten alten Zeit, als Gold noch in Zentnern gewogen wurde.

Bald sind dann neue Formen des Marktes entstanden, denn im Zuge der Technisierung bestand Bedarf an neuartigen Informationen; so entstehen seit 1763 in Paris die »Kunstausstellungen«, die nicht den bildenden Künsten, sondern dem technischen Fortschritt gewidmet sind, und um 1800 gibt es die ersten Gewerbeausstellungen, so die große Industrieausstellung des Jahres 1823 in Paris. In Deutschland hat das Ausstellungswesen mit der Industrieausstellung in Düsseldorf im Jahre 1811 begonnen, und Kaiser Napoleon ist ihr prominentester Besucher gewesen.

Karawanen und Basare

Man kennt das aus Reiseprospekten und Kulturfilmen, wenn nicht aus eigener Anschauung: Eine Wüste bis zum Horizont, im Gegenlicht aufgenommen die Kamelkarawane, die im ruhigen Schritt, ein Tier hinter dem anderen, ihres Weges zieht, man fühlt sich erinnert an die Bibel, an Tausendundeinenacht, und man weiß, seit Urzeiten sind alle Schätze des Orients auf diese Weise transportiert worden, um in den Bazaren Alexandrias und Bagdads angeboten zu werden – aber man irrt, denn verblüffenderweise ist die Eselkarawane älter als die Kamelkarawane, jedenfalls in Ägypten. Die ersten großen Karawanen, die in Ägypten in historischer Erinnerung geblieben sind, wurden von Elephantine aus nach Süden entsandt. Die Grabinschriften des Statthalters berichten aus der Zeit um 2350 v. Chr., daß die 300 Esel dieser Expedition »mit sämtlichen Produkten des Sudan« beladen gewesen seien. Eine andere Inschrift verrät, daß ein gewisser Sebni mit einer Karawane von 100 Eseln und einem kleinen Trupp Bewaffneter die Leiche seines Vaters heimgeholt habe, der während der vorigen Reise in der Fremde gestorben war.

Autos und Karawanen haben das gleiche Problem: Sie müssen mitschleppen, was sie zu ihrem eigenen Energiehaushalt brauchen, nur daß der »Treibstoff« der Karawane in Proviant und Wasser besteht. Auf den Eseln waren Lasten von Trockenfleisch, Datteln und Wasserschläuche festgezurrt, die Menschen liefen hinterher, unendlich langsam kroch ein solcher Zug durch die weglose, steinige, sonnenverglühte Einöde. In Ägypten haben die Perser das Kamel eingeführt, erst im 6. vorchristlichen Jahrhundert tauchen dort Kamele auf, genauer gesagt, Dromedare. Allerdings akklimatisieren sie sich schlecht. Noch heute werden jährlich Tausende von Dromedaren ins Niltal eingeführt, und noch heute kann man auch Karawanen mit über 100 Kamelen sehen, die von einem einzigen Mann angeführt werden. Er reitet auf einem Esel, wie vor einigen tausend Jahren.

In Mesopotamien sehen die Dinge anders aus. Hier sind Kamele schon aus dem zweiten vorchristlichen Jahrtausend bezeugt – allerdings gleichsam ohne Ankündigung. Sie sind plötzlich da, und niemand weiß so recht, weshalb gerade dort und gerade um diese Zeit. Das Pferd ist damals schon einige hundert Jahre bekannt, es wird für Kriegszüge eingesetzt und auf Paraden präsentiert, eine Wunderwaffe. Kamele aber gehören hier von nun an zum Alltag, und so wird auch die Rede des Propheten Jesaja verständlich, der sagt: »Tausende von Kamelen werden kommen, Dromedare von Madian und Epha! Alle Sabäer werden kommen, Gold und Weihrauch bringend und Jahwe lobpreisend.« Das Wort Karawane hat für den Abendländer einen zauberischen Klang, dabei bedeutet es nichts anderes als »Reisegesellschaft«, ein persisches Wort, das wiederum auf dem sumerischen »harranu« beruht und zugleich »Straße« und »Handelsexpedition« meint.

Karawanen sind für den Fernhandel auf dem Lande eine so selbstverständliche und naheliegende Form des Verkehrs wie Geleitzüge von Handelsschiffen auf See. Die Organisationsform ändert sich durch die Jahrhunderte kaum und entspricht den wirtschaftlichen Risiken. Schon im alten Mesopotamien wird die Karawane von einem Mann begleitet, der im Auftrage der Kapitalgeber, also der Bank oder der Kaufleute, den ordnungsgemäßen Ablauf kontrolliert. Es gibt unzählige Tontafeln mit keilschriftlichen Texten, die sich auf derartige Geschäfte beziehen und zwischen dem Agenten und dem Bankier gewechselt wurden. Man kennt z. B. eine Abrechnung, die Anfang des zweiten vorchristlichen Jahrtausends vom Leiter einer Karawane über 17 Kilogramm Gold gegeben worden ist. Es handelte sich um einen Transport über 1000 Kilometer, in Kappadokien, also in der östlichen Türkei, hatte man Ware gekauft und sie nach Assur gebracht. Die Abrechnung, nach Posten aufgegliedert, umfaßt 230 Stoffstücke, 65 Kilogramm Zinn, für den Kauf von neun schwarzen Eseln, ferner die Kosten für die Mitglieder der Karawane, nämlich »Adada und seine beiden Diener«, für ihre Kleidung, für Futtermittel, die Ausfuhrgebühr, für Geschirre und Zaumzeug, eine Sondervergütung für den Karawanenführer, etwas Zinn für laufende Kosten und die Posten für zwei weitere Männer, offenbar Sklaven oder Diener.

Solche Unternehmen finanzierten die Bankiers, die am Gewinn beteiligt waren und das Kapital gegen hohe Zinsen vorstreckten. In den Wüstengebieten Arabiens, im Raum der Ströme Euphrat und Tigris, zogen die Kamelkarawanen zum Handelsplatz, in Ägypten waren es Eselkarawanen, gelegentlich auch Ochsenkarren, und im alten Indien rollten die zweirädrigen Karren, die von Höckerochsen gezogen wurden, auch sie in Form der Karawane. Wenn man die Wüste erreichte, übernahm ein »Pilot des Sandes« die Führung. Er saß auf einem Wagen, der nachts ohne Plane fuhr, damit er wie ein Seefahrer die Sterne beobachten konnte. Überall, wenn gerastet wurde, schob man die Karren zusammen, schirrte die Tiere ab, fütterte und tränkte, zündete das Lagerfeuer an, stellte Wachen aus, überall zwischen Pamir und Nil, Kaukasus und Sudan erzählte man von seinen Erlebnissen, von fernen Märkten und Städten, träumte man von großen Geschäften, von der bunten Vielfalt der Bazare.

Auch der Bazar ist, genau genommen, etwas Prosaisches; das Wort heißt »Ladenstraße«, womit wieder einmal bewiesen wäre, daß auch das Prosaische sich verklärt, wenn nur die Phantasie in Bewegung gesetzt wird – und die Phantasie des Europäers hat den Orient seit Jahrhunderten mit Neugier und Neid verklärt. Das Prinzip der Handwerkerviertel, der Gassen für Schmiede, Goldschmiede, Drechsler, Seidenweber usw. ergibt sich aus den sachlichen Erfordernissen, noch heute kennt man ja in den Städten Bankviertel, Kaufhausviertel, sieht man die Antiquitätenläden in einer bestimmten Gegend. Die Besonderheit der Bazare, wie sie um 1000 n. Chr. in den arabischen Metropolen eingerichtet waren, bestand in ihrer systematischen Anlage und in ihrer Ordnung. Diese rechtwinkligen Ladenstraßen waren etwa 15 m breit und mit einer Reihe von Kuppeln überdacht, die Licht und Luft hereinließen. Man konnte den Bazarbereich, der von Mauern umgeben war, nur durch Tore betreten, die nachts mit schweren, eisernen Gittern verschlossen wurden. Solche überwölbten Bazare gab es in Turkistan, im Iran, in Armenien und Mesopotamien, während die syrischen und ägyptischen Ladenstraßen nur mit Holzgittern abgedeckt wurden. Am Schwarzen Meer und am Kaspischen Meer waren die Ladenstraßen nicht überwölbt, sondern nur durch Vordächer geschützt. Die einzelnen, zur Straße hin offenen Läden waren etwa 6 Meter breit. Nachts verschloß man sie mit hölzernen Rolleaus, die mit Eisenstangen und Vorhängeschlössern gesichert wurden. Es gab Beamte, welche die Aufsicht führten, ebenso eine Kontrolle der Lebensmittelhändler und eine Polizei, die für Ruhe und Ordnung sorgte.

Die Handelsverbindungen des Reiches unter dem Halbmond des Propheten reichten von der chinesischen Küste bis nach Britannien, von Bolgar an der Wolga bis nach Madagaskar; entsprechend war das Warenangebot, dessen Pracht und Fülle vielleicht nur von den Märkten Chinas oder von Venedig erreicht worden ist. Alles, was die damalige Welt zu bieten hatte, konnte man auf einem arabischen Bazar kaufen, wobei die einzelnen Bereiche bestimmten Berufsgruppen zugeteilt waren. Da gab es Verkäufer von Limonaden und von Speiseeis, man konnte Damaszener Klingen oder Präzisionswaagen, Glaswaren und Goldschmiedearbeiten, Seidenstoffe und Purpur, Straußenfedern und Bienenhonig, Elfenbeinschnitzereien und alle Gewürze des Orients kaufen, ganz zu schweigen von all den Stoffen und Geweben, den kostbaren Pelzen, den Sätteln, Lanzen, dem silbernen Geschirr und den Teppichen aus Buchara und Samarkand. Was der Orient mit all seinen Reichtümern für die kulturelle Entwicklung des Abendlandes bedeutet hat, wird kaum zu überschätzen sein: Kleidung und Speisen, Geschirr und Waffen, Bauten und Gärten haben sich an den Vorbildern der maurischen Kultur orientiert, die wiederum uralte indische und persische, syrische und arabische Einflüsse verschmolzen hat.

Denare, Schilling, Gulden

Am schweren Eichentisch sitzt der Hausherr in einem groben Hemd aus friesischer Wolle, das Haar trägt er lang bis auf die Schulter, seine Füße stecken in Sandalen, die bis zum Knie verschnürt sind. Er rückt den Schemel ein wenig zum Licht, das durch das vergitterte Fenster fällt, und prüft mit zusammengekniffenen Augen eine Silbermünze, die er gestern nach der Kirche vom Grafen bekommen hat; man kann das Bildnis auf der Münze nicht erkennen, eine Ecke ist abgeschlagen wie mit einem Schwerthieb, die Ränder der Münze zerfranst: Geld war das, was sollte er mit Geld? Niemand weiß, was es wert ist, niemand gibt Korn oder Mehl, Honig oder Wein, Tuche oder Felle gegen dieses Zeug; nur wenn man Wert gegen Wert tauscht, also Wein gegen Korn, einen Dolch gegen Felle, weiß man, was man bekommt, allenfalls kann man mit Geld den Nennwert ausdrücken; ein gutes Stück friesischer Wolle wurde mit 20 Solidi bewertet, ein geschlachteter Ochse desgleichen – so kam ein guter Tausch zustande. Dies waren die Zustände vor mehr als tausend Jahren, nachdem die Völkerwanderung verebbt war. Zwar hatte mancher Herr, mancher Krieger irgendwo noch einen Haufen römischer Münzen, auch gab es in Frankreich 900 Orte, in denen der jeweilige Grundherr Münzen schlagen ließ, aber die Münzen waren schlecht, aus miserablem Schrot und Korn.

Der Solidus galt, als das römische Imperium schon längst zerfallen war und Byzanz seinen Weltmachtanspruch kaum mehr aufrechterhalten konnte, noch lange als Währung. Viele Reiche haben vom Erbe der Byzantiner und damit vom Erbe Roms gezehrt, wie die Münzbezeichnungen für das Gebiet der Währung zeigen. Die Araber zum Beispiel haben, als sie weite Teile des byzantinischen Reiches erobert hatten, einfach die geltende Währung übernommen, und erst Abd el Malik, der fünfte Kalif nach Muhammed, ließ eigene Münzen prägen. Aus der byzantinischen Bezeichnung für das Goldstück, dem »denarius aureus«, wurde der Dinar, aus dem Silberstück, der Drachme, wurde der Dirhem. Abbildungen durften die arabischen Münzen nicht tragen, das verbot der Koran (siehe Band »Magie · Mythos · Religion«) – also setzten die Wesire ihren eigenen Namen und den Ort der Prägung auf die Münze. Über Jahrhunderte hinweg blieb die arabische Münze aber wertbeständig und ist nie, wie im Abendland, manipuliert worden.

Auch als die Karolinger, der König Pippin und sein Sohn Kaiser Karl der Große, die Währung des Frankenreiches zu ordnen begannen, griffen sie auf die byzantinischen Vorbilder zurück und prägten vollwertige Silbermünzen. Der Silberpfennig, der Denar, wog 1,6 g Silber. Zwölf Silberpfennige bildeten einen Schilling, zwanzig Schillinge ein Pfund zu 384 Gramm. Die Denare trugen als Prägung den Kopf des Kaisers und den Prägungsort. Allerdings blieben die Versuche der Karolinger, mit wertbeständigen und korrekt geprägten Münzen den Handel zu beleben, nahezu erfolglos, denn die damalige Wirtschaft beruhte auf der bäuerlichen Autarkie jedes Hofes, jedes Herrensitzes; es gab keinen Handel, weil keine Ware produziert wurde, und umgekehrt fehlte der Anreiz, Waren zu produzieren, weil es keinen nennenswerten Handel gab. Die Kirche konnte keinen Meßwein, der Kaiser konnte, wenn er durch sein Reich zog, keine Lebensmittel kaufen, niemand baute für Geld einen Wagen oder ein neues Rad, wenn es nötig war, denn für Geld konnte sich niemand etwas kaufen. Also zog das Kloster seinen Meßwein selbst, der Hofstaat lebte von den Naturalien, zu deren Abgabe die Untertanen verpflichtet wurden, und wenn eine Achse brach oder ein neues Rad gemacht werden mußte, half man sich selbst. Oft genug wurden die neuen Münzen Kaiser Karls, gerade auch die Goldstücke, die der Kaiser prägen ließ und die nicht regelrecht als umlaufende Münze, sondern wohl als Auszeichnung verwandt wurden, eingeschmolzen und zu Altargeräten oder auch gelegentlich zu Schmuck verarbeitet; die Bezahlung des Handwerkers erfolgte in Naturalien.

Der Groß- und Fernhandel mit Sklaven, Pelzen, Honig, Stoffen und anderen Kostbarkeiten ging weitgehend an der Bevölkerung des Frankenreiches vorbei: Die reichen Abnehmer saßen in Bagdad oder Kairo, Buchara oder Granada.

Als die ersten Kreuzfahrerheere nach Osten aufbrachen und in das byzantinische Reich eindrangen, wirkten sie, auch wirtschaftlich, wie etwas wilde barbarische Verwandte der kultivierten »Romäer«, wie die Byzantiner sich nannten. Plünderungen waren unausbleiblich, denn diese Heerhaufen waren ohne Finanzierung, ohne Troß, ohne »Logistik« aufgebrochen und verpflegten sich auf ihre Weise, was ihnen von den an eine geordnete Geldwirtschaft gewöhnten Byzantinern sehr übel vermerkt wurde. Diese enorme Geldknappheit hat übrigens dazu geführt, daß sich die Kreuzfahrer, da niemand sonst sie finanzieren konnte, schließlich von Venedig bezahlen ließen – allerdings änderte sich damit auch das Angriffsziel. Ob das Heilige Land erobert wurde, interessierte die Venezianer weniger als die Frage, wie man die Konkurrenz von Konstantinopel ausschalten konnte, um den Orienthandel allein in die Hand zu bekommen; so eroberten die Kreuzfahrer eben das am Wege liegende Zentrum der christlichen Ostkirche und plünderten es schlimmer, als dies die Heiden hätten tun können. Dies geschah im Jahre 1204 und konnte erst 57 Jahre später rückgängig gemacht werden, als der byzantinische Kaiser Michael VIII. seine eigene Hauptstadt zurückeroberte.

Seit der Zeit der Kreuzzüge, die den Kontakt mit dem Osten intensivierten, bildete sich neben dem Warenverkehr zwischen den Mittelmeerhäfen ein Geldverkehr aus, der Vielfalt der Münzen wegen entstanden Wechselstuben und schließlich die ersten Bankhäuser. Oft kauften Goldschmiede die umlaufenden Goldmünzen auf oder nahmen Edelmetall in Verwahrung. Die Bescheinigungen, die sie für den Empfang ausstellten, sicherten zu, daß man jederzeit bereit sei, den Gegenwert von hinterlegtem Gold oder Silber in entsprechender Münze auszuzahlen. Solche Bescheinigungen sind geradezu als Zahlungsmittel verwandt worden. Wie bei allen finanziellen Transaktionen war es wichtig, in der fernen Handelsstadt vertrauenswürdige Beziehungen zu haben; dies ist besonders bei jüdischen Wechslern und Bankiers der Fall gewesen, die oft auch durch verwandtschaftliche Beziehungen, jedenfalls aber durch ihren Glauben und ihre Minderheitensituation verbunden waren. So konnte meist nur noch der jüdische Wechsler zwischen Syrien und Spanien, Polen und Italien Verbindungen schaffen.

Solange der Handelsverkehr auf solchen Geldgeschäften beruhte, blieben die jüdischen Häuser im Geschäft; erst im 13. Jahrhundert, als der Warenaustausch in größerem Umfang einsetzte und die Geldanweisung durch die Warenanweisung zwischen großen Handelshäusern abgelöst wurde, sind große christliche Bankhäuser entstanden – zur gleichen Zeit, als die ersten Judenaustreibungen begannen. Das Münzwesen hat sich in diesen Jahrhunderten, angeregt durch den belebten Warenaustausch, dennoch weiter entwickelt, und zwar durchaus auf der Basis der alten karolingischen Münzen. Die zuverlässigste Münze war für Nordeuropa

Arabischer Dinar, *1044–1045, aus Ägypten. Der Dinar ist eine Goldmünze und war zwischen dem 7. und dem 15. Jh. die Hauptwährung der islamischen Welt. Staatliche Münzsammlung, München*

die Prägung der Abtei von St. Martin in Tours; sie hieß »Livre Tournois« und bestand aus einem Pfund Silber und umfaßte 20 Sous – womit man wiederum den alten »solidi« begegnet, denn aus »solidi« wurde »sous«, identisch mit »Schilling«. In Großbritannien hat sich das karolingische Münzsystem übrigens bis auf den heutigen Tag erhalten. Der Schilling, abgekürzt sh, wird seit dem 14. Jahrhundert als 12-Penny-Stück in Umlauf gesetzt; ein Pfund war bis vor kurzem bekanntlich 20 Shilling = 240 Pence.

Ein schwieriges Problem der damaligen Währungen war das der Münzverschlechterung. Schulden galten immer in der Währung, in der sie aufgenommen waren, aber wenn jemand heute 20 gute Silberdenare hergab, wie sollte er sich verhalten, wenn ihm sein Schuldner nach 5 Jahren 20 Silbermünzen minderen Gewichtes oder minderer Qualität zurückgab? Für die Herren, die Münzprivilegien besaßen, war die Versuchung groß, bei angespannter Lage Münzen mit schlechterem Silbergehalt prägen zu lassen oder die Münze selbst zu verkleinern – solange die Prägung stimmte, war es eben die gleiche Münze. Außerdem lag es im fürstlichen Interesse, die ausgegebene Münze häufiger zu »verrufen«, d. h., sie aus dem Verkehr zu ziehen – dann nämlich konnte man sie durch neue, im Feingehalt geringere Münzen ersetzen und sich so bereichern.

Die Vielfalt der Münzen, die Unterschiedlichkeit der Münzqualität und die von den jeweiligen Münzherren durchgesetzten Monopole für den eigenen Herrschaftsbereich haben den mittelalterlichen Handel stark behindert. Oft hat man die Silbermünzen kurzerhand zerhackt, um mit den Teilen, dem sogenannten »Hacksilber«, zu zahlen, oft auch Münzen gewogen, statt sie zu zählen; so fiel das Land wirtschaftlich sozusagen in das Stadium der alten Babylonier zurück. Lange haben Münz- und Barrengeld nebeneinander bestanden; in Rußland sind Silberbarren bis ins 15. Jahrhundert die einzige Geldform gewesen, während sie in Mitteleuropa bis ins 13. Jahrhundert über die Ungleichheiten der Währungsverhältnisse hinweghalfen.

Die unteren Münzsorten haben sich im Laufe der Jahrhunderte ständig verschlechtert, so daß das Gefüge der zahllosen Währungen immer wieder durcheinander geriet. Um den Käufer von dem Verkäufer ohne Konflikt »scheiden« zu können, brauchte man die kleine Münze, eben die Scheidemünze als Wechselgeld. Aber wenn ihr Wert von ihrem Feingehalt an Edelmetall hergeleitet wurde, lag die Versuchung nahe, die großen Münzen, die noch relativ hochwertig waren, einzuschmelzen und schlechte Münze daraus zu gewinnen. Seit dem 13. Jahrhundert hatte man begonnen, wieder wie in der Antike Goldmünzen zu schlagen. Das begann 1231 mit Goldmünzen des Hohenstaufen Friedrich II., es folgten Florenz 1252 und Venedig 1284. Schon vorher war der Gulden ein Zählbegriff für 240 Werteinheiten des alten Pfundes gewesen; nun prägte man diesen Zählbegriff und konkretisierte ihn damit. 1325 begann in Böhmen die deutsche Goldmünzung, auch Ungarn prägte, nach dem Vorbild von Florenz, goldene Münzen. Im 14. Jahrhundert bekam der rheinische Goldgulden erhebliche Bedeutung, der von den Kurfürsten seit 1386 herausgebracht wurde. Man kann sagen, daß die damals gefundene Gliederung in untere, mittlere und große Münzsorten die Gliederung des abendländischen Münzsystems geblieben ist.

Man hat 1524 und 1551 durch bestimmte Münzordnungen das Problem der Scheidemünzen, wie es bereits angesprochen worden ist, zu lösen versucht. Tatsächlich ist das aus verschiedenen Gründen niemals recht gelungen, und es wurde mit der Zeit viel zuviel Kleingeld produziert, da die jeweiligen Landesherren unbeschränkt Scheidemünzen prägen konnten; der sogenannte »Augsburger Münzabschied« aus dem Jahre 1566 hatte darauf verzichtet, dieses Problem zu lösen, weil es unter den damaligen Verhältnissen nicht lösbar war. Immer stärker wurde die Versuchung für den jeweiligen Landesherren, minderwertige Kleinmünzen zu produzieren, bis schließlich um das Jahr 1620 durch diese »Kipper und Wipper« eine Inflation ausbrach, die später mit einer freilich zu hohen Stabilisierung des Talers aufgefangen wurde.

Vor dem Hintergrund dieses Währungswirrwarrs muß der Aufstieg der großen Bankhäuser, etwa auch des Jakob Fugger, gesehen werden, der mit Gold- und Silberhandel Reichtümer erwarb und sich nicht ohne Grund die Silbergruben von Tirol überschreiben ließ, als Habsburg Anleihen aufnahm.

Der Erfahrungsgrundsatz der damaligen Zeit lautet: Das schlechte Geld verdrängt das gute Geld. Diese Erfahrung ist in Jahrhunderten immer wieder bestätigt worden.

Gold als Währung

Es gibt keine vernünftigen Gründe dafür, daß ausgerechnet das Edelmetall Gold in den südafrikanischen Minen abgebaut, zu Barren vergossen und in den unterirdischen Tresoren von Fort Knox gehortet, als Deckung für ein modernes Währungssystem verwendet wird. Viele Leute führen zwar viele vernünftige Gründe an, aber die könnte man ebensogut für Platin nennen: Auch Platin bietet Schönheit, Haltbarkeit, Einheitlichkeit des Metalls, auch Platin ist leicht zu teilen, leicht zu formen, dabei knapp und schon in kleinen Mengen hochwertig, kurzum, es bietet alle »technologischen und ästhetischen Eigenschaften des Goldes womöglich noch in erhöhtem Maße« (Schmölders) – allerdings ist es im Altertum kaum bekannt und hat keine kosmologischen Bezüge, es stand für kein Gestirn, keinen Gott. Alle negativen Eigenschaften der beiden Edelmetalle Gold und Silber werden meist dann ins Feld geführt, wenn es darum geht, den Übergang zum Papiergeld zu erklären: Gold und Silber sind unhandlich beim Transport, man braucht Platz, um sie zu horten, sie sind weich, also leicht verletzbar und nutzen sich schnell ab – kurzum, es gibt ebensoviel Gründe gegen Gold und Silber als Währungsmetall wie dafür, aber die Frage ist falsch gestellt.

Offensichtlich hat sich der Mythos vom Gold, dem Metall der Sonne und der Könige, so tief im Bewußtsein der Menschen festgesetzt, daß niemand ihn daraus vertreiben kann. Das wundert nicht, wenn man an die Anfänge denkt: Die Edelmetalle symbolisieren in Babylonien bekannterweise die Himmelsgottheiten, Gold die Sonne, Silber den Mond und Kupfer die Venus. Die Babylonier waren in der Antike konkurrenzlose Meister der Technologie und stellten ziemlich reine Barren von verschiedenen Qualitäten her, aber die von ihnen gefundene Wertrelation zwischen Gold und Silber war irrational, wenn auch unter den damaligen Denkvoraussetzungen nicht unlogisch: Gold als Wert stand zu Silber im Verhältnis 1:13 1/3, und diese Wertrelation hielt sich über viele hundert Jahre im gesamten Altertum. Sie beruht auf einer astronomischen Zahl, dem Verhältnis der Umlaufgeschwindigkeit von Sonne und Mond; dabei wurde offenbar das sogenannte »Rundjahr« zugrunde gelegt, das 360 Tage umfaßt, wobei Mond- und Sonnenumlauf sich verhalten wie 27:360.

Wenn sich so früh selbst in einem so rationalen Bereich wie der Geschichte des Geldes gewisse magisch-mythische Anschauungen als beherrschend erweisen, ist es verständlich, daß sie noch wenige tausend Jahre später im Unterbewußtsein lebendig sind.

Die Entstehung der modernen Goldwährung ist denn auch ein krauses Werk der Geschichte und fängt im Grunde mit Wilhelm dem Eroberer an, dem Sohn Roberts des Teufels. Wie man weiß, landete dieser Herzog der Normandie mit einem Normannenheer in England, schlug bei Hastings seinen Gegner Harold II. im Jahre 1066 und eroberte das angelsächsische Reich. Die von Wilhelm dem Eroberer begründete Währung baute auf dem Pfund Sterling auf – nach karolingischem Vorbild war ein Pfund: 20 Schilling, ein Schilling: 12 Pfennige – und war eine Silberwährung, wie es zum Beispiel auch die griechische Währung gewesen war. Ob man die Währung auf einem einzigen Metall aufbaute, also den »Monometallismus« praktizierte, oder ob man »Bimetallist« war, hing von verschiedenen Voraussetzungen ab, z. B. von den verfügbaren Gold- und Silbermengen. Der erste Bimetallist ist offenbar der bekannte König Krösus gewesen; als er die Ägäischen Inseln erobert hatte, auf denen wie überall in Griechenland die Silberwährung bestand, führte er zwangsweise die Goldwährung zusätzlich ein und wurde dadurch zum Inbegriff des Reichtums.

In England herrschte die Silberwährung, bis der leichtlebige König Karl II., der seine bizarre Hofhaltung nach französischem Vorbild gestaltete, im Jahre 1663 neben dem Silbergeld Goldmünzen ausgab. Auch er war also, in der Sprache der Währungswissenschaftler, ein »Bimetallist«. Damals bestand für Gold und Silber die sogenannte Prägefreiheit. Das bedeutete: Jeder, der Gold und Silber zum Münzmeister brachte, hatte Anspruch darauf, daß man ihm daraus Münzen schlug. König Karl II. hatte eine neue Münze, die »guinea« geschaffen – der Name verewigt die Küste, aus deren Gold sie geprägt wurde –, und man handelte sie zunächst wie etwa heute Briefmarken. Bestandteil der Währung wurde sie erst 1717, als man ihren Wert auf 21 Schillinge festsetzte; diesen Wert hat sie, als Rechnungseinheit, heute noch, obwohl die Münze selbst längst aus dem Verkehr gezogen worden ist.

Dafür, daß dieser Zustand nicht von Dauer sein konnte, führt der Volkswirtschaftler zwei Gründe an. Zunächst: Silbermünzen wurden nur in kleinen Münzen geprägt, Goldmünzen als große Münzen. Bei Münzen gleichen Wertes waren die Prägekosten für Gold- und Silbermünzen aber unterschiedlich, so daß eine unterschiedliche Kostenbelastung zugunsten der Goldwährung entstand. Denn bei der wertvollen Goldmünze war der Kostenanteil im Verhältnis zum Wert niedriger als bei der billigeren Silbermünze. Zweitens: Silbergeld lief schneller um, nutzte sich schneller ab und verlor seinen »Stoffwert« schneller (Andreae). Um das aus den Fugen geratene Wertverhältnis zwischen beiden Münzarten zu regulieren, erließ man jenes Gesetz von 1774, mit dem bestimmt wurde, daß Silbermünzen nur noch bis zu 25 Pfund Sterling gesetzlich Zahlungskraft haben sollten. Wenn die Summe diese Grenze überstieg, durften sie nur noch nach ihrem Gewicht in Zahlung genommen werden – also gab es im Grunde keine Silberwährung mehr: Das Gold hatte gesiegt. Zugleich ergab sich für die Händler von Edelmetallen ein Geschäft: In dem Maße, in dem Ende des 18. Jahrhunderts sich das Silber entwertete, lohnte es sich, Silbermünzen prägen zu lassen – und das so entstandene Silbergeld drang in den englischen Geldkreislauf ein. Wiederum mußte die Regierung eingreifen und hob deshalb für das Silber das seit 1666 bestehende freie Prägerecht im Jahre 1798 auf.

Damit war nach Ansicht vieler Wirtschaftshistoriker die entscheidende Wendung zur Goldwährung getan, denn die Prägefreiheit ist das Kriterium für die Frage, ob es sich um eine Gold-, eine Silber- oder eine Doppelwährung handelt. Wenn in modernen Zeiten die Zentralnotenbank verpflichtet ist, Gold zu einem mit einer bestimmten Werteinheit festgelegten Preis zu kaufen und zu verkaufen, so bedeutet dies, daß jedermann für sein Notengeld Goldmünzen und umgekehrt für sein Gold Notengeld erhalten kann; praktisch läuft das auf eine Prägefreiheit hinaus.

England, das im 18. Jahrhundert noch kein Gläubigerland gewesen war, entwikkelte sich nach 1815 gegenüber dem durch Napoleon ausgeplünderten Kontinent und den im Aufbau befindlichen nord- und südamerikanischen Staaten zum Bankier der Welt – wobei es sich nicht so sehr um einen Handelskapitalismus als um einen »technisch-industriellen Anlagekapitalismus« (Treue) handelte.

So ist es dazu gekommen, daß fast alle wirtschaftlich bedeutenden Staaten der Erde, dem Beispiel Englands folgend, zum Goldstandard kamen, bis die Weltwirtschaftskrise von 1931 dieses System erschütterte und den Goldstandard ins Wanken brachte; die Geschichte dieser Entwicklung ist ein Teil der Geschichte der Weltwirtschaft im 19. und 20. Jahrhundert. Noch heute aber ist die »Goldillusion der Völker« stärker als jede Währungsvernunft.

Aufbruch
ins Unbekannte

Auslegerboote und Drachenschiffe

Man kann wochenlang über diesen Ozean fahren, ohne Land zu sehen oder Seevögel, die an der Küste brüten. Man sieht nur Wasser und Wolken. Wenn man mit allen Erdteilen, Europa, Amerika, Australien und Afrika, diesen Ozean zuzudecken versuchte, würde immer noch ein riesiges Meer übrigbleiben. Über diesen Ozean hingestreut sind viele hundert Inseln, so winzig, daß die Vorstellungskraft kaum ausreicht, um sich die wirklichen Dimensionen klarzumachen. Auf diesen Inseln lebt man so, als wäre das Land Bayern oder als wäre eine Stadt wie München vom Ozean umgeben bis nach Teneriffa, bis zur »Insel Leningrad« und bis Korsika und hinter diesen Inseln erstreckte sich der Pazifik weiter über viele Längengrade, ehe das Festland zu ahnen wäre. Man hat die Menschen, die auf den östlichsten Inseln leben, die Polynesier, die »Wikinger des Pazifik« genannt – ein schwacher Vergleich, denn die Fahrten der Wikinger sind, wenn man vom Vorstoß über Grönland nach Amerika absieht, geradezu Binnenschiffahrt gewesen.

Ob diese Inselgruppe zwischen Hawaii, Neuseeland und den Osterinseln – Neuseeland ist so groß wie Italien – von Südostasien oder von Südamerika aus besiedelt worden ist, soll hier nicht erörtert werden. Thor Heyerdahl plädiert bekanntlich für die Besiedlung von Südamerika aus, die meisten anderen Kenner der Materie sind, mit guten Gründen, gegenteiliger Ansicht. Ganz sicher ist dies: Die Menschen, die auf diesen Inseln leben, sind übers Meer gekommen, in der Dämmerung einer Frühgeschichte, die noch nicht enträtselt ist. Sie sind auf den Inseln seßhaft geworden mit Huhn und Schwein, Batate und Steinzeitwerkzeug, und sie sind mit dem Wasser vertraut wie kaum ein anderes Volk der Erde, Friesen, Basken und Iren eingeschlossen. Der Schiffsbau – es gab auf den verschiedenen Inseln verschiedene Typen, die hier nicht erörtert werden sollen – forderte von einem solchen Stamm eine gewaltige wirtschaftliche Kraftanstrengung, vor allem, wenn es sich um ein wirkliches hochseetüchtiges Boot handeln sollte, mit dem man wochenlang über den Pazifik segeln konnte. Aus Tahiti, der Trauminsel Europas, liegt ein Bericht über ein solches Vorhaben vor. Entschloß sich der Häuptling, ein Boot bauen zu lassen, mußte er zunächst das für diese Investition notwendige Kapital aufbringen, d. h., er ließ einen Vorrat von ausgezeichneten Speisen, von fein gearbeiteten Matten, von Baststoffen, den bekannten Tapas, und von kostbaren roten Federn anlegen, um die Handwerker bezahlen zu können, wenn es soweit war.

Die Bootsbauer, hochangesehene Handwerker, die z. B. auf der Insel Tonga sogar eine Art niederer Adelskaste bildeten, wurden um Mitarbeit gebeten und mit dem Auftrag vertraut gemacht. Es handelte sich um Männer, die mit Steinzeitbeilen, mit Muschelkanten, mit Haifischhaut oder dem Stachel des Rochen arbeiteten und einen Baum nur mit Feuer höhlen konnten – es gab keinen Nagel, keinen Kupferstift, keine Säge aus Metall, keinen Bohrer und an Seilen nur das, was im Wald aus Lianen und Bast herzustellen war. Umständlich suchte man einen geeigneten Baum aus, aber bevor man ans Werk ging, wurde das Werkzeug für eine Nacht im Heiligtum des Tane, des göttlichen Beschützers der Zimmerleute, »zur Ruhe gelegt«. In einem heiligen Hymnus heißt es: »Leg das Beil ins Heiligtum, daß es mit göttlicher Kraft erfüllt werden mag, daß es leicht bleiben mag in der Hand des Arbeiters und sein Werk unter fliegenden Funken vollbringen« (Birket-Smith).

Der Mensch braucht Gründe, um Feste zu feiern, und ein Fest feiern heißt bekanntlich überall auf der Welt sich den Bauch vollschlagen. Wer ein Boot bauen will, hat Gründe, ein Fest zu feiern. Man brät also im Erdofen ein Schwein, dessen Borsten und dessen Schwanz – die der Mensch nicht ißt – dem Tane geopfert werden. Beim Morgengrauen trägt man die Seile zum Meer und taucht sie, unter Gebeten an Tane, ins Wasser. Schließlich wird, unter strenger Beachtung uralter Regeln und unter Anrufung der Götter, der Baum gefällt und an den Strand geschleppt, aus dem das Boot hergestellt werden soll. Auf Polynesien gab es Doppelboote oder Auslegerfahrzeuge mit erhöhten Seiten. Man weiß übrigens nicht genau, wann und wie diese Bootstypen entstanden sind. Wahrscheinlich ist der Einbaumtyp, der an beiden Seiten von Auslegern getragen wird, der älteste Bootstyp. Häufig gab es auch Doppelboote, die durch eine Plattform verbunden waren und auf der bis zu 30 Krieger Platz fanden. Auf Neuguinea kamen vor allem die riesigen Einbäume vor, begünstigt durch den Waldreichtum der Insel. Wenn das Boot fertiggestellt war und vom Stapel gelassen werden sollte, versammelte sich das ganze Volk am Strand. Ein solches Boot war mehr als nur ein Gefährt, um übers Meer zu kommen, es verkörperte ein Stück Hoffnung, es hatte eine Individualität und war beseelt vom Mana (siehe Band »Magie · Mythos · Religion«).

Das Bewußtsein eines Volkes erkennt man an seiner Sprache. Wie die Araber vielerlei Wörter für ihre Pferde und deren Varietäten haben, so geben die Polynesier nicht nur dem Schiff einen Namen, wie dies seltsamerweise ja bei Schiffen auch im europäischen Kulturkreis geschieht, sondern sie benennen das Steuerruder mit einem eigenen Namen und auch das Schöpfgefäß; von diesen beiden Dingen konnte auf hoher See das Leben abhängen. Den Ozean betrachteten die Polynesier als Altar der Götter, so wird das neue Boot den Göttern geweiht, indem man es kippt, bis das Wasser eindringt. So tief ist diese Zeremonie im polynesischen Volk verankert, daß die mündliche Überlieferung der Seefahrten vergangener Geschlechter noch immer die Namen der Boote, die Namen der Steuerruder und Schöpfkellen wie Königsnamen nennt. Der Zweck des Bootes war es, »neue Inseln zu fischen«, nicht Handel zu treiben; das besorgten die Kanus in Küstennähe. Man nahm Lebensmittel an Bord, lebende Schweine und Hühner, richtete auf Deck eine Feuerstelle ein und brach gegen den Wind auf, um notfalls mit dem Wind zurückkehren zu können. Fahrten von drei bis vier Wochen Dauer waren möglich, man fuhr unter Segel – und auch das ist eine der kulturgeschichtlich offenen Fragen. Das Segel ist für die Menschheit eine so bedeutsame Erfindung gewesen wie das Rad und die Zähmung des Pferdes, denn es erschloß die Weltmeere, wie das Rad die Weite der Kontinente erschloß.

Im 4. Jahrtausend vor Christus sind Segel auf tönernen Vasen abgebildet, die aus der vordynastischen Zeit Ägyptens stammen. Eine ägyptische Erfindung also? Man weiß es nicht, man kann nur die Verbreitung des Segels an den Küsten entlang bis hinauf nach Skandinavien verfolgen, wo es seit der Wikingerzeit sicher bezeugt ist; auch nach Osten läßt sich der Weg des Segels verfolgen, bis nach Ozeanien, bis zur Ostküste Asiens und bis zu den Eskimos. Dann gibt es das Segel noch bei den Maya und bei den Peruanern – ohne daß man die kulturgeschichtlichen Verbindungen kennt.

Um sich in der Lage der Inseln zueinander und in den Strömungen zurechtzufinden, hatten die Mikronesier so etwas wie Gedächtnisstützen, nämlich Gitter aus Palmenstrippen, auf denen Schnecken die Inseln markierten. Wenn ein Mann mit seinem Boot von Hawaii aufbrach, um die nächste bewohnte Insel zu erreichen, hatte er eine Strecke Ozean vor sich, als wolle er von München aus auf dem Seeweg Archangelsk erreichen – und das heißt, er konnte nicht aufs Geratewohl fahren wie ein Mann, der sich an der Küste entlangtastet.

Vom 12.–14. Jahrhundert kam es, ähnlich wie bei den Wikingern, aus unbekannten Gründen zu den großen Entdeckungsfahrten der Polynesier, die schon erwähnt worden sind. Kaum auszudenken wäre es, hätte man von diesen Fahrten schriftliche Aufzeichnungen wie von den Ägyptern, Griechen oder Arabern. Jedes dieser Boote trug seine Mannschaft auf dem größten Ozean der Erde über viele tausend Kilometer – es hat in der menschlichen Geschichte kein Unternehmen gegeben, das waghalsiger und ungesicherter gewesen wäre als diese Landnahmen.

Auch als die Europäer kamen, hatten die Polynesier noch ihre imponierenden Flotten. So verzeichnet Johann Reinhold Forster, der Begleiter Cooks auf dessen Südseefahrt 1772–1775, auf der Reede vor Tahiti habe er in der Bucht eine Flotte von 159 großen Doppelbooten und etwa 70 kleineren Fahrzeugen gesehen. Nicht weniger einfach als die seetüchtigen Ausleger- und Doppelboote der Polynesier waren die Schiffe der Wikinger konstruiert, die zum Typ des Plankenbootes gehören. Der Nachteil des Auslegerbootes, das aus einem Stamm gearbeitet ist, besteht in seiner begrenzten Ladefähigkeit. Auch das Doppelboot kann nicht unbegrenzt vergrößert werden, um die Ladefläche zu erweitern. Nur das Plankenboot bietet die Möglichkeit, das Volumen fast unbegrenzt zu vergrößern, wenn man mit Holz und nicht mit Eisen baut. Auch die Ursprünge für das Plankenboot sind unklar. Wieder gibt es sehr frühe ägyptische Zeugnisse, aber auch sehr alte indische Flöße, die fast viereckig sind und eine Plankenbekleidung haben; sie überstehen auch die gewaltige Brandung des Indischen Ozeans.

Die Drachenschiffe der Wikinger fuhren unter Segel, konnten aber auch gegen den Wind gerudert werden. Von diesem Typ gibt es zwei Exemplare, das sogenannte Gokstad-Schiff in Oslo und das Oseberg-Schiff.

Ein drittes Schiff, eine von Norwegern nachgebaute sogenannte »Karve«, ein Küstensegler, steht heute in Chikago im Lincoln-Park. Es ist am 30.4.1893 zur Überquerung des Atlantiks aufgebrochen und hat am 27. 5. 1893 Neufundland erreicht.

Man kennt die geschwungene Form dieser Plankenboote, die am Bug den Drachenkopf trugen. Die Bootsbauer arbeiteten, wie bei allen Naturvölkern, nicht nach Zeichnungen; das Geheimnis dieser so unglaublich seetüchtigen Konstruktionen liegt in der Befestigung der Spanten und der Querverstrebungen, die nicht genutet, geleimt oder verklammert waren, sondern nur festgebunden: Auf diese Weise hatten sie Spiel wie die Bäume eines Floßes und konnten mit der See arbeiten. Ihre Fassungskraft war beachtlich, die Kampfschiffe zum Beispiel hatten eine

Länge von etwa 50 m und konnten über 100 Mann Besatzung aufnehmen. Der Schiffsbau war ähnlich organisiert wie bei den Friesen der Deichbau, d. h. in regionaler Verantwortlichkeit. Jeder Bezirk einer Hundertschaft war verpflichtet, ein kriegstüchtiges Boot zu unterhalten, »je nach Größe und Wohlstand mit 20, 25 oder 30 Ruderbänken« (Pörtner).

Auch größere Siedlungen, die nicht mehr im Rahmen einer Hundertschaft erfaßt waren, hatten diese Aufgabe zu übernehmen. Es gab Zimmerleute, die für die Grundkonstruktion aus Steven und Spanten verantwortlich waren, und andere, die für die Beplankung zu sorgen hatten. Die Drachenboote mußten aus Eichenholz gebaut sein, in Notfällen wurden auch Ahorn, Linde, Birke, Esche oder Espe verwendet, allerdings nur für die unwichtigeren Teile. Die Wikinger hatten ihren elegant gearbeiteten Schiffen gegenüber ähnliche Gefühle wie der Reiter gegenüber seinem Pferd; man sah sie als lebendige Wesen und gab ihnen Namen, die dem Schiff Heil und Kraft bringen sollten. Mit ihrem geringen Tiefgang und ihrem aufgebogenen Kiel konnten sie auf jedem Strand landen und auch auf flachen Flüssen weit ins Innere vordringen. Kein anderes Schiff konnte sich an Wendigkeit mit dem Drachenboot messen, das entweder vom Riemen vorwärtsgetrieben oder vom mächtigen Purpursegel über die Wellen getragen wurde. Das größte bekannte Schiff dieser Art, ein Königsschiff, hat rund 70 m Länge gehabt und Raum für über 100 Ruderer geboten. Die Forschung kennt eine ganze Reihe differenzierter Schiffstypen aus der Wikingerzeit, aber die Grundkonstruktion über dem Steven ist ihnen allen gemeinsam.

Dschunken und Galeeren

Chinesen kann man sich auf See nur schwer vorstellen, sie entsprechen so gar nicht dem Bild des Seemannes oder gar Seehelden, das die Phantasie des Europäers beflügelt, und doch hat China mit seiner langen Küste eine uralte Tradition der Seefahrt, leben Zehntausende von Menschen in Hausbooten auf großen Strömen, hat kaum ein Volk eine engere Verbindung zum Fischfang und zur Schiffahrt als der Chinese der Küste – schließlich ist Japan, eine Insel, von einer chinesischen Armada erobert worden. So hat auch die chinesische Handelsschiffahrt den Warenverkehr in Südostasien entscheidend geprägt. Die chinesische Dschunke, der beherrschende Bootstyp Ostasiens, hat sich im Laufe der Jahrhunderte aus dem Floß entwickelt, das aufgebordet und ringsum mit Planken versehen wurde. Man kann zuverlässigen Quellen entnehmen, daß diese Dschunken riesige Ausmaße annahmen und schließlich 1500 Menschen Platz boten. Sie waren so hoch, daß man nur mit einer 10 Fuß hohen Leiter an Bord gehen konnte. Auf dem Schiff gab es einen Bazar mit Lebensmittelkiosken, eine Schenke, eine Wäscherei und eine Barbierstube. Der Kapitän verfügte über Seekarten, Kompaß, astronomische Bestecke und Senklot. Das mächtige Schiff mit seinen rund 100 Kabinen wurde über ein Steuer dirigiert, das an einem Scharnier befestigt war wie heute bei einem Ruderboot. Taucher, meist indischer Herkunft, hielten sich bereit, um etwaige Lecks mit einem Kitt aus Sesam und Wachs abzudichten, und ein Taubenschlag ermöglichte dem Kapitän, sich zu vergewissern, wenn man sich in der Nähe einer Küste glaubte. Schon zur Zeit Marco Polos kannten die chinesischen Schiffsbauer das Schottensystem. Größere Schiffe besaßen dreizehn Schotten: »Das Wasser kann nicht von einer Abteilung in die andere dringen, so fest sind sie voneinander abgeschlossen.« Die Mannschaft betrug rund 200–300 Mann. Der Araber Ibn Batuta sagt: »Der Kapitän des Schiffes gleicht einem großen Emir; wenn er an Land geht, marschieren ihm die Bogenschützen und die Abessinier mit Speeren, Schwertern, Trommeln, Hörnern und Trompeten voran.«

So eindrucksvoll sind die Schiffe Europas aus jener Epoche nicht; die Koggen der Hanse umfassen zwar 300–600 t und tragen bis zu 250 Mann Besatzung, vor allem die Kriegskoggen der Nordsee, aber mit jenen mächtigen Dschunken können sie sich nicht messen. Wenige Jahrhunderte später sieht das Bild schon anders aus. Es würde zu weit führen, hier eine Geschichte des Schiffsbaues zu geben, die das Detail braucht, um Interesse zu wecken. Wichtig ist aber, welchen Rang der Schiffsbau inzwischen erreicht hat; es gibt da aus Venedig, der Königin der Meere, präzise Schilderungen, die für einen an moderne Fertigungsmethoden gewöhnten Menschen etwas Phantastisches haben. Das Kernstück des venezianischen Schiffs-baues war das Arsenal. Aus dem Jahre 1436 gibt es eine Beschreibung dieser riesi-gen Werft, die im Prinzip nicht anders gearbeitet hat als die amerikanischen Werf-ten des Zweiten Weltkrieges, auf denen die »Liberty-Schiffe« für die Geleitzüge nach Europa hergestellt wurden.

Von diesem Arsenal, einem umfangreichen Werftkomplex, heißt es: »Wenn man durch das Tor kommt, ist zur Rechten und zur Linken eine große Straße mit der See dazwischen, und auf einer Seite öffnen sich zur Straße Fenster in den Häu-sern, und ebenso auf der anderen Seite. Nun kam eine Galeere, von einem Boot gezogen, und aus den Fenstern reichten sie Material in die Galeere hinein, aus einem Tauwerk, aus einem anderen Brot, aus wieder einem anderen Waffen, und aus einem anderen Ballistas und Mörser, und so von allen Seiten, was nötig war. Und als die Galeere das Ende der Straße erreicht hatte, waren alle benötigten Män-ner an Bord, und sie waren von Anfang bis Ende ausgerüstet. Auf diese Weise ka-men zehn vollbewaffnete Galeeren zwischen der dritten und neunten Stunde her-aus. Ich weiß nicht, wie ich beschreiben soll, was ich dort sah, weder die Konstruktion der Anlage noch das Zusammenwirken der Arbeiter, aber ich glaube, es gibt nichts Besseres in der Welt.« Das Bautempo muß tatsächlich enorm gewe-sen sein, dem Anspruch Venedigs entsprechend, das seine Handelswege und Nie-derlassungen durch seine Seemacht in verlustreichen Kämpfen zu schützen hatte.

Während des Krieges gegen die Türken im Jahre 1570, als Zypern vom Gegner erobert wurde, hat man im Arsenal in hundert Tagen 100 Galeeren gebaut, um die Verluste auszugleichen und dem Feind gewachsen zu sein, dessen Sieg einer ganzen Bevölkerung die Sklaverei gebracht hätte. Die Seeschlacht bei Lepanto im Jahre 1571 endete bekanntlich mit dem Sieg der vereinigten italienischen und spa-nischen Flotte. Zypern wurde zwar an die Türkei abgetreten und Spanien gewann die Vorherrschaft im Mittelmeer, aber Venedig war gerettet. Wenige Jahre später hat König Heinrich III. von Frankreich das Arsenal besichtigt, den größten Rüstungsbetrieb der damaligen Zeit. Man zeigte ihm eine Galeere, die nur aus dem Kiel und den bloßen Spanten bestand. Der König ließ sich zu einem zwei Stunden dauernden Bankett nieder. Während dieser Zeit wurde der Bau der Galeere vollen-det, sie wurde vollständig ausgerüstet, bewaffnet und in der Gegenwart des Königs vom Stapel gelassen (Hart). Der Wasserarm, der sich durch das Arsenal zog, ist wahrscheinlich der Rio dell'Arsenale gewesen. Ganz in der Nähe lagen die alten

Kais, wo sich die Waren aus aller Herren Ländern stapelten und die Galeeren entladen wurden. Zwischen Indien und England, Ungarn und Spanien kreuzten sich die Handelswege in Venedig, und diese Handelsströme brachten jene Gewinne, die wiederum zur Erhaltung der Werften und Hafenanlagen nötig waren.

Ein Wort noch über Stapellauf und Schiffstaufe: Man kann davon ausgehen, daß die Galeeren wie Waffen von der Geistlichkeit gesegnet worden sind. Natürlich war jedermann überzeugt, hier handele es sich um einen Vorgang, welcher der Taufe eines Menschenkindes vergleichbar sei. In Wirklichkeit hat das Christentum die sehr viel älteren Opferungen umgeformt. Ursprünglich hat man die Götter durch Opfer gnädig gestimmt; man befestigte ihr Bild am Bug, es ist der Vorläufer der Galionsfigur. Der Priester der Antike, mit einem Ei, Bimsstein und einer brennenden Fackel ausgerüstet, goß Wein und Öl auf den Altar jener Göttin, welcher das Schiff geweiht war. Diesem antiken Brauch entsprach der Opferbrauch der Wikinger, aber auch der Polynesier. Beide Völker, deren Leben von den Mächten des Ozeans so abhängig war, benötigten zum Schutz der Schiffe alle Macht, die sie nur erlangen konnten – und nur Menschenopfer schufen für den Gott jene Verpflichtung, die ihn zwang, in Gefahren einzugreifen. So band man Sklaven an die Walzen, auf denen das Schiff in die See gelassen wurde; das Blut der Opfer bewirkte die magische Verbundenheit zwischen den Göttern und dem Schiff. Es scheint, daß noch ein Rest jener uralten Ängste und Hoffnungen vorhanden ist, wenn die Sektflasche, von der Hand einer Frau geschleudert, am Bug eines Schiffes zerschellt und das Monstrum aus Stahl seinen Namen bekommt, als lebe im Menschen noch immer ein dunkler Glaube an die Wesenhaftigkeit des Schiffes.

Doppelboot mit Segel *von den Hawaii-Inseln. Die Südsee-Insulaner verstanden es, mit den primitivsten Mitteln äußerst wendige und schnelle Boote zu bauen. Stich von Ch. Grignion aus James Cook »A Voyage to the Pacific Ocean . . .«, London 1784. Österreichische Nationalbibliothek, Bildarchiv, Wien*

Fuhrleute unterwegs

Zermahlen von den klobigen Rädern der Fuhrwerke, von Hufen zerstampft, führte die Straße in leichten Biegungen durch das dichte Unterholz, verzweigte sich an einer knorrigen Eiche, ging durch einen Hohlweg hinab zum Fluß und tauchte auf der anderen Seite der Furt wieder auf. Drüben auf der Anhöhe gab es einen breiten Gasthof »Zum Fährwirt«, dort bekam man die Vorspannpferde, die eine Fuhre nach der anderen den steilen Weg hinaufschleppten. Mit einem leichten Kahn wurden Standespersonen übergesetzt, die Karren selbst mußten auf eigenen Rädern durch die flache Strömung fahren. Weiter führte die Straße, weitab von menschlichen Siedlungen, und weiter quälten sich die Fuhrleute mit ihrer schweren Fracht.

Früher hatte man die Karren von Ochsen ziehen lassen müssen. Sie waren in ein Joch gespannt, das auf dem Hals vor dem Ochsenbuckel aufsaß; unten wurde es durch ein leichtes Kummet gehalten. Man hatte schon in der Antike versucht, das Pferd in das gleiche Gespann zu schirren, aber das drückte dem Gaul, weil er den Kopf beim Laufen den erhoben trägt, die Luft ab. Erst als im Westen durch die mongolischen Steppenreiter das chinesische Zaumzeug mit dem Brustblatt bekannt wurde, lernte man, Pferde besser zu zäumen. In spätrömischer Zeit hieß dieses Lederzeug »Postillon-Geschirr«. Schließlich erfand man um das Jahr 1000 das spitze, innen gepolsterte Kummet aus Holz, wie man es heute noch an Brauereipferden sieht. Auf dem berühmten »Teppich von Bayeux«, diesem farbigen Bilderbuch der Geschichte der Eroberung Englands durch Wilhelm den Eroberer im Jahre 1066, sind pflügende Bauern dargestellt. Diese Pferde tragen Kummetgeschirr. Mit dem Kummet vervierfachte sich die Last, die ein Pferd ziehen konnte, und der Ochse wurde als Zugtier vom Pferd abgelöst. Nun erst war der Vorspann möglich, wobei ein Pferd hinter das andere gespannt wurde, später gab es dann auch paarweise Gespanne und die Anschirrung im Viererzug.

Die Fernfahrer des Mittelalters, wetterfeste Männer, die jeden Hohlweg, jede Furt, jede Poststation des langen Weges im Kopf haben mußten, regierten vierspännige Wagen; die kleinen Fuhren, für die man nur zwei Pferde brauchte, überließen sie den Hauderern. An steilen Wegstellen, wie dort an der Furt, kamen bis zu zwölf Pferde Vorspann dazu, die mit Peitschenknall und Geschrei dirigiert werden mußten. Die noch in den Alpenländern verbreitete Kunst des Peitschenknallens gehörte damals zum Handwerk, denn die Pferde zu schlagen ging gegen die Berufsehre eines zünftigen Fuhrmanns. Ärger gab es auf einem solchen Treck genug. Allein die Vorspannpferde der Poststation boten immer neuen Konfliktstoff, denn die besten Tiere wurden von den Kutschern der Standespersonen beansprucht oder waren im voraus von Kurieren bestellt, die weiß Gott was für unwichtige Nachrichten von Residenz zu Residenz zu übermitteln hatten. Der Fuhrmann mußte sich also durchsetzen können, und das gegen einen Haufen anderer Kerle, die es nicht weniger eilig hatten als er selbst. So notierte ein nach Venedig reisender Markgraf in seinem Tagebuch: »Die Postknecht sind im Einspannen der Pferde halber mit Schlägen bis aufs Blut zusammengeraten; und hernach auch der Postmeister selbst, welchem immer der Bacchus im Kopf und Magen steckt, daß es demnach ein ärgerliches Geprügel zu unserer Herzenslust abgab.«

Die Straßen waren in ganz Europa in einem miserablen Zustand, seit die alten

Römerstraßen verfallen und unter dem Schlamm begraben waren. In Frankreich hatte man schon im 16. Jahrhundert mit dem Bau von Kunststraßen, also mit Steinen gepflasterten Fernstraßen, begonnen. Die erste Chaussee in Deutschland entstand 1737 im Schwäbischen Kreis – bis zu diesem Zeitpunkt war jede Straße ein ausgefahrener Weg, gehörte das »Umwerfen« der Fuhre oder auch der Postkutsche zur Tagesordnung, und es dauerte noch gut ein Jahrhundert, bis mit dem Eisenbahnverkehr auch der Straßenverkehr seine Schrecken verlor. Aber selbst auf den Karrenwegen des Mittelalters, die man Straßen nannte, gab es so etwas wie eine Verkehrsregelung: Wenn sich zwei Fuhrwerke begegneten, mußte ausweichen, wer bergauf fuhr, denn das den Hang herabrasselnde Gefährt konnte nicht bremsen. Auch befanden die mittelalterlichen Gesetzbücher, der leichtere Wagen müsse dem schwereren ausweichen – es scheint notwendig gewesen zu sein, derlei festzulegen, denn auf der Straße, weitab von der Obrigkeit, kam es immer wieder zu Prügeleien und Messerstechereien.

Daß außer dem Pilger jedermann bewaffnet war, versteht sich, und an einigen Stellen bezeugen heute noch uralte Kreuze, daß dort auf der Straße ein Mensch zu Tode gekommen ist – gemessen am Fortschritt der Technik und der Häufigkeit des heutigen Verkehrstodes freilich eine eher rührende Reminiszenz. Im Mittelalter zog über die Landstraßen nur, wer eine Reise unbedingt tun mußte oder wer nichts zu verlieren hatte. Wer Pilgerschaft gelobt hatte, setzte sich nicht nur den Strapazen einer langen Reise aus, sondern wirklicher Gefahr, und jeder Abschied vor einer Reise war wie ein Abschied fürs Leben, denn jeder, der ein paar Taler im Beutel trug, lockte Gesindel an. Deshalb schrieb schon der römische Dichter Ovid: »Wer auf Reisen nichts bei sich hat, reist am sichersten.« Noch im 16. Jahrhundert, also nach einenhalb Jahrtausenden, heißt es: »Wer barfuß reist, reist unbequem, aber sicher.« Fahrendes Volk, Kuriere und Gesandte, der Junker auf der Bildungsreise und der Agent des Handelsherrn begegneten einander auf der Landstraße, die von Wegelagerern belauert wurde. Im Märchen spiegelt sich die versunkene Welt der Gefahr, der Räuberbanden, die im finsteren Forst hausen – wer den Wald hinter sich hatte oder den Hohlweg, machte drei Kreuze. Überhaupt wurde jede Reise unter Gottes Schutz gestellt, so hatte auch der Fuhrmann Frömmigkeit nötig, um die Fahrt zu wagen.

Wer unter diesen Umständen Fernhandel treiben und sein Leben riskieren wollte, mußte starke Nerven haben. Damals unterhielt ein Handelsherr auch eigene Botendienste, um überhaupt auf dem laufenden zu sein, ebenso wie die Herren und Fürsten. So sah man auf den Landstraßen des Mittelalters die sogenannten städtischen »Kammerboten«, wie sie 1358 in Nordhausen und 1370 in Augsburg genannt werden. Ein solcher führte eine Lanze als Botenstab; er trug keine Uniform – die Uniformierung kam erst später auf (siehe Band »Kleidung · Mode · Schmuck«) –, aber das Wappen seines Herrn auf der Botentasche. Aus diesen Botendiensten, die später mit reitenden Kurieren erweitert wurden, hat sich allmählich so etwas wie ein Postdienst entwickelt. Der erste »Postbote« wird 1491 in Tirol genannt; er hatte bereits eine feste Route, Relaisstationen und frische Pferde.

Anfang des 15. Jahrhunderts hatte man in Frankreich für den König bereits regelrechte Stafettendienste eingerichtet, und als im Jahre 1522 gegen die Türken mobil gemacht wurde, richtete man einen solchen Dienst auch in deutschen Landen ein (Schadendorf). So wurde der Kaufmann aus seiner Rolle als Übermittler der neuesten »Zeitung«, also aktueller Nachrichten, langsam verdrängt. Auch ging der Fernkaufmann selbst nicht mehr auf die Straße, sondern ließ Geleitzüge zusammenstellen, die von Knechten bewacht mit ihrer Fracht durchs Land rollten. In dieser Zeit wurde das Fuhrwesen ein zünftiger Beruf, der in Fuhrmannsgilden organisiert war. Übrigens gab es gelegentlich für die Karren bestimmte Vorschriften. So galt im Alpenland die Norm, daß ein Karren fünf Tonnen müsse tragen können; die Räder mußten 15 Zentimeter breit sein. Nur so war Gewähr gegeben, daß die Fuhren überhaupt über die Alpenpässe kamen. Jene Barriere aus Fels, Eis Geröll und Schluchten bot dem Handel ein so unerträgliches Hindernis, daß sich schon im Jahre 1358 die Kaufleute aus Nürnberg zusammentaten, um den Alpenweg über den Brenner ausbauen zu lassen, ein sonst kaum gekannter Vorgang.

In den anderen Ländern gab es, was die Wagen anging, keine Auflagen. Radbruch und Achsenbruch kamen alle Tage vor, oft genug lagen die Fuhren fest. Vor allem im Winter, wenn weit und breit keine menschliche Seele zu sehen war, konnte ein Radbruch ein übles Abenteuer sein. So schreibt ein fürstlicher Reisender: »Früh um vier Uhr war unser Weg immer einen schlimmen und bösen Berg hinab, der etliche Stunden dauerte. Hernach leitete die Poststraße in einer Ebene auf Hannover zu, da wir aber bald eine von unseren Achsen, die vom starken Fahren brennend geworden waren, mit Wasser löschen mußten.« Zehn Tage später, so heißt es in diesem Reisebericht, ist »die des öfteren vom starken Fahren brennend gewordene Achse gar abgebrochen«. Unter solchen Umständen konnte niemand ein großes, kaufmännisches Unternehmen leiten, der nicht selbst mit den Fuhrleuten über die Landstraßen gezogen war und mit den Händlern in Genua oder Venedig, Antwerpen oder Breslau an einem Tisch gesessen hatte.

Die jungen Kaufleute wurden deshalb zur Ausbildung in die Faktoreien Europas geschickt, oft zu befreundeten Handelshäusern, wie dies noch heute geschieht. Eine solche Reise wurde gründlich vorbereitet. Aus den Rechnungsbelegen der Familie Behaim kennt man die Details. Wichtigstes Stück der standesgemäßen Ausrüstung waren die Empfehlungsschreiben, »fuderprieff« genannt, und der sogenannte Wetzger. Das war eine Ledertasche, schön verziert und mit einem Lederband verschnürt, die alle Papiere aufnahm und ringsum, für die verschiedenen Münzsorten, mit kleinen Täschchen besetzt war. Alles übrige Gepäck kam in den »Mantelsack«, bekannt auch als »velisen«, woraus das Felleisen geworden ist. Das Felleisen, eine einfache, längliche Ledertasche, wurde mit einem Eisenstab verschlossen und kam hinten auf die Kruppe des Pferdes. Bibel und Meßbuch, Kompaß und Sonnenuhr vervollständigten die Ausrüstung. Die Sonnenuhren waren übrigens auf die großen Handelsplätze wie Nürnberg oder Köln berechnet. Unerläßlich war auch eine »Itinerarrolle«, also Wegestreifen aus Pergament, auf denen die einzelnen Stationen der Reise und die Entfernungen verzeichnet waren. Später kamen dann die Wegekarten in Gebrauch. Selbstverständlich benötigte der Reisende Proviant und Wäsche, Geschirr und Waffen; Schuhe ließ man richten, wenn man unterwegs in eine Stadt kam. Falls ein Herr von Stand sich auf Reisen größere Bequemlichkeiten verschaffen wollte, kostete das nicht wenig.

Ein Musterbeispiel aufwendiger Repräsentation auf Reisen ist die Karawane des Reichsvizekanzlers Franz Karl von Schönborn, der 1742 zur Kaiserkrönung von Würzburg nach Frankfurt reiste. In seinem Gefolge befanden sich, laut Akte,

Tapezierer, Küchenpförtner, Gewölbeknechte, Silberputzmädchen, Zinnweiber, Barbiergesellen, der Reisemundschenk, die Bettmägde, Mundknechte, Oberklepperknechte, Fouriere, Trompeter, Heiducken und Läufer – aber damit ist die Liste durchaus noch nicht erschöpft. Es folgen Kapellendiener und Perückenmacher, Husarenwachtmeister und Kavaliersköche, Bratenwender und Reisebegleiter, wer immer das gewesen sein mag – ein ganzer Heerbann, der freilich dem außerordentlichen Zweck entsprach. Man speiste häufig im Freien, also führten die Herren, etwa die bayerischen Herzöge, die sogenannten »Reisekeller« mit. Diese bestanden aus mächtigen Weinflaschen, in deren Bauch auch der Becher untergebracht war. Später kamen dann regelrechte Reisekoffer auf, kostbar gearbeitete Lederkoffer mit dem ganzen Tafelservice, vom Besteck bis zum Leuchter.

Für die Damen gab es im 18. Jahrhundert regelrechte Necessaire-Köfferchen mit allem, was zur Schönheitspflege notwendig war. Alle diese Leute, beritten oder im Wagen fahrend, zogen überaus gemächlich über die schweren Wege und Straßen, und Seine Erzbischöfliche Hoheit, der Reichsvizekanzler Franz Karl von Schönborn, wurde genauso durchgeschüttelt wie seine Begleitung. Für Straßenbau gab die Geistlichkeit denn auch hohen Ablaß, aber das nützte alles nichts. Noch um die Mitte des 19. Jahrhunderts sind Pferdefuhrwerke mit Vorspann über die Straßen gezogen, und erst die moderne Technik hat die neuen Formen der Straßenfolter entstehen lassen.

Besuch im Kontor

Das wichtigste Möbelstück des mitteralterlichen Kaufmanns war der Zähltisch, denn auf dem wurden die Münzen der verschiedenen Währungen ausgezahlt oder getauscht. Auch der Geldwechsler besaß einen solchen »contoro« – das Wort ist italienischen Ursprungs – und erst im Laufe der Zeit wurde daraus das Kontor des Kaufmannes, in dem Soll und Haben errechnet und die Dispositionen für die Handelsgeschäfte getroffen wurden. Beim Geldwechsler stehen die Münzen korbweise in den Regalen, und die Waage ist für den Mann hinter dem Tisch ein unentbehrliches Requisit. Unmöglich scheint es, die Fülle der Währungen aufzuzählen, mit denen ein Händler der damaligen Zeit – etwa in Augsburg oder Brügge, Venedig oder Mailand – zu rechnen hatte, denn jeder Landesherr hatte das Recht, eigene Münzen zu prägen. Auch der Geldwechsler hat diesem Versuch oft nicht widerstehen können, denn es genügten Edelmetall und ein Prägestock, um blanke Taler zu machen. Freilich war die Strafe hart, wenn der Fälscher gefaßt wurde, verlor er das Leben oder auch eine Hand, hatte mit einem Bettlerdasein im Staub der Landstraße zu rechnen. Aus dem Zähltisch, der vor der Sitzbank stand, ist bald der Tresen geworden, die Theke, wie man sie heute noch im Laden hat. Mit der Zeit werden die Geschäfte und die Buchführung anspruchsvoller; also stellt man einen Gehilfen ein, der trägt ins Hauptbuch des Kaufmannes die laufenden Geldgeschäfte ein.

Wo viel Geld läuft, bleibt viel Geld hängen; viele große Vermögen sind zunächst in Wechselstuben gemacht worden; noch der erste Rothschild in Frankfurt hat als Geldwechsler angefangen. Schreiben und lesen konnte der Kaufmann im Mittelalter nicht, und auch mit seinen Rechenkünsten war es oft schwach bestellt. Man weiß: Ursprünglich ist, wie im alten Rom, mit dem Abacus gerechnet worden. Erst im Laufe des 12. Jahrhunderts kam, über den Islam, das Rechnen mit indischen Ziffern auf (siehe Band »Schrift · Buch · Wissenschaft«). Man hatte in der Schreibstube des Kaufmannes aber noch immer den Abacus, also das Rechenbrett, wie es heute noch im Osten gebräuchlich ist und bis vor kurzem in den Volksschulen verwandt wurde. Man ging bald dazu über, die Linien des Abacus, also die dezimalen Linien, auf den Tisch einzuritzen; so entstand der Rechentisch, auf dem die Geschäfte zugleich gerechnet und abgewickelt wurden. Das Rechnen geschah mit kleinen Steinen wie beim Brettspiel. Mit den arabischen Ziffern lernte man es, schriftlich auf dem Papier zu rechnen, aber noch bis ins 18. Jahrhundert, die Zeit Voltaires und Friedrichs des Großen, ist der Abacus in den Kontoren in Benutzung gewesen.

Das Rechnen ist also ein mühsames Geschäft gewesen und hat gleichsam eine Art Spezialausbildung gefordert wie heute die elektronische Datenverarbeitung. Reiche Kaufleute schickten ihr Söhne zum Studium nach Oberitalien, dem Zentrum des europäischen Geldverkehrs. Es gab aber auch Rechenschulen, in denen man den Umgang mit den neuen arabischen Zahlen lernen konnte. In einer Handelsstadt wie Nürnberg gab es im Jahre 1613 nicht weniger als 50 solcher Rechenschulen, so groß war der Bedarf an Menschen, die das Einmaleins beherrschten. Auch Bücher erschienen über diese Kunst. Das älteste erhaltene Rechenbuch aus dem Jahre 1478 beginnt mit dem Satz: »Hier beginnt ein sehr guter und nützlicher Lehrgang für jeden, der die Kunst der Kaufmannschaft, die gewöhnlich Kunst des abacus genannt wird, treiben will.« Noch heute nennt man, wenn man seinem Gesprächspartner Unwiderleglichkeit der eigenen rechnerischen Argumentation klarmachen will, als Kronzeugen den bekanntesten deutschen Rechenmeister Adam Riese (1492–1559), der mehrere solcher Rechenbücher verfaßt hat. Der Titel seines ersten, 1518 erschienenen Werkes lautet: »Rechnung auf Linien und Federn, auff allerley handtirung gemacht, durch Adam Riesen.« Seine Werke haben insgesamt 100 Auflagen erreicht und sind, weil sie in deutscher Sprache leicht faßlich die wichtigsten Kenntnisse vermittelten, überall populär gewesen, wo man Deutsch sprach.

Man unterscheidet zu Beginn der Neuzeit, also etwa nach der Eroberung Amerikas, verschiedene Klassen von Kaufleuten. Da gibt es zunächst den Hausierer, der von Dorf zu Dorf wandernd seine Ware feilhält. Dann gibt es den zünftigen Kaufmann, der in Gilden oder Genossenschaften organisiert ist und während der Messen seine Ware in einer Bude oder an einem Stand anbietet. Diese Leute handeln mit Gewürzen und Schmuck, Pelzwerk und Tuchen, sie organisieren gelegentlich auch die Produktion, wie bereits in dem Kapitel über das Handwerk beschrieben, und spielen in ihren Heimatstädten eine nicht unbedeutende politische Rolle. Die ersten Läden sind im Haus des Kaufmannes, in der Wohnstube, eingerichtet. Man legt die Ware auf Tischen aus, etwa die Edelsteine aus dem Orient, die Juwelierarbeiten, die Gläser, und wickelt die Geschäfte selbst ab. Aber es gibt auch schon damals den Laden mit Theke und Regal, wo Gehilfen die Ware bringen und vorführen, ein Schreiber die Geschäfte notiert und der Kaufmann selbst sich dem Käufer widmet.

Große Häuser hatten auf der Straßenseite die bekannten Säulenhallen, auch Lauben oder Gewölbe genannt; sie waren für Ladengeschäfte besonders geeignet.

Es gibt einen Holzschnitt aus dem Jahre 1531, der Ciceros neu aufgelegter Schrift »Über die Berufe« beigegeben ist. Man erkennt Töpfe, Tuche, Gürtel und Vasen, und ein Kunde, der in einem langen Mantel mit Pelzbesatz vor der Theke steht, scheint sich für einen Harnisch zu interessieren; offenbar konnte man damals ganze Ritterrüstungen von der Stange kaufen. Größere Lagerräume und mehr Personal benötigte der Großkaufmann, der meist zum städtischen Patriziat gehörte und im europäischen Handelsraum weitgespannte Handelsgeschäfte betrieb. Das geräumige Haus eines solchen Mannes mit stolzem Giebel und prächtiger Straßenfront umfaßt die Wohnräume, die Kammern für das Gesinde, den Hof und die Ställe. Im Kellergewölbe oder in der Vorhalle wurden die Waren gelagert. Knechte verschnüren im Hof die großen Warenballen, die bald in Planwagen auf die große Reise zum Hafen gehen werden. Der Kaufmann selbst sitzt im Gewölbe am Tisch, auf dem die Zähllinien eingeritzt sind, vor sich das schwere Hauptbuch und neben sich die eisenbeschlagene Kassette, in der Geld und Geschäftsunterlagen aufbewahrt werden. Im Haus selbst kann man solche Dinge nicht sicher verwahren, denn allzu groß ist in diesen Zeiten die Brandgefahr; man muß solche wichtigen Dinge griffbereit haben wie einen Luftschutzkoffer.

Kein Zweifel, der Kaufmann war ein im besten Falle geachteter, vielleicht gelegentlich gefürchteter Mann, aber selten beliebt. So sagt Erasmus von Rotterdam: »Die Kaufleute sind die törichtste und schmutzigste Menschenklasse; sie treiben das verächtlichste aller Gewerbe und noch dazu auf die niederträchtigste Weise von der Welt; ob sie schon lügen, falsch schwören, stehlen, betrügen und beständig andere zu beluchsen suchen, so wollen sie doch überall die ersten sein, was ihnen durch ihr Geld gelingt.« Sein Zeitgenosse Geiler von Kaysersberg (1445–1510), der Domprediger zu Straßburg, findet noch schärfere Worte: »Sie ziehen nit allein den gar entbehrlichen Plunder an fremden Waren, sondern auch, was zum Leben not, als Korn, Fleisch, Wein und sonstiges in ihr Monopolium und schrauben die Preise nach ihrer Geldgier und Geizigkeit und nähren sich mit der sauren Arbeit der Armen.« Andere urteilen weniger hart, so der Humanist Trithemius: »Ein ehrbarer Kaufmann, der nicht auf bloßen Gelderwerb ausgeht und im Handel und Wandel sich nach göttlichen und menschlichen Gesetzen richtet und den Bedürftigen gern gibt von seinem Vermögen und Gewinn, verdient dieselbe Achtung wie irgendein anderer Arbeiter. Aber es ist keine leichte Aufgabe, in den Kaufmannsgeschäften immer ehrlich zu sein und bei dem Erwerb nicht der Habsucht zu frönen. Ohne Handel können die Gemeinwesen nicht bestehen, aber übermäßiger Handel ist denselben eher schädlich als nützlich, weil er Geldgier und Gewinnsucht erzeugt und durch Genußsucht das Volk verweichlicht und entnervt.«

Im 17. Jahrhundert kommt mit Johann Michael Moscherosch, der sich Philander von Sittewald nannte, noch einmal ein scharfer Ton auf: »Die Reiter sind geringere Räuber denn die Kaufleute, sintemal die Kaufleute täglich die ganze Welt berauben, wo ein Reiter im Jahr nur einmal einen oder zwei beraubet.« Im 18. Jahrhundert ändert sich das Bild vollständig. Aus welchen Gründen, läßt sich an Quellen ablesen, die den Kaufmann rühmen, weil er dem Fürsten Geld verschaffe. So heißt es in der Leipziger Wochenschrift »Der Biedermann«, deren Titel durchaus nicht ironisch gemeint ist, im Jahre 1728: »Der Leipziger Handel ist eine Quelle vieler Glückseligkeit, die sich durch das ganze Land ergießet, obgleich die Kanäle, dadurch solches geschieht, so sichtbar nicht sind. Alle Bürger genießen das Gute, so daher entstehet. Der Adel selbst zieht unzählige Vorteile davon, und die Kammer unseres allergnädigsten Landesherrn hat stattliche Einkünfte daraus zu heben, die ihn zu einem der größten, reichsten und mächtigsten Häupter von ganz Deutschland machen.« Und der »Patriot« aus Hamburg schreibt: »Sie sind der Grundpfeiler der gemeinen Wohlfahrt und helfen selbige unter göttlicher Obhut in derjenigen Größe zu unterhalten, dazu sie von ihnen selbst mit erhoben wurde.« So haben sich die Zeiten geändert, seit Jesus die Geldwechsler von dem Ort vertrieb, an dem sie von alters her ihre Geschäfte tätigten, und seit Wucher dem Christen verboten war. Man bejaht den, dem Geschäfte zu Wohlstand und Ansehen verhelfen, weil man glaubt, daß seine Geschäfte, wenn sie erfolgreich sind, unter besonderer göttlicher Obhut stehen.

Die Schiffe der Entdecker

Die Santa Maria des Christoph Kolumbus machte während der Überfahrt zu den Bahamas etwas mehr als elf Knoten, das sind elf Seemeilen in der Stunde; eine Seemeile beträgt 1,852 Kilometer. Das Schiff faßte eine Ladung von ca. 120–130 Tonnen, führte große Vorräte an Lebensmitteln und Trinkwasser an Bord, denn die rund 90 Mann Besatzung wollten versorgt sein. Bewaffnet war das Schiff mit groben Schießpulvergeschützen. Auf die dreieckigen Segel war das Kreuz gemalt, damit man es auf See von den Schiffen der Ungläubigen unterscheiden konnte. Die Standarte von Kastilien wehte am Großtopp, der obersten Mastspitze, und am Vortopp die Flagge des Admirals. Über die Inneneinrichtung solcher Schiffe weiß man nicht viel. Die Kajüten, Kammern und Laderäume werden den Zwecken entsprochen haben. Der Kapitän besaß die Seekarten des Italieners Toscanelli, vermutlich auch den »Erdapfel« des deutschen Geographen Martin Behaim. Das Original eines solchen Globus, das in Nürnberg im Germanischen National-Museum aufbewahrt wird, hat einen Durchmesser von 280 mm.

Mit einem Astrolabium, einem »Sternennehmer«, also einem optischen Gerät zum Anvisieren der Sterne, konnte man die geographische Länge bestimmen, Sternkonjunktionen vorausberechnen und Mond- und Sonnenfinsternisse voraussehen. Auf seiner vierten Reise hat Kolumbus jenen alten Trick der Antike angewendet, der schon Thales von Milet am 28. 5. 585 während einer Schlacht im Hochland der heutigen Türkei großes Ansehen verschafft hat. Auch Kolumbus sagte eine Sonnenfinsternis voraus, deutete sie den entsetzten Indios allerdings als Zeichen göttlichen Zornes. Als Unterlage für seine Berechnungen benutzte Kolumbus die »Ephemeriden« des Regiomontanus, des bekannten Königsberger Astronomen (siehe Band »Schrift · Buch · Wissenschaft«). Mit den Handelsdschunken der Chinesen oder der Inder konnte sich dieses Schiff an Luxus nicht messen; nur auf dem technischen und wissenschaftlichen Gebiet war die Ausrüstung des Europäers besser. Nicht größer waren die fünf Schiffe, mit denen der portugiesische Edelmann Fernao de Magalhaes (1480–1521) den westlichen Seeweg nach Indien suchte. Man kennt den Verlauf dieses Abenteuers, bei dem Hunger und Skorbut die unerträglichen Strapazen steigerten und die Besatzung schließlich von den Masten die salzverkrusteten Lederbeschläge ablöste, um den Hunger zu stillen, nachdem die letzte Schiffsratte erlegt war. Der Portugiese ist bekanntlich auf den Philippinen von Eingeborenen umgebracht worden; die beiden letzten Schiffe führte ein Baske namens Elcano in die Heimat zurück.

Als die seefahrenden Spanier feststellten, daß ihre Kalenderzählung der Zeit offenbar um einen Tag voraus war, wurden sie von namenlosem Schrecken erfaßt: Sie hatten die Marientage falsch gefeiert und an Fastentagen Fleisch gegessen, kein Wunder, daß Gott sie so schrecklich geprüft und bestraft hatte. Der Venezianer Contarini, Gesandter am Hofe Karls V. von Habsburg, an den die Streitfrage nach dem verlorenen Tag herangetragen wurde, hat die wahren Zusammenhänge erkannt. Er meinte, daß die »Viktoria«, mit der Sonne um die Erde sich bewegend, einen Tagesabschnitt habe versäumen müssen und umgekehrt einen gewinnen würde, segelte sie in der Richtung »von West nach Ost um die Welt«. Dieser scharfsinnige Mann hat die Folgen dessen, was er als Zeitgenosse miterlebte, klar erkannt. Über die Konsequenzen, die sich aus dem Fortschritt des Schiffsbaues und den Erkenntnissen der Entdecker ergaben, schreibt er, sie »führten die Ausbreitung des Christentums und der christlichen Kultur über die ganze Erde herbei, gäben dem Handel und der Industrie Aufschwung durch Verwertung überseeischer Produkte, verursachten aber ein Sinken des Geldwertes durch Einfuhr von Gold und Silber, böten einen neuen Beweis für die Kugelgestalt der Erde und würden in Zukunft den deutschen Handel über Venedig und die Levante nach Indien vernichten, wodurch sich der Ausspruch des Kolumbus bewahrheite, daß durch die Entdeckung neuer Erdteile auch die alte Welt wieder neu werde«.

Der Fortschritt dieser Epoche im Schiffsbau besteht, kurz gesagt, darin, daß zwei Schiffstypen miteinander verbunden wurden, nachdem sich die Händler von Nordeuropa und von Südeuropa in den Häfen begegnet waren. Im Süden fuhr man seit den Tagen der Araber im 8. Jahrhundert unter dem sogenannten Lateinersegel, das an einer langen Segelstange befestigt ist, wie man das heute vom Sportboot kennt. Je größer die Segelfläche wurde, desto schwerer war die Segelstange zu handhaben. Also verteilte man die Segel auf mehrere Masten. Gegen Ende des 15. Jahrhunderts fuhr man im Mittelmeer ganz allgemein mit solchen Schiffen, den sogenannten Barken, arabisch Karavellen, die mehrere Masten besaßen, aber keine größeren Tonnagen, weil die Segelstangen um so schwerer zu bedienen sind, je großflächiger das Segel war. Auf den nördlichen Küstengewässern des Atlantiks und der Nordsee fuhr man seit Urzeiten einen anderen Schiffstyp, dessen Segel sich auch bei den Wikingern findet. Es ist das viereckige sogenannte Rahsegel, das einem Schiff bei günstigem Wind gute Fahrt gibt. Auch zur Zeit der Hanse fuhr man noch unter Rahsegel. Der gebräuchlichste Schiffstyp war die Kogge, ein einmastiges Schiff mit mächtigem Rahsegel, das in Klinkerbauweise hergestellt war wie die Drachenschiffe der Wikinger. Man versteht darunter eine Bauweise, bei der jeweils die höher liegende Planke die tiefere überlappt. Im Mittelmeer sind die Schiffe seit frühesten Zeiten »kraweelgebaut«, d. h., die einzelnen Planken stoßen aneinander und ergeben einen glatten Schiffsrumpf, der dem Wasser geringeren Widerstand bietet. Bei schwerer See ist die Klinkerbauweise stabiler.

Reisende unterwegs. *Wer damals eine Reise unternehmen wollte, mußte sich der öffentlichen Postkutschen bedienen, sofern er nicht über einen eigenen Reisewagen verfügte. Gemälde von Gillis Neyts (1623–1687) (Ausschnitt).*
Wallraf-Richartz-Museum, Köln

Reisende *auf einem Wagen. Gemälde (1646) von Isaak van Ostade (Ausschnitt).*
Kunsthistorisches Museum, Wien

Neu gewebte Seide wird verarbeitet. Von alters her gehörte Seide zu den
wichtigsten Exportgütern Chinas. Ihre Herstellung blieb lange Zeit
ein Geheimnis und sicherte so den Chinesen eine Monopolstellung. Malerei auf Seide,
12. Jh. Museum of Fine Arts, Chinese and Japanese Special Fund, Boston

Westindische Landschaft. *Negersklaven arbeiten auf einer Plantage.*
Gemälde von Franz Post (1612–1680). Historisches Museum, Frankfurt

In der Werkstatt eines Wollfärbers. *Vor der Erfindung der synthetischen Farbstoffe war das Färben von Wolle oder Tuch ein kostspieliger und langwieriger Prozeß. Gemälde des 17. Jh.s von Cavalori. Palazzo Vecchio, Florenz*

Bildnis des Kaufmanns Gisze. *Gemälde von Hans Holbein d. J., 1532.*
Staatliche Museen Preußischer Kulturbesitz, Gemäldegalerie, Berlin

In der Schmiede. *Arbeiter sind damit beschäftigt, das glühende,
eben aus dem Schmelzofen kommende Eisen zu schmieden. Gemälde von Raffalt, 1837.
Sammlung Schäfer, Obbach*

Aus beiden Schiffstypen entwickelte sich nun eine Reihe neuer Varianten. Die Schiffsbauer aus dem Norden übernahmen die Zahl der Masten und die »Kraweelbauweise«, die aus dem Süden das Rahsegel. Schließlich kombinierte man die verschiedenen Typen. Die Bootsflächen am Bug und am Heck, von denen aus man die Segel bediente, wurden aufgebordete Decks und schließlich, nach Aufteilung in mehrere Decks, mit Kanonen bestückt, zum Vorder- und Achterkastell. Ein kompliziertes Tauwerk wurde entwickelt, das als »stehendes Gut« die Masten hielt und als »laufendes Gut« die Bedienung der Segel ermöglichte. So entstanden schließlich jene kurzen, breiten Galeeren – mit den rudergetriebenen Schiffen der Antike hatten sie nur noch den Namen gemein –, die mit mächtigen Masten und Segeln ausgerüstet, mit Geschützen bewehrt über den Atlantik und den Pazifik fuhren und deren Anblick den Eingeborenen unentdeckter Küsten so absurd wie ein Raumschiff vorgekommen sein muß. Es soll hier nicht die Geschichte der Segelschiffahrt referiert werden, zumal es darüber eine reichhaltige Literatur gibt. Jene Fortschritte, von denen die Rede war, bieten aber doch erst eine Erklärung dafür, weshalb erst im 15. Jahrhundert und nicht schon im 13. oder 10. Jahrhundert die Zeit reif für den Aufbruch über den Atlantik war.

Mit Kompaß und Karte

Für den Chinesen ist die Erde, jedenfalls bis zur Revolution, ein von kosmischen Kräften beherrschter Teil des Universums gewesen, dessen genaue Beobachtung ebenso angezeigt war wie die des Himmels. Um das tun zu können, bediente man sich von alters her eines Wahrsagegerätes. Es bestand aus zwei Brettern; das obere, kreisrunde Brett entsprach dem Himmel und hing über einem unteren, quadratischen Brett, der Erde. In der Mitte der »Himmelstafel« lag ein Metallöffel, der den »Großen Bären« darstellte. Man legte den Löffel so auf, daß der Stiel frei kreisen konnte und als Zeiger diente. Vor etwa 2000 Jahren, als dieses Gerät schon mehrere hundert Jahre in Gebrauch gewesen sein muß, fertigte man den Löffel aus magnetischem Material; allerdings sind die schriftlichen Nachrichten, auch die über einen »südweisenden Wagen« aus der Zeit des sagenhaften Kaisers Huang-ti so ungenau, daß es schwerfällt, sich ein klares Bild zu machen. Den magnetischen Löffel benutzte man jahrhundertelang wohl vor allem dazu, jene Orte herauszufinden, die unter dem Einfluß böser Dämonen standen und wo man Gräber, Häuser oder Gärten tunlichst nicht anlegte. Im 8. Jahrhundert unserer Zeitrechnung ist der Apparat aber schon nicht mehr allein ein Werkzeug der Geomanten, der Erdwahrsager. Man kennt nun schon die Erscheinungen der magnetischen Polarität und der Deklination, also der Mißweisung, viele hundert Jahre vor der Naturwissenschaft der Europäer.

Im Jahre 1044 tragen die Armeen der Sung-Dynastie dann einen »nach Süden zeigenden Fisch« mit sich, einen Eisenspan, der geglüht und mit eisigem Wasser abgeschreckt worden war. Er besaß eine Spitze und wurde vorsichtig auf das ruhige, saubere Wasser einer Schale gelegt, ohne die Oberflächenspannung zu zerreißen. Die Spitze zeigte unverrückbar nach Süden – und damit war im Prinzip der Kompaß »erfunden«. Die Nadel ist dann auf einem Zapfen befestigt worden, und wenig später heißt es in chinesischen Quellen über die Kapitäne der Dschunken: »Bei dunklem Wetter sehen sie auf die nach Süden weisende Nadel und benützen eine Lotleine, um den Geruch und die Art des Schlammes auf dem Meeresgrund festzustellen, und wissen dann, wo sie sich befinden . . .«

Wie diese Erfindung nach Europa gekommen ist, läßt sich kaum noch rekonstruieren. In Europa wird der Kompaß im Jahre 1190 in einem Gedicht erwähnt (Sprague de Camp), kurz darauf berichtet ein Kardinal, der den Vierten Kreuzzug mitgemacht hat, der Kompaß stamme aus Indien. Auch die Normannen werden in diesem Zusammenhang genannt. Ebenso ist es denkbar, daß die arabischen Seefahrer, welche die Koromandelküste anliefen, den Kompaß dort auf den chinesischen Dschunken kennengelernt haben, andere Gelehrte meinen, die Kenntnis des Kompasses sei über die Seidenstraße nach Westen gelangt. Mittelalterliche Historiker erwähnen einen gewissen Gioia aus Amalfi in Italien als Erfinder des Schiffskompasses. Es heißt, dieser Gioia habe nun zwar nicht den Kompaß »erfunden«, aber die damalige Konstruktion geschaffen, also auch die Windrose.

Nun hat aber der chinesische Eunuchen-General Tscheng-Ho, der im 15. Jahrhundert bis nach Ostafrika segelte, bereits eine Kompaßrose benutzt, die in 24 Himmelsrichtungen eingeteilt war. Jede Himmelsrichtung wiederum war gedrittelt, so daß der Admiral den Kurs auf fünf Grad genau halten können. Auch dies also bleibt unklar, und die ganze Historie vom Kompaß wäre nicht mehr als eine Anekdote wert, wenn nicht Kompaß und Karte die Voraussetzung für die Eroberung der Erde gewesen wären – mit allen Konsequenzen wirtschaftlicher und politischer Art. Um 1400 sind jedenfalls alle Schiffe, die das Mittelmeer befuhren, mit dem Kompaß ausgerüstet gewesen; außerdem besaßen sie das schon erwähnte Astrolab, ein astronomisches Gerät, mit dem die ungefähre Höhe der Sonne und der Sterne gemessen werden konnte. Und schließlich hatten die arabischen Geographen und Seefahrer die ersten Seekarten entwickelt. Geographische Karten sind schon in den alten Hochkulturen angefertigt worden, allerdings ist wenig davon erhalten geblieben. So kennt man aus dem alten Babylon eine schematische Darstellung des Weltalls aus dem Jahre 500 v. Chr. und die sogenannte »Karte von Nuzi«, die auch nicht mehr als ein Schema enthält. Diese »Karten« sind Tontafeln, in die der Zeichner die geographischen Umrisse eingeritzt hat; in beiden Fällen liegt Babylon in der Mitte der Welt, und die Erde selbst wird, wie bei den Eskimos, als eine im Weltmeer schwimmende Scheibe verstanden.

Eine griechische Kartographie gibt es nicht, nur kleinere Skizzen einer Region, die rein schematisch aufgefaßt sind; man verstand die Geographie als Teil der Philosophie, also als Objekt allgemeiner Spekulation, nicht als Erfahrungswissenschaft, trotz gewisser Kenntnisse auf diesem Gebiet.

Die Entfaltung der islamischen Wissenschaften als Erbteil der Antike ist im Band »Schrift · Buch · Wissenschaft« geschildert worden. Wenn man sich täglich im Gebet nach Mekka orientierte, mußte man geographische Kenntnisse haben – das etwa ist der Ausgangspunkt der islamischen Geographie. Nachdem ein arabisches Alphabet und eine arabische Kanzlei-Sprache geschaffen waren, entwickelte sich der kulturelle Zusammenhang der verschiedenen Völker und Reiche zwischen Bengalen und Spanien, Syrien und Ägypten. Zunächst bedienten sich die Muslims, wie in vielen Bereichen, des antiken Erbes und ahmten die Darstellungen nach, die zur Zeit des Ptolemäus entstanden sind, also in der hellenistischen Epoche nach Alexander dem Großen. Ein erster Atlas ist in Palermo am Hofe

König Rogers II von Sizilien entstanden. Die Normannen unter König Roger I. haben bekanntlich Sizilien den Arabern entrissen und dort ein eigenes Reich begründet.

Sein Sohn Roger II. beauftragte den Araber Idrisi, eine zuverlässige Übersicht über die Städte und Länder der Erde zu verfassen. Der Gelehrte hatte Frankreich und England bereist, auch kannte er Zentralasien und Konstantinopel. Während seines Studiums in Cordoba hatte er die reichhaltige geographische Bibliothek nutzen können, in der Nachrichten aus aller Herren Ländern gesammelt waren. Nun entsandte man zuverlässige Agenten, die man von Zeichnern begleiten ließ, in die verschiedenen Länder der damals bekannten Welt. Nach fünfzehnjähriger Arbeit wurde das Werk vollendet, wenige Wochen vor König Rogers Tod. Die Arbeit war in lateinischer und arabischer Sprache verfaßt und enthielt außer dem Text ein Kartenwerk von 70 Blättern. Die Grundlage dieser Blätter bot eine auf eine silberne Tafel gravierte Gesamtkarte, die nicht mehr existiert; die silberne Platte, vermutlich 3,50 × 1,50 m messend, ist später vom Pöbel zerschlagen worden. Der Gelehrte hat noch ein zweites Werk verfaßt, das den reizvollen Namen trug »Vergnügen für den, der die Länder der Erde bereisen will«. Es ist in einer verkürzten Fassung kürzlich in einer Privatbibliothek von Konstantinopel entdeckt worden und enthält ebenfalls Karten.

Für den Seefahrer sind aber nicht diese kartographischen Leistungen wichtig geworden, sondern die sogenannten Portolane. Das sind Segelanweisungen, die aus den alten Schiffahrtshandbüchern der Antike entwickelt worden sind. Man hat damals regelrechte »Streckenkarten« verfaßt, also Anweisungen für den, der die Küstenroute befuhr. Darin waren Felsriffe, Brandungen, Strömungen, Häfen und Buchten genannt und was sonst noch für den Kapitän wichtig sein mochte – so wie es im Mittelalter für den Reisenden sogenannte Wegebücher gab, die einem ähnlichen Zweck dienten. Was diesen antiken Anweisungen fehlte, war ein exaktes mathematisch-geographisches Gerüst, und eben dies boten die Portolane. Als nämlich der Kompaß in Gebrauch kam, trugen die Zeichner auf dem Kartenbild der Portolane die Himmelsrichtung nach dem Kompaß ein. So entstand ein Liniennetz, das Vorgebirge und Häfen, Inseln und Küsten miteinander verband und dem Navigator erlaubte, den Kurs zu halten. In der Nationalbibliothek zu Paris ist die letzte noch existierende Portolankarte aufbewahrt, die sogenannte Pisanische Karte aus der Zeit um 1300, die ein getreues Bild des Mittelmeeres und des Schwarzen Meeres gibt.

Als die Entdecker, geschult von Heinrich dem Seefahrer, über die Weltmeere fuhren, hatten sie keine Karten im heutigen Sinne, sondern nur ungefähre Nachrichten aus älteren Quellen; erst als sie selbst Länge und Breite bestimmten, konnten die Kartenzeichner, meist Venezianer, das Bild der Erde berichtigen. Immerhin gibt es aus dieser Zeit die ersten, wenn auch unvollkommenen Seekarten, die ein realistischeres Bild der Kontinente zeichnen, und gerade Kolumbus, in der Kunst der Kartenherstellung bewandert, hätte sein Abenteuer nie gewagt, wenn er nicht aus dem Studium der Karten von Toscanelli und des Erdglobus von Martin Behaim aus Nürnberg den Eindruck gewonnen hätte, das Wagnis sei erfolgversprechend. Für die Kartographie, auch die nautische Kartenherstellung, sind dann die Namen des Gemma Frisius und des Mercator bedeutsam geworden. Gemma Regnier, als Gemma Frisius bekannt, ist Professor in der flämischen Stadt Löwen gewesen. Er hat sich dort mit mathematischer Geographie und Kosmographie befaßt und im Jahre 1537 je einen großen Himmels- und einen Erdglobus konstruiert. Die neuen Erkenntnisse über die Erde und den Kosmos, die auf dem kopernikanischen Weltbild beruhten, schlugen sich auch in der Auffassung des Kartenbildes nieder.

Der Schüler des Gemma Frisius ist Gerhard Kremer aus Rupelmonde in Ostflandern gewesen, der unter dem Namen Mercator 1512–1594 bekannt geworden ist. Mit seiner Methode, ein kartographisches Bild zu gewinnen, indem man das Netzwerk der Längen- und Breitengrade der Erdkugel auf eine Fläche projiziert, tritt eine mathematische Methode anstelle der bisher weitgehend ungenauen Zeichnungen. Mercator ist 1552 nach Duisburg übergesiedelt und hat für Kaiser Karl V. eine Erd- und eine Himmelskugel entworfen. Sein Ruhm gründete sich auf eine Karte von Europa im Maßstab 1:4.360.000, die 1554 in Duisburg erschien. Für Seefahrer zeichnete er 1569 eine Weltkarte, die zum ersten Male jene Mercatorprojektion aufweist. Mercator hat übrigens seine Karten wie auch seinen großen Atlas, sein Lebenswerk, nicht nur selbst gezeichnet, sondern auch weitgehend selbst in Kupfer gestochen. Mit ihm beginnt die wissenschaftliche Kartographie, die unmittelbar für die Seefahrt und mittelbar auch für den Handel von Bedeutung war; erst jetzt begannen die Menschen zu begreifen, wie die Erde wirklich beschaffen war, auf der sie lebten.

Der Griff nach Westindien

Die Geschichte der sogenannten Entdeckungen, die den Beginn des Kolonialismus bezeichnen und eine der Ursachen des heutigen Wohlstandes in Europa und des Elends in den »Entwicklungsländern« sind, beginnt mit einem Mann, der nie zur See gefahren ist. Dennoch hat man ihm den Beinamen »der Seefahrer« verliehen, denn die Karavellen Portugals folgten seiner Vision. Heinrich der Seefahrer, 1394 geboren, ist mit 20 Jahren als königlicher Prinz Großmeister des Christusordens geworden und hat im Jahre 1415 an der Eroberung von Ceuta maßgeblichen Anteil gehabt. Nicht wissenschaftliche Neugier, die damals im christlichen Spanien ein schwaches Motiv gewesen wäre, sondern unerschütterliche Frömmigkeit setzte ihm sein Ziel: Der Feind war der heidnische Islam, die verworrene Religion des Propheten Mohammed, und Portugal verstand sich als Ritter des Christentums, als Beschützer gegen die Heiden, als Schwert des Papstes. In der damaligen Christenheit raunte man von der geheimnisvollen Existenz eines Priesterkönigs Johannes. Um 1148, nach dem ergebnislosen zweiten Kreuzzug, hatte Manuel I., der Kaiser von Byzanz, ein phantastisches Schreiben erhalten, das im Stil einer Utopie ein Land mit unglaublichen Reichtümern und mit einer vollkommenen Gesellschaftsordnung schilderte, ein eben vom schlichten Priester Johannes geführtes Land, das sich offensichtlich wohltuend von den blutbefleckten, verwirrten und unglücklichen Feudalstaaten der damaligen Christenheit unterschied.

An drei große Herrscher ist dieses seltsame Schreiben gerichtet gewesen, dessen Ursprung bis heute nicht geklärt worden ist, an den Kaiser Barbarossa, an den Kaiser in Byzanz und an den Papst. Dieser war, weil das Schreiben erhebliches Aufsehen machte, zu einer Antwort gezwungen. Obwohl er nicht wußte, wo das Land dieses sagenhaften Mönches läge, erwiderte er in einem Schreiben an den »teuer-

Bildnis des portugiesischen Seefahrers Vasco da Gama, *der 1497/98 das Kap der Guten Hoffnung umsegelte und damit den Seeweg nach Indien entdeckte. Gemälde des ersten Drittels des 16. Jh.s. Museu Nacional de Arte Antiga, Lissabon*

sten Sohn in Christo, dem berühmten und herrlichen König der Inder, dem hoch-heiligen Priester Johannes«. Im Jahre 1177 wurde der Leibarzt des Papstes, eben erst von einer Reise aus dem Vorderen Orient zurückgekehrt, mit dem Auftrag betraut, das Schreiben an den Priesterkönig zu überbringen. Er ist aufgebrochen, aber niemals angekommen und nie zurückgekehrt. Von nun an glaubte man, es gäbe tatsächlich ein solches Land in Asien oder Afrika.

Heinrich der Infant hatte, als Ceuta erobert wurde, die Reichtümer des Orients kennengelernt, die der arabische Handel bis an die Südspitze Spaniens getragen hatte. Für ihn lag der Gedanke nahe, daß sie aus dem Land des Priesterkönigs Johannes stammten, und ebenso, daß dieses Land jenseits der Meerenge in Afrika läge. Durch Nordafrika und die Sahara konnte man nicht vordringen, also mußte man entlang der Küste segeln. Die erste Expedition dieser Art erfolgte 1432 und brachte die Wiederentdeckung der Azoren. Zwei Jahre später wurde das bei Seefahrern berüchtigte Kap Bojador an der Westküste Afrikas umsegelt. Man landete auch an der afrikanischen Küste und stieß auf Farbige, die man fing und mit nach Europa nahm. Das Handelsgeschäft mit Sklaven stand damals, nicht nur in Europa, sondern vor allem in Afrika selbst, im Islam und in den afrikanischen Königreichen, in voller Blüte, und niemand hatte moralische Skrupel, Angehörige eines anderen Volkes zu versklaven, am wenigsten die Afrikaner. Mit dem Sklavenhandel zeichnete sich also rein kommerziell ein Erfolg ab, und schon wenige Jahre später gab es zwischen den Portugiesen und den einheimischen Häuptlingen lebhafte Handelsbeziehungen.

Heinrich der Seefahrer konnte jetzt auf den möglichen Gewinn aus diesen Unternehmungen hinweisen. Er richtete in Sagres/Algarve eine Seefahrerschule und eine Sternwarte ein. Bis zum Jahre 1446 waren es mehr als fünfzig Schiffe geworden, die Prinz Heinrich finanziert und nach Süden geschickt hatte, nicht ohne sich immer mehr zu verschulden. Noch immer glaubt er, dem Erfolg greifbar nahe zu sein. Er wird von seinen Kapitänen bestärkt, die erleben, was sie erwarten. So meldet der Genuese Antonio Usidomare, der regierende Priesterkönig sei Johannes V., er persönlich habe Soldaten dieses Königs gesprochen; zu ihm vorzudringen sei allerdings unmöglich, da man ihn selbst mit vergifteten Pfeilen beschossen habe. Im Jahre 1460 stirbt Heinrich der Seefahrer, der Impuls der Entdeckungsfahrten erlahmt, aber im Jahre 1474 erkundigt man sich bei Toscanelli, einer wissenschaftlichen Autorität, ob man Land finden würde, wenn man nach Westen führe. Der Gelehrte antwortete sinngemäß, man werde bei einer Fahrt über den westlichen Ozean nach nicht allzu langer Zeit auf die Küste Ostasiens stoßen.

Man weiß, wie die weitere Entdeckungsgeschichte verlief: Nach der Eroberung Granadas durch die Spanier im Jahre 1492 waren genug Geldmittel vorhanden, um dem Drängen des Christóbal Colón nachgeben zu können. Die Königin Isabella von Kastilien schloß mit ihm einen Vertrag, die Fahrt nach Westen begann, und am 12. Oktober 1492 landete Kolumbus auf den Bahamas – fest überzeugt, dies sei Indien. Den Seeweg nach Indien hat zwar Bartoloméu Diaz im Jahre 1488 schon geöffnet, indem er das Kap der Guten Hoffnung umsegelte, und 1498 haben die Schiffe des Vasco da Gama den Subkontinent erreicht – aber der Vorstoß über den Atlantik versprach kürzere Wege und deshalb mehr Gewinn. Ein Jahrhundert lang dauert die Epoche dieser Entdeckungen, die motiviert ist von Gewinnstreben wie so viele Leistungen der Menschheitsgeschichte. Die Portugiesen beherrschten sehr bald den Seeweg nach Indien, genauer gesagt, die Krone beherrschte ihn, denn nur ihr flossen die Gewinne aus den sagenhaften Expeditionen zu. Beachtliche Flotten, beladen mit europäischen Waren, liefen unter dem Schutz von Kriegsschiffen aus, legten an der afrikanischen Westküste an und kauften dafür schwarze Sklaven, Elfenbein und Gold.

In Indien wurden diese Handelsgüter gegen Gewürz eingetauscht, in Macao gegen Seide. Die Gewinne müssen märchenhaft gewesen sein; allein die Gewürze, die nach Europa zurückgebracht wurden, brachten 100% Profit (siehe Band »Kochkunst · Tafelfreuden · Eßkultur«). Diese Erlöse kamen in Portugal zwar nicht dem freien Kaufmann zugute, sondern dem Staatsschatz, weil nur der König solche Flotten finanzieren konnte, aber sie belebten doch die Wirtschaft, und zwar nicht nur auf der Iberischen Halbinsel. Auch in Spanien war der Kolonialhandel ein staatliches Unternehmen. Allerdings übte der König kein direktes Monopol aus, sondern vergab die Privilegien an Firmen in Sevilla; Ausländer hatten keinerlei Möglichkeit, sich an diesen Geschäften zu beteiligen. Die Geschichte dieser Entdeckungen hat sich im geschichtlichen Bewußtsein Europas als eine Reihe von mehr oder weniger erfolgreichen Fahrten festgesetzt, die mit ihren abenteuerlichen, bizarren und exotischen Aspekten die Phantasie beschäftigen. Welche weitgespannten weltwirtschaftlichen Aspekte schon damals in den Kontoren der Fugger und Welser, der Borromei in Mailand, der Medici, Strozzi, Bardi und Peruzzi in Florenz, der Pisani und Soranzo in Venedig erörtert wurden, bleibt in den Archiven verborgen und wird in den europäischen Wirtschaftsgeschichten nur am Rande erwähnt.

Von allen diesen Kaufmannsgeschlechtern sind die Fugger die Riesen unter den Zwergen gewesen – auf die Geschichte der Fugger, typisch für die des Frühkapitalismus, wird noch zurückzukommen sein –, und so waren ihre Geschäftsinteressen unmittelbar angesprochen. Als sich die ersten Nachrichten über das sagenhafte Land im Westen jenseits des Atlantiks, das offenbar nicht Indien war, in Europa verbreiteten, mußten sich Handelshäuser wie das der Fugger rechtzeitig ein Stück aus dem Kuchen sichern – und so sondierte man schon 1493 bei den maßgeblichen Stellen. Kaiser Maximilian I., der 1493–1519 herrschte und ohne päpstliche Krönung die Kaiserkrone erhalten hatte, ein Herrscher von Jakob Fuggers Gnaden, wurde in dieser Sache gebeten, Kontakte zu vermitteln. In äußerster Heimlichkeit fanden Gespräche zwischen dem portugiesischen Diplomaten Diego Fernandez mit dem Fugger statt. Es ging damals nicht um amerikanische Pläne, vielmehr dachte man an eine Chinaexpedition, um zu den Geschäften der flandrischen und norddeutschen Handelshäuser ein Gegengewicht zu schaffen, aber der Chef des Hauses, Jakob der Reiche, hat zu solchen utopischen Plänen kein Verhältnis finden können. Nach dem Tode Jakobs des Reichen übernahm Anton Fugger die Leitung der Geschäfte, und unter seiner Führung plante man zunächst eine Beteiligung am Gewürzhandel. Karl V., finanziell vom Hause Fugger abhängig, konnte sich diesen Wünschen kaum widersetzen, zumal die Brüder und Vettern Fugger soeben die Grafenwürde erhalten hatten, eine selbst für die damalige Zeit ganz ungewöhnliche Ehrung. Das aber war erst das Vorspiel. Im Jahre 1530 übernahm es der Beauftragte des Hauses Fugger in Lissabon, der Südtiroler Veit Hörl, mit dem Indienrat einen Vertrag auszuhandeln, der den Fuggern das große Geschäft in Übersee sicherte.

Seit die drei Schiffe des Magalhães zur Entdeckung einer Durchfahrt nach Indien aufgebrochen waren und das Kap Hoorn im Süden umsegelt hatten – wie erwähnt, ist der Entdecker selbst auf dieser Reise umgekommen, nur ein Schiff hat Spanien erreicht –, hatte Anton Fugger am Amerikahandel gesteigertes Interesse gezeigt. Martin Behaim, bekannt mit Kolumbus, hat bekanntlich einen Erdglobus geschaffen, der eine Durchfahrt in den Pazifik dort zeigte, wo heute der Panama-Kanal die Zufahrt zum Pazifik ermöglicht. Man vermutet, daß dieser »Erdapfel« angefertigt wurde, um einen von Kaiser Maximilian I. geförderten Seehandelsplan zu untermauern, der von den schwäbischen Firmen, also von den Fuggern und Welsern, durchgeführt werden sollte. Die Initiative des Genuesers Kolumbus, der ihnen zuvorgekommen ist, hat diese Pläne gegenstandslos werden lassen. Die Fugger haben, um es deutlich zu sagen, nicht die Absicht gehabt, in Übersee Kolonien zu betreiben, sie haben Geschäfte machen und Handel treiben wollen. Der Indienrat gewährte dem Handelshaus die Möglichkeit, in einem Gebiet, das im Norden von Lima, im Süden von Feuerland begrenzt war, bis zur Tiefe der Kordilleren seine Faktoreien einzurichten; dazu war ihm eine Frist von acht Jahren gegeben. Binnen des ersten Jahres nach Vertragsabschluß mußte Fugger vier Schiffe in Marsch gesetzt haben; insgesamt sollte es eine Flotte mit einer Besatzung von mindestens 500 Mann sein – damit wollte man verhindern, daß Privilegien vergeben, aber nicht genutzt wurden.

Praktisch verschenkte die Krone einen Erdteil, den sie nicht besaß – so, als verschenkte der Chef einer Gruppe von Mafiosi eine ihm nicht gehörende Villa am Stadtrand nebst Personal, Mobiliar und ihren Besitzern an einen seiner Leute auf Lebenszeit, weil er ihm gegenüber Schuldverpflichtungen hat – nur daß die Dimensionen dieser Konzession an die Fugger wahrhaft atemberaubendes Format hatten. Das Land sollte ausgebeutet werden; Kolonien, also planmäßige Siedlungen zum Zweck wirtschaftlicher Erschließung, sollten nicht entstehen. Außer den beachtlichen Handelsvorteilen waren der Gesellschaft die erblichen Würden eines Generalgouverneurs auf Lebenszeit an jener Küste zugesichert. Alle geistlichen und weltlichen Würdenträger waren von der Gesellschaft zu ernennen, alle Ämter in Justiz und Verwaltung von ihr zu besetzen, die Fugger hatten das Recht, dort Handels- und Seefestungen zu errichten. Am Gewinn des Staates waren die Fugger beteiligt, sie erhielten Zoll- und Steuerfreiheit und Begünstigungen in Form von Monopolen, und schließlich wurde ihnen ein Fünfzehntel des eroberten Raumes zugesprochen – allerdings insgesamt nicht mehr als 30 Quadratmeilen.

Von Indianern war in einer Zeit, in der die Christenheit Europas sich in einen lebensgefährlichen Kampf gegen Mauren, Türken und Heiden verwickelt sah, nicht die Rede; ihre Christianisierung und Zivilisierung wurde als selbstverständlich vorausgesetzt. Der Vertrag zwischen den Fuggern und der spanischen Krone ließ an Gründlichkeit nichts zu wünschen übrig, wie es sich bei einem Vertrag mit Deutschen gehört. Selbst Detailfragen wie die Einfuhr von Pferden und Sklaven zur Entfaltung einer chilenisch-peruanischen Agrar- und Montanwirtschaft waren geregelt – nur eine Frage blieb offen: Ob es dem reichen Hause Fugger gelingen würde, hierfür einen so unbedenklichen Bandenchef wie etwa einen Pizarro zu finden. Im Frühjahr 1552 gewann der Vertrag Wirksamkeit; der 1528 mit der spanischen Krone und den Welsern geschlossene Kolonialvertrag hatte einen ähnlichen Charakter. Die Frage drängt sich auf, weshalb es den Fuggern nicht gelungen ist, an der südamerikanischen Westküste Fuß zu fassen und dort die Rolle zu spielen, die sie gewünscht und die man von ihnen erwartet hatte, nämlich die Rolle des erfolgreichen Ausbeuters. Die Antwort liegt in der Natur der Sache begründet: Man konnte eine solche Ausbeutung nicht von Augsburg aus über den Atlantik hinweg und um das Kap Hoorn herum realisieren. Man hatte gehofft, daß es in der Mitte des amerikanischen Kontinents eine Durchfahrt zum Pazifik gäbe, aber diese Hoffnung trog. Also liquidierte man einen Stützpunkt auf Tahiti, schrieb die Probeflotte kaufmännisch als Verlust ab und zog sich aus diesem Geschäft zurück. Eine Frage bleibt: Wer waren die Fugger aus Augsburg, daß sie es sich leisten konnten, erst eine solche Sache in Angriff zu nehmen, die spanische Krone zu einem Vertrag zu bewegen – um sich dann zurückzuziehen? Wenn man sagen würde: Die Fugger waren das reichste Handelshaus ihrer Zeit, hätte man zu wenig gesagt. Sie waren ein politischer Faktor, der schwerer wog als mancher König.

Die Beute der Korsaren

Bisher war die Fahrt noch ohne Zwischenfälle verlaufen. Der Nordweststurm hatte nachgelassen, ab und zu trieben niedrige Wolkenfetzen über die aufgewühlte See, rollend und stampfend kreuzte die englische Bark »Queen Anne« durch den Kanal und würde in wenigen Stunden die Westspitze Englands bei Lands End erreicht haben. Wer das Korsarenschiff zuerst entdeckt hatte, war später nicht mehr auszumachen: Der schlanke, unter vollen Segeln fahrende Schoner tauchte aus dem Dunst wie ein Gespensterschiff auf und führte den Angriff von achtern. Als die Seeleute auf der »Queen Anne« die rote Flagge der Freibeuter sahen, verloren sie den Mut. Zwar schossen sie und wehrten sich mit ihren Arkebusen, auch, als die Korsaren das Schiff enterten, aber dem Angriff dieser Bande von Freibeutern waren sie nicht gewachsen. Viele wurden niedergemacht, der Kapitän gefesselt, desgleichen die beiden Kaufleute mit ihren Frauen, die sich weinend den Kerlen entgegenwarfen und um Gnade flehten. Die Piraten fesselten den Kapitän an den Mast und folterten ihn, indem sie ihm den Mund voller Werg stopften und es anzündeten. Sie rissen den Frauen die Kleider vom Leib und vergewaltigten sie auf Deck vor den Augen der entsetzten Männer. Den Bootsmann, dessen verächtliche Blicke ihre Wut hervorgerufen hatte, nagelten sie mit Händen und Füßen am Schiffsdeck fest, ehe sie ihre Beute von Bord schleppten und das Schiff versenkten. Ein einziger Überlebender, nach einem Jahrzehnt der Sklaverei vom Johanniter-Orden freigekauft, hat den Ablauf jener Ereignisse im August des Jahres 1631 geschildert. Von den übrigen Besatzungsmitgliedern, auch von den Kaufleuten und ihren Frauen, hat man nie wieder etwas gehört.

Die Angst vor den Barbaresken, den muslimischen Raubstaaten an der Küste Nordafrikas, war in Südwestengland damals so groß, daß man an der Küste von Plymouth die Leuchtfeuer löschte. Der britische Konsul in Algier, der sich um die unglücklichen Christensklaven nur mit größter Vorsicht kümmern konnte, schrieb in seinem Bericht an die Krone, daß das Tausend an englischen Sklaven bald voll sein werde, wenn man sich mit den Lösegeldern nicht sehr beeilen würde. Zwischen 1569 und 1616 hatten rund 100 Schiffe der Raubstaaten an der nordafrikanischen Küste 466 Handelsschiffe unter englischer Flagge aufgebracht. Vom marokkanischen Hafen Salé aus stießen die Seeräuber bis in den Kanal vor und kreuzten sogar vor der Küste von Island. Mit drei Schiffen erschien der holländische Pirat Jan Janzs vor Reykjavik, plünderte die Stadt und nahm 400 Isländer, Männer, Frauen und Kinder, als Sklaven mit nach Marokko. Das Schicksal dieser Menschen hing davon ab, ob sich jemand fand, sie gegen hohes Lösegeld zu befreien. Diese Form des Kidnapping zur See war in den früheren Jahrhunderten so allgemein verbreitet, daß überall für solche Fälle gesammelt wurde; vor allem die Malteser und Johanniter taten sich auf diesem Gebiet hervor und haben unzähligen Menschen das Leben gerettet. Aber auch in den Kirchen und bürgerlichen Zirkeln sammelte man immer wieder für jene Unglücklichen, deren einzige Hoffnung darin bestand, freigekauft zu werden.

Alle Gefangenen, von denen kein Lösegeld zu erwarten war, brachten die Freibeuter auf den Sklavenmarkt. Wer zum Islam übertrat, konnte auf milde Behandlung hoffen. Alle übrigen »ungläubigen Hunde« wurden nach Verwendbarkeit sortiert, wie dies auf den Sklavenmärkten in aller Welt geschah. Die Frauen wurden in die Harems verkauft, die männlichen Handwerker erzielten gute Preise, auch Gewerbetreibende wurden bevorzugt, ebenso schätzte man die christlichen Ärzte. Alle anderen Sklaven verurteilte man zu Zwangsarbeit. Sie wurden in Ketten geschmiedet und arbeiteten an den maurischen Festungsbauten, wenn sie nicht als Ruderknechte auf die Galeere kamen. Hier wurden mehrere Leidensgenossen zusammen an die Ruderbank geschmiedet. Zwischen den Ruderbänken lief ein Steg, auf dem zwei Bootsmänner mit langen Peitschen auf und ab gingen, um die erschöpften Männer, die solche Arbeit selten gewöhnt waren, anzutreiben. Als Nahrung erhielten sie einige Zwiebäcke und ab und an eine Kelle Haferschleim. Als Getränk diente Wasser, das mit etwas Essig versetzt war – so mußten sie oft bis zu einem halben Jahr aushalten, ehe Lösegeld eintraf, um sie zu befreien, wenn der Tod sie nicht schon befreit hatte. Das Menschenleben eines Christen galt in manchen Zeiten »weniger als eine Zwiebel«, denn das Angebot an Christensklaven war groß. In Algier gab es allein im Jahre 1634 – in dem Jahr, in dem Wallenstein ermordet wurde und Rembrandt die Saskia heiratete – rund 25 000 Christensklaven; dazu kamen noch rund 8000 Renegaten, die »den Fez genommen hatten«. Seeräuberei hat es auf allen Meeren gegeben, und überall, wo Handelsschiffe mit kostbarer Fracht ihren Kurs zogen, fanden sich mit Banditen und Abenteurern bemannte Schiffe, um sie zu überfallen und auszuplündern – das war seit der Antike so selbstverständlich wie heute ein Raubüberfall oder eine Flugzeugentführung.

Im Mittelmeer ist schon Caesar auf der Überfahrt nach Rhodos in die Hände von Piraten gefallen und hat nach seiner schnellen Auslösung eben diese Piraten bei Pharmacusa mit zwei Galeeren aufgebracht und sie alle aufhängen lassen. Pompejus hat im Jahre 67 v. Chr. systematisch die Seeräuberei bekämpft und 400 Korsarenschiffe erbeutet, 1300 Schiffe verbrannt, 20 000 Piraten gefangen und rund 10 000 Mann getötet. Die spätere Geschichte der Seeräuberei im Mittelmeer ist ein Teil der Geschichte des Kampfes zwischen dem Islam und dem Christentum. Als die großen italienischen Stadtrepubliken im Mittelalter ihre Herrschaft verloren, weil sich der wirtschaftliche Schwerpunkt Europas nach der Entdeckung Amerikas nach Spanien, Portugal und in die Niederlande verlagerte, gewannen die Türken an Macht. Unter Sultan Mohammed II. (1451–1481) hatten sie sich eine starke Flotte geschaffen und die Seeräuberkapitäne der nordafrikanischen

Küste zu Hilfe geholt. Zypern fiel im Jahre 1570 an die Türken, die von nun an das Mittelmeer beherrschten. Das östliche Mittelmeer geriet unter die absolute Seeherrschaft des Halbmondes, das westliche Mittelmeer wurde durch Überfälle der Korsaren ständig gefährdet, und die gegeneinander kämpfenden europäischen Staaten bedienten sich gelegentlich auch eines Bündnisses mit den Seeräubern, wie sie ja später in Übersee auch die Indianerstämme gegeneinander ausspielten.

Das entscheidende Jahr für die Entstehung des Korsarentums, das dann bis ins 19. Jahrhundert hinein das Mittelmeer terrorisiert hat, war das Jahr 1491, als Hunderttausende von Muslims, die sich der spanischen Herrschaft nicht beugen wollten, aus den arabischen Provinzen Spaniens vertrieben wurden. Sie setzten nach Afrika über und bevölkerten die kahlen Küsten zwischen Tripolis und Marokko. Ihre Aufgabe sahen sie darin, die verhaßten Christen von dort aus zu bekämpfen, sie lernten schnell, sich Schiffe zu bauen und Seefahrt zu betreiben, und wurden zum Schrecken des Mittelmeeres. Diese aus Spanien stammenden Mauren kannten ihren spanischen Gegner, sie hatten noch immer Verbindungen zu den spanischen Häfen und fanden bei den einheimischen Herrschern der nordafrikanischen Küste einen Markt für Sklaven und sonstige Beute. Zu den Mauren stießen Abenteurer aus aller Herren Ländern, verfolgte Sträflinge und ehemalige Meuterer, auch arbeitslose Matrosen, die kein Schiff fanden, und dunkle Existenzen, die von Beutegier und Mordlust getrieben wurden. In seinem Werk »Unter der Flagge mit dem Totenkopf« hat H. Sokol eine gedrängte Schilderung der Piraterie (griechisch peirates: Abenteurer) gegeben, die reich an abenteuerlichen Höhepunkten ist und ahnen läßt, wieviel Brutalität und Zügellosigkeit jenen zum Schicksal wurde, die den Korsaren zum Opfer fielen.

Im 16. Jahrhundert konnte man sich im Mittelmeer eine Flotte von Freibeutern mieten, wie man sich auf dem Land Condottieri hat mieten können. Der berühmteste Pirat jener Zeit ist der schreckliche Chair-ed-din gewesen, genannt der Rotbart, der im Jahre 1517 den Bei von Algier zwar gegen die Spanier unterstützte und die belagerte Festung befreit hat, dann aber den Bei mit eigenen Händen erwürgte und sich selbst mit seinem Bruder in Algier festsetzte. Nach wechselvollen Kämpfen gegen die Landeseinwohner, vor denen er sogar zeitweise nach Tunis fliehen mußte, setzte er sich dann endgültig in den Besitz von Algier. Diese Stadt wurde zum Zentrum der Seeräuberei und für viele hundert Jahre zum Schrecken der Christenheit. Rotbart der Korsar bekam 1533 vom Sultan Soliman den Befehl, gegen den Dogen Andrea Doria zu kämpfen, der die griechische Stadt Coron auf der Halbinsel Morea erobert hatte. Mit 61 Galeeren segelte Rotbart durch die Straße von Messina, verbrannte 18 Handelsschiffe und erschien in Konstantinopel. Dort wurde eine neue Flotte gebaut, und Rotbart brach auf, um seinen Auftrag zu erfüllen. Erst plünderte er Reggio und Neapel, wobei 16000 Sklaven erbeutet wurden. Dann eroberte er Tunis, das damals zu Spanien gehörte, wurde aber von der Flotte Kaiser Karls V. im Gegenangriff vertrieben und mußte in die Berge flüchten.

Später eroberte er mit einer neuen Flotte Minorca und besiegte Doria im Jahre 1538, so daß es zu einem Friedensschluß zwischen Venedig und dem Sultan kam. Auch Korfu ist damals von den Seeräubern geplündert und besetzt worden. Der Angriff einer Armada von 500 Schiffen, die am 19. Oktober 1541 auslief, um

Algier anzugreifen und zu vernichten, endete mit einer Katastrophe, die nur durch den tapferen Kampf der Malteserritter gemildert wurde. Die Schiffe gingen vor der Küste im Sturm zugrunde, nur unter Mühen gelang ein Rückzug, 300 Offiziere und 8000 Mann der Armada waren gefallen, die Gefängnisse von Algier quollen über vor Christen. Noch im Jahre 1544, in seinem Todesjahr, plünderte der Rotbart die französischen Mittelmeerprovinzen und holte sich aus der Provence reiche Beute. Auch die Toskana und Neapel wurden geplündert; allein aus diesem Feldzug brachte er 7000 Christensklaven und unermeßliche Schätze mit. Als er gestorben war, soll sein Leichnam immer wieder außerhalb des Grabes gesehen worden sein. Erst als man ihn auf den Rat eines griechischen Weisen hin mit einem schwarzen Hund zusammen bestattete, gab er Frieden. Noch lange grüßte jedes Schiff, das das Goldene Horn passierte, den toten Rotbart, den Schrecken des Mittelmeeres. In den folgenden Jahrhunderten führten die europäischen Staaten immer wieder Strafexpeditionen gegen die Barbaresken durch, aber niemals vereint; deshalb waren stets einige durch Verträge tributpflichtig, ähnlich wie ein Barbesitzer sich seine Ruhe mit Tributzahlungen bei einer Gang erkauft. So zahlten die Holländer immerhin noch 1712 einen Tribut an Geschützen und seemännischer Ausrüstung.

Andererseits hat 1661 der berühmte Seeheld Admiral de Ruyter einige hundert Christensklaven aus der Gefangenschaft befreit. Noch 1798 konnte eine Landetruppe der Korsaren von der Küste Sardiniens rund 1000 Einwohner verschleppen. Wenn aus Europa die Lösegelder nicht rechtzeitig eintrafen, wurden die Konsuln der betreffenden Länder in Ketten gelegt und als Sklaven verwandt – so geschah es dem dänischen und holländischen Konsul. Selbst der junge amerikanische Staat hat zwischen 1786–1797 mit Marokko, Tripolis und Algier Abkommen schließen müssen, um unbehelligt auf dem Atlantik und im Mittelmeer Schiffahrt betreiben zu können. Noch 1815 beschäftigte sich der Wiener Kongreß mit der durchaus aktuellen Frage der Seeräuberei im Mittelmeer, und die großen Seemächte kamen endlich zu der Erkenntnis, daß man dieser Plage nur Herr werden würde, wenn man gemeinsam handelte. So erschien im Jahre 1816 ein Geschwader aus Briten und Holländern vor Algier und beschoß die Festung, so daß der Bei sich gezwungen sah, einen Vertrag zu unterzeichnen und 1642 Sklaven die Freiheit zu geben. Aber auch das genügte nicht; im Jahre 1816 erschienen tunesische Korsaren in der Nordsee und kaperten vor der Elbe vier Handelsschiffe.

Zu einer gewaltlosen internationalen Flottendemonstration kam es 1824, übrigens mit dem ersten Kriegsdampfer, aber erst, als Algier im Jahre 1830 von den Franzosen erobert und als Kolonie dem Mutterland eingegliedert wurde, war der Seeräuberei das Rückgrat gebrochen. Im Jahre 1881 besetzten die Franzosen Tunis, und Tripolis fiel 1912 an Italien. Aber noch Mitte des vorigen Jahrhunderts ist die Seefahrt im Mittelmeer nicht ungefährlich gewesen, weil von Marokko aus noch immer Freibeuter operierten. Hier kehrte der Friede erst ein, als das Land im Jahre 1912 zwischen Spanien und Frankreich aufgeteilt wurde. Der Kampf gegen die Korsaren ist aber nur ein einziges Kapitel aus dem großen Buch der Freibeuterei, das im Zwischenbereich zwischen Politik und Banditentum angesiedelt ist. Alle Meere, die von Kauffahrteischiffen befahren wurden, sind auch von Freibeutern heimgesucht worden; da gab es die gefürchteten Flibustier der Karibischen See, einst die Bukanier der Insel Tortuga, die im 17. Jahrhundert die Küsten des spanischen Mittel- und Südamerika verheerten, da gab es die Seeräuberei im Indischen Ozean und vor der chinesischen Küste, und endlich gab es die Geusen, die niederländischen Kämpfer gegen Spanien, die zu Seeräubern entarteten, wie die Freiheitskämpfer für die Befreiung Italiens zur Mafia entartet sind. Und schließlich gab es den berühmtesten aller Seeräuber, den Admiral Sir Francis Drake (1540–1596), an dessen Kaperfahrten die Königin Elisabeth I. von England sich finanziell beteiligt hat.

Von 1572–1585 fuhr Drake plündernd um die Welt, den Haß Spaniens gegen England nährend. Schließlich forderte der spanische Gesandte am Hof in London die Bestrafung des unverschämten Banditen, aber die Königin Elisabeth I. hielt zu dem erfolgreichen Admiral. Er hatte ihr von seiner Beutefahrt ein Diadem mit Halskreuz als Geschenk mitgebracht – sie trug es am Neujahrstag vor aller Welt, nachdem sie den Räuber mit ihrem Staatsboot auf der Themse eingeholt, ihn zum Ritter geschlagen und zum Admiral ernannt hatte. Für die Kaufleute und Seeleute aber war die Freibeuterei auf See ebenso beängstigend wie das Banditenunwesen zu Lande. Unzählige Männer, Frauen und Kinder sind auf See zugrunde gegangen oder in die Sklaverei geraten; dies ist die düstere, oft unmenschlich brutale Kehrseite einer Zeit, deren Handelsverkehr sich rückschauend so idyllisch ausnimmt.

Christliche Seefahrt

»Dies war ein schwarzer Tag. Um sieben Uhr morgens – wir hatten Freiwache – wurden wir aus unserem gesunden Schlaf mit dem Ruf: ›Mann über Bord, alle Mann an Deck!‹ geweckt. Dieser Schreckensruf war ein Stich ins Herz, jeder eilte an Deck. Wir fanden, daß das Schiff beigedreht lag und daß alle Leesegel gesetzt waren. Der Junge am Ruder hatte dieses verlassen, um etwas über Bord zu werfen. Der Zimmermann, ein alter Segler, erkannte, daß es ein leichter Wind war und legte das Ruder herum. Die Deckwache setzte das Beiboot aus, als ich gerade zurecht kam, um mit ins Boot zu gehen. Erst als wir mit unserem kleinen Boot im großen Ozean waren, erfuhr ich, wer über Bord gegangen war.«

Es ist Alltag, der hier im Tagebuch des ehemaligen Jurastudenten und späteren Seemannes Richard Dana aufgezeichnet ist; er hat seine Erlebnisse 1840 unter dem Titel: »Zwei Jahre vor dem Mast« als Buch veröffentlicht. Der Matrose, der über Bord gegangen ist, als er in den Rahen hing, wird nicht gefunden. Das Beiboot wird gewendet und kehrt ohne Ergebnis zum Schiff zurück.

»Wir waren kaum mit unserem traurigen Bericht an Bord zurück, als schon eine Versteigerung der Kleider des armen Mannes abgehalten wurde. Der Kapitän hatte aber zuerst alle Männer nach achtern befohlen und sie gefragt, ob auch ihrer Ansicht nach alles getan worden sei, um den Mann zu retten, und ob sie glauben, daß es sich noch lohne, länger dort zu bleiben. Die ganze Mannschaft antwortete, daß es vergebens sei, da der Mann nicht schwimmen konnte und sehr schwer gekleidet war. Wir segelten deshalb weiter und behielten den Kurs bei.« Arbeitsunfall an Bord, die düstere Kehrseite der Seemannsromantik, die von der Wirklichkeit so weit entfernt ist wie die Schäferstunde des Adligen von der Welt der Hirten. Der Autor Dana gibt über die Arbeit an Bord einen höchst lesenswerten Bericht. Er korrigiert die Auffassung der Landratte, ein Schiff würde im Hafen blitzblank geputzt und dann auf große Fahrt gebracht, wobei die Seeleute nur die Segel zu bedienen hätten, im übrigen aber Karten spielten, angelten oder sich sonstwie die Zeit vertrieben. Im 19. Jahrhundert allerdings war Müßiggang aller Laster Anfang, und die Arbeit auf einem Schiff gehorchte nicht allein den Anforderungen der Vernunft. »Erstens verlangt die Disziplin an Bord, daß jeder Matrose, der sich an Deck befindet, an irgend etwas arbeitet, es sei denn, es ist Nacht oder Sonntag. Mit Ausnahme dieser Zeiten wird man niemals auf gut gepflegten Fahrzeugen faul an Deck herumstehende, sitzende oder sich über die Reling lehnende Matrosen sehen. Es ist die Pflicht des Offiziers, jeden zur Arbeit anzuhalten, auch dann, wenn es nichts anderes zu tun gibt, als Rost von den Kettengliedern zu klopfen. In keinem Staatsgefängnis werden die Sträflinge so geregelt zur Arbeit verpflichtet oder so streng überwacht. Jede Unterhaltung ist der Mannschaft während der Arbeit verboten, obwohl die Männer häufig miteinander sprechen, wenn sie aufgeentert oder nahe beieinander sind. Auf einem Schiff mit seiner ganzen Takelage ist immer etwas zu reparieren, zu reinigen, das Ladegut muß ständig überwacht werden, und der Rost sorgt dafür, daß die Offiziere nicht in Verlegenheit kamen, wenn sie die Mannschaften beschäftigen mußten.«

Geisterhaft waren die Begegnungen zwischen Segelschiffen, die einander auf hoher See trafen, nicht wie heute durch Radar und Funk verbunden, sondern auf jede Neuigkeit begierig. Dann tauschte man, bei ruhiger See und gutem Wind, Nachrichten von Bord zu Bord aus oder auch frisches Geflügel gegen Rum oder Arznei, ehe jedes Schiff weiter seinen eigenen Kurs lief – Zeit war Geld, auch in der Handelsschiffahrt. Die ständige Gereiztheit der Atmosphäre an Bord, die Reibereien zwischen überanstrengten Männern, wie man sie aus Gefängnissen und Lagern kennt, die rauhen Umfangsformen, die allenfalls mit denen des Wilden Westens verglichen werden konnten, machten das Leben an Bord zur Hölle. Wie ein Kapitän zu seinem Auftrag kommen konnte, zeigt ein Bericht des in den preußischen Freiheitskriegen berühmt gewordenen Nettelbeck, der übrigens als Kapitän auch die Zeiten des Sklavenhandels mitgemacht hat. Hier ging es um mehr. Er erzählt, ein portugiesischer Kaufmann habe ihn auf der Börse angesprochen und ihn gebeten, sein Gast zu sein. Nettelbeck folgte der Einladung und sah sich einer ganzen Reihe von Schiffskapitänen gegenüber – »Dänen, Hamburgern, Lübekkern, Schwedisch-Pommern und Danzigern«, die sehr bald kräftig zu trinken anfingen. Nettelbeck schreibt: »Bei mir, der ich genau das Maß kannte, welches ich nicht überschreiten durfte, um bei Verstand und Ehre zu bleiben, ging jedoch bald jedes gute wie böse Wort des Gastgebers verloren.« Er trank keinen Tropfen mehr, und sah einen nach dem anderen unter den Tisch sinken.

Am nächsten Morgen bekommt er von seinem Gastgeber Besuch, der von allen diesen Kapitänen umgeben ist. »Sie schüttelten mir treuherzig die Hand und eröffneten mir lachend, das gestrige Trinkfest sei absichtlich von ihnen angestellt worden, um sich unter uns neunen den rechten Mann auszusuchen, dem sie, als dem solidesten und besonnensten, eine Ladung von Wert anvertrauen könnten. Einstimmig sei die Wahl auf mich gefallen, und so frügen sie mich, ob es mir anstände, eine volle Ladung Tee nach Amsterdam zu übernehmen. Leider kann man sich denken, daß ich nicht ›nein‹ sagte. Tee war damals leicht eine der reichsten Frachten, die auf den Brettern schwamm, und die nur einer neutralen Flagge, wie die meinige war, anvertraut werden konnte, da nach und nach auch Holland in den amerikanischen Freiheitskrieg verwickelt worden war und die Engländer alles kaperten, was Bestimmung nach einem holländischen Hafen hatte und nicht eines solchen Freipasses genoß.«

Christliche Seefahrt hieß es bis weit ins 20. Jahrhundert hinein, die patriarchalische Familienstruktur fand auf See ihr selbstverständliches Gegenstück, und schon aus Gründen der Vernunft hatte an Bord nur ein einziger Mann die volle Befehlsgewalt; anders hätte bei so zusammengewürfelten Mannschaften und bei den schwierigen Bedingungen der damaligen Seefahrt kein Schiff seinen Hafen erreicht. So wundert es nicht, daß die Gefahr die Seeleute fromm oder abergläubisch machte, ganz ähnlich wie im Bergbau, und daß noch Anfang des vorigen Jahrhunderts vor jeder Arbeit gebetet wurde. Als zum Beispiel in Hamburg ein Schiff Getreide löschen wollte, mußte die Menge des Korns zunächst vermessen werden. ». . . denn wie die Kornmesser anfangen wollten, unsere Ladung Hafer zu messen, da nahmen alle, auch ihre Arbeitsleute, ihre Mützen ab, falteten die Hände, und ihr Vormann betete auf Plattdeutsch also: Nu wölen wi den Anfang maken, nu help uns Gott, dan geiht et uns altidt wohl. Amen.« Der Sonntag wurde an Bord der Schiffe »der Instruktion und den religiösen Exerzitien« geweiht. Die Mannschaften erhielten an diesem Tag, was sie auf direkte Weise an den Sabbat erinnern sollte, einen Pudding: »Dieser ist nichts anderes als in Wasser gekochtes Mehl, das mit Melasse gegessen wird. Er ist sehr schwer, dunkel und klebrig, wird aber als Luxus betrachtet und ist auch wirklich eine willkommene Abwechslung gegenüber dem gesalzenen Rind- und Schweinefleisch. Mancher schuftige Kapitän schloß mit der Mannschaft dadurch Freundschaft, daß er ihr auf der Heimreise erlaubt, zweimal in der Woche Pudding zu essen.«

Damals hatte der Kapitän noch ein uneingeschränktes Züchtigungsrecht. So schildert Richard Dana, wie ein Kapitän einen Mann, der bisher seine Arbeit getan, aber aus unbekannten Gründen dem Kapitän widersprochen hatte, auspeitschen ließ. Der Seemann wurde zum »Spreizadler« gemacht, d.h. in Eisen geschlossen und am Mastwerk mit gespreizten Beinen und Armen gefesselt, dann verprügelte ihn der Kapitän mit dem Tauende. »Darf ein Mann hier nicht eine Frage stellen, ohne geprügelt zu werden?« schreit der Seemann. »Nein«, rief der Kapitän, »niemand an Bord dieses Schiffes soll seinen Mund öffnen außer mir.«

Kein Seemann hatte unter diesen Umständen gegen einen sadistischen Kapitän eine Chance, es sei denn, die Mannschaft meuterte. Aber Meutereien verschoben das Problem nur, denn kein Gericht hätte sich für die meuternden Seeleute und gegen den Kapitän ausgesprochen, mochte der auch ein Teufel in Menschengestalt sein. In der Literatur sind diese Zustände auf vielfältige Weise behandelt worden; sie wurden bedingt durch die Gesetze der Ökonomie und des Profitstrebens: Ein Schiff hatte Ladung zu befördern und Gewinne zu bringen, und der Konkurrenzkampf war hart. Passagiere sind damals meist noch von Handelsschiffen mitgenommen worden; der Massenverkehr auf Auswandererschiffen über den Atlantik setzte erst in der zweiten Hälfte des vorigen Jahrhunderts ein.

Als im Jahre 1842 China durch die europäischen Mächte »erschlossen« wurde, entwickelte sich von Amerika aus ein Handelsverkehr mit den großen Schnellseglern, den »clippers«. Immer schneller segelte man auf den langen Strecken; so brauchte man für die Strecke New York–San Franzisko im Jahre 1851 auf dem Clipper »Fliegende Wolke« nur noch sage und schreibe 89 Tage, also fast drei

Monate, während man noch ein Jahrzehnt zuvor 159 Tage benötigt hatte – fünf Monate auf See, verpflegt mit Schiffsproviant und durchgeschüttelt von den Stürmen des Pazifiks. Eines der berühmtesten Schiffe seiner Zeit war die »Königin der Meere«, die in Boston gebaut worden ist und es auf 411 Seemeilen in 24 Stunden brachte; der »Blitz«, wohl das schnellste Segelschiff aller Zeiten, brachte es auf 436 Seemeilen in 24 Stunden – aber das waren Handelsschiffe, keine Passagierschiffe, und erst die Dampfschiffahrt hat, zunächst von den mächtigen Seglern belächelt, die Ozeane der Welt zu Lastträgern des Welthandels gemacht, wie dies einige Jahrtausende früher die großen Ströme waren.

Dampfschiffahrt und Atlantikverkehr

Die Geschichte des Dampfers beginnt lange vor James Watt mit einem Kuriosum und gibt einige Rätsel auf: Wie kam überhaupt zu Luthers Zeiten ein Mensch darauf, ein Schiff mit Dampf antreiben zu wollen? Der Seekapitän Blasco da Garay, ein Spanier, hat schon im Jahre 1543 dem Kaiser Karl V. ein Dampfschiff vorgeführt, dessen Existenz die Technikhistoriker verwirrte, bis man die Lösung des Rätsels fand: Die Schaufelräder, mit denen es sich mühsam vorwärts bewegte, wurden im Inneren des Schiffes von Männern gedreht, und die Dampfwolken, die aus dem Schiff aufstiegen und einen fabelhaften Eindruck erzeugten, stammten aus einem riesigen Kessel – allerdings nicht aus einem Dampfkessel im heutigen Sinn. Man führte damals Wasserkessel mit, um Angreifer mit kochendem Wasser übergießen zu können, wenn sie das Schiff entern wollten, und das hatte sich der spanische Kapitän zunutze gemacht. Hatte er einen genialen Einfall, ohne ihn technisch realisieren zu können? Stand er im Bann einer Zukunftsvision, einem Seher vergleichbar, und verstand nicht, was er da sah und baute? Man wird es nicht mehr erfahren. Offensichtlich begann man sich Gedanken zu machen, wie man Entfernungen schneller überwinden könne, und »Schiffe ohne Ruderer« spielten wenigstens als utopische Vorstellung schon eine Rolle. Noch zur Zeit des Kapitäns Blasco da Garay, die ja auch die Zeit eines Vasco da Gama, eines Kolumbus, eines Magelhães war, hatten die größten Schiffe kaum mehr als 1000 Tonnen. Ihre Länge übertraf kaum die dreifache Breite, sie konnten nur schwer manövrieren und lagen in den Flußmündungen oft wochenlang fest, bis der Wind günstig stand. Erst dann konnten sie ihre Fahrt wieder fortsetzen.

Bis um die Zeit von 1750 hatten die Segelschiffe ihre Tonnage auf rund 5000 Tonnen vergrößert, aber ihre Manövrierfähigkeit war nicht sehr viel besser geworden. Das Problem war erkannt, aber nirgends zeichnete sich eine Lösung ab, wenn man von absurden technischen Spielereien absehen will. So hatte jemand als Vortrieb Schwimmfüße wie bei Wasservögeln ersonnen, die sich in der Bewegung je nach Bedarf spreizen und zusammenfalten sollten. Im Jahre 1753 setzte die französische Akademie der Wissenschaften einen Preis für die günstigste Lösung aus, große Schiffe auch ohne Segel zu bewegen. Damit war ein utopischer Gedanke zur technischen Preisaufgabe geworden und verlockte viele, auch bedeutende Forscher, sich mit dem Problem zu befassen. Der große Mathematiker Euler schlug vor, man solle im Inneren des Schiffes Schaufelräder von Menschen antreiben lassen – kein neuer Gedanke, und noch dazu wenig sinnvoll, denn im Vergleich zu Ruderern war der Vorteil gering. David Bernoulli, ebenfalls ein bedeutender Mathematiker (siehe Band »Schrift · Buch · Wissenschaft«), schlug in seiner Schrift bereits Schraubenpropeller vor, aber bei ihm waren das keine Schiffsschrauben, wie man sie heute kennt, sondern große Schaufelräder, die auf komplizierte Weise im Heck oder an den Schiffsseiten befestigt werden sollten; als Antrieb für das Schiff sah Bernoulli drei Möglichkeiten vor, nämlich Pferde, Menschen oder eine »pompe à feu«. Offenbar war der Gelehrte nicht recht bei der Sache, praktische Fragen interessierten wohl weniger, so blieb die Konstruktion der »pompe à feu« unklar, er hätte sonst James Watt den Ruhm gestohlen.

Dabei war die ehrwürdige Akademie durchaus nicht auf der Höhe der Zeit, und auch die Erfinder mühten sich, ohne zu wissen, daß es schon eine gar nicht so üble Lösung gab. Jonathan Hulls, ein Engländer, hatte bereits 1736 eine Patentschrift eingereicht, in der er einen durchaus gangbaren Weg aufzeichnete, wie mit der sogenannten Feuermaschine von Newcomen (siehe Band »Stadt · Technik · Verkehr«) ein Schlepper konstruiert werden könne. Mit einem Zweitakter erzielte er eine möglichst kontinuierliche Drehung des Schaufelrades und verwendete, um den niedergegangenen Kolben zu heben, ein Gewicht, das sich heben sollte, wenn der Kolben sich senkte. Wenn der Arbeitshub des Kolbens beendet war, würde das Gewicht das Schaufelrad weiterbewegen. Auf der zeichnerischen Darstellung sieht man einen bootsförmigen Schlepper, dessen Schornstein Rauch ausstößt. Ein Rädersystem im Heck überträgt die Bewegung über Treibriemen auf die Schaufelräder, die an einer übers Heck hinausragenden Konstruktion angebracht sind. Dahinter, mit gereeften Segeln, hängt die Kogge am Schleppseil; ihre flatternden Flaggen sollen zeigen, daß sie Fahrt macht.

Es gibt eine ganze Legion solcher »Vorläufer«, vom Boot mit Strahlenantrieb im Wasser, das 1787 der Amerikaner Rumsey mit Erfolg vorführte, bis zum Verbrennungsmotor der Gebrüder Niepce, in dessen Kolben ein feines Lykopodiumpulver zur Explosion gebracht wurde. Dieser Motor war direkt mit einer Pumpe gekuppelt, die das Wasser am Bug des Schiffchens hereinsaugte und beim nächsten Hub hinten ausstieß. Das Gefährt ist 1806 tatsächlich auf der Saone erprobt worden, hatte aber keine Zukunft.

Die wirkliche Geschichte des Dampfers, des »Schiffes ohne Segel«, beginnt mit »Fultons Folly«, man würde im Deutschen sagen, mit Fultons Schnapsidee. Sie bestand darin, daß dieser Mann es sich in den Kopf gesetzt hatte, Dampfer zu bauen. Er hatte im Jahre 1802 auf dem Forth am Clyde-Kanal in Schottland ein höchst seltsames Gefährt gesehen, erbaut von einem gewissen William Symington, einem Bergwerksmechaniker – man sieht, wie der Vorsprung der Industrialisierung und Technisierung in England sich in technischer Intelligenz kristallisiert. Dieser Symington, seinerseits durch Ideen anderer angeregt, hatte 1802 das erste wirklich brauchbare Dampfschiff gebaut, die »Charlotte Dundas«. Sie war mit einer doppeltwirkenden Watt-Maschine von 10 PS ausgestattet und wurde durch ein Schaufelrad angetrieben, das am Heck des Schiffes angebracht war, und zwar gleichsam eingerahmt von zwei Schiffshälften. Im März 1802 schleppte dieses erste Dampfboot zwei Kanalboote mit einer Geschwindigkeit von dreieinviertel englischen Meilen pro Stunde. Zum ersten Male war hier ein Dampfschiff für kommerzielle Zwecke eingesetzt worden (Klinckowstroem).

Daß der Gedanke der Dampfschiffahrt aus dem Stadium der technischen Spiele-

Die Armillarsphäre *ist ein Instrument für astronomische Messungen. Es besteht aus verschiedenen, teils fest verbundenen, teils drehbaren Kreisen mit Gradeinteilungen, die nach den Fundamentalkreisen der Himmelskugel ausgerichtet sind. Angefertigt von Euphrosonio di Lorenzo Volpaia, Löwen, 1553. Österreichisches Museum für Angewandte Kunst, Wien*

rei herauskam und die Welt erobert hat, ist allein Robert Fultons Verdienst (1765–1815). Im Frühjahr 1803 stellte er ein kleines Dampfboot auf der Seine vor, dessen Maschine allerdings nicht von James Watt, sondern von einem gewissen Jacques C. Périer stammte. Obwohl es auseinanderbrach und sank, ließ Fulton sich nicht entmutigen. In Amerika fand er bessere Möglichkeiten, um seine fixe Idee zu realisieren. So entstand die »Clermont«, eben Fultons Folly, die am 17. August 1807 den Hudson von New York bis Albany befuhr und für die Entfernung von rund 230 Kilometer nur 32 Stunden brauchte. Fulton hat übrigens im Jahre 1809 der bayerischen Regierung den Vorschlag gemacht, die Donau aufwärts »ohne Pferde« zu befahren, das heißt, auf die Treidelzüge zu verzichten und Dampfer einzusetzen. Der Oberbergrat von Baader, ein verdienter Beamter, der wenig Voraussicht besaß und auch später, im Falle der Eisenbahnen, rückschrittlich reagiert hat, bewies in seinem Gutachten, daß die Benutzung von Dampfschiffen auf schnellfließenden Strömen gänzlich unmöglich sei – ein Kapitel aus der langen Geschichte der Irrtümer von Fachleuten.

Nach Fultons Plänen ist auch das erste Kriegsschiff mit Dampfantrieb konstruiert worden, die »Demologos«, die 1814 gebaut wurde und zwei Holzrümpfe besaß, zwischen denen sich die Schaufelräder bewegten. Sie sollte die Blockade der Engländer brechen und war mit einem hölzernen Panzer versehen, hat aber keine kriegsentscheidende Wirkung gehabt. Wohl aber gehen die großen Schaufelraddampfer, die auf dem Mississippi und Missouri fuhren, auf Fulton zurück; die Eingliederung des mittleren Westens hätte ohne diesen Flußverkehr gewiß sehr viel länger gedauert. In Deutschland ist der erste Raddampfer, die »Prinzessin Charlotte«, in Pichelsdorf bei Spandau gebaut worden und hat 1816 ihren Betrieb aufgenommen; Abfahrstation war das Schloß Bellevue. In folgenden Jahren lief auf der Weser ein kleiner Dampfer, die »Weser«, und auf dem Rhein erschien als erstes Dampfschiff die »Caledonia«, die sogar wohl James Watt an Bord hatte.

An eine vernünftige Flußschiffahrt allerdings war in Deutschland damals nicht zu denken, denn keines der zahlreichen Fürstenhäuser, die entlang der deutschen Ströme regierten, war bereit, die Flußregulierung auf sich zu nehmen oder gar auf seine Mautrechte zu verzichten. Allein auf der Elbe gab es im späteren deutschen Reichsgebiet 35 Zollstationen. Erst mit der Gründung des Deutschen Zollvereins besserten sich diese Verhältnisse; die letzten innerdeutschen Flußzölle sind erst 1870 mit der Gründung des Deutschen Reiches beseitigt worden. Wann wurden nun die Weltmeere mit dem Dampfer erobert? Zunächst war es für jeden Seemann eine absurde und phantastische Vorstellung, er solle mit einem Schiff, das keinerlei Segel besaß, aber eine Menge Kohlen und Feuer an Bord mit sich führte, viele Tage lang über die stürmischen Meere fahren. Wenn man Fulton schon in Amerika nur deshalb für einen Narren hielt, weil er die Dampfschiffahrt auf den Strömen realisierte, wenn Fachleute klipp und klar die Unmöglichkeit der Flußschiffahrt mit Dampfern bewiesen, dann grenzte der Versuch, mit dem Dampfer den Atlantik zu überqueren, an Vermessenheit – nicht weniger als ein halbes Menschenalter später die Überquerung des Ozeans mit dem Flugzeug.

Tatsächlich hat der Schritt vom ersten wirtschaftlich genutzten Dampfer (1807) bis zum fahrplanmäßigen Atlantikverkehr (1840), der wiederum die Besiedelung Amerikas überhaupt erst ermöglicht hat, die gleiche Zeitspanne erfordert wie der Schritt von den ersten für größere Strecken geeigneten Flugmaschinen, den Flugzeugen und Zeppelinen um 1910, bis zum fahrplanmäßigen Atlantikflugverkehr seit 1945 (Forbes). Im Jahre 1819 überquerte die »Savannah« den Atlantik, ein dreimastiges Segelschiff, das zusätzlich mit einer einfachen Dampfmaschine versehen war. Die Schraubenwelle trieb abnehmbare Schaufelräder, die beim Segeln nicht stören. Die Maschinenanlagen nahmen fast den ganzen Schiffsrumpf des etwa 30 Meter langen Schiffes ein. Man hatte diese Überfahrt als Markstein in der Entwicklung des Atlantikverkehrs ansehen und Passagiere mitnehmen wollen, aber kein Mensch riskierte es, auf diesem Teufelskasten zu fahren. Die Überfahrt nach Liverpool dauerte 27 Tage – die Schaufelräder waren aber insgesamt nur 85 Stunden benutzt worden. Sie waren für Flauten gedacht, die der Segler nicht nutzen konnte.

Die Sache war ein Fehlschlag, nicht zuletzt der Kohle wegen, die man brauchte, und als selbst der Zar von Rußland nicht bereit war, die »Savannah« zu kaufen, verwendete man sie als Segler für die amerikanische Küstenschiffahrt. Nachdem der Österreicher Josef Ressel 1826 die Schiffsschraube erfunden hatte, kam es dann im Jahre 1838 zu einer Art Wettfahrt zwischen zwei Schiffen, der »Sirius« und der etwas größeren »Great Western«. Beide Schiffe, zu gleicher Zeit von Liverpool aufbrechend, erreichten New York, und zwar in rund 15 Tagen. Die »Great Western« siegte, und die »Sirius« erreichte das Ziel nur, weil sie zum Schluß, als die Küste schon in Sicht war, noch die Möbel und die Holzverkleidungen verfeuerte. Der Verbrauch an Kohle lag bei den frühen Dampfschiffen um 1820 bei 10–15 Kilogramm pro PS und Stunde, in den dreißiger Jahren betrug er immer noch 3–4 Kilogramm – und das ist etwa zwanzigmal so viel wie heute in wirtschaftlichen Anlagen. Der Dampfer mußte also mehr Kohle mitschleppen, als sinnvoll und wirtschaftlich war. Erst die Fortschritte im Maschinenbau haben dieses Problem gelöst und die Energieverluste eingedämmt.

Die englische Regierung hat sich daraufhin bereit erklärt, einem Unternehmen, das regelmäßige Abfahrten und auf den Tag genaue Ankunftsdaten garantierte, den Zuschlag zu geben: Sie würde dieser Gesellschaft die Postbeförderung anvertrauen und sie mit finanzieller Hilfe unterstützen. Den Zuschlag erhielt ein Außenseiter, der Kanadier Sir Samuel Cunard, der 1840 einen regelmäßigen Dampferdienst zwischen Europa und Nordamerika einrichtete. Zwischen Liverpool, Halifax und Boston verkehrten von nun an regelmäßig die »Britannia«, die »Acadia«, die »Caledonia« und die »Columbia« – sie alle hölzerne Schiffe, etwa 62 Meter lang und 10 Meter breit. An Ladung konnten diese Schiffe, die auf mehr als 20 Meter Länge von der Maschinenanlage ausgefüllt waren, nur 225 Tonnen mitnehmen, aber auf zwei Decks gab es Kajüten für über 100 Passagiere – wer Zwischendeck fahren wollte, mußte damals noch mit dem Windjammer fahren. Der Luxus erreichte zwar den der alten chinesischen Dschunken bei weitem nicht, aber Europa feierte die Dampfschiffahrt über den Ozean als einen Triumph der Technik und bewunderte den Luxus, vor allem für die Fahrgäste: Man hatte eine lebende Kuh an Bord, damit es stets frische Milch gab. Auf den Passagier machte die Sache nicht immer den gewünschten Eindruck. So schreibt Charles Dickens im Jahre 1841: »Bevor wir in das finstere Innere des Schiffes hinabstiegen, gelangten wir zunächst vom Deck aus in einen langen und schmalen Raum, der einem großen Leichenwagen glich, mit Fenstern an der Seite. An seinem oberen Ende stand ein melancholisch anmutender, düsterer Ofen, an dem drei oder vier fröstelnde Stewards sich die Hände wärmten, nach der anderen Seite hin gab es eine lange Tafel. Darüber, dicht unter der Decke, ein Gestell, vollgestopft mit Gläsern, Essig und Gewürzflaschen. Es erweckte trübe Aussichten auf Wellen und Wetter.«

Ausschlaggebend für den Konkurrenzkampf zwischen englischen und amerikanischen Linien auf dem Atlantik war, daß die Engländer Schiffsschrauben aus Stahl herstellten, während es sich die Yankees in den Kopf gesetzt hatten, auch auf hoher See hölzerne Schrauben zu verwenden, und nicht nur im Küstenverkehr. Um 1860 hatten sich die englischen Reedereien durchgesetzt, und die qualmenden Dampfschiffe, die anfangs noch mit Segeln versehen waren, verdrängten die unter vollem Zeug dahinrauschenden Segler; ihnen blieb die Romantik, sie wurden verklärt und zum Genre des Abenteuers stilisiert.

Als ein halbes Jahrhundert später die hell erleuchtete, mit glitzernden Sälen und allem Luxus der Epoche ausgestattete »Titanic« von 47000 Bruttoregistertonnen auf ihrer Jungfernfahrt in der Nacht vom 14. zum 15. April 1912 mit einem Eisberg zusammenstieß und 1517 Menschen mit in die Tiefe riß, war Fultons Folly längst vergessen und der Atlantikverkehr eine Selbstverständlichkeit. Für den Welthandel hat der Sieg des »Schiffes ohne Segel« unabsehbare Konsequenzen gehabt, denn den breiten Güteraustausch hat überhaupt über alle Weltmeere erst die neue Technik ermöglicht.

Der Sieg
der Industrie

Die Grundidee des Adam Smith

Jeder kennt Geschichten aus der Zeit der Urgroßväter, als es eine Tugend war, fünf Stunden zu Fuß zu laufen, um zehn Pfennige zu sparen, als Wurst auf dem Brot als Sünde und ein Stück Fleisch auf dem Tisch als Völlerei empfunden wurde – damals war man sparsam, nicht um für etwas zu sparen, sondern um nicht als Verschwender zu gelten. Solche Tugenden, durch Jahrzehnte gefestigt, sind vom Kapitalismus erzeugt worden und sind theoretisch begründet worden von Adam Smith (1723–1790), der wie John Law, der Erfinder der Banknote, aus Schottland stammte. Dieser Smith ist 1751 Professor für Logik geworden, später auch für das Fach »Moralphilosophie«, und ist schrittweise zur Volkswirtschaft gekommen, vielmehr zu den Ursachen menschlichen Verhaltens. Er ist mit David Hume befreundet gewesen, dem englischen Philosophen und »Aufklärer«, also einem Manne voll Skepsis und Vernunft, und er hat alle bedeutenden Enzyklopädisten seiner Zeit gekannt; sie verkörperten damals die Ideen des gesellschaftlichen Fortschritts und haben der Französischen Revolution den Boden vorbereitet.

Man hat damals die Gesetze der Wirtschaft zu begreifen versucht, wie man einige Gesetze der Natur begriffen hatte. Die Idee des Kreislaufes in der Volkswirtschaft schien Gesetzmäßigkeiten zu erschließen. Der Kreislauf der Güter, die von der Landwirtschaft erzeugt werden, schien den Schlüssel zum Verständnis des Ganzen zu liefern. Von dem Reinertrag der Landwirtschaft, so lehrte man damals, von dem Überschuß, lebe die gesamte Volkswirtschaft. Für rein bäuerliche Gegenden mit einfacher Wirtschaftsform trifft das sicher zu, aber es stimmte schon nicht mehr für die Verhältnisse im 18. Jahrhundert. Adam Smith erkannte die Schwäche dieser Theorie, deren Verfechter man die »Physiokraten« nannte, überzeugt von der Herrschaft der Natur (griechisch physis: Natur, kratein: herrschen), also jene, die von der Gesetzmäßigkeit natürlicher Kreisläufe ausgingen.

Im Gegensatz dazu erkannte Adam Smith, wie die Tätigkeit des Menschen Werte schafft, allerdings nur unter bestimmten technischen und organisatorischen Bedingungen. Wie Marx hat er jahrelang an seinem Hauptwerk »Natur und die Ursachen des Reichtums der Nationen« gearbeitet, das 1776 erschien und dem Kapitalismus für ein Jahrhundert die theoretische Basis lieferte. Er erkannte wie andere Denker seiner Zeit, daß die Epoche des Merkantilismus, der staatlichen Bevormundung der Wirtschaft abgelaufen war, und er sah Landwirtschaft und Industrie als Grundlage des Wohlstandes. England war damals das einzige Land, in dem bereits eine Industrie existierte, weil sein Reichtum aus den Kolonien einen technologischen Vorsprung zur Folge hatte. Smith schrieb: »Die Arbeit versieht die Völker mit allem zum Leben Notwendigen und allen wünschenswerten Gegenständen, die sie verbrauchen und die immer teils in dem eigenen Arbeitsprodukt bestehen, teils in dem, was dafür von anderen Völkern gekauft wird.« Smith hatte überdies begriffen, welche Bedeutung die Arbeitsteilung für einen rationellen Produktionsprozeß hat.

Daß es solche Arbeitsteilung schon bei den Töpfern im Mittelmeer, bei den Glasherstellern in Phönizien, bei den Schwertschmieden des Mittelalters oder im Schiffsbau Venedigs gegeben hat, um nur einige Beispiele zu nennen, fällt dabei kaum ins Gewicht. Denn Smith lieferte einer Praxis, die sich bewährt hatte, eine Theorie. Sein Beispiel der Nähnadelfabrikation ist berühmt geworden. Aus einer zeitgenössischen Übersetzung zitiert lautet die Grunderkenntnis dieses ausführlich erläuterten Beispiels: »Ob nun gleich diese Menschen arm und also mit den noethigsten Maschinen nur mittelmaeßig versorgt waren, so konnten sie doch, wenn sie sich angriffen, zusammen über zwoelf Pfund Nadeln in einem Tag machen. In einem Pfunde sind mehr als 4000 Nadeln von mittlerer Groeße. Diese zehn Personen konnten also in einem Tage mehr denn 48000 Nadeln machen. Jeder einzelne unter den zehn also, da der zehnte Theil der Arbeit auf ihn koemmt, kann so angesehen werden, als haette er 4800 Nadeln an einem Tag verfertigt. Wenn aber jeder fuer sich alles hätte machen muessen, was zur Verfertigung einer Nadel gehoert, ohne daß sie einander in die Hand gearbeitet, ohne daß jeder von ihnen in einem besonderen Zweige der ganzen Arbeit eine eigene Fertigkeit erworben haette, so wuerde, wie gesagt, jeder vielleicht nur Eine, gewiß aber nicht mehr als zehn Nadeln zustande gebracht haben . . .« Adam Smith sagt dann, »in jeder Kunst, in jedem Handwerke« seien die Wirkungen der verteilten Arbeit denen ähnlich, die er am Beispiel der Nähnadelherstellung dargestellt habe. Wenn eine solche Arbeitsteilung gewiß nicht immer möglich sei, so müsse man sie doch anstreben. »So weit aber diese Theilung, nach der Natur jedes Gewerbes, getrieben werden kann: In eben dem Grade wirkt sie auch auf die Vermehrung der hervorbringenden Kraefte.«

Bevor Maschinen die Arbeitsgänge zerlegten, das Fließband den Arbeiter zum Handlanger der Maschine degradierte und das Tempo nicht mehr vom Menschen, sondern von der Uhr bestimmt wurde, waren die Bedingungen moderner Industrieproduktion theoretisch erfaßt – freilich in einem Augenblick, als die Menschheit kurz vor der Schwelle der Industrialisierung stand. Einen Schritt weiter, und die Gedanken des schottischen Logikers wurden aufgenommen von Männern, die ihre Maschinen in den Fabrikhallen mit Dampf antreiben konnten. Auf der Basis der Ideen von Adam Smith entwickelte sich der Forschritt mit allen abstoßenden Zügen des Frühkapitalismus, denn die Ausbeutung der Arbeitskräfte schien so logisch und notwendig wie ein Naturgesetz. Die Ideen über ein katastrophales Bevölkerungswachstum, formuliert vom Landpfarrer Malthus (siehe Band »Herrschaft · Recht · Krieg«), und die Wirtschaftslehre des englischen Bankiers David Ricardo (1772–1823) trugen dazu bei, daß jedermann glaubte, es müsse alles so sein, wie es war. Man durfte den Armen nicht zu sehr helfen, weil sie sich sonst zu sehr vermehrten, andererseits sei das Existenzminimum das »natürliche Niveau« des Arbeiterlohnes.

Allerdings sieht die Wirklichkeit in der Industrie heute anders aus, als sie in der Zeit des Frühkapitalismus vorhersehbar war. Zwar werden Produktionsvorgänge in einzelne Arbeitsgänge zerlegt, aber nur ein Teil der Arbeiter ist gezwungen, in wenigen Sekunden den immer gleichen Handgriff zu tun; dies ist allerdings dort nötig, wo der Mensch nicht durch Maschinen ersetzt werden kann. Überall in der Industrie gibt es aber noch handwerkliche Arbeit oder Tätigkeiten, die zwischen den alten Vorstellungen des Handwerkers, des Lohnarbeiters und des Ingenieurs angesiedelt sind: Der Dreher, der ein Werkstück auf Bruchteile von Millimetern genau nach der Zeichnung herstellt, der Bohrer und Fräser, der Holzarbeiter am »Alleskönner« oder der Maschinenführer in der Papierindustrie, der Setzer oder der Mann am Mischer einer Lack- und Farbenfabrik, sie alle sind, was ihre Arbeit angeht, keineswegs zu »seelenlosen Bestandteilen der Maschine« geworden, sondern verkörpern mit Recht das Selbstbewußtsein, den Status des Facharbeiters.

Um die freie Produktivität der Wirtschaft von der staatlichen Umklammerung verstaubter Beamtenschaft zu befreien, forderte Adam Smith, der »Vater der Volkswirtschaft«, die freie Konkurrenz der wirtschaftlichen Kräfte. Er führte die Wirtschaft auf die Grundelemente Arbeit, Kapital und Boden zurück, denen er die entsprechenden Einkommensformen Lohn, Zins und Rente gegenüberstellte. Die »freie Marktwirtschaft« ist das legitime Kind dieser, wenn auch inzwischen verfeinerten, Theorie, ebenso stammen alle Maßnahmen der Arbeitsteilung und der Rationalisierung aus diesem Gedankengut. Ohne Kapital, das gehörte zur Theorie, wäre eine solche Arbeitsteilung, eine solche Mechanisierung, nicht möglich. Wer sein Kapital verbraucht, kann es nicht in seine Arbeit, in Maschinen, in Arbeitsteilungen, investieren. So wurde der sogenannte Konsumverzicht, den der Puritanismus ohnehin forderte, zu einer ausgesprochenen Tugend. John Maynard Keynes, im Jahre 1942 zum Lord geadelt, Begründer einer modernen Volkswirtschaftslehre, die zwischen Sparen und Investieren einen sinnvollen Zusammenhang herstellt, hat über die Lehre von Smith geschrieben: »Die Pflicht zu sparen macht neun Zehntel aller Tugenden aus, und das Wachstum des Kuchens wurde zum Gegenstand einer wahren Religiosität. Um den Nichtverzehr des Kuchens erwachen alle Instinkte des Puritanertums, das sich in anderen Zeitaltern von der Welt zurückgezogen und die Künste der Produktion nicht weniger vernachlässigt hatte wie die des Genusses.«

So wuchs eine spartanische Generation heran, die in abgetragenen Anzügen Symbole bürgerlicher Mäßigung sah und mit zusammengepreßten Lippen ihr Leben in Demut und Geiz verbrachte – es sind jene Väter, die als charakterfeste Unternehmer zu Wohlstand gekommen waren, die Vorfahren jener repräsentativen Familien, wie sie Thomas Mann in den »Buddenbrooks« geschildert hat. Noch die Nachfahren, die Großbürger der Gründerzeit, haben nach solchen Vorstellungen ihre Familien erzogen und ihre Geschäfte geführt.

Maschinerie und große Industrie

»Es ist fraglich, ob alle bisher gemachten mechanischen Erfindungen die Tagesmühe irgendeines menschlichen Wesens erleichtert haben.« Mit diesen Worten von John Steward Mill (1806–1873), einem englischen Philosophen, der auch über politische Ökonomie geschrieben hat, leitet Karl Marx das Kapitel »Maschinerie und große Industrie« in seinem Buch »Das Kapital« ein – um dann fortzufahren, daß die Maschine die Ware »verwohlfeilere« und den Tag des Arbeiters, den er für sich selbst braucht, verkürze, um den anderen Teil, den er dem Kapitalisten gäbe, zu verlängern. Sie sei ein Mittel zur Produktion von Mehrwert.

Das alles war gesagt im Zeitalter der Dampfmaschine und bezog sich, ungeachtet der prinzipiell richtigen Analyse, auf die Verhältnisse jener Zeit. Inzwischen weiß jedermann, daß die Technik sehr wohl die Tagesmühen menschlicher Wesen erleichtert und daß es einen Unterschied macht, ob jemand im Tretrad der Antike Wasser aus den Kupferschächten fördert oder eine Pumpe benutzt, ob jemand mit dem Meißel Steinblöcke für eine Festungsmauer bearbeitet oder im Achtstundentag am Bau die Betonmischmaschine bedient – es möchte heute keiner mehr mit der Vergangenheit tauschen, was die Mühsal des Lebens angeht. Nahe bei der Ansicht des John Steward Mill, ob die mechanischen Erfindungen die Mühen menschlicher Wesen erleichtert haben, liegt die romantische Frage, ob die Technik den Menschen glücklicher gemacht habe – und das allerdings ist eine falsch gestellte Frage, die noch dazu kaum zu beantworten ist, denn wer will das Glücksgefühl eines Sklaven, der trabend seinen Herrn in der Sänfte trug, am Glücksgefühl dessen messen, der als Chauffeur seinen Dienst versieht.

Technik ist heute eine Bedingung menschlicher Existenz, vom Röntgenschirm bis zum Turbojet, vom Transistor bis zur Müllpresse, und mit Fragen nach dem Glanz der Vergangenheit ist nichts geklärt. Wie hat es mit der Industrie überhaupt angefangen? Welche Faktoren spielten eine Rolle bei der »industriellen Revolution« – ein Begriff, der von Toynbee stammt und bewußt die Umwälzungen der Wirtschaft und Gesellschaft mit den Auswirkungen der Französischen Revolution in Beziehung setzt? Es sind im Grunde drei Kräfte, die, wie Zahnräder ineinander greifend, das Rad der Industrialisierung angetrieben haben, nämlich die Entwicklung der Technik als Folge einer neuen geistigen Einstellung des Menschen zur Welt, die Änderung der Verkehrsverhältnisse durch die Eisenbahn und der politische Liberalismus, der dem Kapital die Möglichkeit gab, die Gesellschaft von den Fesseln überalterter Wirtschaftsformen zu befreien und eine neue Form der Produktion zu schaffen: die Fabrik.

England hat in dieser Hinsicht einen bedeutenden Vorsprung gegenüber dem Kontinent besessen, der verschiedene Ursachen hat. Eine der Ursachen ist, daß man dort schon seit dem 18. Jahrhundert in den Hochöfen zur Verhüttung der Erze Koks verwandte. Der Aufstieg der Dynastie Darby – Abraham Darby III hat später mit Watt zusammengearbeitet – beruht auf diesem Verfahren; der Vorsprung Englands wurde von den anderen Industrieländern erst nach Jahrzehnten eingeholt. Nicht weniger bedeutsam war die Tatsache, daß James Watt seine Erfindungen in England gemacht hat. Über die Technik, d. h. vor allem über James Watt und seine Vorgänger, ist in einem anderen Band (»Stadt · Technik · Verkehr«) schon gesprochen worden. Das Patentrecht, das politisch übrigens auch eine Folge der Französischen Revolution ist, hat England einen Vorsprung von einem Menschenalter gegeben. Am 1. Januar 1800 war die Schutzfrist der wichtigsten Patente abgelaufen, denn 1755 war es dem Erfinder gelungen, sie noch bis zum Jahre 1800 verlängern zu lassen.

Die Grubenbesitzer in England hatten in jenen Jahren seit dem Aufkommen der Dampfmaschine ihre Schächte 36 Meter tiefer treiben und damit mehr fördern können in dieser Zeit, als die gesamte Fördermenge ausmachte, die der Mensch bis dahin an Erzen und Kohle den Tiefen der Erde entrissen hatte. Jetzt aber hatten

Einfahrt der Frühschicht *in das Braunkohlenbergwerk in Dux, ČSSR. Xylographie nach einer Zeichnung von Rudolf Otto aus »Die österreichisch-ungarische Monarchie in Wort und Bild«, Ende 19. Jh.*
Österreichische Nationalbibliothek, Bildarchiv, Wien

auch andere Unternehmer die Möglichkeit, die Erfindungen von James Watt zu nutzen, und auf dem Kontinent begann jene industrielle Revolution, die in England schon zum Ausbau einer leistungsfähigen Industrie, allerdings auch zur Steigerung des sozialen Elends, geführt hatte. So arbeiteten in England um 1820 schon mehrere tausend Dampfmaschinen. In Deutschland dagegen wurde die erste Dampfmaschine erst im Jahre 1835 zum Betrieb einer Mehlmühle bei Frankfurt aufgestellt, und auch dies erst nach mehrjährigen Verhandlungen. Im selben Jahr fauchte zwar auch die erste Dampflokomotive auf der Strecke Nürnberg–Fürth durch die Landschaft, von dem englischen Lokomotivführer Wilson bedient, und Friedrich Harkort (1793–1880) schrieb im Jahre 1833, die deutsche Schlafmützigkeit, statt den »Triumphwagen des Gewerbefleißes mit rauchenden Kolossen zu bespannen«, komme vor lauter Bedenken und Erwägungen nicht zur Tat. Er selbst hatte allerdings ein Beispiel gegeben, was man mit wirtschaftlichem Wagemut und Unternehmungsgeist erreichen kann: Er hatte in Wetter an der Ruhr die »Mechanischen Werkstätten« gegründet und mit englischen Facharbeitern und Ingenieuren Dampfmaschinen gebaut, ein Walzwerk errichtet und die Eisenerzeugung auf das ebenfalls aus England eingeführte Puddelverfahren umgestellt (siehe Band »Stadt · Technik · Verkehr«).

Aber insgesamt wehrten sich starke Kräfte gegen die Industrialisierung und gegen einzelne Auswirkungen, zum Beispiel gegen die Eisenbahn, die für alle Schrecken der Technik stand. Im einzelnen waren die ablehnenden Begründungen oft absurd. So wollte im Jahre 1841 ein Frankfurter Bürger namens Otto Naumann eine Seifenfabrik errichten, allerdings ohne in der Innung der Seifensieder zu sein; diese Lobby war im Stadtregiment stärker, und er mußte seinen Plan aufgeben und gründete sein Unternehmen in Offenbach. Ein ähnliches Beispiel: Im Jahre 1843 wollte die Stadtverwaltung von Frankfurt der Eisengießerei Fries den Auftrag erteilen, die Spitze des Nicolai-Kirchturmes anzufertigen. Sofort protestierte die Schlosserzunft, weil das Anschlagen von Eisen unter ihre Zuständigkeit fiele; auch hier war das Recht auf der Seite der Kräfte von vorgestern, und die Firma Fries mußte die einzelnen Teile des Turmes in ihrer Werkstatt aneinanderpassen, nicht am Bau.

Überall berührte die aufkommende Industrie alte Interessen und zerstörte Gewohnheiten, ohne daß man die Konflikte hätte lösen können. Im Ruhrtal gab es mehrere Kohlebahnen, die auf Schienen liefen, aber von Pferden gezogen wurden. Als der Unternehmer Friedrich Harkort eine dieser Bahnen, die Deilbachbahn, mit einer Lokomotive betreiben wollte, versagte ihm die zuständige Behörde die Zustimmung mit dem Hinweis darauf, bei der ersten Eisenbahnfahrt in England habe die englische Lokomotive einen Menschen überfahren. Hinter dieser Ablehnung steckten die sogenannten »Kohlentreiber«, eben jene Männer, die mit ihren pferdebespannten Karren die Kohle vom Schacht abtransportierten. »Bei der Anwendung von Dampfwagen«, so argumentierten sie, »würde die zahlreiche Klasse der Kohletreiber, da ohnehin sieben Achtteile der jetzt dabei beschäftigten Pferde dann nicht mehr verwendet werden brauchte, plötzlich außer Tätigkeit gesetzt werden.«

Das Unbehagen war allgemein, und die konservativen Kräfte sträubten sich gegen die Industrie, vor allem übrigens gegen die Eisenbahnen. Der Schwiegersohn Harkorts, Louis Berger, ein Mitglied der damaligen Fortschrittspartei, hat den Widerstand dieser Kreise mit einem treffenden Satz ausgedrückt, wenn er schrieb: »Sie fürchten instinktiv, daß die Lokomotive der Leichenwagen ist, auf dem Absolutismus und Feudalismus zum Kirchhof fahren.« Tatsächlich gab es schon zu Anfang des 19. Jahrhunderts eine Vielzahl von Erfindungen, und das Maschinenwesen war in seinen theoretischen Grundlagen ausgebildet, ehe Kohle und Stahl es zum Leben erweckten. Um ein paar Beispiele zu geben: Es begann in der Textilindustrie, die in jeder Hinsicht, ob auf dem Gebiet des Kapitals oder der Techniken, führend war: 1733 erfand J. Kay den sogenannten »Schnellschützen«, der die Leistungen des alten Trittwebstuhles beträchtlich erhöhte, und im Jahre 1735 wurde zum ersten Male Koks bei der Verhüttung von Erzen eingesetzt, um Roheisen zu gewinnen.

Die erste direkt wirkende Niederdruckdampfmaschine von James Watt ist 1765 erfunden worden, gehört also auch zu den Leistungen des 18. Jahrhunderts. Alle weiteren Erfindungen der Textilindustrie, so die erste mechanisierte Spinnmaschine von Hargreaves, die berühmte »Jenny« aus dem Jahre 1767, die Flügelspinnmaschine von Arkwright (1769), die »Mule Jenny« aus dem Jahre 1775, und schließlich der mechanische Webstuhl des Pfarrherrn Edmund Cartwright aus dem Jahre 1785 sind erfunden worden, noch ehe Kohle und Stahl ihren Siegeszug antraten. Bis sich das Maschinenwesen des »stählernen Zeitalters« ausbreitet, wird kaum ein Jahrhundert vergehen. Während die erste technische Hochschule in Karlsruhe errichtet wird (1824), der Chemiker Justus von Liebig die Zusammensetzung der Atome zu Molekülen studiert, Faraday die Selbstinduktion von Drahtspulen und damit die Grundlagen der Elektrodynamik entdeckt, werden die ersten eisernen Schienen gelegt, laufen die ersten Lokomotiven und Dampfmaschinen in Fabriken, und überall tritt die Maschine an die Stelle des Handwerkers.

Der wirkliche Gang der Entwicklung läßt sich nicht so leicht nachzeichnen, denn es waren ja eine Vielzahl von Details, die zu den Voraussetzungen des technischen Fortschrittes gehörten. Maschinenwesen bedeutet Normierung. Um Lokomotiven, Spinnmaschinen, Bohrwerkzeuge fabrikmäßig herstellen zu können, braucht man passende Schrauben, Muttern, Bohrer – und all das gab es noch nicht, oder jedenfalls nicht massenweise, sondern von Hand als Einzelstück hergestellt. Die Drehbank zum Beispiel stand in der Werkstatt des Zimmermannes, wie schon in Ägypten Zimmerleute eine Art Drehbank benutzt hatten. Damals wurde auch Elfenbein damit abgedreht, im 18. Jahrhundert waren es weiche Metalle wie Blei oder Zinn. Verbesserungen der Drehbank, die Leonardo da Vinci erfunden hatte, wurden im 18. Jahrhundert realisiert, als die Möbeltischler die komplizierten Formen des Barock oder Rokoko herstellen mußten.

Nun aber ging es darum, eine Drehbank zu konstruieren, die, von einer Dampfmaschine getrieben, in der Lage war, aus Stahl die gewünschten Werkstücke herzustellen. Ein kompliziertes System von Achsen, Rollen und Getrieben ermöglichte es, das Werkstück in der Drehbank sowohl vertikal als auch horizontal zu bewegen. Es kam darauf an, die Tiefe des Einschnittes exakt zu bestimmen, die Geschwindigkeit, mit der das Werkstück zugeführt wurde, mit Hilfe von Handrädern und Schrauben zu steuern. Mit diesen Erfindungen sind die Namen der englischen Konstrukteure Maudslay, Roberts, Fox und Witworth verbunden. Der entscheidende technische Forschritt bestand nicht so sehr in der Erfindung einzelner Teile, in der Lösung technischer Probleme, sondern darin, daß man es lernte, präzis gearbeitete Maschinenteile herzustellen, die auswechselbar waren und paßten. Henry Maudslay und Robinson haben die Möglichkeit geschaffen, Schrauben automatisch herzustellen. Daß man seitdem genormte Schrauben, Bolzen und Muttern in Massen herstellt, ist ihr Verdienst (Forbes). Ein bedeutender Erfinder war auch der Mitarbeiter Maudslays, Joseph Bramah, der ein von niemand zu öffnendes Patentschloß – nur er selbst konnte es aufschließen –, das Wasserklosett (1778) und eine Maschine zur Numerierung von Banknoten erfunden hatte. Diese beiden Männer haben, ehe sie sich 1797 aus nichtigen Gründen trennten, eine ganze Generation von technischen Facharbeitern herangebildet.

Später wurden die Drehbänke vervollkommnet, man erfand die Revolverdrehbank, 1891 die Flachfräsbank, und schließlich konnte man vom winzigen Urfederstahl bis zum Geschützrohr jedes gewünschte Teil maschinell herstellen. Vor diesem Hintergrund erscheinen die Fortschritte, welche die Technik im 19. Jahrhundert gemacht hat, allerdings fabelhaft. So kam es zu einem Enthusiasmus, den der Mensch des ausgehenden 20. Jahrhunderts kaum noch nachempfinden kann. Friedrich Naumann (1860–1919), der deutsche Liberale und Gründer der Deutschen Demokratischen Partei, hat das formuliert, als er 1900 die Weltausstellung in Paris besuchte: »Es gibt Maschinen, bei deren Anblick man geradezu glücklich ist vor Freude, daß einem Menschen so etwas glücken konnte. Oft sind das vielleicht nicht die allernotwendigsten und wirtschaftlichsten Maschinen, aber sie beleuchten am besten, was im Grunde die Maschine ist: der eiserne Mensch! Ich habe früher gesagt, die eiserne Hand, finde aber, daß dieser Ausdruck nicht ganz ausreicht. Die Maschine tut alles, was irgendein Glied des Körpers mechanisch leistet, sie sieht, hört, bläst den Staub weg, tritt, knetet, walkt, reibt, preßt, leckt, klebt, schreibt, stempelt, zählt, mäht, schmiedet, drechselt, mißt, schiebt, sägt, hobelt, bohrt, nagelt, sticht, gerbt, windet, bindet, rollt, stanzt, punzt, fräst. Man kann nicht sagen: die Maschine liebt, die Maschine hofft, die Maschine bittet um Entschuldigung! Aber abgesehen von diesen rein seelisch-sittlichen Vorgängen, was tut die Maschine nicht? Sie putzt Flaschen, füllt sie, korkt sie, entkorkt sie – der Mensch aber trinkt. Es ist rührend von der Maschine, daß sie mit Wasser und Kohle zufrieden ist. Sie ist geduldiger und leistungsfähiger als ein Kamel. Tagelang bin ich zwischen den Maschinen der Völker hindurchgegangen, den Katalog in der Hand, das Auge offen. Das, was ich gesehen habe, kann ich schwer in ein paar kurzen Worten fassen, denn es ist nichts Neues, nichts direkt Überraschendes. Es ist der Eindruck von der unaufhaltsamen Ausbreitung der maschinellen Arbeitsteilung.«

Längst sind die Prophezeiungen vergessen, mit denen noch 1818 in der »Kölnischen Zeitung« vor dem Maschinenwesen gewarnt worden war: »Eine Maschine macht oft die Arbeit von tausend Menschen entbehrlich und bringt den Gewinn, den sonst alle diese Arbeiter teilen, in die Hände eines einzigen. Mit jeder abermaligen Vervollkommnung der Maschine werden neue Familien brotlos; jede neu erbaute Dampfmaschine vermehrt die Zahl der Bettler, und es steht zu erwarten, daß sich bald alles Vermögen in den Händen einiger tausend Familien befindet und der übrige Teil des Volkes als Bettler in ihre Dienstbarkeit geraten muß. Muß nicht jeder Menschenfreund schmerzlich ergriffen werden von dem Gedanken, daß es dahin kommen kann und aller Wahrscheinlichkeit nach dahin kommen muß?« Ganz offensichtlich sind beide Aspekte richtig und falsch zugleich, und fest steht nur, daß keine Macht der Welt die Industrialisierung aufhalten konnte, die so vielen Interessen nützte und dem Menschen ein Gefühl von Allmacht und Fortschrittlichkeit gab, das er noch nie gekannt hat.

Die große Zeit der Kohle

»Nachdem erst vor wenigen Tagen bei Duisburg auf dem linken Rheinufer ein reiches Kohlenlager gefunden worden, ist gestern ebenfalls auf dem rechten Ufer ein Kohlenflöz erbohrt. Die ganze Gegend ist in Bewegung über den reichen Segen, der so plötzlich sich über sie ergießt.« Solche Zeitungsmeldungen aus den Jahren um 1848 waren an der Tagesordnung, und in der »ganzen Gegend«, dem Ruhrgebiet, brach das Gründungsfieber aus wie heute, wenn irgendwo Öl oder Uran erschlossen wird. Nicht nur deutsche Firmen, sondern auch ausländisches Kapital sicherte sich Anteile: 1847 brachte die »Société anglo-belge« die Flöze von Dahlbusch in ihren Besitz, die Gruben von Mülheim gingen an die Belgier, 1855 begannen die Engländer bei Herne die Zechen Hibernia und Shamrock abzuteufen, französische und selbst holländische Gesellschaften beteiligten sich, man kann die

Spuren dieser Zeit an den alten Zechennamen ablesen. Alle diese Schächte mußten niedergebracht, entwässert, erschlossen werden, man benötigte Werkzeug, Material, Arbeitskräfte, die ganze Gegend wurde von einem unglaublichen Boom ergriffen, und die Werber fuhren bis weit nach Osten, nach Westpreußen und Masuren, aber auch in die alten preußischen Bergbaugebiete Schlesiens, um Arbeiter anzuwerben; es waren meist notdürftig eingedeutschte Polen, aber auch viele Bauernsöhne, die sich verlockt von »hohen« Löhnen unter Tage wiederfanden. Die alten landsmannschaftlichen Verbindungen waren so stark, daß nach dem Zweiten Weltkrieg die Flüchtlingsströme aus dem Osten diesen Linien folgten, Ostpreußen ging vorrangig dorthin, wohin seinerzeit ostpreußische Bauernsöhne angeworben worden waren, ebenso die Schlesier und Westpreußen.

Die Erschließung der Ruhrkohle leitet endgültig die Industrialisierung Deutschlands ein. Im Jahre 1850 waren noch 1,7 Millionen t gefördert worden, zehn Jahre später waren es fast 7 Millionen t Steinkohle, alle mit der Picke losgebrochen, mit der Schaufel auf den Grubenhund verladen, vom blinden Grubenpferd oder von Kindern zum Füllort transportiert. Die Fördertürme werden zum Wahrzeichen des Ruhrgebietes, insgesamt 33000 Mann arbeiten unter Tage, in schnell errichteten Arbeiterkolonien untergebracht, Preise und Löhne steigen. Aus dem Dorf Schalke, das damals 200 Seelen zählt, entsteht eine Großstadt, der Unternehmer Grillo baut Zechen, Hütten, Kanäle, Straßen, Kirchen und Schulen, jene düstere Szenerie, die einem einzigen Zweck unterworfen ist, der Kohle, und niemand ahnt, welche Probleme diese Stadtlandschaft hundert Jahre später ihren Bewohnern aufgeben wird.

Man befindet sich im Auftrieb, bis eine erste Wirtschaftskrise dafür sorgt, daß die Bäume nicht in den Himmel wachsen. Die größte Stadt des Reviers ist damals Dortmund gewesen; die Zahl der Bergleute wuchs unaufhaltsam: 1860 waren es schon 230000 und sollten bis zum Jahre 1920 rund 476000 Mann werden, eine ganze Armee. Die konservativen Kreise unter Führung des Bankiers Mevissen hatten inzwischen, wie seinerzeit in Schlesien, ihren Widerstand aufgegeben, und so beteiligte sich Kapital aus Köln an der Finanzierung der Objekte, auch der westfälische Adel stieg ein. Angeheizt durch diese Entwicklung laufen Löhne und Preise davon, die erste Wirtschaftskrise wirkt wie ein Menetekel: Es gibt Feierschichten, Entlassungen, Konkurse, das alles hingenommen wie ein Naturereignis und ausgetragen als Kampf zwischen dem Mächtigen und dem Schwachen. Von Darwin, der damals gerade seine Lehre von der natürlichen Zuchtwahl und der Entstehung der Arten veröffentlicht hat, glaubt man zu wissen, daß derlei Vorgänge lebensgesetzlich seien. Zu den Starken, die überlebten, gehörten Hibernia und Shamrock, die sich im Besitz des damals bedeutenden englischen Unternehmers William Mulvany befanden, ebenso die Zechen des ehemaligen Uhrmachers Jakob Mayer, der den »Bochumer Verein« gegründet hatte, oder die den sogenannten »Kohlendoktors« Dr. Müser, der sonntags mit allen seinen zwölf Kindern nach Harpen zwischen Langendreer und Bochum zog, um sich mit Besitzerstolz jene Zechen anzusehen, in die er mit einigen Freunden beträchtliches Kapital investiert hatte.

Wie war es zu diesem Boom überhaupt gekommen? Weshalb hat die Erschließung des Ruhrgebietes erst so spät, erst Mitte vorigen Jahrhunderts eingesetzt? Die Gründe sind vorwiegend politischer Art. Bergbau und Hüttenwesen, in Preußen weitgehend in der Hand des Staates, waren nach den Befreiungskriegen durchaus nicht entschieden genug liberalisiert worden; nach den alten, überständigen Prinzipien des absolutistischen, merkantilistischen Wirtschaftssystems, das von den Behörden vertreten wurde, konnte keine dynamische Wirtschaftspolitik gemacht werden; erst 1851 hat man den Bergbau, zum Teil gegen den Widerstand der Betroffenen, vom Druck der Behörden befreit und 1860 endlich auch die Freizügigkeit des Arbeitnehmers hergestellt; erst jetzt waren die politischen Voraussetzungen zur Erschließung der Kohle wirklich gegeben.

In Deutschland sind die Voraussetzungen für die Industrialisierung besonders ungünstig gewesen. Allein die Vielzahl kleiner Staaten wirkte sich hinderlich aus, auch gab es weder wie in England oder Frankreich einen großen Kapitalreichtum noch wie in den USA mit den immer neuen Einwandererströmen ein Überangebot an Arbeitskräften. Die Liberalisierung nach 1848, auf der Grundlage der politischen bürgerlichen Freiheiten entwickelt, schuf die Voraussetzungen für die Entfaltung der Wirtschaft und für die stürmische Industrialisierung. Obrigkeitliche und patriarchalische Gesichtspunkte entfielen, die Entwicklung wurde dem freien Spiel der Kräfte überlassen. Es war der Direktor des Bergamtes in Essen Heinrich Heintzmann, ein Enkel des Schöpfers der Preußischen Bergordnung von 1766, dem die Aufgabe zufiel, die Verhältnisse im Bergbau neu zu ordnen. Am 1. Oktober 1865 trat das »Allgemeine Berggesetz für die Preußischen Staaten« in Kraft. Es brachte die Rechtseinheit und die Bergfreiheit. In den Tagen des Freiherrn vom Stein war es notwendig gewesen, den Bergbau dem damals fortschrittlichen Staat zu unterstellen. Diese Bindung wurde jetzt aufgelöst, und an die Stelle des Direktionsprinzips trat das der Inspektion, der Staat behielt nur noch die Funktionen der Aufsicht. Die Lenkung der Investitionen, eine ordnende Raumplanung und eine dirigistische Haltung waren nun nicht mehr möglich, nur dort, wo der Staat Preußen eigenen Bergwerksbesitz hatte, blieb er »Herr im Haus«.

Damals sind viele bewährte Beamte aus den Aufsichtsbehörden, die nun aufgelöst wurden, in die private Wirtschaft gegangen, und bald konsolidierten sich auch die Verhältnisse im Revier, die vom Fieber der Gründungszeit geprägt waren. Jedermann spekulierte damals mit Aktien, versuchte sich in Gründungen und Beteiligungen, häufig vorkommende Konkurse erschütterten das Vertrauen der Bevölkerung; erst das Aktiengesetz von 1870 und das Hypothekengesetz von 1872 haben für privaten Unternehmungsgeist eine annähernd sichere Rechtsgrundlage geschaffen, freilich unter Ausklammerung der »sozialen Frage« – zum Verständnis dieser Probleme war das Bürgertum damals noch nicht reif. Im Ruhrgebiet, aber auch im Saargebiet wie in Schlesien wurde die Kohle zur Grundlage der Industrie, entwickelte sich der Bergbau zu einem anerkannten Beruf.

Allerdings besaß der preußische Staat in diesen Provinzen so große Anteile am Bergbau, daß er praktisch der größte Kohlenproduzent war und von dieser Stellung unbedenklich Gebrauch machen konnte. So war es dem Staat möglich, ohne Rücksicht auf Rentabilität Musterbetriebe anzulegen, ausländisches Kapital zu interessieren und eine Politik zu betreiben, die, auf den damaligen Einsichten der Bürokratie beruhend, höhere Gesichtspunkte ins Spiel brachte, verglichen mit den vordergründigen Interessen privater Unternehmer, deren Ziel allein der Profit war. Allerdings war es dem Staat auch möglich, weitgehend die Preise zu manipulieren und gegen unliebsame Konkurrenz mit recht drastischen Maßnahmen vorzugehen, die bis zu dem Verbot reichen konnten, neue Grubenfelder zu erschließen. So wanderte das Revier langsam nach Norden, verwandelte eine friedliche Bauerngegend in eine industrielle Szenerie und ließ, ein Modell für ähnliche Vorgänge überall auf der Welt, jene rauchige und düstere Landschaft entstehen, die zum Charakteristikum des technischen Fortschrittes geworden ist.

Fabriken

Auf den alten Stichen und Gemälden wirken die ersten Fabriken eher idyllisch als düster. Man sieht sauber gemauerte Fachwerkbauten, aufgeräumte Innenhöfe, ein paar Schornsteine und ringsum allerlei Grün, von Umweltverschmutzung kann noch keine Rede sein. Auch die Menschen, gravitätische Gestalten im Stil der Zeit, scheinen in Ruhe, wenn auch mit Fleiß, zu werken, der Transport ist Pferdegespannen anvertraut, und es läßt sich durchaus nicht voraussehen, wie gebrandmarkt diese Gegend rund ein Jahrhundert später aussehen wird. Seit wann gibt es überhaupt so etwas wie Fabriken? Und was charakterisiert diese Entwicklung, an deren Ende die riesigen, von Mauern umgebenen Werksanlagen stehen, trostlose Hallen, in denen oft Hunderte von Menschen an Werksbänken oder Maschinen arbeiten? Die Fabrik ist charakterisiert durch die Tatsache, daß alle Arbeiter, die für eine Produktion arbeiten, ob es sich um einen Schiffsmotor oder Herrenanzüge, Zündhölzer oder Stahlrohre handelt, an einem Ort zusammenwirken. Das ist nicht selbstverständlich. Schon im späten Mittelalter und erst recht während der Zeit des Absolutismus gab es Unternehmen, die Tuche herstellten, Uniformstücke fabrizierten oder Waffen, aber sie waren als Verlage organisiert, d.h., sie arbeiteten dezentralisiert.

Die Idee der Zerlegung der Arbeit in Teilvorgänge hatte es schon in der Antike im »Ergasterion« gegeben, wie bereits erwähnt. Leonardo da Vinci hat dieses Prinzip sogar auf das Baugewerbe angewandt und 1516 für Franz I. von Frankreich Pläne entwickelt, wie die neuen Städte an der Loire zu bauen seien. Er entwarf einen Grundtyp des Bürgerhauses und schlug vor, die einzelnen Teile, die er in normierte Elemente zerlegt hatte, zentral herzustellen und zum Bauplatz transportieren zu lassen, um sie dort in der Fertigbauweise zusammenzusetzen (Wurm). Wie dieses Fließbandsystem im Schiffsbau funktionierte, ist im Zusammenhang mit dem Arsenal Venedigs dargestellt worden.

Gedanklich waren also alle wichtigen Prinzipien moderner Fertigung erfaßt, zum Teil sogar verwirklicht. Im Verlegersystem war die Arbeit nun dezentralisiert, weil die Beschaffung der Rohstoffe und der Weiterverkauf der fertigen Schwerter, Tuche, Töpfe oder Harnische für den einzelnen Handwerker zu mühsam war. So arbeiteten in ihren Werkstätten die Handwerker, wie im Kapitel »Verleger für Drahtzieher« geschildert. Es bildete sich aus Gründen der Zweckmäßigkeit die »kleingewerbliche Organisation der Produktion verbunden mit einer großgewerblichen Organisation des Absatzes« heraus. Das funktionierte vortrefflich, solange kein Grund bestand, das System zu ändern. Als aber die Dampfmaschine als Energiequelle eingesetzt wurde, änderte sich das Bild, sie zwang die verstreuten Menschen, die Spinnrad und Webstuhl, Schmiedehammer oder Hobel bedienten, auf einer Stelle zusammen. Den Standort diktierte die Dampfmaschine, wenn sie erst einmal installiert war, wie sie auch die Ausstattung mit weiteren Maschinen erzwang.

Energie und Transportwege bestimmen noch heute den Standort der Industrie, bilden das Gefüge, an dem sich Werkshallen und Wohnviertel, Lagerräume und Verwaltungsgebäude kristallisieren. Solche Fabriken, wie hier beschrieben, entstanden auf dem Reißbrett und wurden auf dem flachen Land gebaut, wo der Boden billig war. Jedermann kennt aus dem Wachstum der Zivilisation solche Beispiele, ja, man ist geneigt anzunehmen, daß dies die einzige Form sei, wie eine Fabrik entsteht. Häufig haben sich Fabriken aber auch aus Handwerksbetrieben entwickelt: Der Betrieb florierte, Maschinen konnten angeschafft werden, die Belegschaft vergrößerte sich, und schließlich mußte gebaut werden; so sind, gerade im 19. Jahrhundert, viele große Unternehmen entstanden. Vor der Einführung der Gewerbefreiheit wäre diese Entwicklung am Widerstand der Zünfte gescheitert. Um 1830 arbeiteten bereits Hunderttausende von Männern, Frauen und Kindern in den Fabriken, die von außen mit ihren Backsteinmauern, ihren fensterlosen Gebäuden, ihren schmutziggrauen Hallen eher Kasernen oder Zuchthäusern glichen als Arbeitsplätzen für freie Menschen.

Die neue Form der Arbeit löste die alte Struktur des Handwerks auf, welche die Meister, Gesellen, Lehrlinge in ein patriarchalisches Verhältnis gezwungen hatte. Nun gab es den ungelernten Arbeiter, den Facharbeiter, den Vorarbeiter und den Meister, eine im Grunde militärische Grundordnung: Menschenmaterial, wie die Maschine es forderte. Der Meister spielte dabei kaum eine andere Rolle als der Sklavenaufseher in der Baumwollplantage, als der Unteroffizier in der Kaserne. Für den Unternehmer, den Kapitalisten, sah die Lage so aus: Wenn er Maschinen und Energie, die Kosten für die Grundstücke und Gebäude, für Rohstoffe und Transport mit den Lohnkosten verglich, erschien dieser letzte Posten unverhältnismäßig hoch; er sah sich also gezwungen, immer mehr Maschinen aufzustellen, immer rationellere Maschinen zu fordern, um die Lohnkosten zu drücken. Diesem Druck waren die Arbeiter, die schon vor Karl Marx mit Recht über die Hungerlöhne klagten, hilflos ausgeliefert (Treue), in Deutschland hinderte sie das Koalitionsverbot am Zusammenschluß. Die Verelendung des Arbeiters war, zumal die Bevölkerungszahl sprunghaft anstieg und sich genug Arbeitskräfte anboten, die unausbleibliche Folge.

Das Arbeiterheer

Im Jahre 1887 wurden im fernen Ostpreußen, in Masuren, in den Schankwirtschaften Plakate angeschlagen, auf denen folgender Aufruf stand: »Masuren! In rheinländischer Luft, umgeben von Feldern, Wiesen und Wäldern, den Vorbedingungen guter Luft, liegt, ganz wie ein masurisches Dorf, abseits vom großen Getriebe des westfälischen Industriegebietes, eine reizende, ganz neu erbaute Kolonie der Zeche Viktoria bei Rauxel. Diese Kolonie besteht vorläufig aus über 40 Häusern und wird später auf etwa 65 Häuser erweitert werden. In jedem Haus sind nur zwei Wohnungen, eine oben, eine unten. Zu jeder Wohnung gehören etwa drei bis vier Zimmer . . .« So geht das weiter, es werden die Höhen der Zimmer beschrieben, der Keller, der geräumige Stall, der zu jedem Haus gehöre und in dem man sich ein Schwein, eine Ziege oder Hühner halten könne. Der Agent der Gesellschaft schildert den »Konsum«, d. h den Kaufmannsladen, »wo allerlei Kaufmannsware wie Salz, Kaffee, Heringe usw. zu einem sehr billigen Preis von der Zeche geliefert würden. Auch werde dort ein Fleischkonsum eingerichtet. Für größere Einkäufe lägen Castrop, Herne und Dortmund ganz in der Nähe . . .« Wer sparsam sei, meint der Agent, könnte noch Geld auf die Sparkasse bringen. »Es haben sich in Westfalen viele Ostpreußen mehrere tausend Mark gespart.«

Es fehlen in diesem Auftrag nicht die herzlichen Töne: »Masuren, es kommt der Zeche vor allem darauf an, ordentliche Familien in diese ganz neue Kolonie hineinzubekommen. Jede Familie erhält vollständig freien Umzug, ebenso jeder Ledige freie Fahrt. Sobald eine genügende Anzahl vorhanden ist, wird ein Beamter der Zeche sie abholen. Die Zeche verlangt für den freien Umzug keine Bindung, eine bestimmte Zeit dort zu bleiben, wie andere Zechen. Wem es nicht gefällt, kann weiterziehen. Die Verwaltung der Zeche hofft aber, daß es den masurischen Familien so gut gefallen wird, daß sie ans Weiterziehen gar nicht denken werden. Überlege sich also jeder die ernste Sache reiflich. Die Zeche will keinen aus der Heimat weglocken, auch keinen seinen jetzigen Verhältnissen entreißen, sie will nur solchen ordentlichen Menschen, die in der Heimat keine Arbeit oder nur einen ganz geringen Verdienst haben, helfen, mehr zu verdienen und noch extra zu sparen, damit sie im Alter nicht zu hungern brauchen« (Mönnich). Daß vielen jungen Männern keine Wahl blieb, weil sie auf dem Lande keinerlei Verdienst finden konnten, verschweigt der Aufruf. Die besten Kräfte fühlten sich von diesen Lokkungen angesprochen, sie wanderten ab, holten ihre Familien nach, während der Gutsherr, dem die Arbeitskräfte verlorengingen, zur Erntezeit polnische Wanderarbeiter anwarb; zum Bild der großen Güter ostwärts der Elbe gehörten deshalb die sogenannten »Schnitterkasernen«, häßliche Klötze, in denen man zur Saison diese Leute unterbrachte.

Die Werbung der Zechen, die ihre Agenten nach Ostdeutschland und nach Schlesien schickten, hatte Erfolg. Wie heute die Transporte aus Kalabrien oder aus Mazedonien, aus Jugoslawien oder aus der Türkei nach München oder Stuttgart kommen, so trafen damals die Transporte aus Ost- und Westpreußen ein, freilich in weit geringeren Größenordnungen, als man heute kennt. Damals kamen auch viele tausend Polen ins Revier, die sich ihre Nationalität unter preußischer Herrschaft bewahrt hatten und auch im Ruhrgebiet bis auf den heutigen Tag organisatorisch gesichert haben. Im Fußball sind die polnischen Namen durch den Verein »Schalke 04« im Norden von Gelsenkirchen berühmt geworden.

Das polnische Element selbst muß in den ersten Jahrzehnten zwischen den westfälischen und ostpreußischen Bauernsöhnen recht fremdartig gewirkt haben. »Die Männer trugen, ehe sie sich den anderen Knappen anpaßten, Schnurröcke und sogenannte Husarenstiefel. Die Fußgehäuse waren verziert mit farbigen Lederstreifen. Auch sah man viele schwarze Schuhe mit bunten Besätzen. An den Uhrketten hingen bei den Polensöhnen Medaillen, Ringe und vielerlei anderer Zierat. Malerisch sah es aus, wenn die Polenfrauen an Sonn- und Festtagen in ihrer nationalen Tracht die Kirche besuchten. Die Kleiderjacken hingen glatt herunter. Darunter bauschten sich unter leuchtendbunten Röcken, gestärkte weiße Unterröcke. Darüber waren schöne seidene Schürzen, schillernd in allen Regenbogenfarben, gebunden. Um die Köpfe hatten die Schönen buntseidene Tücher geschlungen. Manche Polin sah aus wie eine Madonna, herausgeschlüpft aus einem Gemälde von Murillo.«

Allen, die da ins Ruhrgebiet kamen, um ihr Brot zu verdienen, widmete der Kesselschmied aus Mönchengladbach, der Lyriker Heinrich Lersch, seine entflammten Verse: »Hier ist Heimat! Seht doch die aufgetürmten Werke aller Industrien, Eisenhütten, Maschinenfabriken, Hochöfenbauten, Stahlwerkshallen, Güterbahnhöfe, Großgasometer und Fördertürme der Zechen. Wohnstatt, Werkstatt, nebeneinander Mietskaserne und Arbeitsplatz . . . Heimat Dortmund!« So wurde das Industriegebiet zum »Schmelztiegel«, der freilich auch die angestammten kulturellen Eigenarten bald zersetzte; der Pole wurde zur Witzblattfigur, bis schließlich das Revier eine eigene Art, sogar eine Art Dialekt und schließlich in Jürgen von Mangers »Tegtmeier« einen eigenen Typ profilierte.

Die Männer aus den östlichen Provinzen, die im Ruhrgebiet ihr Glück machen wollten – damals wurde ja noch mit Goldstücken gezahlt –, kamen mit ihren Extrazügen sonntags an. Auf dem Hauptbahnhof in Gelsenkirchen kamen 1896 jeden Sonntag im Schnitt rund fast hundert Männer an, im Jahre 1900 waren es sogar 136 im Durchschnitt. Sie kamen in Waggons der jetzt abgeschafften 4. Klasse und blieben meist gleich an Ort und Stelle. »Die in Gelsenkirchen blieben, wurden im Triumph und mit Gesang in die für sie vorbereiteten ›Logierhäuser‹ gebracht. Da war alles für sie hergerichtet, von der Stadt, von den Zechen, von den Landsleuten. Später freilich fand man es besser, sie privat unterzubringen, mitten in die häusliche Welt hinein, desto eher wurden sie heimisch.« Bei den Westfalen, die aus den Dörfern, aus den Bauernschaften ins Revier gezogen waren und im Bergbau arbeiteten, waren die Zuzügler nicht sehr beliebt, weil sie die Löhne drückten. Man kennt die Entschlossenheit solcher Männer, die alles aus sich herausholen wollen, um Geld zu machen – mit solidarischem Verhalten am Arbeitsplatz ist da selten zu rechnen.

Die soziologische Umschichtung der Bevölkerung, die sich in jenem Jahrhundert vollzog, ist an Zahlen abzulesen. Noch um das Jahr 1800 arbeiteten, bei einer Bevölkerung von 24 Millionen im alten Deutschen Reich, rund drei Viertel in der Landwirtschaft. In England, mit der Industrialisierung um zwei Menschenalter voraus, waren es dagegen schon um 1815 nur noch 35 Prozent der Einwohnerschaft (Stolze). In knapp einem Jahrhundert, bis zum Jahre 1910, wuchs nun die Bevölkerung Deutschlands um 160% und erreichte vor dem Ersten Weltkrieg (1910) 64,6 Millionen. Zugleich änderte sich das Bild der Beschäftigungen: Im Jahre 1882 – man muß solche manchmal absurden Daten nehmen, weil kein anderes statistisches Material vorhanden ist – war nur noch die Hälfte aller Erwerbstätigen in der Land- und Forstwirtschaft tätig, und im Jahre 1907 waren es 37,6 Prozent. Im vergangenen Jahrzehnt ist dieser Anteil übrigens in Deutschland auf unter 10 Prozent gefallen. Diesen Stand hatte England schon ein Jahrhundert früher erreicht. Heute entsprechen die Zahlen der UdSSR etwa denen des deutschen Kaiserreiches von 1880, ganz zu schweigen von den Verhältnissen in China. Die sozialistischen Staaten, die heute ihre Industrialisierung unter veränderten politischen Bedingungen durchführen, berufen sich auf Marx und Engels, also auf Männer, die gleichsam in der ersten Stunde der Industrialisierung, unmittelbar nach dem ersten Schock, ihre politische Ökonomie formuliert haben.

Die weitgehende Umschichtung der Bevölkerung mußte auf allen Gebieten des

Lebens Konsequenzen haben. Dabei traten Spannungen auf, die z. T. noch heute sichtbar sind. So entwickelte sich ein immer schärferer Gegensatz zwischen denen, deren Interessen auf dem Lande lagen – im damaligen Deutschland vor allem auch durch den Großgrundbesitzer, den meist adligen Gutsherrn repräsentiert –, und der Masse der Arbeiterschaft, die sich in den »Socialdemokratischen Vereinen« zu organisieren begann. Die Landwirtschaft mißtraute der Industrie und verhielt sich ihr gegenüber feindlich, wie überhaupt gegen die neuen Bereiche der Technik und der Naturwissenschaften. Jede Rückwendung zum einfachen Leben, zur Natur, entspringt dieser Tendenz, das Geschehene ungeschehen zu machen und sich dem Zwang der Industrialisierung, die ja auch eine Art von Maschinisierung ist, zu entziehen.

Andererseits braucht man heute nur über Land zu fahren, um zu sehen, was die Industrialisierung der Landwirtschaft gebracht hat: Die Maschine ist an die Stelle des Ochsen, des Pferdegespannes, des Menschen getreten, sie entlastet, wo die Besitzstrukturen das zulassen, den Menschen, der am Boden bearbeitet, und schließt ihn mit den modernen Formen des Warenangebotes, mit Rundfunk und Fernsehen, durch die Motorisierung an den Standard der modernen Zivilisation an. Lange hat die Landwirtschaft als Bremse gewirkt und zugleich der stürmischen Entwicklung zum Industriestaat eine gewisse Stabilität gegeben, ehe auch sie von der Industrialisierung erfaßt worden ist. Wie die Menschen, die in die Industrie gingen, entwurzelt wurden, ist vielfach geschildert worden. Der Masse der »Lohnsklaven«, der »Verdammten dieser Erde«, der Proletarier, die nichts anderes anzubieten hatten als ihre Arbeitskraft, standen für lange Zeit die Unternehmer gegenüber, eine Gruppe oft robuster Erfolgsmenschen, auch sie das Produkt einer bestimmten gesellschaftlichen Entwicklung, die sie zugleich beeinflußt und gefördert haben.

Vom Erfinder zum Unternehmer

»Ich schwöre zu Gott dem Allmächtigen und Allwissenden einen leiblichen Eid, daß ich die Geheimnisse über die Zement- und Gußstahlfabrikation nebst allem, was damit direkt oder indirekt in Verbindung steht, namentlich auch die Anfertigung der Tiegel und Formen, wie mir solche vom technischen Dirigenten des Bochumer Vereins, Jacob Mayer, oder irgendeinem anderen Beamten oder Vorsteher des Vereins mitgeteilt werden wird, für immer geheimhalten, nicht auf andere übertragen will . . . Dieses schwöre ich, so wahr mir Gott helfe, und sein heiliges Evangelium.« Der Verein, von dem die Rede ist, nannte sich »Bochumer Verein« und produzierte auf 120 Tiegeln, die auf Rosten standen und mit Koks beheizt wurden, jenen Gußstahl, dem die Zukunft gehörte – leider nicht ohne Konkurrenz: Auch die Firma Fried. Krupp hatte das Geheimnis entdeckt und auf der Pariser Weltausstellung von 1855 mit einem Block Aufsehen erregt, der 100 Zentner wog und aus einem Stück gegossen war. Sie führte aber auch Kanonenrohre vor, die 100 Kilogramm leichter waren als die der französischen Armee und 3000 Schuß ohne Verschleiß aushielten.

Der »Bochumer Verein« war mit Glocken aus Gußstahl auf der Weltausstellung vertreten – Kanonen oder Glocken, keine schlechten Einfälle, um die Öffentlichkeit auf die neuen Errungenschaften aufmerksam zu machen. Alfred Krupp hatte bezweifelt, daß die Glocken des Jacob Mayer tatsächlich aus reinem Gußstahl seien, und höhnisch gefordert, man solle sie nur zerschlagen, dann werde man schon sehen, daß sie aus Roheisen bestünden. Mayer zögerte nicht und ließ unter Zeugen eine Glocke zerschlagen, um einen Triumph seiner Leistung zu erleben. Er war glänzend rehabilitiert.

Solche Konkurrenzkämpfe kennzeichnen einen neuen Stil wirtschaftlicher Auseinandersetzung, wie er zur Zeit der Zünfte nicht denkbar war. Sie erforderten aber auch jenen neuen Typ für die Leitung großer Unternehmen, eben jenen »Unternehmer«, dessen Energie auf kein anderes Interesse gerichtet war als das Wohlergehen seiner Fabriken, und der keinen anderen Gedanken kannte als den, die Konkurrenz zu schlagen, eine gleichsam ins Wirtschaftliche übersetzte Variante militärischer Tüchtigkeit. Militärisch wirkte auch die Organisationskraft, die notwendig war, um Fabriken aufzubauen und zu leiten – es war dies ja eine völlig neue Form der Kooperation. Jacob Mayer, der seinen Arbeitern jenen Eid auf die Fabrikationsgeheimnisse des »Bochumer Vereins« abforderte, ist Uhrmacher gewesen und nach Köln gekommen, um Uhrfedern aus Stahl zu machen.

Das Geheimnis des Tiegelgußstahles war von dem Engländer Huntsman erfunden worden, einem Uhrmacher (siehe Band »Stadt · Technik · Verkehr«), und Jacob Mayer, der ehemalige Uhrmacher, verkörperte eine jener Persönlichkeiten, die am Anfang der industriellen Entwicklung standen. Mayer war allerdings schon ein Mann der zweiten Generation; die Leitbilder boten jene Erfinder, die, ihre Ein-

Das Eisenwalzwerk. *Gemälde von Adolph von Menzel, 1875.*
Staatliche Museen zu Berlin, Nationalgalerie, Berlin

fälle in wirtschaftlichen Nutzen umsetzend, zum Vorbild des unternehmerischen Technikers wurden. Erfinder hat es seit der Renaissance gegeben – aber die Erfindungen jener früheren Zeit blieben weitgehend anonym oder wurden mythologisiert. Selbst Männern wie Leonardo da Vinci, Brunelleschi oder Otto von Guericke wäre niemals der Gedanke gekommen, noch hätten sie die Möglichkeit gehabt, ihr »Ingenium« wirtschaftlich zu nutzen. Das war Sache der Auftraggeber als Unternehmer, etwa der Kirche oder der Feudalherren, und auch dies allenfalls so, daß man Männer mit besonderen Fähigkeiten, etwa zur Alchemie, zur Papierherstellung oder Waffenfertigung, mit Privilegien ausstattete. Diese wirtschaftsfremde Denkweise des Erfinders hat sich als Ausnahme bis ins 19. Jahrhundert erhalten. Auf der Höhe seiner Erfolge schrieb Werner von Siemens im Jahre 1865 in einem Brief an seinen Bruder: »Rein kapitalistische Spekulationsobjekte passen für uns sach- und erfahrungsgemäß nicht. Wir sind keine Kaufleute, wir stehen darin jedem gewöhnlichen Geldsack nach.« Er sah in seinem Unternehmen erst »in zweiter Linie ein Geldwertobjekt«.

Daß man über Neuerungen nachgrübelte, einen bestimmten Zweck verfolgte und schließlich alle Mittel einsetzte, um Nutzen und Vorteil aus der Sache zu ziehen, ist nicht selbstverständlich gewesen und erst seit der Reformation zur Grundhaltung des Menschen geworden: Er erlebte sich nun nicht mehr in einer gewordenen, statischen, sondern in einer sich wandelnden Welt und sah seine eigene Aufgabe darin, sie zu verändern. Welche Aspekte für den bürgerlichen Menschen Calvinscher Prägung der materielle Erfolg hatte, ist bereits geschildert worden. Mit den Erfindern, die sich aus kleinen Verhältnissen zu Reichtum und Ansehen emporarbeiteten, ist die Legende des Kapitalismus geschaffen. Die Story des Aufstiegs vom Schuhputzer zum Millionär stellt nur eine späte Variante jenes Musters dar, das Männer wie Richard Arkwright oder James Watt vorgezeichnet hatten.

Richard Arkwright stammte aus kleinsten Verhältnissen, wuchs unter zwölf Geschwistern auf und ging wie sie alle seit seinem sechsten Lebensjahr zur Arbeit. Seine 1769 patentierte Spinnmaschine (siehe Band »Kleidung · Mode · Schmuck«) ist die erste Maschine gewesen, die seit 1782 zunächst mit Muskelkraft, dann mit Wasserkraft und schließlich mit Dampfkraft betrieben wurde; mit ihr begann die Industrialisierung. Arkwright wurde zum ersten und mächtigsten Textilfabrikanten seiner Epoche und hinterließ ein Millionenvermögen. Diesen Erfolg verdankte er bezeichnenderweise nicht so sehr seinen intellektuellen Fähigkeiten als vielmehr seiner unglaublichen Zähigkeit, mit der er alle Schwierigkeiten durchstand. Auch James Watt hat sich, durch seine Erfindungen zu Reichtum und Ansehen gekommen, mit 64 Jahren zurückziehen können. Er stammte wie Arkwright aus ärmlichen Verhältnissen und verdankte seinen Aufstieg nur der Tatsache, daß er puritanisch lebte, seine ganze Existenz einem einzigen Ziel opferte und nicht aufgab, bis er das Beste aus seinem Einfall gemacht hatte. Der Zimmermannssohn aus Glasgow hat 1765 die erste wirksame Dampfmaschine gebaut, die mit Dampfdruck arbeitete. Sieben Jahre dauerte es, bis die Maschinenfabrik »Boulton & Watt« ihre Tätigkeit aufnahm, und erst nach siebzehn Jahren, im Jahre 1782, hatte Watt den Gedanken gefunden, den komprimierten Dampf wechselweise auf beide Seiten des Kolbens drücken zu lassen. Erst diese doppelt wirkende Dampfmaschine war die eigentliche Dampfmaschine, die dann Bergwerke entwässerte, Spinnmaschinen antrieb und in der Eisenindustrie eine neue Epoche einleitete.

Die Geschichten dieser Erfinder gingen damals durch alle Gazetten und wurden Leitbilder für Bürger wie Benjamin Franklin (1706–1790), den Zeitgenossen der Dampfmaschine. Selbstverständlich gab es auch Erfinder, die finanziell weniger erfolgreich waren, wie etwa Joseph Marie Jacquard, den Erfinder des mechanischen Webstuhles, der schließlich von den Lyoner Webern fast gelyncht worden wäre und in Armut starb, der erste einer langen Reihe ausgenutzter und übervorteilter Genies – aber auch sie gehören, wie der erfolgreiche Typ, zum Bild der heraufkommenden Konkurrenzgesellschaft, in der wie bei der Maschine nur die Leistung zählt.

Die Industrialisierung in Deutschland ist mit einer ganzen Reihe solcher Namen verknüpft, die später weltberühmt wurden wie Siemens oder Krupp, Borsig oder Stinnes, Haniel oder Hoesch. Einige dieser Männer, vor allem im Revier bekannt, verkörpern den neuen Typ auf besonders eindrucksvolle Weise. Da gibt es den »Mechanikus« Franz Dinnendahl aus Hattingen an der Ruhr, ursprünglich ein Zimmermeister, der dabei war, als im Jahre 1801 in der Eschweiler Mulde des Aachener Reviers auf der Zeche »Vollmond« ein solches Ungetüm von Dampfmaschine in Betrieb genommen werden sollte. Dinnendahl gelang es, die Maschine in Gang zu setzen, und so erhielt er den Auftrag, ebenfalls eine solche Maschine zu bauen. Nach erheblichen Schwierigkeiten wurde diese Aufgabe gemeistert, und im Jahre 1803 begann sie bei Essen auf der Zeche »Wohlgemut« zu arbeiten. In der Minute hob diese Maschine 1000 Liter Wasser auf eine Höhe von 18 Metern und bewährte sich so, daß Dinnendahl mit dem Kapital der Kaufmannswitwe Helene Amalie Krupp in Essen eine Maschinenfabrik mit 60 Arbeitern gründen konnte.

Mit den Maschinen aus Dinnendahls Fabrik gelingt es der Firma Sälzer & Neuack in Essen, 1806 den Förderschacht auf 42 Meter Tiefe niederzubringen, 1808 erreicht man auf der Zeche »Vollmond« 46 Meter Tiefe, und 1811 wird eine solche Maschine erstmals zur Förderung eingesetzt, nicht nur zur Entwässerung. Dinnendahl, von geschäftlichen Rückschlägen zermürbt, ist verarmt gestorben, aber der eingeschlagene Weg erwies sich als richtig. 1839 gelingt es, unter Leitung des Unternehmers Franz Haniel aus Ruhrort, bei wasserhaltigem Gebirge die dicke Mergelschicht über den Kohlenflözen zu durchstoßen und auf der Zeche »Kronprinz von Preußen« bis in eine Tiefe von mehr als 200 Metern vorzudringen; der Ehrgeiz des Unternehmers und der Konkurrenzdruck haben die Möglichkeit geschaffen, bisher ungenutzte Kohle aus größerer Tiefe abzubauen und riesige Felder zu erschließen.

Die Geschichte der Haniel, Huyssen und Krupp – ein winziger Ausschnitt aus dem eindrucksvollen Panorama der Industrialisierung in Deutschland – führt nun mitten ins Problem und auf den neuen unternehmerischen Typ. Zur Vorgeschichte: Im Jahre 1808 gründeten die Herren Gottlob Jacobi, Gerhart und Franz Haniel und Heinrich Huyssen eine Firma, die aus einigen kleineren Eisenhütten zusammengesetzt war; auch die von der Witwe Krupp erworbene Gutehoffnungshütte Oberhausen gehörte dazu. Im Jahre 1816, als das Unternehmen florierte, zog sich die Geschäftsleitung zurück und übertrug die Aufsicht einem gescheiten und energischen Mann namens Wilhelm Lueg, der bisher die Kinder im Hause Jacobi unterrichtet hatte, sich aber als »Faktor« durchaus bewährte.

Man kann diesen Wilhelm Lueg, nach dem heute eine Hauptverkehrsstraße in

Essen benannt ist, als den ersten Manager des Reviers bezeichnen, einen Vorläufer jener Reihe, die bis zu Aurel Goergen und Berthold Beitz reicht (Engelmann). Lueg unterschied sich von den »Faktoren«, wie man sie bisher kannte, durch einen größeren Grad von Selbstbewußtsein. Er verstand sich nicht als Sklaventreiber, etwa wie ein Gutsinspektor alter Art, sondern suchte Verantwortung. Von den Firmeninhabern forderte er Generalvollmacht für die Leitung des Unternehmens, oder er werde einen Konkurrenzbetrieb in Sterkrade aufmachen.

Lueg erhielt seine Vollmacht, und die Herrschaft der Manager begann, lange vor der Erfindung von Telefon und Flugzeug, Marketing und Streß. Er baute in Ruhrort eine Werft, wo 1830 als erster in Deutschland gebauter Rheindampfer die »Stadt Mainz« vom Stapel lief; er baute die Werke in Oberhausen aus und gründete mechanische Werkstätten und Kesselschmiede in Sterkrade, erwarb 1853 die erste Steinkohlenmutung und förderte 1857 auf der Zeche Oberhausen die erste konzerneigene Kohle. Mit dem Management entstanden auch die ersten Formen vertikaler und horizontaler Verflechtungen, die Muster der großen Industriekonzerne zeichneten sich ab. Das Familienvermögen der Haniel erreichte 1910 den geschätzten Gesamtbetrag von 400 Millionen Goldmark und verteilte sich auf 22 Personen – eine für Deutschland, für Europa nicht untypische Entwicklung. So erzeugten die neuen industriellen Produktionsformen eine neue Führungsschicht, die vom Kapital abhängig in dessen Dienst arbeitete, oft zum Wohle des Ganzen, immer aber im Interesse derer, denen sie Rechenschaft schuldig war. Daß diese Männer »Herr im Haus« waren, galt als selbstverständlich und blieb ihre Forderung noch lange, als sich die Arbeiterschaft schon längst als neue, selbstbewußte Macht organisiert hatte.

Magneten und Dynamos

Ohne Elektrizität, ohne die Entdeckung des Erdöls wäre die Industrialisierung niemals denkbar gewesen. Dieses Kapitel aus der farbigen Geschichte der Menschheit gehört zu den spannendsten Abschnitten ihrer Entwicklung. Am 21. Juli 1820 verschickte der Professor Hans Christian Oersted (1777–1851) aus Kopenhagen an alle wichtigen Akademien und gelehrten Gesellschaften eine Mitteilung in mäßigem Latein, mit der er eine wichtige Entdeckung bekanntgab. Er hatte durch bestimmte Versuche, die er in gedrängter Form schilderte, die Tatsache nachweisen können, daß der galvanische Strom ein magnetisches Feld bildet. Damit war der Zusammenhang zwischen Magnetismus und Elektrizität erbracht; das Jahr 1820 gilt als Geburtsstunde des Elektromagnetismus.

Hundert Jahre später existiert eine Elektroindustrie, deren Umfang und Bedeutung keiner jener Männer hat ahnen können, denen die grundlegenden Entdeckungen gelangen. Um eine Zahl zu nennen: Die Elektroindustrie besaß allein in den USA im Jahre 1921 einen Produktionswert von 809,5 Millionen Dollar. Sie steigerte dieses Ergebnis bis 1930 auf 2,33 Milliarden Dollar – das sind unvorstellbare Dimensionen der Entwicklung, wenn man an den Anfang denkt.

Da hatte 1819 der Professor Julius Konrad von Yelin von der Bayerischen Akademie der Wissenschaften eine Publikation verfaßt, die den Titel trug: »Über den Magnetismus und die Elektrizität als identische und Naturkräfte.« Den Magnetismus kannte man bereits im Altertum, die Elektrizität hatte man im 18. Jahrhundert entdeckt; man kannte Glas- und Harzelektrizität, konnte Strom an einem nassen Bindfaden über 392 Meter weit leiten wie der Franzose Du Fay oder baute Elektrisiermaschinen wie der Wittenberger Physiker Matthias Bose. Der Pommer Ewald Jürgen von Kleist (gestorben 1748) hat in Cammin eine Flasche zur Verstärkung der Elektrizität erfunden, die als »Leidener Flasche« bekanntgeworden ist. Franklin hatte 1747 die »Elektrische Spitzenentladung« entdeckt und den Blitzableiter erfunden. Schließlich gab es den Versuch des Mediziners Luigi Galvani, der 1780 die elektrischen Zuckungen von Froschschenkeln entdeckte, und den Grafen Alessandro Volta, der 1799 die berühmte Voltasche Säule konstruiert hatte. Das etwa war der Stand der Dinge, als Oersted, angeregt wohl durch die Schrift des Kollegen aus München, die Pole einer starken Voltaschen Säule mit Platindraht verband und darunter parallel zum Draht eine Magnetnadel anordnete. Sobald der Draht glühte, schlug die Magnetnadel aus. Die Entdeckung Oersteds erregte die naturwissenschaftlich gebildete Welt, etwa so, als würde heute die Verbindung zwischen Astrologie und Telepathie experimentell zweifelsfrei nachgewiesen. Jedermann prüfte Oersteds Entdeckung im Experiment selbst nach.

Wie von einem Computer gesteuert folgte nun eine Entdeckung der nächsten: Im gleichen Jahr 1820 veröffentlicht André Marie Ampère (1775–1836), Professor an der berühmten Ecole Polytecnicque in Paris, seine elektrodynamischen Grundgesetze für die Wirkungen des elektrischen Stromes auf die Magnetnadel. Ebenfalls in diesem Jahr entdeckten Dominique François Jean Arago (1786–1853), der Direktor der Pariser Sternwarte, und Louis Joseph Gay-Lussac (1778–1850), der hauptsächlich über Gase gearbeitet hat, daß Eisen unter Einwirkung des elektrischen Stromes magnetische Eigenschaften zeigt. Sie führten eine Stahlnadel in eine stromdurchflossene Drahtspirale und stellten damit den ersten Elektromotor her – falls man einen solchen Apparat als Motor bezeichnen will. Den nächsten entscheidenden Schritt tat Michael Faraday (1791–1867), dessen Lebensweg vom Laufburschen und Faktotum zum »größten Experimentator seiner Epoche« bereits kurz geschildert worden ist (siehe Band »Stadt · Technik · Verkehr«). Die Grundfrage, auf deren Beantwortung schließlich die Elektroindustrie aufgebaut worden ist, war die nach dem Verhältnis zwischen Strom und Magnetismus. Seit Oerstedt wußte man, daß man mit Strom Magnetismus erzeugen kann. Die Frage war, ob man auch umgekehrt mit Magnetismus Strom erzeugen könne.

Es heißt, Michael Faraday habe stets einen kleinen Magneten und ein Stück Kupferdraht bei sich getragen, weil ihn diese Lösung des Problems ständig beschäftigt habe. Im Jahre 1831 fand er die Lösung. Er erfaßte die Wirkung des Magneten als »Feld« – dieser Begriff, der auch die Gravitationslehre geprägt hat, ist von ihm geschaffen worden – und er erkannte, daß man einen Strom »induziert«, d.h. erzeugt, wenn man eine Drahtspirale quer durch das Feld eines Magneten führt (Klinckowstroem). Auf dieser Entdeckung beruhen Dynamo und Elektromotor. Faraday selbst hat übrigens auf die Frage nach dem Nutzen von wissenschaftlichen Entdeckungen eine Antwort gegeben, deren anekdotische Kürze das Problem mit einem Schlag klärt. Als er in der Royal Institution im April 1832 zum ersten Male einen Induktionsstrom vorführte, den er aus der Anordnung einer bewegten Kupferscheibe zu einem Hufeisenmagneten gewonnen hatte, wurde er von einem der Gäste gefragt, welchen Nutzen denn dieses neue Spielzeug habe. Er soll geanwortet haben: »Welchen Nutzen hat ein neugeborenes Kind?«

Wie ist es nun zur Entwicklung der Industrie gekommen, zu dem Schritt in die andere Dimension, in der nicht der wissenschaftliche Wert, sondern der wirtschaftliche Nutzen zählt? Zunächst war die Frage, mit wieviel Aufwand man wieviel Elektrizität erzeugen konnte – ganz abgesehen von ihrer Verwendbarkeit. Schon um 1800 hatte man versucht, Wasser durch Elektrolyse zu zersetzen, aber mit Hilfe einer Voltaschen Säule, also mit einem Strom, der aus der chemischen Reaktion zwischen Kupfer- und Zinkplatten entstand. Als der englische Physiker Sir Humphry Davy, bei dem Faraday den Hausdiener gespielt hatte, im Jahre 1808 einen elektrischen Bogen erzeugen wollte, mußte er 2000 der von Robert Bunsen erfundenen Kohlen- und Zinkelemente nehmen. Das alles mochte zwar für die Wissenschaftler von Interesse sein, hatte aber keinerlei praktischen Nutzen. Zwei Erfindungen haben der Nutzung der Elektrizität den Weg gebahnt, der Akkumulator und der Dynamo.

Beim Akkumulator wurden Bleiplatten in verdünnte Schwefelsäure getaucht. Diese Erfindung aus dem Jahre 1859 stammt von Gaston Planté. Immerhin dauerte es noch rund ein Menschenalter, bis durch einzelne Verbesserungen der heute gebräuchliche Akkumulator entstand. Zunächst erforschte man die Wirkungsweise, setzte dann statt Platten ein Gitterwerk ein – die Erfindung eines gewissen Faure aus dem Jahre 1880 –, und im Jahre 1888 konstruierte Correns dann die heute noch gebräuchliche Form. Der Fortschritt war so groß, daß William Morrison bereits mit einem solchen Akkumulator im Jahre 1891 sein elektrisches Automobil antreiben konnte. Das Prinzip des Generators, bei dem durch mechanische Bewegung Strom erzeugt wird, war ja schon 1832 von Faraday vorgeführt worden. Bis es aber zur industriellen Nutzung kam, mußten gerade die einzelnen Widerstände überwunden werden, von denen der heutige Techniker und Bastler sich kaum noch eine Vorstellung macht. Es gab ja natürlich keine Zulieferindustrie. Wie die ersten Automobilisten ihr Benzin in Apotheken kaufen mußten, so gab es nirgendwo einen Draht, der für die Leitung von Elektrizität isoliert war.

Im Schiffsbau wurden noch 1863 hölzerne Treibräder mit hölzernen Zähnen verwandt, die kleineren, getriebenen Räder bestanden häufig nur aus Bolzen, die zwischen zwei Scheiben angeordnet waren. Als der Amerikaner Samuel Morse (1791–1827) den ersten brauchbaren elektromagnetischen Schreibapparat entwikkelte – er arbeitete noch mit Zickzackschrift, das berühmte Morsealphabet hat er erst später erfunden –, gab es zunächst nirgends Draht. Nur die Putzmacherinnen benutzten einen isolierten Draht für die damals üblichen großen Hauben, die von den Damen in New York getragen wurden. Andere Erfinder mußten sich die Drähte mühsam selbst mit Seidenfäden umwickeln (Forbes). Faradays Apparat war praktisch nutzlos, und auch die späteren Verbesserungen, etwa die Einführung des Elektromagneten anstelle des Magneten oder die Veränderung der Drahtschleife zu einer Serie von Schleifen, zur Spule und schließlich zum Anker, änderten an der Situation wenig; es waren dies winzige Schritte in eine sehr nebelhafte technische Zukunft.

Die ersten Generatoren, die in den frühen dreißiger Jahren des vorigen Jahrhunderts gebaut wurden, hielt man für nutzlosen Ersatz der Batterie. Sie erzeugten nämlich Wechselstrom. Erst als ein gewisser William Sturgeon einen Gleichrichter erfand, der mit Hilfe eines rotierenden Kontaktors periodisch die Richtungen des wechselnden Stromes umkehrte, zeigte sich, daß der Elektromagnet für den Generator viel geeigneter war als der bisher übliche Magnet. Wieder ging man einen Schritt weiter und suchte nach der »sich selbst ladenden elektrischen Maschine«, die 1855 von Hjorth konstruiert wurde. Aber auch nachdem man verstanden hatte, daß man mit der vom Generator erzeugten Energie einen Teil der Maschine, nämlich den Magneten, wieder aufladen könne, war der Apparat von einer möglichen industriellen Nutzung noch weit entfernt.

Ohne auf die technische Entwicklung im einzelnen einzugehen, kann man sagen, daß der Durchbruch 1867 auf der Weltausstellung in Paris erfolgte. Siemens hatte bereits im Jahre 1856 ein schwieriges Problem des Generators gelöst und den Doppel-T-Anker erfunden, um einen kontinuierlichen Wechselstrom zu erzeugen. Andere Ingenieure hatten diesen Einfall verbessert, auch Siemens selbst entwickelte neue Modelle des sich selbst ladenden Generators. Mit ihren neuesten Leistungen waren Siemens, Hjorth und einige andere Erfinder auf jener Weltausstellung vertreten. Von Werner von Siemens stammte auch das Wort »Dynamo«, das er zum ersten Male bei einem Vortrag vor der Akademie der Wissenschaften in Berlin gebraucht hatte. In jenem Jahrzehnt zwischen 1860 und 1870 findet Mendel die Vererbungsgesetze, werden das Telefon und die Kugellager erfunden, konstruiert der junge Otto seinen Motor (siehe Band »Stadt · Technik · Verkehr«), erfindet man das Zelluloid und verwendet zum ersten Male Stahlbeton.

Die Erfindung des Dynamos fügt sich in dieses Bild. Schon 1872 wird ein Generator für die galvanische Versilberung benutzt – ein Vorgang, bei dem bekanntlich Metalle einer Lösung, die in Form von Salz eingebracht wird, sich an Gegenständen niederschlagen, die als Kathode benutzt werden –, und 1875 betreibt der Engländer Watson den ersten elektrischen Hochofen. Der industrielle Fortschritt ist in der Elektroindustrie mit dem Namen Siemens verknüpft. Sein Einfall, durch den Strom den Magneten zu verstärken und durch diesen wiederum den Strom, führte zu einem »ganz neuen Maschinentypus, der das Antlitz der Erde verändert hat«. Schon 1870 begann man die ersten großen Wechselstrommotoren zu bauen; 1879 brachte Siemens die wichtigste Anwendungsform des Elektromotors, seine elektrische Eisenbahn, in Berlin zur ersten Vorführung; 1880 erfand er den elektrischen Fahrstuhl (Friedell).

Um 1880 nahmen die ersten Elektrizitätswerke in einigen Großstädten ihren Betrieb auf, allerdings zunächst nur mit Gleichstrom. Erst als es Transformatoren gab, konnte man auch mit Wechselstrom arbeiten. In den 70er Jahren kamen die ersten elektrischen Bogenlampen auf, eine Sache für vermögende Leute und für wenige Straßen in den Großstädten. Dennoch gab es damit nun schon mehrere Abnehmerbereiche für Elektrizität: Erstens die Telegraphenlinien – im Jahre 1847 hatte Werner von Siemens mit dem Mechaniker Halske und dem Justizrat G. Siemens die »Telegraphen-Bauanstalt von Siemens & Halske« gegründet. Schon ein Jahr zuvor war das erste unterseeische Telegraphenkabel von New York nach Brooklyn verlegt worden, noch unter Mithilfe des genialen Malers und Autodidakten Morse, der mit seinem System die amerikanische Regierung überzeugt hatte. Er hatte schon 1843 die erste amerikanische Telegrafenlinie von Washington nach Baltimore verlegt. Ferner wurde Strom in der Industrie als Energie gebraucht, und schließlich erschloß sich im Beleuchtungswesen ein breiter Abnehmerkreis.

Für die Entwicklung der Elektroindustrie ist das von Siemens gegründete Unternehmen ein gutes Beispiel, das schon in den Jahrzehnten vor dem Ersten Weltkrieg beachtliche Dimensionen annahm. Schon 1903 wurde die Starkstromabteilung angegliedert und mit der Elektrizitäts AG Schuckert & Co. in Nürnberg zur Siemens-Schuckertwerke GmbH verbunden. In Berlin trägt ein ganzer Stadtteil den Namen Siemensstadt, die Beschäftigtenzahl überschreitet heute 100000 Menschen.

Steinöl wird Weltmacht

Was macht der Mensch mit einer Flüssigkeit, die aus der Erde sickert und sich in Lachen sammelt, die man anzünden kann, die ölig schmiert und scharf riecht? Alles ist denkbar, man reibt sich das Erdöl als Medizin auf den Körper, etwa im mittelalterlichen Europa oder im Tegernseer Gebiet Bayerns bis weit in die Neuzeit hinein, aber auch bei den Indianern. Im Bayerischen nennt man das Erdöl »Steinöl« und schreibt ihm allerlei Heilwirkungen zu.

Natürlich sammelt man das Öl, zündet es an – aber auch hier für höchst unterschiedliche Zwecke. In Byzanz zum Beispiel, also im europäischen Kulturkreis des Mittelmeeres, stellte man Brandgemische her, mischte Schwefel, Olivenöl, Harze, Erdpech, Salze und gebrannten Kalk dazu, gab das Gemisch in Fässer und schleuderte sie mit Katapulten auf feindliche Schiffe oder gegen hölzerne Belagerungsanlagen. Diese Brandgemische waren schon damals mehrere Jahrhunderte alt und reichen bis ins 4. vorchristliche Jahrhundert zurück. Im Jahre 637 hat ein Flüchtling aus Ägypten die Kenntnis dieser Brandsätze nach Konstantinopel gebracht und dem Kaiser Konstantin IV. eine verbesserte Formel zur Herstellung des Brandgemisches mitgeteilt – eben dies war das »griechische Feuer« (siehe Band »Herrschaft · Recht · Krieg«).

Einige Indianerstämme in Nordamerika, die Erdölquellen kannten, ehrten den Großen Geist, sie zündeten bei ihren kultischen Festen Erdöl an und tanzten beim flackernden Schein der Flammen ihre Tänze; angezündet haben aber auch die Perser das Erdöl und von Priestern als »heiliges Feuer« bewachen lassen, das war zur Zeit des Alten Testamentes, und der römische Schriftsteller Plinius der Ältere berichtet, daß das Erdöl von Agrigent als »Sizilisches Öl« in Lampen gebrannt wurde. Diese Reihe ließe sich erweitern. Auch Benzin, das Destillat von Erdöl, taucht schon verhältnismäßig früh auf; der in Celle bei Hofe wirkende Medicus Johann Taube hat am Erdpech von Wietze in der Lüneburger Heide festgestellt, es sei reich an »Bergöl«, also an Petroleum, und er hat das Destillat aus Bergöl beschrieben als ein »weißes, flüchtiges Öl«, das leicht Feuer gefangen habe – es war Rohbenzin (Klinckowstroem). Das war 1769, als Napoleon auf Korsika geboren wurde und James Cook, der Entdecker Australiens, in der Südsee starb, also noch sehr weit weg von chemischen Analysen, Raffinerien, Tankstellen. Ein Jahrhundert zuvor hatte der gelehrte Jesuit Athanasius Kircher schon den Vorschlag gemacht, man solle eine Leitung aus Bleirohren legen, um auf diese Weise eine »ewige Lampe« mit Brennstoff zu versorgen, wie er aus der Erde selbst komme. Man weiß, daß der Pater, ein vielzitierter Philosoph, Archäologe und Naturwissenschaftler, in seinem 1664 erschienenen Werk »Mundus subterraneus«, der unterirdischen

Welt, einiges über Erdöl sagt, freilich ohne es so zu nennen. Er kannte also den Stoff und hat mit dieser frommen Pipeline seiner Zeit weit vorausgedacht.

Die erste Erdölgewinnung der Welt, die modernen Vorstellungen entsprechen mag, hat der österreichische Salinenbeamte Joseph Hecker 1817 ins Leben gerufen; es gab in Galizien bei Dobrohycz südlich Lemberg ein staatliches Salzwerk, und dort richtete Hecker eine kleine Raffinerie ein, die Petroleum für Beleuchtungszwecke lieferte. Man hat sogar auf Vorschlag Heckers Versuche angestellt, um das Petroleum als Straßenbeleuchtung zu verwenden, und zwar in Prag. Die Versuche verliefen zur Zufriedenheit, aber der Vorschlag selbst ist abgelehnt worden – zum Glück, möchte man sagen, denn das damalige Petroleum muß Benzin enthalten haben und sehr feuergefährlich gewesen sein. Dobrohycz selbst kann sich rühmen, die erste Stadt der Welt gewesen zu sein, die mit »Naphtha« beleuchtet wurde – der Name, bei den Assyrern »naptu«, ist von den Griechen als »naphtha« verwendet worden –, so lange, bis die Quelle fast versiegt war. Hecker selbst hat sich bei dem Versuch, größere Mengen Naphtha nach Prag zu liefern, finanziell ruiniert, weil er infolge eines besonders schneereichen Winters seinen Vertrag nicht hatte erfüllen können; er ist in Armut gestorben.

Der Gedanke, Erdöl zu fördern und mit seinem Destillat Lampen brennen zu lassen, ist aber in Galizien lebendig geblieben. Während dort die Methoden des Schachtbaues verbessert und immer neue Schächte gegraben wurden – allein im Stanislauer Bergrevier waren es 1840 schon 75 Schächte –, begann die neue Wissenschaft Chemie ihre ersten Schritte zu tun, die eine spätere Nutzung des Erdöls ermöglichten. Damals gab es niemand, der Forschungsaufträge für die Erschließung von Erdöl zu vergeben gehabt hätte. Aber weit entfernt von Lemberg und Tarnopol, in Berlin, saß der junge Student August Kekulé von Stradonitz (1829–1896) und hatte, halb im Schlaf, die blitzartige Erkenntnis der Fähigkeit des Kohlenstoffatoms, einen Ring zu bilden, nämlich den Benzolring. Auf dieser Erkenntnis aufbauend, hat er seit 1865 eine wesentliche theoretische Grundlage der organischen Chemie geschaffen. Nur wenige Jahrzehnte später sollten diese Erkenntnisse wie auch die anderer bedeutender Chemiker Erdöl in »flüssiges Gold« verwandeln; heute ist die Herstellung von Glyzerin, Reinigungsmitteln, Antibiotika und Kunststoffen aus Erdöl selbstverständlich.

Bis zu diesem Punkt war aber um die Mitte des vorigen Jahrhunderts noch ein weiter Weg zurückzulegen. Bisher hatte man Erdöl dort erschlossen, wo es durch geologische Zufälle an die Erdoberfläche trat. Um Erdöl suchen zu können, mußte man gewisse geologische Kenntnisse haben und wissen, daß die Erde geschichtet ist, daß diese Schichten verschiedenen Ursprunges sind und daß Erdölvorkommen bei bestimmten geologischen Symptomen vermutet werden können. Die Geologie hatte sich seit der Goethezeit, unter mancherlei Irrungen, zu einer Wissenschaft entwickelt, die diese Aufgaben versuchen konnte zu lösen. Aber das genügte noch nicht. Man mußte technisch in der Lage sein, Bohrungen bis in 30–40 m Tiefe niederzubringen; es gab noch keine Motoren, keine stählernen Bohrkronen mit Spezialstählen, keine Bohrtürme. Mit denkbar einfachen Verfahren von Hand arbeitete man, um das Ziel zu erreichen; die Schlagbohrmethode und die Seilbohrung wurden beide schon um die Mitte des vorigen Jahrhunderts angewandt. Immerhin gab es damals bereits Bohrmaschinen für den Bergbau und den Tunnelbau, die Technologie mußte also nicht erst geschaffen, nur angepaßt werden.

Der Entdecker des Erdöls, der zu kurzem Weltruhm gelangt ist, war Eisenbahn-schaffner in Amerika und hat sich den klingenden Titel Colonel zugelegt. Dieser Colonel Blake, der in der Weltpresse Sensation gemacht hat, stieß nach einein-halbjähriger Arbeit am 27. August 1859 bei dem Dorf Titusville in West-Pennsyl-vanien nördlich von Pittsburgh in 21 Meter Tiefe auf Erdöl. Er hatte einen hölzer-nen Bohrturm errichtet und mit einer Holzwinde und einem Hanfseil gearbeitet. Daß es überhaupt soweit kam, verdankte er seinem Apotheker namens Samuel Kier. Der hatte, wie andere Leute auch, in der Gegend des Alleghany River nach Salzquellen gesucht und übel stinkendes Erdpech gefunden. Aber anstatt, wie an-dere Männer vor ihm, mit einem Fluch weiterzuziehen, war Mr. Kier neugierig genug, den Stoff genauer zu untersuchen. Er stellte seine Zusammensetzung fest und erzeugte Petroleum, das er nach New York in den Handel brachte; man konnte Petroleum natürlich in Lampen brennen, aber Mr. Kier war es lieber, wenn die Leute es zu Heilzwecken verwandten, dafür machte er denn auch Reklame.

Ein gewitzter Rechtsanwalt namens George H. Bissell sah in dieser Sache ein Geschäft. Wenn man Erdöl regelrecht suchte und als Brennmaterial auf den Markt brachte, würde sich etwas machen lassen. Er war es, der die »Seneca Oil Company« gründete und den braven Edwin L. Drake anstellte – so begann die amerikanische Erdölindustrie. Das Tempo war atemberaubend: Mr. Drake gewann 400 Gallonen täglich, eine für damalige Zeiten erhebliche Menge. Sie genügte, um einen Boom auszulösen, wie man ihn nur in Kalifornien erlebt hat. Innerhalb kurzer Zeit stürmten, mitten im Bürgerkrieg, Tausende von Ölsuchern, Technikern, Händ-lern und Abenteurern nach Pennsylvania, und in dem unterentwickelten Land schossen Städte aus dem Boden, wurden Straßen, Eisenbahnen, Bohrtürme und zahllose kleine Raffinerien gebaut. Fünf Jahre nach Colonel Blakes Fund lieferte der Öldistrikt schon zwei Millionen Fässer, ein Jahrzehnt später gab es in den USA eine organisierte Erdölindustrie.

Der Kampf um ein Monopol

Jedermann kennt von Fotos die hagere, mumienhaft vertrocknete Erscheinung des alten John D. Rockefeller, der bis zu seinem Tode im Jahre 1937 sozusagen persön-lich den Kapitalismus amerikanischer Prägung verkörpert hat – so typisch für sein eigenes Land wie etwa das Haus Fugger für das Europa des 16. Jahrhunderts oder wie die Rothschilds für das 19. Jahrhundert. Als junger Mensch von zwanzig Jah-ren hat dieser Mann nichts anderes getan, als jeder in Amerika, nichts anderes als ein Mr. Kier oder Colonel Blake: Er nahm seine Chance wahr. Im Auftrage einiger Geschäftsleute von Cleveland hatte er die Ölfelder besucht und Ausschau nach einem Geschäftspartner gehalten, mit dem sich etwas anstellen ließ. Er fand Samuel Andrews, einen sehr begabten, aber durchaus mittellosen Techniker, der es indessen verstanden hatte, sich eine kleine Raffinerie aufzubauen. Rockefeller stellte dem Techniker zunächst einmal Kapital zur Verfügung, gemeinsam mit einem Geschäftsfreund, den er bald auszahlte, um das Geschäft mit Andrews allein zu machen. Die beiden Männer ergänzten sich ausgezeichnet. Der eine hatte Geschäftssinn, der andere baute technisch bessere Anlagen als die Konkurrenz. Schon frühzeitig beschloß Rockefeller, sich ganz dem Erdölgeschäft zu widmen und es unter sein Monopol zu bringen. Daß dieses Streben moralisch verwerflich gewesen wäre, hätte ihm nicht eingeleuchtet; man sah damals die Welt als einen Schauplatz des Kampfes zwischen dem Stärkeren und dem Schwächeren, und man glaubte Darwin folgen zu können, der das »Recht des Stärkeren« und die natürliche Zuchtwahl für die Entwicklung der Arten als biologisches Gesetz gefunden hatte. Zehn Jahre nach seinem Eintritt ins Ölgeschäft hatte er einige Unternehmen ruiniert, andere zum Nachgeben gezwungen und in Cleveland das Monopol erreicht; von ursprünglich 30 selbständigen Raffinerien gab es nur noch 10, die sich aber auch mit Rockefeller arrangierten. Er hatte dieses Ziel erreicht, weil er bei den Bahnen mehr Rabatte herausholen und deshalb die Konkurrenz mit Preisen unter Druck setzen konnte.

Im Jahre 1870 gründete Rockefeller mit seinen Teilhabern die »Standard Oil Company of Ohio« mit einem Aktienkapital von einer Million Dollar. Rockefeller, ein persönlich außerordentlich bescheidener Mann, der einfach lebte, tief religiös war und seine Mitarbeiter stets davor warnte, mit Reichtum zu prahlen, ließ sich nicht beirren und verfolgte sein Ziel mit unerschütterlicher Gelassenheit und Unbedenklichkeit. Der Kampf gegen die Konkurrenz freilich wurde mit einer unglaublichen Härte geführt. Überredung, Drohung und Erpressung waren selbstverständliche Mittel, man manipulierte den Markt, sperrte Bankkredite, bestach Abgeordnete, Richter oder auch nur Aktionäre anderer Gesellschaften und scheute vor keinem Mittel außer Mord zurück, um sich durchzusetzen.

Ein Beispiel: Alle Lagertanks der Erdölindustrie wurden von der mächtigen Standard Oil kontrolliert. Eine Gruppe zäher Konkurrenten ließ sich von Rockefeller nicht einschüchtern und plante den Bau einer Pipeline, um sich von den Eisenbahnen und ihren korrupten Verhältnissen unabhängig zu machen. Rockefeller teilte ihnen kühl mit, seine Gesellschaften könnten wegen Überfüllung der Tanks kein Öl mehr auf Lager nehmen. Damit war der Widerstand gebrochen, denn jede Stunde, die das Rohöl in die Erde versickerte, aus der es unter so großen Mühen ans Licht gepumpt worden war, bedeutete Verlust. Die Konkurrenz erklärte, auf den Bau der Pipeline verzichten zu wollen. Die Denkweise Rockefellers war schlicht; er suchte die Ordnung zu verwirklichen. Die Bedeutung des Erdöles erkannte er bald in ihrem vollen Umfang, und er war überzeugt, in der Zukunft würde ein Monopol im Weltmaßstab die Versorgung aller mit Erdöl und seinen Nebenprodukten besser wahrnehmen können, als dies unter dem Konkurrenzkampf zahlloser Firmen möglich war. Es mag sein, daß hier anstelle der Logik etwas Missionarisches ans Licht trat, das möglicherweise in seinem puritanischen Erbe begründet lag.

Auch der Widerstand des Parlaments in Pennsylvania, das ihm seiner üblen Geschäftsmethoden wegen für eine Tochtergesellschaft die Lizenz entzogen hatte, konnte ihn nicht beirren. Sein Ziel war, aus welchen Gründen auch immer, das

Mitgliedskarte *der »Amalgamated society of operative cotton spinners«*
während des Gewerkschaftskongresses 1844 in London. Der Zusammenschluß von
Arbeitergruppen mit gleichen Interessenlagen ging von England
aus, dem Mutterland der heutigen Industriegesellschaft. Farblithographie

INDUSTRY

ART

JUSTICE IS ALL WE REQUIRE

WE EXPECT NOTHING LESS

UNLOADING COTTON

SPINNING MILL

ACCIDENT

OUT OF WORK

LAP SCUTCHER

SLUBBING FRAME

CROMPTON

ARKWRIGHT

CARDING ENGINE

ROVING FRAME

SPINNING MULE

UNION IS STRENGTH

AMALGAMATED SOCIETY
OF
OPERATIVE COTTON SPINNERS

This is to Certify that _____ was
admitted a Member of the _____ Branch
of this Society on the _____ day of _____ 18__
J. & T. Mawdsley
General Secretary.   Branch Secretary.

Die Geldwechsler. *Glasfenster der Kathedrale von Le Mans, um 1240 (Detail)*

Der Hafen von Hamburg *gehörte zu den wichtigsten Umschlagplätzen des deutschen Hansebundes. Die Hanse war als Städtebund organisiert und verfolgte rein wirtschaftliche Ziele. Miniaturseite aus dem Hamburger Stadtprivilegium von 1497. Staatsarchiv, Hamburg*

Kirmes. *Die mehrmals jährlich veranstalteten Märkte boten nicht nur Gelegenheit zum Einkauf von Ware, sondern dienten auch der Gerichtsbarkeit als Tagungsort. Gemälde von David Vinckeboons (1576–1629). Herzog-Anton-Ulrich-Museum, Braunschweig*

Florenz *war eines der blühendsten Handelszentren in Italien.*
Die Stadt wurde im Mittelalter zunächst von den oberen Zünften regiert,
später von den Familien reicher Kaufleute, wie z.B. den Medici.
Das früh entwickelte Bankwesen und insbesondere der Tuchhandel sicherten Florenz
eine Vormachtstellung in Europa. Stadtansicht von Florenz um 1490.
Museo di Firenze com'era, Florenz

Renaissance-Wohnraum. *Die blühenden Handelsgeschäfte und der damit verbundene*
Wohlstand beeinflußten auch die Entwicklung der Wohnkultur. Hier ist ein
holzgetäfelter Raum des 16. Jh.s mit reich geschnitzten Möbeln zu sehen.
Historisches Museum, Basel

Raubüberfälle *auf Warentransporte waren damals an der Tagesordnung. Die Handelsherren versuchten sich gegen die zahlreichen organisierten Banden durch starke Bewaffnung der Güterzüge zu schützen. Gemälde von Esaias van de Velde (1592–1630) (Ausschnitt). Herzog-Anton-Ulrich-Museum, Braunschweig*

Weltmonopol, aber gewiß nicht deshalb, weil er sich persönlich bereichern wollte, denn von einer bestimmten Grenze an ist Reichtum für einen Mann wie Rockefeller, der sich bescheiden kleidet, von Milch und Keksen lebt und sich keinerlei Extravaganzen leistet, ein irrealer Begriff. Es ist nicht erstaunlich, daß sich bereits in diesem frühen Bild des rigorosen Kapitalismus alle wesentlichen Probleme, die ein Industrieunternehmen dieser Größenordnung einer Gesellschaft aufgibt, scharf abzeichnen. Der Staat, d. h. die Vereinigten Staaten, haben sich gegen Rockefellers Wachstum energisch zur Wehr gesetzt, und die Öffentlichkeit war alarmiert, als 1879 der Standard Oil Trust gegründet wurde. Rockefellers Unternehmen bietet ein vorzügliches Beispiel für den Versuch, wirtschaftliche Macht straff organisiert zu einer Art Staat im Staate werden zu lassen.

Das Wort Trust stammt bekanntlich aus dem Englischen, wo man mit trust company eine Treuhandgesellschaft bezeichnet; der Trust ist die strengere Form des Konzerns und wird von einer Dachgesellschaft einheitlich geleitet. Kartelle sind demgegenüber lose verbundene Zusammenschlüsse von Wirtschaftsunternehmen gleicher Wirtschaftsstufe, um den Markt zu beeinflussen. Rockefellers Oil Trust wuchs sich zu einer Bedrohung der freien Wirtschaft aus und rief den lebhaften Unmut der Öffentlichkeit hervor. Als die bis dahin geheimen Satzungen der Standard Oil Trust in der Öffentlichkeit bekannt wurden, war die Empörung nicht mehr zu beschwichtigen. Denn gegen nichts reagierten die Amerikaner empfindlicher als gegen die Zusammenballung von Macht in den Händen einer Gruppe oder eines einzelnen auf Kosten der Mehrheit.

Die bisherigen Mittel des Staates reichten offensichtlich nicht aus, dieser Entwicklung entgegenzutreten. Der Kongreß erließ daraufhin den sogenannten Sherman-Act: Alle Unternehmen, welche sich zum Ziel setzten, den freien Wettbewerb einzuschränken, wurden hiermit verboten. In Ohio saß der Kopf des Trusts, mit der Standard Ohio hatte Rockefeller sein Unternehmen aufgebaut, und so erließ der Oberste Gerichtshof dieses Staates eine Verfügung, mit der er den Rücktritt der Standard Ohio vom Gesellschaftsvertrag erzwang. Rockefeller hat diese Auflage unterlaufen, er löste zwar, wie vom Hohen Gericht auferlegt, den Trust auf, ließ ihn aber an anderer Stelle und in einer neuen Rechtsform wieder entstehen, nämlich im Staate New Jersey, wo ein neues Gesetz ihm erlaubte, eine Holdinggesellschaft zu gründen, also eine Kapitalgesellschaft: Ihre Anteile an den einzelnen Ölgesellschaften reichten aus, um die Firmenpolitik zu steuern.

Nun wußte man, was man von Rockefeller zu erwarten hatte, und was sich vor Jahrzehnten als Kampf in einer Branche abgespielt hatte, gleichsam unter Ausschluß der Öffentlichkeit, nämlich das rigorose Ringen um die absolute Macht, ging nun alle an. Tatsächlich glaubte jedermann, die Standard Oil manipuliere schlechthin alles, und die Macht der Konzerne und Monopole wurde zum politischen Alptraum der Nation. Auch als der alte John D. Rockefeller sich 1896 von den Geschäften zurückzog und sie seinem Sohn überließ, änderte sich in dieser Beziehung nichts. Im Jahre 1911 verfügte der Oberste Gerichtshof von New York aufgrund des Sherman-Acts, die Standard Oil habe sich innerhalb von dreißig Tagen ihrer sämtlichen Tochtergesellschaften zu entledigen. Das war ein Urteil nach dem Herzen der Amerikaner, ein Sieg des Guten über das absolut Böse, und der Trust hielt sich an die Spielregeln: Ohne Aufhebens löste er sich formal auf, der Gerechtigkeit war Genüge getan. Allerdings tauchten in den Listen der Spit-

Porträt des amerikanischen Milliardärs John D. Rockefeller *aus dem Jahr 1875.*
Rockefeller war einer der erfolgreichsten Industriemanager des 19. Jh.s. Er verdankte
seinen finanziellen Erfolg insbesondere der Erschließung amerikanischer Erdölfelder.
Staatsbibliothek Preußischer Kulturbesitz, Bildarchiv, Berlin

zenpositionen bei den 38 Gesellschaften immer dieselben Namen auf, und an der
Effizienz der wirtschaftlichen Steuerung, am Besitz des Erdölmonopols änderte
sich nichts.

Offensichtlich ist diese Wirtschaftsform damals allen anderen Modellen, die auf
ständischer oder staatssozialistischer Basis arbeiteten, überlegen gewesen; die
Standard Oil hat 1913 ihren Aktionären 60% Dividende gebracht, im Jahre 1922
waren es dann 400% – um welchen Preis in sozialer, in zivilisatorischer Hinsicht
dieses profitorientierte Zweckdenken siegte, ist erst in diesem Jahrhundert voll erkannt worden. Bis in die 60er Jahre des vorigen Jahrhunderts hatte es nur das

Walöl und einige unbedeutende mineralischen Öle gegeben, wenn man von dem aus der Kohle gepreßten Öl absieht. In der Wirtschaft hatte Öl keine oder nur eine ganz unbedeutende Rolle gespielt. Schon 1865 wurde die erste Pipeline verlegt, 1866 der erste Tankwagen der Eisenbahn in Dienst gestellt, und schon zwanzig Jahre später beherrschte Rockefeller den Markt, eine wahrhaft unglaubliche Entwicklung, die dann bekanntlich durch die massenweise Produktion von Autos im Weltmaßstab gesteigert worden ist. Rockefeller und sein Trust liefern dabei nur eine Art Modell für Wirtschaftszweige ähnlicher Größenordnung. Dazu gehörten die Stahlindustrie, die Konservenindustrie, die eine rasch anwachsende Bevölkerung zu versorgen hatte, und die Automobilindustrie, für die der Name Ford eine ähnliche Bedeutung hat wie der Name Rockefeller für das Erdöl (siehe Band »Stadt · Technik · Verkehr«).

Im Ringen zwischen diesen neuen Feudalherren und der Gesellschaft ist der Staat in den USA formal Sieger geblieben. Trotzdem ist das Problem, den Mißbrauch industrieller Macht zu kontrollieren, wenn man die sogenannte freie Wirtschaft beibehalten will, weithin ungelöst. John D. Rockefeller starb 1937 im Alter von 98 Jahren – kein Tyrann, kein Herrscher mit orientalischen Gelüsten, sondern ein unerhört zäh arbeitender Bürger, der das Leistungsprinzip der Bourgeoisie mit seiner Strenge, Nüchternheit und Unerbittlichkeit in die Dimension der modernen Industriegesellschaft übersetzt hat. Er hinterließ ein Gesamtvermögen von etwa einer Milliarde Dollar. Allein diese absurde Summe zeigt, daß die moderne Technik in der Gesellschaft etwa die gleiche Rolle spielt wie das Feuer in Schillers »Glocke«: Wohltätig nur, wenn sie der Mensch »bezähmt, bewacht«. Technik schafft Macht, sie vergrößert alle in der menschlichen Gesellschaft liegenden Probleme, aber löst sie nicht. Wie die Gesellschaft diese Kräfte bändigt, von denen sie doch selbst geformt ist, die Frage wird von den kapitalistischen Staaten und den sozialistischen Staaten unterschiedlich beantwortet. Angesichts der Überbevölkerung der Welt, die schon in wenigen Jahrzehnten zur Katastrophe führen könnte, bekommen solche Fragen, die heute noch ideologisch abgetan werden können, sehr bald einen drohenden Unterton: Nur die Lösung wird sich durchsetzen, die der Menschheit den Fortbestand zu sichern imstande ist. Dann werden wahrscheinlich die Zeiten, in denen wir heute leben, als eine goldene Epoche der Freiheit und Humanität verstanden werden.

Großmacht Chemie

Wahrsager äußern sich gern über Fürstenhochzeiten, Wetter und Politik, seltener über Fragen der Industrie. Niemand hätte etwa 1884, ein Jahr vor der Eröffnung einer kleinen Seifenfabrik in Warrington, vorausgesagt, daß sich dieses Unternehmen zu einem industriellen Giganten entwickeln würde, und doch zeigt gerade dieses Beispiel fast noch deutlicher als der Aufstieg der großen Stahl- und Hüttenwerke, der Maschinenbauer und Textilhersteller, welche explosive Kraft in der industriellen Produktionsweise liegt.

Tatsächlich ist die chemische Industrie ein Kind des 19. Jahrhunderts, wie die Computer-Industrie ins 20. Jahrhundert gehört. Es gibt für diesen Umbruch einige sehr spektakuläre Beispiele aus der Agrar- und Farbenchemie, aber kaum eines ist zugleich so banal und so überraschend wie die Geschichte der Seifenherstellung. Die Story vom Erfolg des jungen Kaufmannssohnes William Hesketh Lever, der zunächst mit einem Pferdegespann die Umgebung von Lancashire abklapperte, um die väterliche Seife zu verkaufen, bietet nur die Schauseite, auch wirkt die unternehmerische Schläue, mit der er ein Zusatzgeschäft aufbaut, einen Laden gründet, sich dafür direkt aus Irland Butter und Eier, die sonst über Liverpool kommen, anliefern läßt und auf diese Weise Gewinne macht, durchaus modern: Es ist das Abc des Kaufmanns, das er mit Spürsinn nachbuchstabiert. 1884 ist er der größte Kolonialwarenhändler zwischen Liverpool und Manchester, ein Mann, der sich Sommerreisen leisten kann.

Lever ist durchaus kein Genie, keiner der großen Erfinder, keine überragende Gestalt – und doch gelingt ihm der große Wurf. Die chemische Industrie ist damals schon eine Macht gewesen. Aus dem enormen Bedarf der Textilindustrie an Bleich- und Farbstoffen, der Stahlindustrie an Schwefelsäure, der wachsenden Bevölkerung an Soda und Seife ergab sich für diese Grundstoffe eine Hochkonjunktur, die wiederum die Phantasie mächtig anheizte; wer besser oder billiger liefern konnte, dem winkte der große Gewinn. Gebiete, in denen Kohle und Salze vorhanden waren, wurden schnell zu Zentren der chemischen Industrie, oft den Großabnehmern, den Textilherstellern und Hüttenwerken benachbart. Nach dem Le-Blanc-Verfahren hatte man seit den Tagen Napoleons künstliches Soda herzustellen gelernt, 1826 gelingt es, künstliche Schwefelsäure herzustellen. Zwei Jahre später schafft Friedrich Wöhler die erste Synthese eines organischen Stoffes aus anorganischen Stoffen und erzeugt Harnstoff; die prinzipielle Schranke zwischen organischer und anorganischer Chemie ist damit aufgehoben (siehe Band »Schrift · Buch · Wissenschaft«), aber erst viele Jahrzehnte später nutzbar gemacht worden.

Die Levers hatten schon ein Jahrzehnt neben vielen anderen Artikeln Seife geführt, d.h., sie haben Stangenseife vom Hersteller bezogen, handlich geschnitten und als »Levers reine Honigseife« an den Mann gebracht. Der Name hatte keine Zugkraft, so daß Lever sich aus dem Register noch freier Handelsmarken, die er in Liverpool bei einem Agenten einsah, den Namen »sunlight« sicherte: Die »Marke« ist vor dem Produkt da.

Seife wurde damals mit Hilfe von Ätznatron aus Talg gemacht; der Fabrikant von Kernseife erhielt vom Händler nicht mehr als 40 Pfennig je Kilo. Allein der Talg kostete aber schon 60–80 Pfennig, und aus einem Kilo Talg bekam man nur knapp zwei Kilo Seife. Neuerdings verseifte man Pflanzenöle, die halb so teuer waren wie Talg, besser schäumten und mit wenigen harten Fetten durchaus zu passabler Seife verarbeitet werden konnten. Außerdem entstand als Abfallprodukt bei dieser Fabrikation Glyzerin, das wiederum für die Schießpulverherstellung gebraucht wurde und deshalb mit 80 Mark je 100 Kilo abgenommen wurde. Auch dieser Zug ist bezeichnend: Auf dem Abfallprodukt Teer baute eine ganze Industrie auf, bei der Seifenproduktion fiel Glyzerin ab, ähnlich wie in der Landwirtschaft die Phosphate, die Abfälle der Verhüttung, als Dünger verwandt werden. Ehe die Chemie unzerstörbare Stoffe herstellte und damit das Abfallproblem in neue Dimensionen hob, nutzte sie gerade das, was unverwertbar schien.

Lever versucht zunächst, die Seifenhersteller zur Verwendung pflanzlicher Öle zu bewegen, weil er für diese schäumende Seife bessere Absatzchancen sieht. Weil er sich nicht durchsetzen kann, kauft er, nicht ohne Bedenken, im Jahre 1885 eine kleine Seifenfabrik und nimmt die Produktion selbst in die Hand. Mit dem Zeitpunkt hatte er Glück – er hätte seine Fabrikation konjunkturell zu keinem besseren Zeitpunkt aufziehen können.

Seine Herstellungskosten liegen niedrig, die Qualität von »sunlight« entspricht dem Geschmack des Publikums, das von schaumarmen Kernseifen genug hat, und der Name erzeugt im nebligen England das, was man heute »Image« nennt: Den Traum, den strahlenden Umriß des Produkts.

Ebenso fest wie den Markt nimmt Lever die Rohstoffbasis für sein Unternehmen in Griff. In der ganzen Welt, in Kanada und Australien, in den USA und Südafrika erwirbt er Grund und Boden für Ölmühlen oder Fabrikbauten, er läßt in Sydney eine Anlage bauen, um Kokosnüsse aus der Südsee zu Öl zu verarbeiten, und diese wiederum gewinnt er im Tausch von den Insulanern, denen er Glasperlen und allerlei Tand andrehen läßt, um Rohstoffe zu bekommen.

Um den Aufstieg zu verdeutlichen: Im Jahre 1885 hat Lever Schwierigkeiten, um 100000 Mark für den Kauf der Fabrik aufzubringen, 1887 ist er Millionär, 1894 zeichnet Lever zusammen mit seinem Bruder 15 Millionen Mark, als die Firma in eine Aktiengesellschaft umgewandelt wird (Greiling).

Es lohnt sich in diesem Rahmen nicht, die Firmengeschichte nachzuzeichnen. Offensichtlich aber ist es nicht der Einfall allein, der aus einem Fabrikanten einen Großindustriellen macht, und auch nicht unternehmerisches Glück allein, sondern ein kompliziertes Zusammenspiel von Faktoren, dessen Ergebnisse unabsehbar sind: Wissenschaftliche Arbeit, Technologie und kaufmännisches Denken verbinden sich mit dem Großkapital zu Unternehmen, die nur noch ihrer Eigengesetzlichkeit folgen und ganze Länder in ihre Abhängigkeit bringen.

Dieses spektakuläre Beispiel eines plötzlichen Aufstieges steht für viele ähnliche Unternehmen der chemischen Großindustrie. Welche Bedeutung gerade dieser Industriezweig für den Menschen hat, braucht man einem Zeitgenossen dieses Jahrhunderts kaum noch zu erklären: Kleidung und Medikamente, Verkehrsmittel und Innenausstattung, Farben und Musik, die Medien von der Zeitung bis zum Fernsehgerät, die Weltproduktion der Nahrungsmittel und die Möglichkeit, all das zu verschicken und zu lagern, sind abhängig von den unzähligen Produkten der chemischen Industrie, die Grundstoffe für die Kosmetik ebenso liefert wie Giftstoffe für den Völkermord. Die Frage nach Sinn und Maß des technischen Fortschritts und den Problemen der industriellen Produktionsweise stellt sich deshalb gerade hier mit besonderer Schärfe.

Weltmacht
Geld

Das Gespenst des Kapitalismus

Kapitalismus ist dem Wort nach zunächst nichts als ein ökonomischer Begriff und meint ein wirtschaftliches System, als dessen Charakteristikum die Anhäufung von Kapital zum Zweck der Selbstvermehrung anzusehen ist. Das hat es natürlich schon gegeben, seit überhaupt irgendwo Geld angehäuft worden ist, und insofern ist es auch nicht schwer nachzuweisen, daß Kapitalismus sozusagen als ein Sündenfall der Wirtschaft zur Menschheitsgeschichte gehört.

Wo immer ein Geldwechsler, ein Kaufmann, ein reich beschenkter Günstling zu mehr Geld kam, als er beim besten Willen verbrauchen konnte, ließ er es »arbeiten« – und wenn sich in einem Erwerbszweig, etwa bei den Fernhändlern der Tuchbranche oder der Metallverarbeitung, der Weberzünfte oder der Schwertschmiede einiges Kapital ansammelte, führte das zwangsläufig dazu, daß dieses Geld sich gleichsam nach seiner eigenen Logik selbständig machte: Das Kapital der Handelsherren oder später auch der Bankherren begann, ganze Produktionszweige zu beherrschen. Damit befindet man sich bereits nicht mehr nur in der ökonomischen, sondern in der historischen Kategorie.

Um die politischen Vorgänge seiner Zeit zu analysieren, hat Karl Marx bei der ökonomischen Frage angesetzt. 1859 erschien sein Werk »Zur Kritik der politischen Ökonomie« und 1867 sein Hauptwerk »Das Kapital«. Der Grundgedanke des Marxismus ist, daß die allen Waren gemeinsame Größe und damit der Maßstab des Tauschwertes die menschliche Arbeitskraft sei. Dieser Tauschwert bemesse sich danach, welche Arbeitszeit »gesellschaftlich notwendig« sei. Nachdem Karl Marx diese Frage analysiert hat, fand man gültige Definitionen des Kapitalismus. Sie tragen in diesem Zusammenhang zur Klärung der Vorstellungen bei. Die bekannteste Definition des Kapitalismus stammt von dem Volkswirtschaftler Werner Sombart (1863–1941), der, vom Marxismus beeinflußt, eine entwicklungsgeschichtliche Untersuchung des Kapitalismus vorgelegt hat. Den Ursprung des Kapitalismus sah er nicht in äußeren Gegebenheiten, sondern im »Geist«, in der Entwicklung einer Mentalität, die plötzlich auf Gewinn zielt. In der vorkapitalistischen Zeit habe der natürliche Mensch mit seinen Bedürfnissen das Maß aller Dinge gegeben. Dann aber habe sich die im Keim angelegte kapitalistische Mentalität entfaltet, und nun sei die Anhäufung von Kapital das beherrschende Motiv aller wirtschaftlichen Betätigung geworden. Diese idealistische Interpretation ist sehr fragwürdig geworden, denn mit Geist und Geisteshaltungen läßt sich einer Sache schwer beikommen, die doch gerade eine bestimmte Geisteshaltung erzeugt: Zwar liegt die Mentalität des Hamsters wohl in jedem Menschen, aber nur Not aktiviert sie – es geht also um die Konditionen.

Nach Max Weber, einem anderen bedeutenden Wissenschaftler, der diese Fragen überdacht hat, ist Kapitalismus da vorhanden, »wo die erwerbswirtschaftliche Bedarfsdeckung einer Menschengruppe auf dem Wege der Unternehmung stattfindet, gleichviel, um welchen Bedarf es sich handelt, und speziell rationalkapitalistischer Betrieb ist ein Betrieb mit Kapitalrechnung, d. h. ein Erwerbsbetrieb, der seine Rentabilität rechnerisch durch das Mittel der modernen Buchführung und die Aufstellung der Bilanz kontrolliert«. Das allerdings ist der Fluch der indischarabischen Ziffern, daß sie Rechenoperationen ungeahnter Größenordnung erlauben, und, wie im Bereich der Astronomie und der Naturwissenschaften, die Mathematik die eigentliche Geburtshelferin der Erkenntnis ist – sie macht Erkenntnisse in Formeln faßbar und beweisbar, bietet also unbedingte Rationalität –, so wird sie in der Wirtschaft zum unbarmherzigen Büttel: Die Rechnung muß unter dem Strich aufgehen, sonst stimmt sie nicht.

Das ist zum ersten Mal wohl im Hause Fugger zum Ausdruck gekommen, denn die Geschäfte dieser Größenordnung ließen sich auf gar keine andere Weise kontrollieren als eben durch exakte Buchführung, die sich moderner Methoden bediente. Ursprünglich hatte es nur ein Journal, ein Tagebuch der Geschäftsgänge und Bestellungen, gegeben, wozu ein Kassenbuch für die Einnahmen und ein Hauptbuch für die Forderungen und Verpflichtungen gehörte. Die Banken in Oberitalien haben die doppelte Buchführung entwickelt, bei der jeder Geschäftsvorfall auf einem Soll-Konto und einem Haben-Konto verrechnet wird. Ein Italiener, Luca Pacioli, hat die Sache in ein System gebracht und 1494 eine erste Darstellung dieses Verfahrens gegeben, das dann durch die Fugger und Welser in Deutschland heimisch geworden ist.

Max Weber sieht als charakteristisch an, daß dieses Hilfsmittel zur Kontrollinstanz wird – eine Vorahnung von der Vorherrschaft der Computer in diesem Bereich. Die Definitionen des Kapitalismus, die von Werner Sombart und die von Max Weber, wirken verständlicher, wenn man die Details der kaufmännischen Geschichte kennt, etwa die Entstehung der Buchführung oder die Einwirkungen der Reformation auf das Geschäftsleben – davon ist in einem späteren Kapitel die Rede. Man kann den Kapitalismus auch als eine »Produktionsorganisation für einen fernen Markt« definieren, verknüpft mit einem ausgeprägten Profitstreben, und es gibt Historiker, die weiter in diese Richtung gehen und sich damit ebenfalls noch im Bereich der schon erwähnten Auffassungen befinden. Ganz anders ist der Ansatz von Karl Marx (siehe Band »Herrschaft · Recht · Krieg«). Er suchte den Kapitalismus nicht vom Unternehmergeist her zu definieren, aus dem Gebrauch des Geldes zu erklären, mit dem im Austauschgeschäft Gewinne erzielt werden sollen, sondern mit einer bestimmten Produktionsweise. Unter Produktionsweise versteht Marx in erster Linie die Eigentumsverhältnisse in Bezug auf die Produktionsmittel und die gesellschaftlichen Verhältnisse, die sich aus diesem Eigentum ergeben, und erst dann den »Stand der Technik«, die Produktivkräfte.

Nach Marx ist Kapitalismus nicht lediglich eine Produktionsordnung für den Markt – man denke an das Verlegersystem im Tuchhandel –, sondern ein System, in dem die menschliche Arbeitskraft selbst zur Ware geworden ist; wie sie dies zur Zeit der Sklaverei ja für jeden sichtbar war und als solche auf einem speziellen Markt wie jedes andere Tauschobjekt angeboten wird. Der entscheidende Punkt ist historischer Art: Unter bestimmten Bedingungen konzentriert sich das Eigentum an Produktionsmitteln in den Händen einer Klasse, die nur einen kleinen Teil der Gesellschaft darstellt. Andererseits entsteht eine besitzlose Klasse, die eben keinen Anteil an den Produktionsmitteln hat und deshalb nur ihre eigene Arbeitskraft verkaufen kann. In diesem Schema hat der selbständige Handwerker, der seine Ware selbst herstellt und verkauft, keinen Raum, denn sein Interesse gilt ja nicht dem Ankauf von Arbeitskraft, um etwa vorhandene Produktionsmittel nutzen zu können, sondern dem Verkauf der mit eigenen Händen gefertigten Ware.

Man weiß, daß sich die Definition von Karl Marx durchgesetzt hat, obwohl auch sie im Licht heutiger Forschung einer Kritik unterzogen werden kann, und zum politischen Sprengstoff geworden ist. Die Abschaffung der Ausbeutung des Menschen durch den Menschen ist, plakativ verkürzt, die politische Konsequenz aus dieser Definition. Der Marxist glaubt nicht, daß er die Welt verändere und damit auch den Kapitalismus menschlich mache, wenn er das Denken der Menschen verändert; er glaubt vielmehr, die wirtschaftlichen Verhältnisse ändern zu müssen, um auf die Mentalität der Menschen einzuwirken, um ihre Denkweise zu verändern. Im einzelnen mögen solche Ansätze umstritten sein, doch hat der Marxismus als analytisches Instrument den Menschen gelehrt, die Bedingungen seiner gesellschaftlichen Existenz besser zu verstehen. Heutzutage beherrscht die von Marx gegebene Definition des Kapitalismus die wissenschaftliche Diskussion – nicht, weil ein so großer Teil der Nationen von China bis Chile, von Jugoslawien bis Kuba nach marxistisch-leninistischen Grundsätzen regiert wird, sondern weil sie sich dem Gegenstand angemessen erwiesen hat.

Man setzt den Akzent weniger auf das Streben nach Gewinn als Motiv ökonomischer Tätigkeit. Wichtiger erscheint die Unterscheidung der Klassen und die wechselseitige Bedingtheit zwischen Kapitalismus und Proletariat. Zwar gibt es neue Klassen – etwa die des Managements, das ebenfalls seine Arbeitskraft verkauft, aber doch in einem Maße Macht ausübt, daß die Herrschaft eher hier als beim Kapital zu liegen scheint. Auch gibt es neue Ansätze einer gesellschaftlichen Analyse gerade in sozialistischen Ländern. Im Prinzip gilt aber noch immer, »daß das grundlegende Merkmal des Kapitalismus das Lohnsystem ist, in dem der Arbeiter kein Eigentumsrecht an der von ihm hergestellten Ware hat: Er verkauft nicht die Früchte seiner Arbeit, sondern die Arbeit selbst – ein Unterschied von höchster ökonomischer Bedeutung«.

Geschichtlich gesehen, im Sinne einer weiter gefaßten Definition, hat der Kapitalismus im 16. Jahrhundert als »Frühkapitalismus« einen ersten Höhepunkt erreicht und sich als »Merkantilismus« unter den absoluten Herrschern voll entfaltet. Um 1800 beginnt der Hochkapitalismus, eine Folge der »industriellen Revolution«, das Wirtschaftsleben wird in steigendem Maße geprägt – d. h., je mehr Maschinen aufgestellt, je mehr Profite gemacht werden, desto mehr setzt sich die Grundauffassung des Kapitalismus durch. Ende des 19. Jahrhunderts wird beherrschend, was man »Hochkapitalismus« nennt, die Epoche der Monopole, Konzerne, Trusts – und die Herrschaft der Großbanken. Das alles ist längst Lehrstoff, wird als Schlagwort gebraucht, doch zeigt erst das Detail, daß solche Entwicklungen sich nach der Logik der wirtschaftlichen Vernunft vollziehen – und zwar unter dem Zwang des technischen Fortschritts.

Bankgeschäfte

Das hatte es noch in keiner Stadt der Welt gegeben: Wer im Venedig des 14. Jahrhunderts zur Bank ging und Geld abheben wollte, konnte sich mehr auszahlen lassen, als er selbst eingezahlt hatte, er konnte sein Konto »überziehen«. Mit diesem sehr kühnen und für damalige Zeiten höchst unmoralischen Schritt sicherte sich die Bankwirtschaft Venedigs einen gewissen Zulauf und Vorsprung vor Florenz, dessen Geldgeschäfte für Europa größere Bedeutung besaßen als die Venedigs, während die Lagunenstadt der bedeutendste Handelspartner war. Die ursprüngliche Vormachtstellung Venedigs geht auf Karl den Großen zurück, der Venedig ein Handelsmonopol verlieh; die griechischen Kaiser in Byzanz haben es bestätigt. So trieben die Venezianer nicht nur Handel mit dem Orient und der Levante, sondern gründeten selbst Industrien: Seide wurde verwebt, man stellte Glaswaren und gefärbte Stoffe her und erzeugte Öl, produzierte also für den Luxusbedarf. Die dritte Stadt, die sich in diesem Konkurrenzkampf der Wirtschaftsmächte zu behaupten hatte, war Genua, das nach wechselvollen Kämpfen, geführt von Andrea Doria, 1528 die Herrschaft der Herren von Mailand und Montferrat abschütteln konnte.

Der wirtschaftliche Aufschwung Europas im Zeitalter der Renaissance ist von Oberitalien ausgegangen, wie sich am Beispiel der Handelsverbindungen, etwa zwischen Florenz, Augsburg, Gent und London, zeigen läßt. Auch im Norden Europas waren nämlich große Handelsstädte entstanden, und zwar überall dort, wo die Tuchherstellung florierte. Das hatte ganz einfach angefangen: Unermüdliche Mönche, meist Zisterzienser, entwässerten die sumpfigen Moore an der Nordseeküste und züchteten auf den so entstandenen Weiden Schafe. Die Tuchindustrie ist auf der Basis dieser Wollproduktion entstanden. Aus Gent und Ypern, aus Brabant und Brügge gingen Tuche bis nach Spanien und in den Orient; über die Hanse wurden Skandinavien und Rußland mit flandrischem Tuch versorgt. Weil die eigene Wollproduktion nicht mehr reichte, kaufte man Wolle aus England dazu. In den Handelsstädten Flanderns lebten Scherer, Weber, Walker, Färber als eine Art Industrieproletariat; allein in Brügge stellten sie zusammen über 60% der Bevölkerung.

Um die Geschäfte mit Wolle und mit Tuchen organisieren zu können, benötigte man Kapital, jedenfalls aber einen differenzierten Zahlungsverkehr. Man kam deshalb seit dem 12. Jahrhundert ohne Banken nicht aus, und so läßt sich auf der Karte von Europa verfolgen, wie das Geldgeschäft dem Handel von Süden nach Norden folgte. Zuerst wurden die Wechseltische in Genua aufgestellt; wie in uralten Zeiten gewährten die Wechsler sogenannte »Seedarlehen«, um sich trotz des hohen Risikos an dem Handelsgeschäft über See zu beteiligen – gegen hohe Zinsen, wie sich versteht. Um das Risiko aufzuteilen, wurden die Kosten in der »commenda« anteilig umgelegt, und eben dies ist die Urform der heute noch bekannten Kommanditgesellschaft. An dieser Geschäftsform beteiligen sich sehr bald die in Oberitalien ansässigen Langobarden, später auch die Einwohner der Toscana; so entsteht der heute noch übliche Ausdruck »Lombardgeschäft«, der meint, daß jemand kurzfristige, hochverzinsliche Darlehen gegen leicht veräußerliche, in ihrem Wert jederzeit feststellbare Faustpfänder wie Waren, Wertpapiere und Edelmetalle gibt.

Überall, wo ein lebhafter Warenhandel entsteht, bilden sich auch die Zünfte der

Geldwechsler – zunächst in Genua und Venedig, später in Lyon und Brügge, in Augsburg, Antwerpen und in den Hansestädten. Sie sind wie die Handwerker organisiert, weil eine andere Organisationsform im Mittelalter nicht denkbar ist; 1282 ist in Florenz die erste Geldwechslerzunft entstanden, und bald gibt es sie in ganz Europa, aber seltsamerweise haben sie kein so zähes Leben wie die Zünfte des Handwerks, obwohl sie doch mindestens ebensosehr gebraucht werden. Der Grund liegt darin, daß die Zunftordnung nicht flexibel genug ist und von der wirtschaftlichen Entwicklung, vor allem seit der Eroberung der Länder in Übersee, und dem gesteigerten Geldumlauf überrollt wird. Auch die Vielfalt der Währungen auf dem Kontinent führt dazu, daß sich die Kaufleute in den verschiedenen Währungen selbst Depositen anlegen. Diese Depots werden bald zur Grundlage eines lokalen und internationalen Geldverkehrs, während die in gravitätische Zunftregeln verstrickten Geldwechsler bald wieder verschwinden. Außerdem spielte, was die Geldwechsler und das Geldgeschäft anging, das sogenannte Wucherdogma eine Rolle.

Dem Christen war es bekanntlich verboten, vom Christen Zins zu nehmen. Andererseits ließen sich Handelsgeschäfte – und seien es selbst solche für den Heiligen Stuhl – nicht abwickeln, ohne daß der Geldgeber einen Vorteil davon hatte, also Zinsen aus dem geliehenen Kapital zog. Man weiß, daß zum Beispiel die Juden, von alters her mit Geldgeschäften vertraut, diesen Bedarf deckten und Geld gegen hohe Zinsen liehen. Hoch mußte der Zins schon deshalb sein, weil die Versuchung für einen rechten Christenmenschen, gar noch einen Herrn von Adel, nicht gering war, seinen Wohltäter zu vergessen und ebenso die Rückzahlung des Darlehens. Nicht alle Ritter waren so edel, wie es der »Ritter-Spiegel des Johannes Rothe« fordert, in dem es heißt: »Wenn ein Ritter Gut erwuchert, sind seine Hände unrein. Saugt er den Armen das Blut aus, so erniedrigt er seinen Adel. So etwas soll er den Juden überlassen, den Wucherern und bösen Christen, die den Leuten lachend das Gut stehlen und es ihnen mit List abdrängen. Wenn ein Ritter die Armen bewuchert, so setze man ihm einen Judenhut auf.«

Um das Wucherdogma zu umgehen und dennoch einen Geldbedarf zu decken, der dem Umstande entsprach, fand man bereits im 12. Jahrhundert ein sehr listiges Verfahren. In Venedig war die erste öffentliche Bank gegründet worden, die vor allem das Depositengeschäft pflegte, d. h. also die Übergabe von Kapital, das die Bank treuhänderisch zu verwalten hatte, oder auch nur die Verwahrung von Wertsachen. In Venedig nun beschloß der Senat, »die von Privaten deponierten Gelder in öffentliche Verwaltung zu nehmen bis zu besseren Zeiten« – mit anderen Worten, man legte eine Zwangsleihe bei denen, die Gelder deponiert hatten, und stellte darüber Anteilscheine aus. Keiner der Beteiligten machte sich des Vergehens gegen das Dogma von Wucher schuldig, denn die Geldgeber hatten Geld nicht gegen Zins hergeliehen, sie erhielten nur eine »Rente«, die ihrerseits veräußert werden konnte. Wenn diese Bezüge etwa infolge eines Todesfalles vakant wurden, schlug man sie den übrigen Darlehensgebern zu – so konnten sich die Einkünfte aus der Zwangsanleihe erhöhen.

Venedig hatte die Zahlungen für diese Zwangsdarlehen auf bestimmte eigene Einkünfte »radiziert«, also zurückgeführt, zum Beispiel auf Zölle oder bestimmte Steuern. Diese Einkünfte wechselten natürlich, so entstanden variable Kurse. Andere Städte wie Florenz oder Genua sind dem Beispiel Venedigs gefolgt, wie andererseits die schon erwähnten Lombardgeschäfte ebenfalls Schule machten. So entstand, von Oberitalien ausgehend, ein differenziertes Geldgeschäft, das nun gewisse frühe Formen des Wechselgeschäftes, des Giroverkehrs und des Depositengeschäftes umfaßt. Die Grundlage dieser Geschäfte, vor allem des Giroverkehrs, ist die absolute Glaubwürdigkeit der Geschäftspartner. Es hat eine Weile gedauert, bis die Eintragungen in den jeweiligen Bankbüchern als rechtlich verbindlich anerkannt werden konnten; praktisch setzte der Giroverkehr voraus, daß den Eintragungen des Debets und des Kredits die Wirksamkeit von Zahlungen zuerkannt wurde. Außerdem aber ging es um das psychologische Moment: Jeder Pakt unter Kaufleuten mußte bei diesen Überschreibungen als vollkommen verbindlich gelten, und zwar ohne Angabe weiterer Gründe. »Erst auf dieser Grundlage, daß die Ernstlichkeit der Willenserklärung im Verkehr unter Geschäftsleuten eine stillschweigende Voraussetzung bedeutet, konnte sich ein tatsächliches Bankgeschäft entfalten.«

Neben den großen Banken der Städte Genua, Venedig, Neapel und Rom entwickelten sich die sogenannten »montes«, das waren Institute, die ebenfalls Bankgeschäfte betrieben, aber nicht als Bank bezeichnet wurden. Über die Frage, welcher Typ Geldinstitut nun der ältere sei, gibt es unter Wirtschaftshistorikern Differenzen, die hier nichts zur Sache tun. Jedenfalls gaben diese Institute öffentliche Rentenanteile aus, um Anleihen zu bekommen; auch hier bestanden zwischen den Einnahmen, nämlich den Zöllen, Gebühren und Steuern, einerseits und dem Tilgungs- und Zinsendienst andererseits Verflechtungen. Interessanterweise deckten diese Institute zunächst den Geldbedarf der Kurie, die Ausgabe von Anteilscheinen wurde auch Orden und Klöstern gewährt, schließlich nahmen Städte und Landesfürsten die »montes« in Anspruch – wobei mit dem Begriff bald der Anteilschein, bald das Institut selbst bezeichnet wird. Schließlich gliederten sich diese Beleihungen und Anleihen in solche, die profanen Zwecken dienten, hier als Anleihe oder als Beleihung gegen Sicherheiten, und solche, die ausschließlich der Mildtätigkeit geweiht waren.

Allerdings hatte man bei diesen Geschäften ein schlechtes Gewissen, und so kam es zu einem theologischen Streit zwischen dem Orden der Franziskaner und dem Orden der Eremiten des Heiligen Augustinus. Die Eremiten stellten die »montes« in Frage, während ihre Gegner sie verteidigten. Dieser Streit war um so schwerwiegender, als bei den »montes« zunächst bis zu 15% Zinsen gefordert worden waren. Man wandte sich in seiner Gewissensnot an die Universität Paris, deren Gelehrte in komplizierten Gutachten dartaten, daß die Ausgabe von »montes« berechtigt sei. Denn die Rente, die der Gläubiger beanspruche, widerspreche nicht dem Dogma gegen den Wucher, sondern stelle eine Art Risikoprämie dar. Diese Anleihebanken haben sich dann auch in England und Frankreich durchgesetzt. Nach und nach übernahmen sie alle übrigen Zweige des Bankgeschäftes und verbanden sich schließlich mit den Banken. Einerseits gab es also die Institute, die von Zwangsanleihen lebten und sich zu Banken ausgewachsen hatten, andererseits gab es die Leihhäuser für den Handwerker und Bauern.

Diese Entwicklung zum Geldgeschäft und Bankwesen ist von verschiedenen Faktoren beeinflußt worden, die alle in die gleiche Richtung wirkten und sich als städtische Zivilisation entfalteten. Einer dieser Faktoren ist die große Pest, die um die Mitte des 14. Jahrhunderts über Europa hereinbrach und hinter sich verödete

Landstriche und menschenleere Städte zurückließ. Die unglaublichen Menschenverluste, die in die Millionen gingen, führten zu einer Zusammenballung der Kräfte in den Städten, also auch zu einer Konzentration der Kaufkraft. Dies wiederum förderte die Nachfrage nach »Gütern des gehobenen Lebensstandards«, also vor allem nach Handwerkserzeugnissen (Roth). Eben weil mancher aus den verwüsteten Landstrichen in die Stadt abzuwandern versuchte, um dort sein Glück im Handwerk zu machen, entstanden die Zünfte als »Abschirmung« gegen äußeren Einfluß. Die Verstädterung ist also einer dieser Faktoren. Ende des 15. Jahrhunderts kamen, mit der Ausbeutung der amerikanischen Reiche, ungeahnte Silbermengen nach Europa. Auch sie stärkten den Geldumlauf, steigerten die Nachfrage und wirkten insgesamt wie eine »Konjunkturspritze« auf die Wirtschaft des Abendlandes. Andererseits hat die Entdeckung Amerikas bekanntlich zum Niedergang Venedigs geführt, ein Vorgang, der im einzelnen eher der Wirtschaftsgeschichte als der politischen Geschichte angehört.

Im Jahre 1204 hatten die Kreuzfahrer des 4. Kreuzzuges, finanziert vor allem von den Handelsherren Venedigs, die strahlende Metropole Konstantinopel gestürmt, geplündert und verwüstet. Man hatte ein »lateinisches Kaisertum« errichtet, das sich erkenntlich zeigte: Es begünstigte den Orienthandel Venedigs durch handfeste Privilegien. Als 1453 das inzwischen wieder byzantinische Konstantinopel von den Türken erobert wurde, waren nicht nur die frommen Christen in aller Welt entsetzt, sondern vor allem die Kaufleute Venedigs, denn nun fiel der Zwischenhandel aus dem Orient an die Türken. Für Venedig ist das eine wirtschaftliche Katastrophe gewesen; an ganz anderer Stelle Europas, nämlich in Portugal, löste dieses Ereignis verstärkte Energien aus. Dort hatte man seit Jahrhunderten Erfahrungen im Kampf mit den Mauren, und man hatte Siege zu verzeichnen, seit die »reconquista«, die Rückeroberung Spaniens durch die Christen, im Jahre 1415 mit der Eroberung Ceutas durch die Portugiesen einen ersten Erfolg gezeitigt hatte. Der junge Staat richtete seinen Blick auf Afrika, das vor seinen Augen lag, und auf das Ziel, den Seeweg nach Indien zu entdecken.

Kaiser von Fuggers Gnaden

Im Jahre 1526, ein Jahr nach der Niederlage des Thomas Münzer im Bauernkrieg und nach dem Sieg Georg von Frundsbergs in der Schlacht bei Pavia über Kaiser Karl von Frankreich setzten sich in Ungarn die Heersäulen der Türken nach Westen in Bewegung. Ungarns König Ludwig II. aus dem polnischen Haus der Jagiellonen, seit zwanzig Jahren Träger der Krone, warf sich mit seinem Heer bei Mohatsch den Türken entgegen, ein christlicher König, der für das christliche Abendland kämpfte; zu schrecklich war die Vorstellung, die Türken könnten Wien erobern, weiter nach Bayern vorstoßen, alle Kirchen entweihen und die Bevölkerung in die Sklaverei verschleppen: Es war der große Schrecken, vor dem alle zitterten.

Das Haus Fugger kalkulierte nüchterner. Zwar finanzierte es die Habsburger und hatte insbesondere zur Krönung Kaiser Karls V. von Habsburg entscheidend beigetragen, aber es mußte ein Zeichen setzen, damit Habsburg nicht die finanziellen Maßstäbe verlor. Ein Jahr zuvor war der Chef des Hauses Fugger, Jakob

Fugger, genannt der »Reiche«, gestorben und hatte Anton Fugger zu seinem Nachfolger eingesetzt. Der Alte war unnachgiebig gewesen, mit dem noch unerprobten Anton Fugger erhoffte die Krone eine angenehmere Zusammenarbeit – aber dieser zeigte die Härte des gelernten Bankiers. Selbstverständlich hätte das Haus Fugger ein wenig von seinem Geldstrom nach Ungarn lenken können. Mehr Geld, mehr Landsknechte, das war die einfache Gleichung der Epoche, nicht anders als in der heutigen Rüstung, nur daß statt der Landsknechte komplizierte Technologien stehen. Anton Fugger verweigerte diese Hilfe, und so kämpfte König Ludwig II. von Ungarn und Böhmen am 29. August 1526 gegen eine türkische Übermacht. Er verlor die Schlacht und sein Leben.

Damit war eine alte Rechnung beglichen, deren Details hier nicht interessieren, und jeder Herrscher der Epoche wußte, was es bedeutete, sich mit dem Hause Fugger nicht arrangiert zu haben. Das Haus Fugger jedenfalls sorgte dafür, daß Betrachtungen dieser Art an die Öffentlichkeit drangen und nicht unberücksichtigt blieben. Andererseits zeigten die Fugger in Konfliktsituationen eine wohlverstandene Großmut: König Ludwig II. von Ungarn war zugleich ja König von Böhmen gewesen. Habsburg wollte den Erzherzog Ferdinand zum König krönen lassen, um die eigene Vorherrschaft in Mitteleuropa zu festigen. Von den französischen Finanzgruppen und von Papst Clemens VII., einem Medici, wurde der Herzog von Bayern favorisiert. Ohne den Beistand der Fugger konnten es die Habsburger nicht schaffen. Anton Fugger wiederum geriet, wenn er half, in Konflikt zum Papst – und entschied sich dennoch, dem Hause Habsburg zu helfen; also wurde Böhmen erworben und Ferdinand I., der von seinem Bruder Karl V. im Jahre 1521 die österreichischen Erblande erhalten hatte, wurde 1526 zum König von Böhmen und Ungarn gewählt: Nach der Peitsche das Zuckerbrot im Weltmaßstab. Der größere Teil Ungarns fiel allerdings an den Woiwoden von Siebenbürgen, Johann Zapolya, der politisch von der Türkei abhängig war. Anton Fugger sah keinen Hinderungsgrund, mit Zapolya weiterhin Geschäfte zu machen: Hier hatte die sogenannte »Reichstreue« ihre Grenzen, und der frühe Kapitalismus zeigte internationale Züge. Die Monographie über das Haus Fugger von Götz Freiherr von Pölnitz, der diese Einzelzüge entnommen sind, bietet eine Fülle von Belegen dafür, daß damals in Europa kein Krieg geplant, kein König gekrönt wurde, ohne daß die Fugger auf diesem Schachbrett die Figuren schoben – fast war es unmöglich, etwas gegen sie durchzusetzen. Die Frage ist, wie das Handelshaus, das mit der Herstellung von Stoffen begonnen hatte, zum heimlichen Herrscher über regierende Fürsten werden konnte.

Die Fugger haben in der Tat als Handwerker angefangen. Im Jahre 1367 ist Hans Fugger aus dem Dorf Graben nach Augsburg gegangen, kein unvermögender Mann, und ist 1386 »Erster Zunftmeister« der Augsburger Weber geworden. Die Familie entwickelt sich dem Milieu entsprechend: Man heiratet ein, kauft ein Haus – es ist das Haus »vom Rohr«, das Stammhaus der Fugger –, erwirbt Grundbesitz, übernimmt gemeinschaftliche Lasten, in diesem Falle Steuern gegen die Hussiten. Geschäftsgrundlage war der Textilhandel geworden, der Schritt zum Fernhandel wurde gewagt. Dazu muß gesagt werden: Es hat nie eine große Weberei der Fugger in Augsburg gegeben; das Unternehmen wurde offenbar mit dem schon geschilderten Verlagssystem organisiert. Zwangsläufig war der Aufstieg der Fugger bestimmt nicht, denn wie sie gab es viele in Augsburg. Noch 1396 rangierte das Vermögen Hans Fuggers an 41. Stelle unter 2930 Steuerzahlern in Augsburg, und sein Besitz betrug nur 6% des Besitzes seiner reichsten Mitbürger. Aber sie wußten die Gunst des Augenblicks zu nutzen und zogen aus dem Fernhandel mit Webwaren und auch mit Metallen reiche Gewinne. Im Jahre 1461 rückte Jakob der Alte aus dem Hause Fugger an die zwölfte Stelle der Steuerliste, während die Witwe seines Bruders auf den 23. Platz kam.

Alles in allem waren das aber noch kleine Vermögen, gemessen an denen der oberitalienischen Bankhäuser. Auch hatte sich das Haus Fugger damals noch nicht im Finanzgeschäft betätigt, obwohl man um 1450 ohne spektakuläre Maßnahmen die Juden, die im Finanzgeschäft die entscheidende Rolle spielten, aus der Stadt vertrieben hatte. Das große Geschäft war in jenen Tagen allerdings nicht mit Tuchherstellung und Fernhandel zu machen, sondern mit der Geldknappheit der Herrscher. Jeder Patrizier, der sich den Aufstieg in die Spitzengruppe der europäischen Handelsherren zutraute, suchte über Vorder- und Hintertreppen Kontakt zu regierenden Häusern – etwa über Venedig zum Heiligen Stuhl, von dort zum König von Burgund oder Österreich, zum spanischen Hof oder zum deutschen Kaiser, zum Hause Habsburg.

Der Geldbedarf all dieser Fürsten war enorm, nirgends reichten die bisher üblichen Steuern und Einkünfte aus, die Spannungen innerhalb der Gesellschaft zwangen alle Schichten zu gesteigerter Repräsentation und Selbstdarstellung: Jedermann wollte gelten und anerkannt werden, blähte sich über seine Verhältnisse und stellte an Kleidung und Wohnung neue, bisher so nicht gekannte Ansprüche. Die Fürsten wiederum mußten Heere aufstellen und unterhalten, die Zeit der Landsknechte begann, und in den Arsenalen standen gleichzeitig die alten, ehrenwerten Rüstungen der Väter und die mächtigen, kunstvoll gegossenen Bombarden und Kartaunen. Denn wer jetzt nicht seine Herrschaft behauptete, erweiterte, arrondierte, ging im Strom der Ereignisse unter: So führte man Kriege, intrigierte und verbrauchte immer neue Summen.

Für die »Fugger vom Reh«, eine Linie des Hauses, die nach einem nicht erblichen Wappen benannt war, bot sich der junge Erzherzog Maximilian von Habsburg, der spätere Kaiser und letzte Ritter, als Objekt weitgespannter Spekulationen an. Bekanntlich wollte Maximilian I. die Tochter Karls des Kühnen heiraten – was er später auch wirklich tat – und auf diese Weise das reiche Burgund gewinnen. Die schwäbischen Finanziers versorgten Maximilian mit Geld, weil sie sich diesen Prinzen abhängig machen wollten, weil sie ihn in Verpflichtungen verstricken wollten, die er später würde einlösen müssen.

Man kann diese Form, mit Kapital Politik zu machen, Kapitalismus nennen, aber dann ist diese Bezeichnung nur ein Wort dafür, daß man mit Geld Macht besitzt, und nicht geeignet, das Wesen solcher Strukturen im industriellen Zeitalter durchschaubarer zu machen. Im marxistischen Sinne ist die Firmenpolitik des Hauses Fugger kein Kapitalismus.

Das Problem solcher finanziellen Beziehungen zwischen etwa einem jungen, zukunftsreichen Prinzen mit Anwartschaft auf einen Thron und einem Handelshaus ist das Problem zwischen zwei ungleichwertigen Partnern. Wie man die Juden aus den Städten austrieb, um seine Zins- und Schuldenlast loszuwerden, so konnte der Herrscher auch mit anderen Gläubigern verfahren; der Umgang mit gekrönten Häuptern verlangte vom Kaufmann Diplomatie und Energie. So glückte es den

Fuggern, den Fürstbischof von Brixen, Melchior von Meckau, in Abhängigkeit zu bringen. Er entschloß sich, größere Summen seines eigenen Fonds in das Unternehmen der Fugger zu deponieren. Der Vorteil für ihn war beachtlich: Der Prälat brauchte niemanden in seine Finanzgeschäfte sehen zu lassen, niemand erfuhr von Reserven und Transaktionen, und er selbst sicherte sich, obwohl ihm dies verboten war, eine Rente, die freilich wie der Zinssatz zur Einlage geschlagen wurde, so daß sich sein Vermögen im geheimen ständig vermehrte.

Mit diesen Mitteln haben die Fugger, deren Eigenkapital zunächst durchaus nicht sehr groß war, den Fernhandel in Ungarn organisiert. Wichtig war für sie, daß dem Erzbischof von Brixen noch weitere geistliche Würdenträger folgten, und dies geschah tatsächlich. Mit diesem genialen Schachzug vergrößerte der Fugger seine Kapitalbasis, band Männer an sich, deren Stimme Gewicht hatte, und wurde zum Partner im Spiel europäischer Politik, das ja nicht zwischen Staaten, sondern zwischen geistlichen und weltlichen Fürstenhäusern gespielt wurde. Ohne die Mittel des Prälaten von Brixen hätten die Fugger den Handel mit Ungarn nicht organisieren können. Nun wird auch in größerem Rahmen Politik gemacht: Fugger fördert die Übernahme Tirols durch den Erzherzog Maximilian I. und damit seine eigenen Interessen; seit 1491 kann sich der junge Erzherzog auf die Finanzen des Hauses stützen. Die Fugger geben ihm Großanleihen, fördern seine Heirat mit Bianca Maria Sforza, werden alle seine Kriege finanzieren – und bauen sich dafür ein Monopol im Kupfergeschäft auf.

Aber das war ein Teilaspekt des Unternehmens. Auf dem Weg über den Kredit an Fürsten und über Transaktionen hatte sich das Haus Fugger seinen Weg nach oben gebahnt. Nun hatte Jakob der Reiche überall seine Hand im Spiel, finanzierte den österreichischen und den ungarischen Hof, er lieferte an Heinrich VII. von England Juwelen und gab der römischen Majestät Subsidien für ihre Truppen. Seit 1508 befand sich die päpstliche Münzprägung wieder in der Hand der Fugger, die sich ja schon vorher verdient gemacht hatten, indem sie den Bau von St. Peter finanzierten, den Ablaß in ganz Europa an sich zogen und die Transaktionen organisierten. Diese Ablaßpraxis, seit den Kreuzzügen den geistlichen Bedürfnissen der Kreuzfahrer und dem Geldbedarf der Kirche entgegenkommend, hatte zunächst die oberitalienischen Banken fett werden lassen. Zu Luthers Zeiten lag das Ablaßgeschäft für Mittel- und Osteuropa sowie für Skandinavien in den Händen der Fugger.

Nun hatten die Herrscher der damaligen Zeit außerordentliche Schwierigkeiten bei der Steuereintreibung; sicher waren ihnen eigentlich nur die Einkünfte aus jenen Unternehmen, die sie selbst betrieben. Wenn nun der Papst die Ablaßgelder eintreiben wollte, mußte er sich der Hilfe weltlicher Fürsten und Mächte bedienen, die ihrerseits, wie Bankhäuser, bei diesem Geschäft partizipieren wollten. So geriet der Ablaß in die Hände von Fürsten und Spekulanten; der Papst erteilte den Ablaß gebietsweise wie eine Art Lehen, und seine »Grundherren« mußten das Geld in diesem Bereich eintreiben. Nur in Anwesenheit eines Beauftragten des Hauses Fugger durften die eisenbeschlagenen Truhen geöffnet werden, die von den »Kommissaren« eingebracht wurden.

Die Geschichte des Hauses Fugger erhellt einige Hintergründe der damaligen Politik, zugleich die Risiken des Kaufmannes, der mit der Krone Geschäfte machte. So hatten die Fugger in Spanien erhebliche dort verdiente Summen investiert, weil

Bildnis des Ulrich Fugger. *Weitverzweigte Handelsgeschäfte bildeten die Basis für die finanziellen Transaktionen der Fugger. Sie verliehen Kapital an Päpste, an Kaiser Maximilian I. und Karl V. und erhielten als Gegenleistung besondere Handelsprivilegien. Gemälde von Hans Maler zu Schwarz, 1525. The Metropolitan Museum of Art, New York*

die Regierung die Ausfuhr von Edelmetallen verboten hatte. Das Haus Fugger verwaltete die Vermögen spanischer Granden, beutete die Silbergruben von Almadén aus, hatte der Krone riesige Summen kreditiert und war deshalb gerade hier verwundbar. König Philipp II. hatte die Regierung mit Schulden übernommen, seine Einkünfte waren auf Jahre hinaus vorbelastet – so versuchte er mit Gewalt, sich seinen Verpflichtungen zu entziehen. Was er den Fuggern und anderen Bankherren verpfändet hatte, wollte er zurücknehmen und durch Rentenbriefe ablösen;

als seine Gläubiger sich sträubten, erließ er ein entsprechendes königliches Dekret, und im Hafen von Antwerpen wurde ein Kapital Anton Fuggers in Höhe von 570000 Gulden in Silber beschlagnahmt. Aber nicht nur in Spanien, sondern auch in den Niederlanden waren die Geschäfte schlecht gelaufen, so ergab sich aus diesen Erschütterungen des Hauses Fugger eine erste internationale Wirtschaftskrise – ein Wetterleuchten späterer Ereignisse, als Industrie und Kapital weltweit miteinander verflochten waren.

Zunächst wurde in der Fuggerschen Verwaltung selbst ein Sündenbock gesucht und gefunden; der Faktor Oertel, der die spanischen Geschäfte zu verantworten hatte, wurde hinausgeworfen: »Der Teufel danke Euch diese Faktorei!«

Mit 320000 Dukaten Verlust ist es schließlich zu einer Einigung zwischen der spanischen Krone und dem Hause Fugger gekommen; Anton Fugger hat diese Regelung nicht mehr erlebt. Insgesamt ist der Zusammenbruch des Geschäftes in Spanien der Anfang vom Ende gewesen; in den Jahren der Abrechnung hat der spanische Faktor der Regierung vorgerechnet, daß die Fugger der Krone seit Regierungsantritt Philipps II. rund 28 Millionen Dukaten vorgeschossen und mehr als 253000 Zentner Quecksilber geliefert haben. Man habe aus dieser Menge Silber im Wert von über 253 Millionen Dukaten gewonnen, und als Abgabe seien aus dieser Summe in des Königs Besitz mehr als 50 Millionen Dukaten übergegangen (Achterberg).

Daß Philipp II. unter dem Zwang seiner religiösen Ideen dieses Geld in Kriegen verbraucht und verwirtschaftet hat, die den Gang der Ereignisse nicht mehr aufhalten konnten, ist nicht die Schuld der Fugger gewesen; sie waren Kaufherren, die ihren Vorteil nutzten – nur geschickter und zäher als andere, bis ihnen die Verflechtung von Wirtschaft und Politik als eine Belastung zu Buche schlug, die selbst sie nicht mehr tragen konnten. Wichtiger als das Schicksal des Hauses Fugger, das für ähnliche Unternehmen stehen mag, sind die Tendenzen und die Mentalitäten der Zeit geworden: Bald wird es als gottgefällig gelten, Reichtümer zu häufen.

Buchführung und himmlischer Ratschluß

Das große himmlische Hauptbuch, in das Petrus mit sorgenvollem Blick die Taten der Menschen einträgt und das bei der Endabrechnung die Unterlagen für Gottes Urteile liefert, muß eine sehr späte, in der Religion nicht begründete Vorstellung sein, denn diese Buchführungen sind überhaupt erst jüngeren Datums, gemessen an den Dimensionen der europäischen Geschichte. Noch im 12. und 13. Jahrhundert beherrschten in Europa ja nur die Gelehrten das Schreiben und Lesen. Erst im Laufe des 14. Jahrhunderts begriff auch der Kaufmann, daß ihm diese Kunst Nutzen brachte. Man wird zunächst annehmen, daß dieser Nutzen zum Beispiel in Geschäftsbriefen, in eigenen Notizen und in Abrechnungen und Bilanzen bestand, aber neben dieser unmittelbaren Wirkung gibt es noch eine, die viel weiter reicht: Der Kaufmann des Mittelalters ist selbst auf der Straße unterwegs, er führt den Wagenzug persönlich, verkauft selbst die Ware auf den Märkten und kehrt nach langer Fahrt zu Weib und Kind zurück. Was er erlebt hat, überliefert er mündlich, und nur er kann das Geschäft führen, weil er seine Erfahrungen und Kenntnisse kaum ausreichend anderen mitteilen kann.

Das ändert sich, nachdem sich das Schreiben durchgesetzt hat. Denn nun entdeckt der Kaufmann, daß er anderen schriftliche Aufträge geben kann, und beginnt, seinen Handel auszudehnen; der Kaufmann der Renaissance fährt nicht mehr selbst mit dem Warentreck, er regiert vom Kontor aus – genau wie dies heute noch geschieht. In dem Maße also, wie sich dieses »Kommunikationsmittel« durchsetzte, veränderte sich die Struktur eines ganzen Berufes (siehe Band »Schrift · Buch · Wissenschaft«). Natürlich wurde auch der kaufmännische Schriftwechsel lateinisch geführt; fromme Floskeln und persönliche Mitteilungen ergänzten das mühsam gemalte Handschreiben. Nun machte der Kaufmann auch persönliche Notizen, zunächst in Form loser Zettel, später als Eintragung in Bücher, die er seinen Mitarbeitern und Erben zugänglich machte. Besonders wichtig für Gewinn und Verlust war die Frage, welche Zölle an welchen Grenzen zu zahlen seien. Die Notizbücher hierüber, »Tariffa« genannt – Tarif ist übrigens wie viele Begriffe aus dem Handel, z. B. Magazin, Arsenal, Bazar, Scheck, ein arabisches Wort –, diese Notizbücher also waren ein ausgesprochenes Betriebsgeheimnis. Erst im 16. Jahrhundert sind derartige »Tariffas« gedruckt worden.

Als Notizen sind auch die ersten Versuche entstanden, einen Überblick übers Geschäft zu bekommen. Man notierte einzelne Geschäftsvorgänge und sammelte sie. Schließlich reichte die Zettelwirtschaft nicht mehr aus, und man schrieb diese Dinge in ein Buch. Am wichtigsten war für den Kaufmann, daß er die Übersicht über seine Schuldner behielt. Das älteste erhaltene Handelsbuch enthält denn auch eine Liste der Kunden, denen Kredit gewährt wurde; die Namen sind lateinisch aufgeführt. Dieses Buch gehört dem Handelshaus Holzschuher, einem der ältesten stadtadeligen Geschlechter Nürnbergs, von dessen Glanz heute nur noch das Porträt des Hieronymus Holzschuher, gemalt von Albrecht Dürer, übriggeblieben ist. Auch aus Lübeck und Rostock gibt es solche im 14. Jahrhundert geschriebenen Schuldbücher. Der nächste Schritt war es, Außenstände und Einkünfte aufzuzeichnen, schließlich aber auch, Gewinn und Verlust gegenüberzustellen.

Die italienischen Kaufleute, deren Handelsgeschäfte durch den Orienthandel belebt wurden, haben diese Methoden zuerst entwickelt; es gibt alte Geschäftsbücher, in denen die Spalten »dover dare«, das Soll, und »dover avere«, das Haben, unterschieden werden. Auch die ersten Sachkonten werden schon damals geführt. Im 16. Jahrhundert nehmen die Geschäfte so riesigen Umfang an, daß man die Methoden verfeinern muß. Vor allem das Haus Fugger, der »Bankier Europas«, kann mit den bisherigen primitiven Methoden nicht mehr auskommen. So führt der Hauptbuchhalter Jakobs des Reichen aus dem Hause Fugger für Personenkonten ein »Kontobuch« und für die Sachkonten ein »Sachbuch« ein, den sogenannten Kapus. Ferner gab es ein Kassenbuch, d. h. ein Unkostenbüchlein, und das Geheimbüchlein des Chefs; man darf annehmen, daß hier die geheimen Geschäfte mit dem Kaiser eingetragen wurden, also Geschäftsvorgänge, die strengster Diskretion unterworfen waren.

Das Geheimnis des Fuggerschen Aufstiegs gründet sich auf zwei Faktoren, rechnet man die branchenübliche Geschäftstüchtigkeit ab. Das eine Prinzip des Hauses war es, jeweils nur Familienmitglieder in leitende Stellungen zu bringen – ein Prinzip, das ähnlich auch bei den Rothschilds zum Erfolg geführt hat –, und das andere, das ganze Unternehmen mit seinen zahllosen Faktoreien in ganz Europa von Augsburg aus zu regieren. In späteren Zeiten mag eine solche Zentralisierung zu schwerfällig gewesen sein; in ihren Anfangszeiten schuf sie Zuverlässigkeit und Glaubwürdigkeit, auch war das Geschäft immerhin noch übersichtlich genug, um mit Scharfblick und Erfahrung von Augsburg aus geführt werden zu können. Die Einführung der Buchführung und bestimmte »frühkapitalistische« Züge hängen also unmittelbar zusammen. Die doppelte Buchführung geht über die bisherigen Methoden hinaus; sie verrechnet jeden Geschäftsvorgang auf einem Soll- und einem Haben-Konto, bietet also eine Art Röntgenbefund des Geschäftsverlaufs und erlaubt, mit einem Blick festzustellen, wie im Augenblick der Saldo aussieht, d. h. der Überschuß auf der Soll- oder auf der Haben-Seite.

Kein Kaufmann, sondern ein Mönch hat diese Sache als erster in ein System gebracht und ein Buch geschrieben; das Werk des Luca Pacioli erschien 1494, also gerade zur rechten Zeit – ein Jahr nachdem der Papast Alexander VI. die Neue Welt durch eine Linie zwischen Portugal und Spanien aufgeteilt hatte und die große Plünderung der Kolonien durch Europa begann. Alle späteren Autoren haben Pacioli zunächst übersetzt oder abgeschrieben; auch der erwähnte Matthäus Schwarz hat 1518 eine Abhandlung über »Dreyerlei Buchhalten« geschrieben, das die schon erwähnten Aufteilungen, nämlich die doppelte Verbuchung einer geschäftlichen Abwicklung, bringt. Erst 1570 ist ein Fachbuch erschienen, das vom Einfluß des Mönches verhältnismäßig frei ist, verfaßt von einem gewissen Sebastian Gamersfelder mit dem hübschen Titel: »Buchhalten Durch zwey Bücher nach Italienischer Art und Weise«.

In der Organisation der Handelsunternehmen änderte sich viel, seit vom Kontor aus regiert wurde. Ursprünglich gab es das Stammhaus mit seinen Gewölben und Lagern und die Faktoreien, von denen aus der regionale Handel abgewickelt wurde. In dem Maße, wie man zur Geschäftskorrespondenz überging, wurden die teuren Niederlassungen überflüssig, denn nun konnte man ja mit Geschäftsfreunden am Ort genau das erledigen, was vorher die eigenen Leute getan hatten. Anfangs waren die »Faktoren«, die »Macher«, die Stützen des Unternehmens gewesen. Jetzt waren es die »Correspondenten« und »Reisediener«. Die Schreib- und Rechenarbeiten wurden von Contoristen besorgt, die Cassierer besorgten die ordnungsgemäße Verwaltung der Kasse. Für die Buchhaltung stellte man Spezialisten ein wie heute für die elektronische Datenverarbeitung, und im Lager herrschten die »Gewölb- und Waarendiener«.

Wichtig war, daß der Angestellte »gottesfürchtig, willfährig, getreu, fleißig und verschwiegen« sei und daß ihm allezeit »nichts anderes als liebes und gutes« nachzusagen sei.

Doppelte Buchführung und Kontor, Bilanz und Saldo, Korrespondenz und Tarifkunde – die Voraussetzungen für die Entwicklung des modernen Wirtschaftslebens waren geschaffen, während die Naturwissenschaften die ersten Schritte ins Neuland wagten und der Nutzen ihrer Erkenntnisse durchaus noch nicht zu übersehen war. Zugleich mit dieser Entwicklung änderte sich aber auch die Mentalität des Menschen. Vom Arbeitsgedanken Luthers – Gott hat jeden zu seinem Werk berufen – ist der Calvins abgeleitet. Nach Calvin (siehe Band »Magie · Mythos · Religion«) ist der Mensch aufgefordert, sich mit nie erlahmendem Eifer unter Verzicht auf alle Annehmlichkeiten des Lebens der Arbeit hinzugeben, zu der man »berufen« war. »Alles soll der Ehre Gottes dienen, aller Eigenwille dem göttlichen Willen geopfert werden« (Flitner). Wer so arbeitet, so mit Sorgfalt und Energie, ohne Rücksicht auf sein persönliches Wohl, seinen Auftrag erfüllt, wird leichter zu Geld kommen als der Faulpelz – und damit neuen Versuchungen ausgesetzt sein: Nach Auffassung der Calvinisten und Puritaner käme hier der Teufel zur Hintertür herein, den man vorne hinausgeworfen hat. Deshalb muß, um dem Blendwerk der Hölle zu entgehen, der Mensch den Ertrag seiner Arbeit für gute Werke einsetzen. Er selbst soll sparsam leben, aber er soll eine offene Hand für die Armen haben.

Nun kann ein Handelshaus wie das der Fugger oder Welser, der Unternehmer eines Eisenhammers oder der Verleger mit Tuchen nicht seinen ganzen Gewinn der Wohltätigkeit opfern; er muß Kapital bilden, und er muß dieses Kapital nützlich anlegen, damit es nicht verschwendet und verpraßt wird. Also wird das Kapital wieder in Arbeit investiert – und Arbeit hat in diesem Zusammenhang einen Wert an sich, ist eine Art Dienen. Nur ein Verschwender wird, unter solchen Voraussetzungen, die Zinsen seines Kapitals verzehren; einen rechtschaffenen Christen muß jeder Pfennig schmerzen, der nicht »arbeitet« – so bildet sich eine Gesinnung, die zwangsläufig zum Kapitalismus führt. Die Wechselwirkung zwischen Gesinnung und ökonomischer Basis gleicht etwa der Frage, was eher da war, das Ei oder die Henne. Man weiß, wie diese Haltung durch Rückgriffe auf das Alte Testament untermauert worden ist. Der Gott dieser Väter ist ein so schrecklicher, drohender und unerforschlicher Gott. Die Lehre Calvins von der doppelten Prädestination besagt, daß es in Gottes Ratschluß liegt, ob ein Mensch zum Heil auserwählt oder zum ewigen Tode verdammt ist. Seine eigene Kraft bewirkt nichts, er ist von Anbeginn mit Sünde befleckt, aber wessen Dasein »sichtbarlich« Früchte trägt, von dem darf angenommen werden, daß Gott seine Arbeit gesegnet hat.

So führt lange, mühevolle Arbeit, die nur Sparsamkeit, Fleiß und Pflichttreue kennt, zur Heilsgewißheit: Wie ein Kind, dessen Bravheit ein Schutz gegen Zornausbrüche der Eltern ist, beugt sich auch der stolzeste Handelsherr demütig unter diesen Willen. Die Rechtschaffenheit dieser Lebenshaltung steht außer Frage, noch im Preußentum des vorigen Jahrhunderts, im Bürgertum unserer Tage, in der Haltung des englischen und amerikanischen Mittelständlers wirkt diese Haltung nach – und doch hat sie ungewollt zur Versklavung der Menschheit unter Arbeitszwänge geführt, die nicht dem Menschen, sondern dem Kapital nützten. Die ganze Barbarei der kolonialen Sklaverei, die auf den heutigen Menschen so abstoßend wirkt, hat dem Christen der damaligen Zeit zunächst keine Gewissensfrage gestellt: Der Heide, der dem Müßiggang entrissen und zur Arbeit angehalten wurde, hatte den ersten Schritt zu Gott getan – und alles das war gewiß keine finstere Manipulation, nur um Gewinne zu steigern, sondern geglaubter Lebensgrund, so wie heute noch fast jeder glaubt, daß Gewalt notwendig sei, um Konflikte zu lösen.

Die Ökonomie des Leviathan

Wer im 17. Jahrhundert in Europa regierte, fühlte sich nicht nur als Herrscher von Gottes Gnaden, sondern als absoluter Monarch, verantwortlich für Wohlfahrt und Frieden. Die Ideologie lieferte Thomas Hobbes (1588–1679) in seinem »Leviathan«, der 1651 erschien. Sein Grundgedanke war, daß die Menschheit ihrer Natur nach sich in wildem Kampf um die Vorherrschaft zerfleischen würde. Diesen

Kampf aller gegen alle könnten nur Verträge aufhalten, die in einer öffentlichen Ordnung gipfeln und alle Macht einem einzigen Menschen übertragen, dem absoluten Monarchen. Er repräsentiere alle, er sei aus dem Vertrag aller herausgenommen, »so entsteht der große Leviathan oder, besser gesagt, der sterbliche Gott, dem allein wir mit Hilfe des unsterblichen Gottes unseren Frieden und unseren Schutz verdanken. Denn mit dieser Autorität ausgestattet, die ihm jeder einzelne Angehörige des Commonwealth übertragen hat, verfügt er über so viel Macht und Gewalt, daß er dank der Furcht, die er einflößt, den Willen aller zum Frieden im Innern und zu gegenseitiger Hilfe gegen äußere Feinde lenken kann«.

Ein solcher Monarch brauchte, um seinem Land Frieden und Wohlfahrt zu sichern, eine florierende Wirtschaft, die Steuern abwarf. Beamtenschaft und Heer kosteten immer größere Summen, und die Logik der Situation erzwang vom Herrscher bestimmte Handlungsweisen: Wie ein Unternehmer vom Zwang wirtschaftlicher Verhältnisse getrieben wird, so mußte der Herrscher, wollte er vernünftig handeln, Kriege führen und sein Gebiet »abrunden«, sich in Erbfolgestreitigkeiten engagieren und auf allen Feldern des Brettes spielen, damit niemand ihn matt setzen konnte. Diese aufwendige Politik betrieb ein Monarch wie ein Hausvater, der zu wirtschaften versteht; so wurde er zum »Landesvater«, eine Pose, die heute noch lächerlich wirkt, weil sie in einer demokratisch und rational verwalteten Politik die Attitüde fürstlicher Väterlichkeit konserviert.

Wie man das in der Zeit selbst sah, schreibt der kaiserliche Kammerherr Philipp Land über den späteren Kurfürsten Maximilian I. von Bayern (1573–1651) im Jahre 1606 nach Wien: »Ich glaube, daß es in der ganzen Welt keinen so wirtschaftlichen, häuslichen Fürsten gibt wie den regierenden Herrn. Aus allem seinem Weizen und seiner Gerste läßt er Bier brauen zum Verkauf. Seinen Herren gibt er als Kostgeld Hirschen, bis zu sechs Pfund Wildschwein, das Pfund zu drei Kreuzer. Auch verkauft er das Salz. Seine Rechnungen sieht er allmonatlich durch, alle Quatember zahlt er aus; er ist keinem Menschen etwas schuldig, sondern spart viel Geld zusammen« (Roth).

Der Landesherr kümmerte sich, wollte er dem Ideal gerecht werden, um jeden Wirtschaftszweig. Man nennt diese Epoche landesherrlicher Wirtschaftsförderung »Merkantilismus«, das gleiche Wort steht auch für die in dieser Zeit entwickelten Wirtschaftstheorien eines Leibniz (1646–1716), eines Christian Freiherrn von Wolff (1679–1754) und eines Samuel Freiherrn von Pufendorf (1632–1694), um nur die bedeutenderen Namen zu nennen. Die doktrinären Theoretiker des »Kameralismus« – von der »camera«, der fürstlichen Schatzkammer abgeleitet – sahen eine gute, landesväterliche Ökonomie von drei Hauptwiderständen beeinträchtigt: erstens von gewissen monopolartigen Privilegien, zweitens vom freien Wettbewerb und drittens vom künstlich eingeschränkten Wettbewerb. Das alles zielte auf eine starke staatliche Lenkung. Im Zeitalter des Merkantilismus empfahl man die Einrichtung von Arbeitshäusern, in denen die Arbeiter möglichst rationell und unter strengem Zwang produzieren sollten. Als Kontrollbehörde waren ein

Ludwig XIV., *König von Frankreich, und sein Finanzminister Colbert.*
Stich nach einer Zeichnung von Jérome David,
19. Jh. Österreichische Nationalbibliothek, Bildarchiv, Wien

fürstliches Kommerzkollegium und eine Landeszentralbank vorgesehen; diese hatte den Geldverkehr und -umlauf nach den Erkenntnissen der politischen Ökonomie zu kontrollieren. Das erklärte Ziel des Merkantilismus war die aktive Handelsbilanz. Also versuchte man, die Importe rigoros zu beschneiden und die eigene gewerbliche Wirtschaft zu stärken.

Das sah mitunter recht seltsam aus. So berichtet die Haude-Spenersche Zeitung im Jahre 1773 aus Dublin: »Wir haben gestern einen sehr komischen Aufzug gesehen. Über tausend Personen, die mit Degen, Stöcken und anderen Sachen bewaffnet waren, begleiteten eine Miethkutsche, in welcher ein Frauenzimmer ein Nesseltuch in Stücke schnitt. In diesem abenteuerlichen Aufzuge paradirten sie durch die Stadt; und prophezeyten allen und jedem das größte Unglück, welche sich unterstehn würden, Nesseltuch zu tragen oder zu verkaufen, welches nicht aus den Manufakturen dieses Königreichs wäre.« Man erinnert sich der Kaffeeverbote und der Kaffeeriecherei in Preußen. Einem Land, das von Natur so ärmlich ausgestattet war wie diese »Streusandbüchse« – man benutzte Sand damals bekanntlich dazu, Tinte zu löschen –, mußten Importe von Kaffee als unerhörte Provokation erscheinen; Friedrich der Große hatte sie in einem Erlaß vom Jahre 1779 entsprechend angeprangert. Denn es sei abscheulich, schreibt er, wie weit es mit der Konsumtion des Kaffees gehe und wieviel Geld dafür aus dem Lande geschickt werde, weil alle sich das Kaffeetrinken angewöhnt hätten. Er schließt seine Epistel: »Übrigens sind Se. Königl. Maj. höchstselbst in der Jugend mit Biersuppen erzogen, mithin können die Leute dort eben so gut mit Biersuppe erzogen werden. Das ist weit gesunder wie der Kaffee.« Friedrich der Große ist in Deutschland der markanteste Vertreter des Merkantilismus gewesen, dem Großen Kurfürsten und seinem Vater, dem sogenannten Soldatenkönig folgend. In England hat Cromwell, in Frankreich der schon erwähnte Colbert in diesem Sinne gewirkt und mit drakonischer Strenge die Volkswirtschaft des Landes dirigiert.

Man hat dem Merkantilismus viel Ehre angetan, hat vor allem in Deutschland Friedrich den Großen als den weisen Monarchen gefeiert, der Sümpfe trockenlegen, Siedlungen anlegen, Land von Kolonisten urbar machen ließ. Das ist ein Lesebuchbild aus dem alten Preußen, das der Wirklichkeit kaum mehr standhält. Unternehmungen dieser Art haben alle halbwegs vernünftigen Monarchen der Zeit betrieben, der Regierungsstil Friedrichs II. – das Fachdepartement für Handel und Gewerbe hatte er sich selbst vorbehalten –, degradierte Männer von Weitblick und Verantwortungsgefühl zu Marionetten. Seine Minister sahen den König nur einmal im Jahr, er regierte mit einsamen Entschlüssen, und die Wirtschaft betrachtete er folgerichtig wie einen Familienhaushalt, in welchem »jeder Posten des Soll und Haben vom Hausherrn abhängt«.

Wie bei allen Alleinherrschern war sein Problem, daß er sich selbst von der Wirklichkeit isoliert hatte und nicht selten mit Starrsinn auf fixen Ideen bestand, die ihm niemand auszureden vermochte, weil er in anderen Fällen gegen Fachleute recht behalten hatte. So schlug er allen Ernstes vor, die Tuchweber in Brieg sollten die Tücher gelb und hellrot halten, das hätten die Polen gern, und im Jahre 1771 warnte er die Leinwand-Exporteure in Hirschberg, den Engländern Kredit zu geben, da sich in England zahlreiche Bankrotts ereignet hätten. Dieses wachsende Mißtrauen dessen, der herrscht und sich von Untergebenen hintergangen weiß, ist allerdings ein Phänomen der Psychologie, nicht der Wirtschaftsgeschichte. Ein

Verdienst des Merkantilismus war es, wenn man in der Entwicklung der Produktivkräfte einen gesellschaftlichen Fortschritt sehen will, daß das Interesse des Landesherren für die Wirtschaft bald Allgemeingut wurde. Andererseits begann eine Epoche der staatlichen Forderungen, zwangsläufig die Kehrseite staatlicher Initiative und Verantwortung.

Ein Landgraf als Bankier

Matthias Claudius war schon einige Jahre lang Redakteur des »Wandsbecker Boten«, Goethe hatte seinen »Götz von Berlichingen« und die »Leiden des jungen Werther« geschrieben, James Cook befand sich auf seiner zweiten Weltreise und entdeckte die Antarktis, der Opernstreit zwischen Gluck und Puccini beschäftigte das Pariser Publikum, in Rußland brach unter Führung Purgatschews der Bauernaufstand an der Wolga aus, und im Frühjahr 1775 kam es in Massachusetts zu Zusammenstößen zwischen englischen Truppen und rebellischen Amerikanern, da erkannte der regierende Fürst des kleinen Ländchens Hessen seine unternehmerische Chance. Die Idee war nicht neu, denn der Landgraf Friedrich II. hatte während des österreichischen Erbfolgekrieges (1741–1748) Soldaten an beide kriegsführenden Parteien vermietet, an England und auch an den Kurfürsten von Bayern, aber die Unruhen in der Neuen Welt erschlossen einen neuen Markt: Schon im August 1775 bot er dem englischen König ein Regiment hessischer Soldaten an. Ein Jahr später ließ der alte Landgraf ein Regiment Hessens in Hanau ausheben, insgesamt 668 Mann, und schickte es ebenfalls nach Amerika.

Der Gewinn für die Kasse war beträchtlich: Er bekam für jeden Mann 30 Kronen Werbegeld sowie die englische Löhnung; für jeden Toten sowie für drei Verwundete bekam er die gleiche Summe, außerdem zahlte ihm sein Vertragspartner 25 050 Kronen im Jahr. Der Landgraf war der erste deutsche Fürst, der sich diese Einnahmequelle hatte erschließen können. Er hinterließ seinem Sohn, dem Landgrafen Wilhelm IX., ein Kapitalvermögen von zehn Millionen Reichstalern, wobei zu seiner Ehre gesagt wurde: Er sei kein Unmensch, kein Blutsauger, sondern ein rechter Fürst; den Eltern und Ehefrauen der verkauften Männer, die meist vom Lande stammten, habe er die Steuer erlassen. Das Elend in den Kasernen und Kasematten erreichte den Landgrafen nicht, sein Hofstaat schirmte ihn gegen die elende Wirklichkeit ab, die er selbst geschaffen hatte.

Johann Gottfried Seume (1763–1810), der später durch seine Fußwanderung quer durch Europa nach Syrakus bekannt geworden ist, ein ausgezeichneter Schriftsteller und Vorläufer eines modernen Journalismus, ist 1781 in die Hände der Werber gefallen und nach Amerika verschifft worden, wo er in Kanada eingesetzt wurde. Erst zwei Jahre später kam er von dort zurück. Über seine Erlebnisse schreibt er, man habe ihm in der Gegend von Erfurt den Vorwurf gemacht, daß er mit seinem Degen jemanden bei einem Raufhandel verletzt habe und vermutlich auf der Flucht sei. Er protestierte und wanderte weiter. »Den dritten Abend übernachtete ich in Vach, und hier übernahm, trotz aller Proteste der Landgraf von Kassel, der damalige große Menschenmäkler, durch seine Werber die Besorgung meiner ferneren Nachtquartiere nach Ziegenhain, Kassel und weiter nach der Neuen Welt. Man brachte mich als Halbarrestanten nach der Festung Ziegenhain, wo der Kammergefährten aus allen Gegenden schon viele lagen, um mit dem nächsten Frühjahr nach Fawcetts Besichtigung nach Amerika zu gehen . . . Wir lagen lange in Ziegenhain, ehe die gehörige Anzahl der Rekruten vom Pfluge auf dem Heerwege und aus den Werbestädten zusammengebracht war . . . Die Geschichte der Periode ist bekannt genug; niemand war damals vor den Handlangern des Seelenverkäufers sicher; Überredung, List, Betrug, Gewalt, alles galt. Man fragte nicht nach den Mitteln zu dem verdammlichen Zwecke. Fremde aller Art wurden angehalten, eingesteckt, fortgeschickt. Mir zerriß man meine akademische Inskription, das einzige Instrument meiner Legitimierung.«

Den Landgrafen kümmerte das wenig, ihm schwebten höhere Ziele vor, es werden ja alle Schlechtigkeiten der Welt um eines höheren Zweckes willen verübt, von jenen monströsen Untaten abgesehen, deren Täter eigentlich einen Psychiater brauchen. Auch der junge Prinz war in den Augen des Adels und der Bürger so übel nicht. Beim Regierungsantritt hatte er Anspruch auf eine Spende, die normalerweise die Bevölkerung dem angestammten Herrscherhause stiftete und die 100000 Reichstaler betragen hätte – aber der Regent erließ seinen Untertanen dieses Opfer und begnügte sich mit den üblichen Zeremonien. Wer damals Fürst war, regierender Herrscher eines eigenen Ländchens, war Unternehmer, und die Staatseinkünfte kamen dem Chef des Hauses zugute. Die Überlegungen des Fürsten beruhten, wie viele durchschlagende Erfolge, auf einem einfachen Gedanken. Wenn er weiter mit kriegsführenden Ländern Geschäfte machen wollte, mußte er Soldaten schnell verfügbar haben und durfte sich nicht auf die Aushebung verlassen. Er entschloß sich daher, ein kleines, stehendes Heer aufzustellen und es gewinnbringend zu vermieten. Schon im Jahre 1787, als der Verfassungskonvent unter Washington in Philadelphia tagte, schloß Landgraf Wilhelm IX. einen neuen Vertrag mit England, der ihm noch wesentlich größere Einkünfte sicherte.

In diesem Jahre gingen insgesamt 1200 Mann »ab nach Kassel« und von dort nach Übersee. Jeder Infanterist brachte 30 Kronen Handgeld, jeder Reiter 80 Kronen, dazu erbrachte jeder eine jährliche Abfindungssumme von 225 Kronen (Wagenführ). Auf diese Weise häufte sich das Geld in der Staatskasse, und Landgraf Wilhelm IX. wurde, stets bestrebt, das Wohl seines Landes zu sichern und seine Güter zu mehren, zum Großbankier seiner Epoche – ein Fall für die Psychologie, denn selten hat ein regierender Fürst so viel Sinn für Geld und Geldgeschäfte entwickelt wie dieser etwas verfettete Fürst, der im Jahre 1803 endlich die heißersehnte und längst bedeutungslose Kurwürde erhielt.

Anleihen gewährte der Landgraf dem König von Preußen, dem Prinzen von Wales, dem Herzog von Mecklenburg-Strelitz, dem Kaiser in Wien und vielen anderen Fürstlichkeiten, aber auch seinen eigenen Untertanen, den Bäckern, Beamten, Offizieren und selbst Bauern. Die Kleinkredite spielten bei seinen Geschäften eine erhebliche Rolle; mit einem Erlaß aus dem Jahre 1786 wurde darauf hingewiesen, daß Darlehensgesuche bei der Geheimkanzlei einzureichen seien. Wenn die Summe allerdings 1000 Reichstaler überstieg, so wurde das Gesuch an das Kriegskollegium weitergeleitet. Volkswirtschaftlich gesehen war die Erteilung von Darlehen nicht unvorteilhaft, denn die Kredite belebten die Wirtschaft und das Kapital arbeitete. Die Zinsen von ein bis drei Prozent lagen schon damals unter dem üblichen Zinsfuß und verstärkten den Anreiz zur Kreditnahme. Geschenke machte dieser Bankier allerdings ebensowenig wie sonst ein Geschäftsmann. Er verlangte erstklassige Sicherheiten und war mißtrauisch wie alle geborenen Finanziers, auch hing die Kreditgewährung von seinen Launen ab. Vermittlung, dies nicht ohne Unterstützung durch Geschenke an einflußreiche Persönlichkeiten, war also nötig. Die Herren Minister und Räte haben ihr Einkommen nicht unbeträchtlich ergänzen können – ganz nach Art der Diener und Wesire.

Niemals wurde mit diesen Geldern spekuliert, dies galt dem Kriegskollegium denn doch als suspekt, da das Spekulationsgeschäft »auf den Hazard eines ungewissen Vorteils oder zu befürchtenden Schadens begründet ist«. Der Landgraf kümmerte sich persönlich um alle Geschäfte. Was man bei Fürsten wie Friedrich dem Großen viele Jahrzehnte lang als typisch königliche Tugenden pries, als preußische Liebe zum Detail, als Beweis strengen Pflichtbewußtseins und nicht auch als zwanghafte Herrschsucht, nahm bei diesem Herrscher von Hessen einen modernen Zug von Cleverness an. Auch dieser Fürst kümmerte sich um jede Kleinigkeit persönlich, aber nicht um Paraden, Gamaschenknöpfe und Deichbauten, sondern um Zahlungsbefehle, die nur von ihm selbst erteilt wurden.

So blühte die Staatskasse, das Land verwandelte sich in ein Bankinstitut und jedes einzelne Dorf in eine Zweigstelle. Wenn im Jahre 1794 der Staatsschatz 10 Millionen Reichstaler betrug, so waren es 1806 bereits 25 Millionen – wohlgemerkt, Kapitalvermögen, also bares Geld, keine Liegenschaften, Schlösser oder Unternehmen. Der Kurfürst selbst, der ja auch persönliches Vermögen besaß, ist an den Darlehen wie jeder seiner Direktoren mit Provisionen von einem bis drei Prozent beteiligt gewesen – ein beachtlicher Gegensatz zu den Königen und Fürsten seiner Zeit, die zwar auch aus der Arbeit ihrer Untertanen ihren Lebensaufwand bestritten, aber keine Unternehmer waren wie der frisch gebackene Kurfürst. Ihm war die Vorstellung, der Staatsschatz könne, wie in Preußen oder Bayern, in Form von Goldbarren ungenutzt und für Kriegszeiten gehortet in Gewölben und Türmen liegen, unerträglich: Sein Geld war angelegtes Kapital, allein an Zinsen kassierte er im Jahre 1805 die Summe von 69000 Reichstalern.

Daß mit der Macht die Ansprüche wachsen und Vorteile aus einer Stellung gezogen werden, die eigentlich zur Zurückhaltung verpflichtet, ist nichts Neues und nicht mit Fürstentum und Adel bedingt; auch sozialistische Länder kennen Hofstaaten und Privilegien, auch Gewerkschaftler ziehen aus ihrer Stellung persönlichen Nutzen, moralische Entrüstung wäre zu billig für ein Phänomen, das nicht nur in Gesellschaftsordnungen begründet ist.

Das war der Hintergrund der hessischen Armut, jener Schrecken, die der 1813 geborene Georg Büchner in seinem Flugblatt »Der hessische Landbote« gegeißelt hat, dem ersten sozialistischen Flugblatt in deutscher Sprache.

Der Aufstieg des Hauses Rothschild

Die Bewohner der alten Judengasse in Frankfurt am Main konnten zwar rechnen, aber selten lesen, auch die Stadtpolizisten werden sich nur schwer zurechtgefunden haben. So kennzeichnete man die Häuser mit farbigen Schildern. Damals hatten die Juden noch nicht das Privileg, Familiennamen führen zu dürfen wie jeder Bürger, also nannten sie sich nach dem Haus ihrer Väter, wie der Bauer draußen sich nach seinem Hof nannte.

Mayer Amschel aus dem Hause Rothschild, ein Sohn kleiner Händler, hatte Rabbi werden wollen und war, weil er begabt war, nach Fürth auf die Talmudschule geschickt worden. Als seine Eltern starben, mußte er ans Verdienen denken; er bekam eine Stellung im Bankhaus Oppenheimer in Hannover, wobei er von Glück sagen konnte. Seine Karriere schien gemacht, man protegierte ihn, aber im Jahre 1794 kehrte er Hannover den Rücken und ging zurück ins Elternhaus. Das war nicht mehr jenes alte Haus mit dem »rothen Schild« am vorderen Ende der Judengasse, sondern eines am anderen Ende, das als Hausschild eine Pfanne zeigte. Den Namen hatten die Mayers mitgenommen, im Haus »Zur Hinterpfann«, im Altwarenhandel der Brüder Moses und Kalman Mayer Rothschild, leistete er geduldig seine Arbeit und begann, neben einer Wechselstube einen kleinen Münzhandel aufzuziehen (Morton).

Das war ungewöhnlich, denn es ging um Münzen, die außer Kurs gesetzt waren, aber wer kümmerte sich schon um Louisdore und Denare, Theresienthaler und Cruzados, alle diese französischen, arabischen, österreichischen, braunschweigischen oder portugiesischen Münzen aus längst vergangenen Zeiten. Mayer Amschel Rothschild sammelte, sortierte und beschrieb die abgegriffenen Stücke. In Frankfurt konnte er sie nicht verkaufen, aber in Hannover hatte er Besorgungen für einen Herrn von Estorff, der jetzt am Hofe des Prinzen Wilhelm von Hessen in Hanau diente – jenes Prinzen, der später seine Soldaten verkaufen sollte.

General von Estorff interessierte sich, Rothschild machte Geschäfte mit den alten Münzen, er verschickte seinen Katalog an einflußreiche Persönlichkeiten, an »Höfe und Höflinge«, und eines Tages ließ sich der Erbprinz den Rothschild kommen. Der »Münzjud'« war geschickt genug, dem Prinzen eine Auswahl seltener Prägungen zu überlassen. Daß reiche Juden bei Hofe Zugang hatten, ist schon damals nicht mehr ungewöhnlich gewesen. Der Geldbedarf der absoluten Monarchen überstieg stets ihre Einnahmen, und im Getto saßen die heimlichen Bankherren; wenn die Interessenverflechtung zwischen dem Hof und dem »Wucherer« zu groß war, wenn er weitgespannte Geschäfte zu erledigen hatte, bei denen man ihn, weil er Jude war, leicht stören konnte, stellte sich der regierende Fürst mit seiner ganzen Autorität hinter ihn; so entstand der Begriff des »Schutzjuden«, der die Emanzipation der Juden in einer privilegierten Person und unter der Bedingung des Wohlverhaltens vorwegnahm.

Der junge Rothschild dachte so weit gewiß nicht, er tat das Nächstliegende. Er machte Geschäfte mit hohen Herrschaften, darunter dem Herzog Karl-August von Weimar, und vor allem dem Prinzen Wilhelm von Hessen-Nassau, der schon als junger Mensch ein ausgeprägtes Geschick hatte, eigene Interessen wahrzunehmen. So hatte er jüngst den Dänen, die beim alten Landgrafen von Hessen eine Anleihe plazieren wollten, kräftig die Suppe versalzen und opponiert; erst als man ihm mit einem kostbaren Geschenk die Zusage schmackhafter gemacht hatte, besann er sich auf sein Wohlwollen und stimmte der Sache zu; Dänemark kam zu seinem Geld. So verstand der junge Erbprinz die Qualitäten des Münzjuden sehr wohl zu schätzen, und als dieser sich mit einem untertänigen Schreiben an ihn wandte und um die Auszeichnung bat, ihn »mit dem Charakter Höchstderoselben Hof-Faktoren zu begnadigen«, tat ihm der Prinz den Gefallen. Bald konnte man dann in der Judengasse an der »Alten Bratpfann« das Schild lesen, und es nahm sich stattlich aus: »M. A. Rothschild Fürstlich Hessen-Hanauscher Hoffaktor«.

Auch große Geschäfte fangen klein an. Dieser Titel war fast soviel wert wie ein Paß, in damaliger Zeit also Gold wert. Mayer Amschel hatte inzwischen geheiratet, auch dies ein Erfolg, denn wer gab schon einem jungen Juden aus der unteren Judengasse seine Tochter, wenn er selbst im wohlhabenden Teil wohnte – Töchter waren knapp, denn damit nicht mehr als 500 jüdische Familien im Getto wohnten, durften laut Gesetz unter den Juden nur zwölf Heiraten pro Jahr stattfinden. Der Rothschild aber hatte es geschafft, und dies war eine Voraussetzung des phantastischen Erfolges dieser Familie. Ähnlich wie bei den Fuggern, nur mit größerer Konsequenz, wurden die leitenden Positionen in diesem Unternehmen nur mit Rothschilds besetzt: Das sicherte eine Basis unbedingten Vertrauens und unbedingter Diskretion, wie sie sonst niemals erreicht werden konnte. Die junge Gudula Rothschild geb. Schnapper schenkte also dem Amschel Jahr um Jahr ein Kind, zum Glück auch Knaben, und das hatte die Natur sehr weise eingerichtet, denn wie hätte man sonst in London, Wien und Paris mit seinen eigenen Söhnen arbeiten können?

Die Kombination des Aufstiegs, die magische Konstellation, erinnert an die des Hauses Fugger. Auch dort wirkte sich der Zusammenhalt der Familie vorteilhaft aus, wenn die Entwicklung auch über einen größeren Zeitraum lief, auch dort begünstigte der immense Geldbedarf eines Kaiser Maximilian I. oder eines Rudolf V. den, der zu Diensten war und dabei den eigenen Vorteil zu wahren verstand. Rothschild, über den Günstling Carl Friedrich Buderus, einen hohen Finanzbeamten des Hofes, stets für allerlei Geschäfte und Gefälligkeiten hinzugezogen, besaß in den achtziger Jahren des 18. Jahrhunderts, also kurz vor dem Ausbruch der Französischen Revolution, neben der Wechselstube, dem Münzhandel und dem Altwarenhandel ein Kurz- und Schnittwarengeschäft. Reich war er nicht, aber wohlhabend, und so wohnte man denn nicht mehr in der »Hinterpfann«, sondern im Haus »Zum grünen Schild«. Dort im Salon hat die Gütel Rothschild, die als Siebzehnjährige den Amschel geheiratet hatte, ihre Söhne empfangen, die schon in Palästen wohnten – ein Erfolgsmärchen, wie es nur der Kapitalismus schreibt.

Im Hof des Anwesens, der ein Gärtlein trug, gab es ein Büro, und in diesem Büro wiederum eine riesige Eisentruhe, deren Deckel den Zugang zu einem kleinen Kellergelaß freigab. Schon im Jahre 1806 bestand der Keller unter der Eisentruhe seine Bewährungsprobe. Denn der Kurfürst, der vor Kaiser Napoleon floh, ließ die Protokolle des Hessischen Geheimen Staatsrates bei seinem alten Geschäftsfreund, dem mittlerweile reich gewordenen Rothschild, verschwinden; der versenkte sie in seinen Keller, schloß die Truhe und erwartete die Soldaten des Kaisers. Der Kurfürst setzte sich nach Dänemark ab; er rettete auf diese Weise viel, vor allem sich selbst, doch blieb er von seinen Geldern, seinen Schuldnern abgeschnitten. Sein heimlicher Statthalter in Hessen, Carl Buderus, zog den alten Rothschild zu Rate, durch einen Geheimvertrag war er ohnehin Teilhaber an den Einkünften des Hauses »Zum grünen Schild«, also konnte er nur gewinnen, wenn es dem Hause Rothschild gelang, die Gelder flüssigzumachen. Das Finanzministerium des Kaisers Napoleon, das die Verhältnisse kannte und als Rechtsnachfolger des geflohenen Kurfürsten Anspruch auf alle Zahlungen erhob, die der Kasse des Kurfürsten hätten zufließen müssen, kam einen Posttag zu spät: Kurz zuvor hatten die Söhne des Hauses Rothschild die fälligen Beträge kassiert, und zwar überall in Europa. Also hielt sich die französische Polizei voll Wut an den alten Mayer

Amschel Rothschild – und fand nur ein verbrauchtes altes Ehepaar, das sich mit seinem Trödelladen im Haus »Zum grünen Schild« gerade notdürftig über Wasser zu halten schien.

Man fand die zerfledderten Kontobücher des Ladens, aber keine Spur einer heimlichen Tätigkeit im Dienste des Kurfürsten oder gar gegen Napoleon. Wenn die Luft rein war, zog sich der alte Rothschild, ein mittlerweile weise gewordener, sehr milder und stets freundlicher Mann, in das kleine Büro hinter dem Hof zurück, wo die eiserne Truhe stand, um sich in die eigentliche Geschäftskorrespondenz zu vertiefen: Wem verdankte er seine Erfolge, bei Lichte besehen? Doch nur seinen Söhnen, und auch das war nur ein Teil des Geheimnisses. Aus der Kontinentalsperre, aus dem »Fernhandel«, wenn man so will, hatte er neue, große Gewinne gezogen, und alle fünf Rothschilds hatten ihre Rolle in diesem Spiel gespielt. Die Söhne also: Europa wurde gleichsam an sie verteilt, vielmehr die Geschäfte in der Ära Napoleons und Metternichs zwangen zur europäischen Perspektive. Der älteste Sohn, nach dem Vater Amschel geheißen, hat den Deutschen Bund finanziert, sein Bruder Salomon sollte im kaiserlichen Wien, übrigens auch während des Kongresses, eine wichtige Rolle spielen, allerdings die des vom Adel ungeliebten Finanziers. Nathan Rothschild wurde zur Achse der englischen Börsenwelt und hat durch seinen Börsencoup nach Waterloo Aufsehen erregt, Kalman hat sich in Italien etabliert, und Jakob Rothschild machte seine Geschäfte in der Französischen Republik ebenso wie im Kaiserreich der Bourbonen.

Typisch für den Einstieg ins internationale Geschäft ist Rothschilds Vorschlag an den Kurfürsten, die Gutschriften, welche der Kurfürst aus England erhielt, mit jenen Konten zu verrechnen, die der alte Rothschild an die englischen Fabrikanten zu begleichen hatte; er bezog nämlich in großem Umfange Baumwolle aus Manchester und konnte, wie der Kurfürst, Diskont und Wechselkosten sparen, wenn man nach seinem Vorschlag verfuhr. Es dauerte eine Weile, bis der schlaue Rothschild den Kurfürsten überzeugt hatte, aber da sein Geschäftspartner weniger aufs Dekor und mehr auf die Konten sah, wurden 1787 die ersten Geschäfte dieser Art getätigt, zur vollen beiderseitigen Zufriedenheit.

Schon 1795 war Mayer Amschel Rothschild in die höchste Steuerkategorie der Juden in Frankfurt eingestuft. Der nächste Coup war, die Staatsfinanzen des Königs von Dänemark, der ein Onkel des Kurfürsten von Hessen-Nassau war, aus der Staatskasse des Landes zu sanieren; eine direkte Anleihe hätte zwischen fürstlichen Verwandten böses Blut gemacht, so bediente man sich wie zufällig des Hauses Rothschild. Schon damals, wie einst bei den Fuggern, zeigte sich, daß die großen Geschäfte nicht mit Handel oder Industrie zu machen sind, sondern mit Finanzen. Kriege kosten Geld, und Napoleon sorgte für Kriege – also waren die Finanzen entsprechend knapp – und eben dies nutzten die Rothschilds aus. Natürlich mußte man auf solche Geschäfte eingerichtet sein. Das Haus Rothschild war es; man bediente sich im Hause zwischen den Brüdern beim schriftlichen Verkehr einer Geheimsprache, die aus Jiddisch, Hebräisch, Deutsch und allerlei Decknamen bestand – der Kurfürst wurde ironischerweise »Herr Goldstein« genannt, die Kutschen der Rothschilds hatten einen doppelten Boden, so ließen sich Dinge vorbereiten, die nicht unbedingt Napoleon zur Kenntnis kommen mußten.

Zum Beispiel kauften die Rothschilds in England Lebensmittel, Kolonialwaren und wie üblich Baumwolle, die nicht auf den Kontinent eingeführt werden durfte

– aber seltsamerweise tauchten diese Waren im Hamburger Hafen wieder auf, und in den Läden Deutschlands und Skandinaviens waren plötzlich Tabak, Kaffee, Zukker und selbst Indigo wieder zu haben – die freie Marktwirtschaft hatte triumphiert; sie tut dies allerdings nur auf Kosten nationaler Gefühle und bei weitgehender Gleichgültigkeit gegenüber fremden Interessen. Ein neues, riesiges Geschäft ergab sich aus der Kriegslage. In Spanien kämpfte der Herzog von Wellington gegen Napoleon, aber wie konnte man die sizilianischen und maltesischen Geldleiher ausschalten, ihren drastischen Zinssätzen die Luft ablassen und dennoch den Herzog, quer durch das feindliche Frankreich, mit Löhnung für seine Truppen versorgen? Diesmal war Nathan Rothschild, der Mann in London, an der Reihe: 800 000 Pfund Sterling sollten transferiert werden. Nathan begab sich nach Paris und streute dort sehr geschickt das Gerücht aus, ein Rothschild sei in Paris mit dem Auftrag, englisches Bargeld an die Kanalküste bei Dünkirchen zu schaffen, weil er Pariser Bankiers von ausgezeichnetem Ruf mit Geld versorgen wolle. Die englische Regierung aber täte alles, um den Transport dieser Gelder zu hindern. Also drückte die Regierung in Paris beide Augen zu. Ein Strom von Geld ergoß sich über den Kanal, wurde in Paris in Anweisungen an bestimmte spanische Banken umgewandelt. Dann schmuggelte Kalman Rothschild sie über die grüne Grenze der Pyrenäen. In Spanien quittierte der Herzog die ausgezahlten Summen, und das Geschäft war gelaufen – was neue Geschäfte nach sich zog, denn nun liefen die englischen Subsidien auch für Österreich, Preußen und Rußland über die Rothschilds. Diese Unternehmungen nützten der Allianz; der größte Coup dieser Ära aber nützte nur dem Hause Rothschild selbst.

Es war jener Augenblick, als Nathan Rothschild durch einen eigenen Kurier viele Stunden vor dem offiziellen Boten des Herzogs von Wellington erfuhr, daß Napoleon bei Belle-Alliance geschlagen worden sei. Rothschild informierte zwar die Regierung richtig, gab dann in der Börse ein täuschendes Beispiel und – verkaufte Consols, also englische Staatspapiere, so daß jeder glaubte, die Schlacht bei Waterloo sei verloren. Der Kurs der Papiere fiel ins Bodenlose – bis Nathan plötzlich ein großes Paket zu diesem Kurs kaufte, den er selbst erzwungen hatte.

Die Rothschilds, deren weitere Firmengeschichte zur Wirtschaftsgeschichte Europas gehört, haben dynastische Politik getrieben, wie etwa die Habsburger, und sich eine Exklusivität geschaffen, die schließlich dazu führte, daß von den 58 Eheschließungen der Nachkommen des alten Mayer Amschel genau die Hälfte Ehen zwischen Vettern und Kusinen waren. Die deutsche Linie des Hauses in Frankfurt hat, weil keine Söhne mehr geboren wurden, im Jahre 1901 mit Liquidation durch The Right Honourable Nathan Mayer Lord Rothschild und durch Baron Edmond de Rothschild geendet. Gemessen an den Jahrhunderten, in denen die Fugger ihre Rolle als Kapitalgeber der Fürsten spielten, nimmt sich die Epoche der Rothschilds klein aus; um so größer ist ihr Kapital, dessen Umfang sich kaum noch schätzen läßt – eine Macht, die sich der Kontrolle der politischen Kräfte entzogen hat.

Die Erzeugung des Proletariats

Mitten im christlichen Europa des 16. Jahrhunderts gab es regelrechte Menschenjagden. So jagte man in den Niederlanden und in Frankreich Vagabunden, um die Galeeren, die wiederum im Kampf um die Seeherrschaft gebraucht wurden, mit Mannschaften versorgen zu können. Colbert (1619–1683), der unerbittliche Generalintendant der französischen Krone, seit 1664 Oberintendant der Fabriken und Bauwerke, führte gegen die ärmeren Schichten einen unvergleichlich brutalen Kampf: Personen, die keine Mittel besaßen, um für ihren Lebensunterhalt aufzukommen, stellte man vor die Wahl, entweder aus dem Königreich ausgewiesen oder zum Dienst auf den Galeeren verurteilt zu werden. Gegen solche Machenschaften gab es keine Hilfe durch das Gericht, denn es existierte keine unabhängige Rechtsprechung, sondern eine Klassenjustiz; erst die Französische Revolution hat hier Wandel geschaffen.

Schon für die leichtesten Vergehen wurden Galeerenstrafen verhängt, und dies geschah unter dem Druck der Krone; wer seine Karriere nicht gefährdet sehen wollte, gab sich unerbittlich; der Arme galt als Feind der Gesellschaft. Man weiß heute, daß der Kapitalismus die Existenz des Proletariats voraussetzt, anders ausgedrückt, daß die Maschinen stillstehen würden, wenn es keine Menschen gäbe, die ihre Arbeitskraft an den Maschinenbesitzer verkaufen müssen. Man hatte diese Zusammenhänge schon vor Marx klar erkannt, wenn auch unter anderen Vorzeichen. Im Jahre 1807 schrieb ein englischer Nationalökonom: »Die Farmer wie die Inhaber der Manufakturen benötigen konstante Arbeiter – Menschen, die keine andere Lebensmöglichkeit als ihre tägliche Arbeit haben, also Menschen, auf die sie sich verlassen können.« Man sieht in jener Zeit zum Beispiel ein Übel in dem Gedanken, »den Arbeitern einen unabhängigen Status zu geben«, denn dies zerstöre die »notwendigen, gesellschaftlichen Abstufungen«. Damit ist gemeint, daß man die Arbeiter nicht aus ihrer Abhängigkeit befreien darf, weil sonst das System der Ausbeutung, gerade auf dem Lande, ins Wanken gerät. Ein ausgezeichnetes Beispiel dafür, wie sich der Besitz an Grund und Boden auf die Gesellschaft auswirkt, bieten die Vereinigten Staaten von Nordamerika; hier wurden europäische Strukturen auf den jungfräulichen Boden des Indianerlandes übertragen.

Einem Indianer erschien der Gedanke absurd, daß man Boden, den doch der große Geist Manitou geschaffen hatte und der allen gehörte, wie die Luft, verkaufen oder kaufen könne. Für die Europäer, die sich ihren Weg durch die Wildnis bahnten, Wälder urbar machten, Äcker bebauten und Siedlungen schufen, war der Gedanke des Grundbsitzes selbstverständlich. In gelehrten Abhandlungen wurde der unterschiedliche Wert der Kolonien drüben in Amerika diskutiert. Es gab nämlich Kolonien wie Neu-England, in denen der Typ des kleinen Farmers vorherrschte. Hier schien die Chance gegeben, eine Gesellschaft der Freiheit und Gleichheit zu errichten, eine wahrhafte Demokratie, welche alle Laster des morschen Europa abgestreift hatte.

Im Süden, etwa in Virginia, gab es die großen Latifundien, die großen Güter, die sich in den Händen einer aristokratischen und konservativen Minderheit befanden. Die Unterschiede ergaben sich aus der staatlichen Bodenpolitik, die in den Bodenpreisen ihren Niederschlag fand: Wo dem Siedler zu einem Normalpreis klare Parzellen überlassen wurden, bildete sich eine selbstbewußte Schicht von

Farmern, die der Lohnarbeit verlorengingen: Hier reizte es niemanden, mit seiner Arbeit die Taschen eines anderen Mannes zu füllen, wenn er für sich selbst arbeiten konnte. Daß der rauhe, ehrliche Cowboy, dem größere Geldmittel zufallen, sich irgendwo eine kleine Ranch kauft, gehört zum Klischee des Western; die amerikanische Mentalität ist von diesem Typ Mann geprägt wie die Spaniens vom christlichen Ritter.

Anders war es im Süden. Hier erzeugten die Besitzverhältnisse ein weißes Proletariat, das keine Überlebenschance hatte, als die schwarzen Arbeitskräfte den Preis drückten. Ihr gesellschaftlicher Abstieg war unausweichlich, denn wie hätten sie sich zwischen der Masse der Plantagenarbeiter und der Oberschicht der Grundbesitzer halten sollen?

In Europa hat die Vertreibung der Bauern von ihrem Besitz zeitweise verheerende Folgen gehabt, vor allem in England, wo der Acker dem Weideland weichen mußte. Seit der Mitte des 18. Jahrhunderts wuchs die Zahl derer, die ihr Land verloren, lawinenartig an, und dementsprechend verhielten sich die Zünfte: Sie versperrten jedem, der besitzlos war, den Zugang zum Handwerk und nahmen ihm damit das Wohnrecht in der Stadt, es sei denn, er wurde Lohnarbeiter. Die Landflucht bekämpfte man, indem man alle Personen ohne Beschäftigung zur Arbeit in der Landwirtschaft zwang, d. h., man enteignete den Kleinbauern und degradierte ihn zum Arbeitssklaven, sei es in den Manufakturen der großen Textilzentren, sei es auf dem Lande; Bergbau und Festungsbau, die Seefahrt und der Schiffsbau hatten einen so großen Bedarf an Arbeitskräften, daß man nur mit rigorosen Maßnahmen Entlastung auf dem Arbeitsmarkt schaffen konnte. Eine berüchtigte Verordnung König Eduards VI. besagte, daß jedermann, der die Arbeit verweigere, mit einem glühenden Eisen auf der Brust gebrandmarkt werden solle. Zwei Jahre lang habe er dann demjenigen Sklavendienste zu leisten, der »einen solchen Faulpelz anzeigt« – mit anderen Worten, seinem Brotherrn.

Jeder Arbeitgeber hatte das Recht, seine Arbeiter »durch Prügel, Anketten oder in anderer, noch grausamerer Weise« zur Arbeit anzutreiben. Wenn jemand floh, stand es im Belieben seines Herren, ihn zu brandmarken, etwa auf der Wange oder der Stirn, und ihn so auf Lebenszeit zum Sklaven zu machen. Es handelt sich hier wohlgemerkt nicht um Berichte aus den überseeischen Kolonien, sondern aus dem Mutterland. In London erging 1524 eine Verordnung, in der es hieß, daß Vagabunden, »an die Rückseite des Karrens gebunden«, von den Bütteln des Sheriffs ausgepeitscht und an ihrem Hals »runde Kragen aus Eisen« befestigt werden sollten. Zur Zeit Shakespeares, unter der Herrschaft der Königin Elisabeth wurde dem Bettler der Knorpel des rechten Ohres durchgebrannt. Wenn man ihn zum zweiten Mal ertappte, wurde er gehängt – kein Wunder, daß die Galgen vor den Stadttoren kaum ausreichten. Später entschloß man sich zu etwas mehr Humanität, wenn das Betteln selbst auch weiter als Verbrechen verstanden wurde: Man entkleidete Bettler seit 1597 nur noch bis zur Taille und peitschte sie blutig – in einer Zeit, als jeder Herr seinen Diener, jeder Bauer seinen Knecht prügeln konnte, ein wirklich mildes Verfahren.

Die wirtschaftliche Entwicklung dieser Zeit brachte dem Arbeitnehmer einen katastrophalen Verfall der Löhne und einen Anstieg der Lebenshaltungskosten. Vom 13. bis zum Ende des 15. Jahrhunderts waren die Löhne gestiegen und hatten sich seit den ersten Jahrzehnten des 14. Jahrhunderts etwa verdoppelt. Nach 1500 setzte die gegenläufige Entwicklung ein. Ob es tatsächlich der Gold- und Silberzu-fluß aus der Neuen Welt war, der eine Inflation verursachte, oder ob lediglich eine »Gewinninflation« die gesellschaftlichen Verhältnisse beeinflußte, haben die Wirtschaftshistoriker bisher nicht geklärt. Maurice Dobb hat in seinem ausführlichen Werk »Entwicklung des Kapitalismus« geschildert, wie dieser Goldzustrom auf eine Arbeitsmarktsituation traf, die in England und Frankreich zu der Entwurzelung zahlloser Existenzen führte, zur Kriminalisierung der Untätigkeit und zu jenen schon geschilderten Menschenjagden. Ein Proletariat kann demnach aus verschiedenen Gründen entstehen: Das Überangebot auf dem Arbeitsmarkt oder die Vertreibung vom eigenen Grund und Boden sind nur einige dieser Ursachen.

Höchst aufschlußreich ist der Vorgang im Bergbau, der sowohl in den englischen Zinnminen wie auch in den sächsischen Silberminen nachgewiesen ist. Zunächst arbeiteten ja im Bergbau freie, in Zünften zusammengeschlossene Männer, wenn die Gruben nicht, wie etwa in Sachsen, durch Leibeigene betrieben wurden. Nun gingen die Feudalherren dazu über, die Gruben an die Vereinigungen der Bergleute zu verpachten, wofür eine ganze Reihe praktischer Gründe sprachen. Die Bergleute bewirtschafteten die Grube genossenschaftlich. Im Laufe der Zeit erhielten sie Privilegien, konnten sogar Bergbaustädte gründen und kamen im Anfang des 14. Jahrhunderts zu Wohlstand. Nun verkauften viele Bergbaugesellschaften ihre Anteile an vermögende Herren des Adels und der Geistlichkeit – nicht wie Aktien, sondern als unmittelbare Anteile. Diese Gesellschafter zogen aus ihrem Eigentum an den Schürfrechten eine Rente, wie dies auch die übrigen Angehörigen der Bergbaugenossenschaft taten. Andere Bergleute wiederum pachteten nun bestimmte Gruben, arbeiteten selbst unter Tage, durften aber nur einen kleineren Teil des Erwerbs behalten und waren besitzlos.

Zur Verelendung allerdings führten diese Zustände erst, als der Zwischenbearbeiter und der Handel sich Monopole sichern konnten. So bekamen die Schmelzer vom Feudalherren das Recht, Schmelzhütten zu errichten; sie diktierten die Preise und ruinierten vor allem jene Bergbaugesellschaften, die in Händen von tributpflichtigen Pächtern waren. So gerieten die Bergleute durch die Manipulationen der Schmelzer und Verkäufer in immer stärkeren wirtschaftlichen Druck; wenn selbst der Herrscher einsah, daß auf diese Weise ein ganzer Stand ruiniert wurde, wenn Streiks und Proteste nichts halfen, wurde wohl von der Krone ein konkurrierendes Schmelzwerk errichtet, wie dies Kaiser Maximilian I. und Kaiser Ferdinand taten. Die Entwicklung selbst ließ sich nicht aufhalten; an ihrem Ende stand der Pachtherr, der in seinen Gruben ein Heer von schlecht bezahlten Lohnsklaven beschäftigte. Wie auf dem Lande aus dem freien Bauern ein Landarbeiter geworden war, so im Bergbau aus einem freien Bergmann, der dem Handwerk gleichgestanden hatte, der ausgebeutete »Kumpel« – und dies lange vor dem Beginn der Industrialisierung.

Wenn der Markt den Produzenten auszubeuten anfängt, beginnt vereinfacht ausgedrückt das kapitalistische System. Monopolrechte einerseits und Geldverleih gegen hohen Zins, also Wucher andererseits, spielen dabei die entscheidende Rolle. Dabei hat der Wucher immer zwei Gesichter, das eine Gesicht ist der alten herrschenden Klasse zugewandt, dem Herrscher, Ritter oder Kirchenfürsten, der unter Geldmangel leidet, das andere dem schwächsten Glied der Kette, dem kleinen Erzeuger, dessen Armut immer größere Armut erzeugt. Aus der Spanne zwischen der Armut dessen, der nur seine Hände hat, und den Bedürfnissen der Herren zog der Wucher seinen Reichtum, mit dem er sich selbst und jene mästete, die ihm dienten – ein Vorgang von offenbar naturgewollter oder gottgewollter Gesetzhaftigkeit, der erst seit neuerer Zeit durchschaubar geworden ist.

Papiergeld und Börsenschwindel

Der Goldhunger Europas, eine Krankheit, die zur Eroberung der Kolonien, zur Ausrottung ganzer Völker, zu alchimistischen Versuchen und zu vielfältiger Unterdrückung führte, ist eine Folge seines Währungssystems gewesen: Man brauchte Gold, und natürlich auch Silber, um Münzen prägen zu können. Schon im frühen Mittelalter hat dieser Zwang gelegentlich dazu geführt, daß man die stillen Reserven angriff und Altargeräte einschmolz. So hat Erzbischof Wichmann von Magdeburg im 12. Jahrhundert den gesamten Domschatz eingeschmolzen, und ein Erzbischof von Mainz hat einen überlebensgroßen Korpus Christi, eine Goldplastik von ca. 140 Kilogramm, einschmelzen lassen, wohl um ein Pallium, also ein kostbares Stück der Amtstracht, eine Wahl oder Fehden bezahlen zu können; das Werk war unter Erzbischof Willigis (gestorben 1011) von Mainz hergestellt und an einem riesigen Kreuz aus Zypressenholz befestigt worden, das man mit echtem Gold bekleidet hatte (Koch). Daß Gold und Silber die einzigen Währungsgrundlagen seien, war noch zur Zeit Ludwigs XIV. ähnlich selbstverständlich wie das Gottesgnadentum der Fürsten, und so durchliefen die Edelmetalle den vollen Kreislauf: Sie wurden zu Schmuck und kostbaren Geräten verarbeitet, verschenkt, eingeschmolzen, als Münze zur Bezahlung verwandt, bis wiederum jemand dieses Münzgeld zum Goldschmied trug, um daraus Schmuck verfertigen zu lassen.

Auf den Gedanken, anstelle von Edelmetall Papier zu verwenden, ist man unter dem Druck der Not gekommen, nicht etwa, weil man von Marco Polos Reisen in China und von chinesischem Papiergeld beeinflußt gewesen wäre. Ludwig XIV. starb im Jahre 1715, sein finanzielles Erbe war der drohende Staatsbankrott. Die vergoldete Szenerie, die das Barock geschaffen hatte, um den strahlenden Mittelpunkt, den König, zu glorifizieren, verschlang Unsummen, und der »Colbertismus«, wie man den Merkantilismus auch genannt hat, war am Ende seines Lateins. Jean Baptiste Colbert, der unermüdliche Organisator Frankreichs, der seit 1661 Oberintendant der Staatsfinanzen gewesen war, ist 1683 gestorben; seine Nachfolger klammerten sich an sein Rezept, aber das Land war durch den Spanischen Erbfolgekrieg (1701–1713) ausgeblutet, der um die Vorherrschaft Frankreichs in Europa gegen England, die Niederlande und Österreich geführt worden war. Weder hatte der einfache Mann Geld in der Tasche noch die Staatskasse, und da es nirgends mehr Gold gab, konnten auch keine Münzen mehr geprägt werden.

Der Mann, der die Lage rettete, hieß John Law, ein Schotte, geadelt als John Law of Lauriston, der 1729 in Venedig gestorben ist. Er war mit seinen Vorstellungen über die Finanzprobleme, wie man so hübsch sagt, seiner Zeit weit voraus, so ist er denn auch auf gloriose Weise gescheitert und hat fast die französischen Staatsfinanzen mit in den Abgrund gerissen. Angefangen hat es wie ein Märchen: John Law, dessen Porträt Energie und Sarkasmus zu verraten scheint, hat die fran-

Szene im Hamburger Stadttheater. *Auf der Galerie im Theater konnte auch das weniger betuchte Volk an den Erbauungsprivilegien des Bürgertums teilhaben. Gemälde des 19. Jh.s von Hans Spechter. Kunsthalle, Hamburg*

zösische Regierung von seinem richtigen Grundgedanken überzeugen können, daß eine Wirtschaft über einen starken Geldumlauf verfügen müsse, wenn sie gesund sein soll. Er schlug vor, statt der fehlenden Gold- und Silbermünzen Papiergeld auszugeben. Im Jahre 1716 erhielt er das Privileg, eine private Aktienbank gründen zu dürfen, die Noten herausgeben sollte; diese ersten Banknoten waren übrigens handschriftlich mit Nummer, Datum und Unterschrift versehen. Ein königlicher Erlaß verfügte, daß die von John Law herausgegebenen Banknoten von allen öffentlichen Kassen angenommen werden mußten; sie erhielten damit den Rang einer Gold- oder Silbermünze. John Laws Grundgedanke war einfach: Er wollte den französischen Boden verpachten, also als Deckung für das Papiergeld nutzen. Mit einem ganz ähnlichen Prinzip hat man im Jahre 1923 die sogenannte »Reichsmark« geschaffen, mit der die damalige Inflation überwunden wurde (Roth). John Law erhielt die Tabakpacht, die Pacht der indirekten Steuern, schließlich übernahm er auch die Verwaltung der direkten Steuern; die von ihm gegründete Banque Générale wurde zwei Jahre nach ihrer Gründung zur Staatsbank auf Aktien erhoben.

Ein weiteres Unternehmen zur Belebung der Wirtschaft hatte John Law 1717 gegründet, eine privilegierte Handelsgesellschaft zur Ausbeutung der Kolonialgebiete am Mississippi in Amerika. Diese »Compagnie d'occident« war ins Leben gerufen, weil man in jenen Gebieten ähnliche Reichtümer erwartete, wie sie die Konquistadoren in Südamerika gefunden hatten. Die »Wöchentlichen Relationen«, eine deutsche Zeitung aus Halle, meldete zur Jahreswende 1719/20, es seien rund 530000 Menschen nach Paris zugezogen, um von dem »welt-berufenen Actien-Handel zu profitieren«. John Law hatte es überaus geschickt verstanden, das Interesse der Öffentlichkeit zu erwecken, so schien das Vertrauen in die Reichtümer des fernen Amerika unbegrenzt, und mit diesem Vertrauen druckte man immer neue Banknoten. Bald übernahm die florierende Staatsbank die gesamte Staatsschuld von 2,25 Milliarden Livres und begann, die Schuldverschreibungen gegen Aktien einzutauschen. Schon im Dezember 1719 scheint das Geschäft geschwankt zu haben. Die »Wöchentlichen Relationen« sprechen von einem Kurssturz auf 500 Punkte, doch seien sie »durch Adressen besagten Hm. Laws den 22. schon wieder auf 1660 gestiegen«. Die Ursache für diese Schwankungen sei, daß »viele Neider des Hm. Laws den Credit der Indianischen Compagnie durch allerhand ausgestreute üble Gerüchte zu ruiniren und die Leute mißtrauisch zu machen gesuchet«. Es wird auch von Ausländern geredet, die ihre Gewinne außer Landes gebracht hätten, und von Leuten, die ihre Aktien abstießen, weil sie bestimmte Zahlungsverpflichtungen nicht hätten innehalten können. John Law hat sich offenbar zu helfen gewußt, denn das Blatt meldet, man habe die »übelgesinnten Gegenminirer theils arretiret, und theils durch königliche Hand-Briefe in die Provintzen relegiret«, auch habe der Regent die Ausfuhr der Spekulationsgewinne verboten.

So einfach war Volkswirtschaft damals, allerdings haben diese Maßnahmen denn doch nicht die erwünschten Erfolge gehabt. Zunächst stiegen die Kurse wieder, die Gemüter beruhigten sich, und allein an einem Tage wurden »für 150 Millionen Actien« ausgegeben, der Boom hielt an. Offenbar hatten die »übel gesinnten Gegenminirer«, die Gerüchte über die »indianische Compagnie« ausstreuten und deshalb kurzerhand arretiert wurden, so unrecht nicht, denn im Jahre 1720 erreichten neue Nachrichten aus den Kolonien das Mutterland: Kolonisten aus Louisiana berichteten, daß von sagenhaften Verhältnissen und Gewinnen in diesem Lande keine Rede sein könne und daß die Reichtümer, die man den Aktionären versprochen hatte, nur in deren Phantasie existierten. Nun brachen die Kurse endgültig zusammen, die »indianische Compagnie« ging in Konkurs, die Staatsbank zum Glück nicht, und Gewinner blieb trotz allem der Staat: Für 900 Millionen Livres hatten die Aktionäre Staatspapiere gekauft, mit denen sie sich nun ruinierten.

Einen ähnlichen Skandal, charakteristisch für Spekulationsgewinne, hatte es bereits in England gegeben, als eine Handelsgesellschaft zur Ausbeutung der Südsee, die schon 1711 gegründet worden war, den Boom anheizte. Überall in England wurden damals immer neue Aktiengesellschaften gegründet, deren Geschäftspraktiken oft höchst zweifelhaft waren. Schließlich mußte die Regierung eingreifen; das Parlament beschloß das Verbot aller Gesellschaften, die nicht zugelassen worden waren. Daraufhin waren die Kurse über Nacht zusammengebrochen und hätten fast die Bank von England sowie die Ostindische Kompanie mitgerissen. Die Aktie, der verbriefte Anteil eines Kapitalgebers am Gewinn des Unternehmens, an dem er beteiligt ist, gibt es seit der Mitte des 17. Jahrhunderts – also seit der Zeit, als der Dreißigjährige Krieg schon ein Menschenalter hinter den Ereignissen lag, als die Schlösser des Barocks entstanden, die Orgelwerke Bachs und die späten Werke Rembrandts, um das bildungsbürgerliche Kolorit der Epoche zu geben.

So waren die Niederlande durch die schweren Kämpfe gegen die Franzosen im Spanischen Erbfolgekrieg schwer verschuldet, und die staatlichen Schuldverschreibungen von 1672 wurden zum »Papier«, auch besorgten sich die Gesellschaften, die Ost- und Westindien ausbeuteten, auf diese Weise Kapital, um Schiffe ausrüsten zu können. Das Wort »Actie« stammt aus dem Holländischen; es ist erstmalig im Jahre 1610 gebraucht worden, als die »Niederländisch-Ostindische Compagnie« zur Beteiligung »Actionisten« suchte. Damals sind die Aktien Namensaktien gewesen; erst im 18. Jahrhundert kam die Inhaberaktie auf, die gehandelt werden konnte und für die dann ein eigener Markt, die Börse, geschaffen wurde. Übrigens ist der seltsame Name Börse nicht etwa mit der »bursa«, dem Wohnheim des mittelalterlichen Studenten verwandt, wovon ja der »Bursche« abgeleitet ist. Die Börse heißt nach dem Haus, in dem die wichtigsten Käufe und Verkäufe getätigt wurden. Es stand in Brügge und gehörte einer Patrizierfamilie De Beurse; hier trafen sich damals Kaufleute aus ganz Europa.

Später ist dann Amsterdam zum wichtigsten Börsenplatz Europas avanciert. Der erste Börsenzettel, der erhalten ist, stammt aus dem Jahre 1744 und ist in Amsterdam ausgestellt; er umfaßt schon 44 verschiedene Papiere. Übrigens ist die Form des Warenhandels, bei dem die Ware nicht vorhanden zu sein braucht, älter als der Börsenhandel mit Aktienpapieren. In den alten Börsen wurden Kaffee und Baumwolle, Getreide und – in den Niederlanden – auch Tulpen gehandelt, die sich ja um 1750 zum Spekulationsobjekt entwickelt haben. Erst um 1800 ist die Börse zur sogenannten »Effektenbörse« geworden, und der Warenhandel trat in den Hintergrund. In Deutschland hat es in Augsburg, Nürnberg, Frankfurt, Köln, Hamburg, Lübeck und Bremen sowie in Berlin Börsen gegeben.

Nach beiden Skandalen hat es in England und Frankreich lange gedauert, bis das Publikum wieder Vertrauen bekam und die Aktien zu kaufen wagte. So gehörten Unsicherheit, schnelle Gewinne und plötzliche Verluste sowie die Schwankungen einer von psychologischen Momenten abhängigen Wirtschaft von Anfang an zum Bild des »Kapitalismus«. Wo es sich darum handelte, schnell große Kapitalsummen zu investieren – etwa später zur Zeit der Kohlenausbeutung oder der Gründung der Eisenbahnlinien –, hat diese Methode, Geld zusammenzubringen, unersetzliche Dienste geleistet. Nur auf der Basis privater Initiativen hat wohl auch die Industrialisierung realisiert werden können.

Aufschwung mit Banknoten

Es hat fast zwei Menschenalter gedauert, bis man in Frankreich wieder wagte, so etwas wie ein Kreditinstitut zu gründen, das Banknoten herausgab. Dies geschah 1776, genau 56 Jahre nach der Flucht John Laws aus Frankreich und der größten Finanzkatastrophe der französischen Geschichte. Finanzminister Turgot gründete eine Bank, die »Caisse d'escompte«, die bei einem Zins von 4 % Einlagen entgegennahm und ein Jahr später auch Banknoten druckte. Man folgte damit wohl oder übel dem englischen Beispiel, denn dort wirkten sich verschiedene wirtschaftliche Faktoren, so die Verbesserung der landwirtschaftlichen Methoden, die Ausbeutung der Kolonien und das Bevölkerungswachstum, auf die Wirtschaft belebend aus. In England hatte um 1760 die Geburtenziffer die Sterbeziffer der Bevölkerung erstmals übertroffen, und die ganze Nation verfiel dem Denken in Geld; zum ersten Male war Geld nicht mehr nur eine Sache der Kaufleute, eine Sache für den Alltag, den kleinen Markt, sondern eine Kategorie, nach der man sich grundsätzlich orientierte. Jedermann wollte reich werden, am liebsten auf dem Wege der finanziellen Beteiligung. Da gab es Beteiligungen am Sklavenhandel der westafrikanischen Küste, am Tee- und Zuckerhandel, und der landbesitzende Adel beteiligte sich ebenso wie der Kaufmann oder der Mönchsorden; so hatten sich die Jesuiten in Westindien auf Martinique mit erheblichen Summen engagiert.

Das Finanzinstitut, das allen diesen Unternehmungen das wirtschaftliche Rückgrat verlieh, war die Bank von England. Allein an die Ostindien-Kompanie hat sie in jener Zeit 90 einzelne Kredite im Wert von 8 Millionen Pfund zwischen 1709 und 1744 ausgegeben, außerdem lieh sie 4 Millionen Pfund gegen Verkauf eigener Aktien aus. Wenn sich Frankreich nun zögernd in eine ähnliche Richtung bewegte, so geschah dies zwangsläufig und am Rande jenes großen Bankrotts, der schließlich zum Ausbruch der Französischen Revolution geführt hat. Es ging nämlich darum, ob der seinerzeit gestürzte, 1788 wieder ins Amt gerufene Finanzminister Necker seinen Plan durchsetzen konnte, alle Stände gleichmäßig und gerecht zu besteuern. Er erzwang die Einberufung des Parlaments und war entschlossen, dem Adel und der Geistlichkeit eine Steuer aufzuzwingen, die auch sie als bevorrechtigte Stände belastete. Als Bundesgenossen gewann Necker den »dritten Stand« für sich, d. h., wie man heute sagen würde, die »unterrepräsentierten Bürger«. Als König Ludwig XVI. Necker entließ und damit auf die Seite der Geistlichkeit und des Adels trat, kam es zum Sturm auf die Bastille; sein starrsinniger Entschluß war der Funke, der das Pulverfaß zur Explosion brachte. Nun begriff der König, was er angerichtet hatte, und rief den Bankier Necker zurück, aber es war zu spät.

Auch die Revolution konnte die katastrophale wirtschaftliche Lage des Landes nicht bessern. Wie stets in solchen Situationen wanderte das Kapital ins Ausland oder wurde abgezogen, die Preise stiegen, und so entschlossen sich die Revolutionäre zu einer Radikalkur, die Schule gemacht hat: Sie enteigneten mißliebige Kräfte, in diesem Falle die Kirche, um sich deren Besitz anzueignen. In der Tat fiel damit ein Vermögen an den Staat, dessen Größe kaum zu übersehen war. Nun aber ergab sich die Aufgabe, dieses Vermögen in Geld umzusetzen, um die Wirtschaft »anzukurbeln« – dieser Ausdruck stammt aus der Zeit, als Deutschlands zerrüttete Wirtschaft im Jahre 1933 von Hitler auf ähnliche Weise belebt wurde. Die Revolutionsregierung entschloß sich, Papiergeld zu drucken, als dessen Deckung der Kirchenbesitz dienen sollte, und nannte es »Assignaten« (französisch: Anweisung). Die französische Währung war der Franc, von der Revolution neu geschaffen, und auf diesen Franc waren die Anweisungen ausgestellt. Innerhalb von drei Jahren sank der Wert des Francs auf ein Viertel, aber die Regierung konnte mit dem Papiergeld die Armee organisieren, eine Rüstung aufbauen und aus dem Nichts Schulen gründen. Die Zeche bezahlte das Volk mit Armut, aber eines läßt sich feststellen: Die Not war gleichmäßig, war gerecht verteilt. Als Necker die Generalstände einberufen wollte, ging es darum, den Staatsbankrott abzuwenden. Dies mißlang, und die Einführung der Assignaten signalisierte, daß es nun tatsächlich zum Zusammenbruch gekommen war.

Die Schwierigkeit war nämlich, daß die Kirchengüter niemandem nützten, denn der Kaufmann wollte Ware, der Handwerker Material, der Bürger allerlei Dinge für seinen Bedarf kaufen, auch traute niemand dem neuen Geld, das in immer größeren Mengen in Umlauf gesetzt wurde. Wenn die Heere der Revolutionsregierung nicht über die eigenen Grenzen vorgestoßen wären und Italien und Deutschland, Holland und Spanien besiegt hätten, wäre die Fragwürdigkeit der Assignatenwirtschaft bald zutage getreten. Aber weil Frankreich siegte, bekamen nun die unterworfenen Völker diese Last zu spüren. Sie mußten im Zahlungsverkehr die Assignaten als vollwertiges Geld annehmen, obwohl es fast nur noch den Papierwert hatte, und wurden verpflichtet, die Kontributionen in der eigenen, vergleichsweise festen Währung zu zahlen. So haben die Assignaten die französische Wirtschaft gerettet, denn nun standen hinter dem Geld nicht nur die Kirchengüter, die niemand haben wollte, sondern die Abgaben der unterlegenen Nationen. Von den Schlachten Napoleons hatte das Schicksal des revolutionären Frankreich abgehangen – aber in einem viel nüchterneren, wirtschaftlichen Sinn, als die meisten Franzosen ahnten. Als Napoleon sich zum Kaiser krönen ließ, besaß Frankreich wieder genug Gold und Silber, um eine stabile Währung aufbauen zu können; die Armee als Auftraggeber hatte die industrielle Produktion angeregt, die Wirtschaft florierte, und das Volk faßte Vertrauen in die Regierung.

Das Gegenmodell zur gelenkten Wirtschaft der napoleonischen Ära kann man im damals freien Unternehmertum der Vereinigten Staaten sehen. Auch hier hat ja eine revolutionäre Regierung versucht, aus dem Nichts eine stabile Wirtschaft aufzubauen, und was für Frankreich der Kirchenbesitz war, das ist in Amerika das »herrenlose« Indianerland gewesen. Die Ausrottung der Büffel und der Indianer war programmiert, als der erste Europäer den Boden Amerikas betreten hatte – nicht weil Europäer blutdürstig, grausam oder von Herkunft her unmenschlich gewesen wären, sondern weil ihre Wirtschaftsordnung, der sie sich ebensowenig entziehen konnten wie ihrer Sprache oder ihren sonstigen Lebensgewohnheiten, sie zwang, das freie Land als Besitz zu betrachten. Der erste amerikanische Finanzminister Alexander Hamilton, 1757 auf den Westindischen Inseln geboren und in New York mit 47 Jahren im Duell gefallen, hat in den wenigen Jahren von 1789–1795 die durch den Krieg zerrütteten Finanzen des Landes geordnet. Sein Rezept war einfach: Er verkaufte den Boden, den er als Eigentum des Staates betrachtete, in Parzellen an Spekulanten und Siedler. Das Geld dazu brachte er durch Anleihen auf, die er im Ausland aufnahm. Holländische Bankiers haben die ungeahnten Möglichkeiten Amerikas als erste erkannt und sich mit Einlagen an der öffentlichen Bank beteiligt, die von Hamilton im Jahre 1791 als »Bank der Vereinigten Staaten« gegründet worden ist.

In einem Land, in dem jeder seine Chance hatte, in dem es Grund und Boden im Überfluß zu geben schien und dessen Westen noch nicht erschlossen war, ging es nicht um soziale Gerechtigkeit, sondern darum, möglichst viel wirtschaftliche Energien freizusetzen. Wer seine Chance wahrnahm, machte das Rennen – auch wenn er ein Spekulant war. So verkaufte der Staat Massachusetts, wie Ernst Samhaber in seiner hier herangezogenen »Kulturgeschichte des Geldes« schreibt, drei Millionen Acres an zwei Minister des Bundes, und 1795 überließ der Staat Connecticut fast das gesamte Ohiobecken einer Gruppe von nur 35 Gesellschaftern – warum auch nicht, denn wer das Geld aufbrachte, bekam den Zuschlag.

Kassenraum *der Bank von Frankreich im Jahre 1900.*
Nach einer Zeichnung von L. Sabattier. Staatsbibliothek Preußischer
Kulturbesitz, Bildarchiv, Berlin

Andererseits mußte die Bank, die mit ihren Noten die Währungen der verschiedenen Staaten auszuschlachten vermochte, mit einem gewissen Druck auf der Erfüllung ihrer Forderungen und Ansprüche bestehen. Der Farmer, der sich in jahrzehntelanger Arbeit auf dem jungfräulichen Boden abquälte und Zeit brauchte, um Gewinne in Bargeld zu erwirtschaften, sah sich mit der Unbarmherzigkeit der Geldgeber konfrontiert. So machte sich der Minister unbeliebt, man griff das System dieser Bank an und zwang Hamilton zum Rücktritt; auch die Bank ist geschlossen worden, als ihre Konzession ablief. Dennoch wäre ohne diese Maßnahme die wirtschaftliche Erschließung, die man vom heutigen Standpunkt aus vielleicht Ausbeutung nennen wird, kaum realisiert worden – aber solche Spekulationen sind geschichtlich sinnlos.

Wie auch immer man die Ereignisse in Amerika heute beurteilen mag: Damals erschien dieses Experiment den Fürstlichkeiten des alten Europa und seinen Ministern unglaublich: Ohne jeden Vorrat an Gold und Silber, also ohne harte Währung, nur mit Papiergeld hatte ein riesiges Land sich wirtschaftlich behauptet. Die Ursachen des amerikanischen Wirtschaftswunders hat man erst später übersehen. Zu den Faktoren des amerikanischen Fortschritts gehörten das sprunghafte Wachstum der Bevölkerung, die Anfänge der Industrialisierung und die Erschließung des Hinterlandes; auch die damals noch »klassenlose« Gesellschaftsstruktur, die nicht die Hemmungen und Ordnungen des alten Ständewesens kannte, mag zum Erfolg beigetragen haben. Wie im Kriegswesen begann auch in der Wirtschaft (siehe Band »Herrschaft · Recht · Krieg«) Amerika eine Entwicklung vorwegzunehmen, die in Europa erst Jahrzehnte später eingesetzt hat: Mit der »Bank der Vereinigten Staaten« ist ein weiterer Schritt zu modernen Formen des Währungs- und Wirtschaftswesens getan.

Yankees Erwachen

Am 2. Februar 1848 wurde Kalifornien amerikanisches Hoheitsgebiet, zehn Tage nach den ersten Goldfunden im Tal des Sacramento. Ein junger französischer Hauptmann, ein gewisser John C. Frémont, war 1844 bis in die Sierra Nevada vorgedrungen und erreichte Mexico kurz vor Ausbruch dieses Krieges, der mit der Unterwerfung Mexicos durch die Yankees endete. Es gelang ihm, ein paar Amerikaner davon zu überzeugen, daß Kalifornien den Mexikanern weggenommen werden müsse, und der Handstreich gelang. Tausende von Trecks brachen auf, um in diesem »caliente fornalla« (spanisch: heißer Ofen) ihr Glück zu machen. Heute, keine eineinhalb Jahrhunderte später, verfügt Kalifornien über riesige Obstplantagen, künstliche Bewässerungen, eine ausgedehnte Landwirtschaft, über Erdöl, Quecksilber, Kupfer, Mangan, Wolfram, Chrom, Blei, Gips und reiche Lager an Erdgas, über Hüttenwerke, eine Flugzeugindustrie, Großschlächtereien und die majestätischen Reste der Filmindustrie. Kein Land in Europa hat zwischen 1848 und 1849 eine ähnliche Entwicklung durchgemacht. Für die Menschen des ausgehenden 19. Jahrhunderts war Amerika das Land der unbegrenzten Möglichkeiten. Wie ist die wirtschaftliche Entwicklung tatsächlich verlaufen? Amerika – und nur von Nordamerika ist hier die Rede – war vor dem Bürgerkrieg ein Land der Farmer, die mit ihren Familien und ihrem meist kleinen Gesinde einen Bevölkerungsanteil von 75 % hielten. Das Leben der Farmer ist von der Film- und Fernsehindustrie bis zum Überdruß reproduziert worden – kaum vorstellbar, daß man mit dem Bauernleben im Europa des 16. Jahrhunderts oder dem Banditenunwesen in Rußland auch nur annähernd so häufig konfrontiert würde wie mit den Farmern des Mittelwestens, den Ranchers von Texas und dem Gesindel, das in den Saloons hing und Whisky trank.

Die Kleinstädte, Einkaufszentren für die ländliche Umwelt, umfaßten selten mehr als viertausend Einwohner, so viel wie heute ein einziger Wohnsilo in einer Großstadt. Immer mehr Land wurde unter den Pflug genommen, auch wurde der Boden tiefer gepflügt, seit 1837 die Pflugscharen aus Stahl hergestellt wurden. Man weiß nicht, welche amerikanische Erfindung für die Menschheit am wichtigsten gewesen ist: Für die Filmindustrie ist es sicher die Erfindung jener Waffe gewesen, die Samuel Colt (1814–1862) ersonnen hat, als er während einer Seereise nach Indien als Schiffsjunge seine Aggressionen abzureagieren versuchte und auf die Idee kam, eine Pistole mit Trommelmagazin zu bauen. Nach einigen Fehlschlägen lieferte er 1847 tausend Colts Modell Texas Paterson, Kal. 36 an die Texasrangers, die seinen Namen berühmt gemacht haben.

Eine andere, nicht minder wichtige Erfindung haben 1833 Obed Hussey und 1834 Cyrus Mc Cormick mit der Mähmaschine gemacht. Diese Maschinen haben sich nur langsam durchgesetzt, weil ihr Preis für den durchschnittlichen Farmer zu hoch war; nach einem Menschenalter liefen erst rund 20000 Stück. Überall aber standen Dreschmaschinen, und man lernte es, mächtige Getreidesilos zu bauen, in denen der Weizen nicht mehr mit Schaufeln, sondern mit Luftsaugvorrichtungen befördert wurde. Bevor sich in Amerika Industrien bilden konnten, mußte es Verkehr geben, und das konnte dort nur bedeuten, daß man Eisenbahnen bauen mußte. Im engbesiedelten Europa, dessen Territorien, Festungen und Städte dicht nebeneinanderlagen und wo selbst zwischen nahen Dörfern Mißtrauen und Haß entstanden war, stieß ein Verkehrsmittel wie die Eisenbahn zunächst auf Ablehnung, von der Wirtschaft einmal ganz abgesehen.

Ganz anders war das in Amerika, dessen Unermeßlichkeit manchen Einwanderer buchstäblich um den Verstand gebracht haben soll. In diesem riesigen Land, nur durchzogen von Wildwechseln und Indianerpfaden, in dem es namenlose Wüsten und Gebirge, Steppen und Ströme gab, mußte man den Bau von Eisenbahnen erleben, wie man in Europa die Überquerung der Meere erlebt hatte. Ein Gebiet von der mehrfachen Ausdehnung des alten Römischen Weltreiches, besiedelt von steinzeitlich lebenden Indianerstämmen, reich an fruchtbarer Erde und an Wild aller Art, war unter den Pflug genommen worden, wo immer die Ansiedler den Boden für gut befunden hatten. Der Eisenbahnbau bedeutete für Amerika etwas Ähnliches wie für Europa der Straßenbau römischer Legionäre; aber nicht politische, sondern wirtschaftliche Gesichtspunkte bestimmten, wann die Erschließung des Landes beginnen sollte. Wie die Ausbreitung der Dampfmaschine erst richtig begann, als Watts Patente erloschen waren, so begann der Aufschwung der Stahlindustrie, als im Jahre 1866 die ersten Patente von Bessemer abgelaufen waren und jedermann die Erfindung nutzen konnte (siehe Band »Stadt · Technik · Verkehr«).

Das Ziel, die beiden Küsten Amerikas mit der Eisenbahn zu verbinden, entfesselte ein Wirtschaftsduell von bisher nicht gekanntem Ausmaß zwischen Jay Gould und Cornelius Vanderbilt. Bis 1865 gab es in den 22 Weststaaten nicht mehr als 4800 km Eisenbahnstrecke. Vanderbilt hatte sich erst mit Reedereien beschäftigt, ehe er ins Eisenbahngeschäft einstieg. Nun entbrannte ein Kampf um die einträglichsten Linien. Jay Gould siegte, als er sich die Erie-Linie sichern konnte, Vanderbilt mußte auch die Susquehannastrecke aufgeben, Gould hatte sich beide Linien mit Gewalt erkämpft; dennoch blieb Vanderbilt in diesem mit allen Mitteln geführten Kampf Sieger, einer der ersten »Unternehmer« des industriellen Zeitalters, der mit seiner Härte, seiner Unbedenklichkeit und seiner Organisationskraft einen Typ des rigorosen Machtmenschen darstellte, wie ihn bisher nur das Schlachtfeld hervorgebracht hatte. Vanderbilts Besitz an Eisenbahnlinien lag besonders im Osten der USA, sein Vermögen belief sich, als er starb, auf 100 Millionen Dollar. Er gründete übrigens die Vanderbilt-Universität in Nashville und begründete so die Tradition des amerikanischen Big Business, wenigstens einen winzigen Teil der Gewinne für die Förderung gemeinnütziger Einrichtungen zu verwenden.

Als im Jahre 1836 zum ersten Male der Gedanke auftauchte, die beiden Ozeane miteinander mit einer Eisenbahnlinie zu verbinden, gehörte das Land noch den Büffeln und den Indianern. Unter Lincolns Präsidentschaft wurde 1865 der Bau der Linie beschlossen und an zwei Gesellschaften vergeben; bis 1876 mußte er vollendet sein. Ein Heer von 25 000 Arbeitern, aus Abenteurern und Kulis aller Länder bestehend, arbeitete sich wie der Treck einer Völkerwanderung durch die Steppen, Wüsten und Gebirge, man hatte mit zwei Meilen Gleis pro Tag begonnen, und zum Schluß schaffte man zehn englische Meilen in elf Arbeitsstunden. Der Termin wurde um sieben Jahre unterboten, die Vollendung mit Jubel begrüßt. Amerika war reif für die Industrialisierung, General Dodge fand bei dieser Gelegenheit die historisch eindrucksvolle Formulierung: »Nun ist der Wunsch des Kolumbus in Erfüllung gegangen: Der Weg nach Indien ist gefunden.«

Das allerdings war zunächst nicht der entscheidende Punkt: Es ging nicht um Indien, sondern um Industrialisierung. Noch bis 1870 hatte Amerika seinen Stahl einführen müssen, nur die Fabrikation von Öfen, Rohren und Nägeln ist in Amerika höher gewesen als in England, weil man hier bereits die Serienfabrikation eingeführt hatte. Noch 1860 war die Gußstahlerzeugung in Großbritannien fünfmal und die Kohleförderung sechsmal so groß wie in Amerika. In der Textilindustrie hatten die Engländer mit Kammgarnen noch bis über das Jahr 1860 hinaus ein Monopol; nur die 1848 Mode gewordenen Kaschmirgewebe wurden zu einer Spezialität der Amerikaner. Damals ist Amerika also kein Land der Trusts und Banken gewesen, sondern ein Kontinent ohne Vergleich, der von hochzivilisierten Menschen ohne weitere politische Bindungen auf planlose und impulsive Weise zum zweiten Male kultiviert worden ist – unter Vernichtung der Urbevölkerung.

Eben diese Planlosigkeit förderte den Einfallsreichtum, entwickelte das unorthodoxe Denken: Hier tat fast jeder etwas völlig anderes als das, was er im alten Kontinent Europa getan hatte, und Arbeitskräfte waren knapp. Von 1850 bis 1860 wurden in Amerika allein 28 000 Erfindungen patentiert, unter denen so ausgezeichnete Leistungen waren wie der verbesserte Webstuhl von Crompton (siehe Band »Kleidung · Mode · Schmuck«), wie die 1846 von dem Mechaniker Elias Howe konstruierte Doppelsteppstich-Nähmaschine, wie die verbesserte Nähmaschine des Isaak Singer oder wie die Erfindung von Greifbaggern. So wurden die bisherigen Baumethoden, die Kleidergewohnheiten der Frauen, später die Beleuchtung durch Impulse aus Amerika revolutioniert, und so nahm Amerika jene Züge voraus, die heute für die industrielle Zivilisation der ganzen Welt charakteristisch sind. Fließband und Wolkenkratzer, Boulevardblatt und Dollarjagd, Auto und Telefon charakterisieren den Amerikanismus. Zwei internationale Ausstellungen im Londoner Kristallpalast im Jahre 1851 und 1853 wurden zum Triumph für die Erfindungskraft der Amerikaner – und dies zu einer Zeit, als noch Büffel über die Prärie zogen und das Land in den Kinderschuhen steckte. Eine Karikatur aus dieser Zeit zeigt Onkel Sam, wie er John Bull seine wunderbaren Erfindungen erklärt. Der seufzt mißmutig: »Was wird denen noch alles durch den Kopf gehen – wir werden nachhinken.«

Im Paradies der Damen

Im Jahre 1895 kaufte in München der Kaufmann Hermann Tietz ein Bürogebäude, in dessen Erdgeschoß sich das »Café Bügeleisen« befand. Das Anwesen reichte gerade bis zum Stachus und lag schräg gegenüber dem Justizpalast. Diese Lage ermutigte die Volksmeinung zu einem Wortspiel, von den Konsequenzen ganz abgesehen, die man ja heute aus den Rassenkonflikten in den USA oder Europa kennt: Alle Mieter des Hauses kündigten mit der unterderhand gegebenen Begründung, man wolle mit seinem Büro nicht im »Jud-Tietz-Palast« wohnen. Neue Mieter waren nicht zu bekommen, die Grundsteuern, Zinsen und sonstigen Belastungen zwangen zum Handeln. Der neue Besitzer beschloß, das Haus nicht mehr zu vermieten, sondern selbst zu nutzen. Es gab bis zu diesem Zeitpunkt überall in Deutschland Fachgeschäfte, etwa für Lebensmittel, für Eisenwaren, für Kosmetik und Parfümerie, die Anzüge bestellte man sich beim Schneider, das Schuhwerk kaufte man beim Schuster, wenn man es sich nicht nach Maß arbeiten ließ, auch die Toilette der Dame wurde von der Schneiderin gearbeitet – aber die Idee des »Warenhauses« lag in der Luft.

Sie ist wohl eigentlich amerikanischen Ursprunges; die Tietzens haben übrigens starke verwandtschaftliche Bindungen nach Amerika gehabt; auch ist es wohl kein Zufall, daß aus einem einzigen Ort, dem damals preußischen, der Volkszugehörigkeit nach polnischen Birnbaum, außer der Familie Tietz die Warenhausbosse Joske (Dallas/Texas), Joseke (Leipzig), Ury in Leipzig und Knopf in Karlsruhe hervorgegangen sind. In den USA ist der Handel vor dem Bürgerkrieg der typische Krämerhandel gewesen. Mit zweirädrigen Ochsen- oder Maultierkarren zogen Männer von Ort zu Ort, um die Leute mit allem zu versorgen, was sie zum Leben brauchten, vom Petroleum bis zur Nähnadel oder zum Wäscheknopf. Ein Zeitgenosse schreibt über sie: »Sie machen sich jedes Jahr zu Tausenden auf den Weg, immer bereit, zu schwindeln, beim Spiel zu betrügen oder sonst irgendeinen Gaunerstreich auszutüfteln.« Ursprünglich waren es nur einheimische »Yankee peddler«, also Hausierer, erst seit der Mitte des vorigen Jahrhunderts machten ihnen die eingewanderten deutschen Juden starke Konkurrenz.

In den USA verlor das Wandergewerbe bald an Bedeutung, weil sich der »general store« durchsetzte, der Kramladen, in dem man alles kaufen konnte, Zaumzeug und Whisky, Mehl und Spitzen, Colts und Salz – er gehörte zu der Szenerie des Western. Schaufenster hat es damals noch nicht gegeben, weil der Preis für Glasscheiben viel zu hoch war, dafür aber warb man mit knalligen Inseraten. In den ersten Großstädten der USA entstanden dann aus solchen stores die sogenannten »five and ten« Läden, also Geschäfte, in denen zu Einheitspreisen verkauft wurde. Diese Tendenz zum Massenpreis ist typisch für die Wirtschaftsentwicklung auf dem amerikanischen Kontinent; auch das »Groschenblatt«, das auf der Straße verkauft wird, ist ja amerikanischen Ursprungs (siehe Band »Schrift · Buch · Wissenschaft«).

Man wird annehmen dürfen, daß diese Ideen einem jüdischen Kaufmann, der selbst Verwandte in Übersee hatte, nicht unbekannt waren und von ihm aufmerksam verfolgt wurden. Wertheim und Tietz haben in Berlin und München etwa gleichzeitig versucht, die Idee des Warenhauses durchzusetzen. Hermann Tietz gab dem ehemaligen Bürogebäude ein neues Konzept. Er ließ an jeder Straßenfront zehn neue Schaufenster einbauen und an der spitzen Ecke des Hauses ein großes Portal. Im Inneren des Gebäudes ließ er Etagen ausbrechen, so daß ein mächtiger Hof entstand – im Grunde ein ganz ähnliches Prinzip wie das des orientalischen Basars. Für ein Menschenalter galt ein solcher Innenhof mit Glasdach wie bei Hermann Tietz als der Weisheit letzter Schluß im Kaufhausbau (Tietz). In diesem Kaufhaus brannte das erste elektrische Licht eines Münchner Hauses, und zwar waren es Kohlenstab-Bogenlampen, die, gemessen an damaligen Beleuchtungen, geradezu Tageslicht zauberten; die ganze Bayerstraße ist von der Anlage des Kaufhauses aus elektrisch beleuchtet worden. Ein Lastenfahrstuhl und ein Personenfahrstuhl wirkten ebenso sensationell wie das von innen elektrisch beleuchtete Reklameschild »Warenhaus« auf dem Dach – so öffnete das erste Warenhaus Deutschlands seine Pforten, einige Wochen vor Wertheim in Berlin.

Entscheidend bei diesem Wagnis war der Gedanke, große Mengen zu niedrigen Preisen mit kleinen Verdienstspannen zu verkaufen, vor allem aber, die hergebrachte Ordnung der Waren aufzugeben. Bei Hermann Tietz wurde zum ersten Male jene Einteilung verwirklicht, wie man sie noch heute in jedem Supermarkt finden kann, und so gab es unter einem Dach viele verschiedene »Fachgeschäfte«; die Damen konnten dort Parfüms, Kosmetika, Hüte und Handschuhe kaufen, die Herren Krawatten, Hemden und Berufskleidung. Bis zur Massenkonfektion, zum Anzug von der Stange, zum Kleid aus der Damenkonfektions-Abteilung war es nur ein kleiner Schritt.

Die ansässigen Kaufleute und Krämer, die Kleinbürger rings um den Stachus reagierten auf die neuen Geschäftsmethoden mit Empörung. Es fand in einem Bierkeller eine Protestversammlung »gegen Schleuderei und Frauenarbeit« statt, es kam zu Demonstrationen, bei denen man im Kaufhaus die Schaufensterscheiben einwarf, und schließlich solidarisierten sich auch Korpsstudenten mit dem Antisemitismus der Bürger. Schließlich gab es im Kaufhaus Mädchen als Verkäuferinnen, und diese Art von Mädchen, ausgebeutet von Hermann Tietz wie von den Studenten, kamen den Herren gerade recht. Die angetrunkenen Studenten betraten das Warenhaus und provozierten, der Geschäftsführer wies die Herren aus dem Haus, da es sich um Hausfriedensbruch handele – das konnte man sich nicht bieten lassen. So schlug man den Mann zu Boden, randalierte, warf die Waren durcheinander und benahm sich, wie die nationale Gesinnung vorschrieb. Der Besitzer Tietz bat die Polizei vergeblich um Schutz, eine anekdotenhafte Vorwegnahme der »Reichskristallnacht«, dann holte er seinen Freund, den Bäckermeister von nebenan, mit ein paar kräftigen Gesellen, die packten zu und warfen die ungebetenen Gäste kurzerhand aus dem Haus.

Es wirkt erstaunlich, daß so viele Aspekte späterer schrecklicherer Auseinandersetzungen schon ins Blickfeld rückten, als das erste Kaufhaus Deutschlands gerade eröffnet war. Bis zu den Kaufhausanschlägen radikaler Sozialisten ist der Weg nicht weit, stets wirkte das Warenhaus als Herausforderung, als Tempel des Geldes und der materiellen Gier; Emile Zola, der in seinen realistischen Schilderungen so viele Schattenseiten der bürgerlichen Epoche aufgezeichnet hat, ließ sich das Thema nicht entgehen und schrieb seinen Roman des Warenhauses mit dem bezeichnenden Titel »Paradies der Damen«. Mit dieser neuen Form des Verkaufs begann, was heute als Konsumgesellschaft im Mittelpunkt kritischer Besinnung steht – die Entfaltung der industriellen Produktion und die Erziehung zum »Konsumenten«.

Das Diktat der Marke

Die Damen trugen überaus lange Kleider, fabelhaft umfangreiche Hüte und benutzten, wenn sie modern waren, alle jene zauberhaften kleinen Pillen und Döschen, Fächer und Spiegel, Kämme und Flakons, die man heute in den Boutiquen als »Jugendstil« verkauft – ein Name, der sich bekanntlich von der damals vielgelesenen Zeitschrift »Jugend« ableitet, einem Konkurrenzunternehmen zur »Gartenlaube«. Es war die Zeit, in der Bismarck sich über die Sozialisten ärgerte und der erste Speisewagen von Pullman lief, Tolstoi seinen Roman »Anna Karenina« veröffentlichte und die Damen ihre Wäsche nicht selbst wuschen – dafür hatte man Waschfrauen. Diese wiederum standen nicht neben blitzenden, weißlackierten Waschmaschinen, sondern im Waschkeller, wo sie die Wäsche auf einem Waschbrett in Seifenlauge wuschen – falls sie nicht »Englisches Waschkristall« nahmen. Das war Soda, das man in winzigen Päckchen zu 40 g Inhalt kaufen konnte, das Stück für 10 Pfennig.

Damals hätte sich niemand unter einem »Markenartikel« auch nur das geringste vorstellen können, weder die Waschfrau noch die verehrte gnädige Frau noch der Herr Gemahl, ein Rechtsanwalt vielleicht, ein Ministerial- oder Kommerzienrat oder gar ein Professor für neuere Geschichte. Selbst der Mann, der als erster in Deutschland auf den Gedanken kam, so etwas zu produzieren, hat das aus der Praxis heraus getan – ohne große theoretische Vorbereitungen: Daß er der »Begründer des Markenartikels« war, dürfte ihm kaum bewußt gewesen sein – was übrigens gegen die richtige Theorie an der richtigen Stelle nichts besagen will.

Der Mann, von dem hier die Rede ist, stammte aus einem kleinen, hessischen Dorf, wo sein Vater Lehrer war. Karriere hat er gerade nicht gemacht, denn in jenen Zeiten mit 17 Jahren als Lehrling in eine chemische Fabrik einzutreten war kein glänzendes Zeugnis seiner Gaben und Möglichkeiten; er war »Stift«, er gehörte weder zur Schicht der Leutnants noch der Assessoren im Staatsdienst, er studierte nicht – nun gut, er wurde schlicht Vertreter, er verkaufte Soda an die Rheinische Wasserglasfabrik in Herzogenrath bei Düsseldorf. Wasserglas ist, chemisch ausgedrückt, Kaliumsilikat, und man benutzt es für die Herstellung von Kunststeinen, von Glaserkitt, man setzt es der Seife zu und benötigt es in der Textilherstellung. Man braucht Soda, um es herzustellen. Fritz Henkel, von dem hier die Rede ist, erfuhr in der Fabrik, die er als Vertreter besuchte, daß man Wasserglas auch als Waschmittel benutzen kann. Soda und Wasserglas kombiniert mußten ein ideales Universalwaschmittel ergeben – aber die Leute, denen die Fabrik dieses Mittel anbot, wollten es nicht haben: Sie wollten wie ihre Mütter und Großmütter mit Seife waschen, richtiger, natürlicher Seife – nicht mit einem solchen Zeug, von dem niemand wußte, wie es zustande gekommen war.

Erfolg haben immer die Leute, die dort zu denken anfangen, wo die anderen aufhören. Fritz Henkel gab sich nicht damit zufrieden, daß der Artikel offenbar nicht ging, er überlegte: Wenn er Wasserglas und Soda auf die richtige Weise mischte, konnte er 200 Gramm für 10 Pfennig anbieten – für genau den Preis, den die 40 Gramm »Englisches Waschkristall« kosteten, sprich Soda. Und er würde noch Gewinn dabei machen. Allerdings durfte sein Produkt nicht schlechter sein als das »Waschkristall«. Das alles war so ungewöhnlich nicht, solche Überlegungen haben viele Fabrikanten angestellt, und daß man bei gleicher Qualität billiger liefern müsse als die Konkurrenz, leuchtet jedem ein. Ungewöhnlich war, daß Henkel der Sache ein gewisses Profil geben wollte. Er nannte sein Erzeugnis »Henkels Bleichsoda« und gab ihm ein Zeichen, wie seit jeher die Schwertschmiede und Messerschmiede, die Kleineisenhersteller des Bergischen Landes zwischen Solingen und Wuppertal ihren Erzeugnissen ein Zeichen gegeben hatten. Er wählte, aus leicht erkennbarer Motivation, den hessischen Löwen als Markenzeichen. Damit war der erste Markenartikel geschaffen. Von Aachen aus, wo Henkel damals produzierte, war die Sache der Transportkosten wegen nicht zu machen, also verlegte er sein Werk nach Düsseldorf und baute dort eine Fabrik. Das war im Jahre 1876.

Nach zwanzig Jahren hatte er sich durchgesetzt, und im Jahre 1907 wurde ein selbsttätig chemisches Waschmittel gefunden, das gleichsam die Rasenbleiche der früheren Zeiten mit Sonne und Licht ersetzen wollte, das Persil (Greiling). Daß der Name hier genannt wird, hat nichts mit Schleichwerbung zu tun, es handelt sich um wirtschaftshistorische Fakten. Ähnliches läßt sich auch von dem zweiten Markenartikel sagen, der heute noch existiert und auf ähnlich abenteuerliche Weise zustande gekommen ist. Auch hier steht am Anfang eine, wenn man so will, verkrachte Existenz. Der Mann hatte Musiker werden sollen – wie viele Existenzen sind vernichtet worden durch den Bürgertraum vom »Künstler«? –, und er war aus gesundheitlichen Gründen als Lehrling in einer Nähmaschinenfabrik gelandet. Kaufmännische Lehrlinge trugen damals steife Kragen und waren etwas Besseres, man nannte sie Commis. Als solcher nun lernte August Lingner die Methoden der modernen Verkaufswerbung kennen – an der Basis, würde man heute sagen, bei der Hausfrau.

Dann machte er sich selbständig. Seine Firma hieß »Dresdner Laboratorium Lingner« und befand sich in einem winzigen Gartenhaus. Lingners Einfall: Alle Welt hatte Angst vor Bakterien, die damals gerade entdeckt worden waren, und wie kamen Bakterien ins Innere des Menschen? Durch den Mund. So erfand Lingner ein Desinfektionsmittel für den Mund. Die Zusammensetzung: 83 % Alkohol, die restlichen 17 % ein desinfizierender Stoff, der Fabrikgeheimnis blieb – bis auf den heutigen Tag. Kein Mensch hätte das gekauft, wenn Lingner nicht einen Namen erfunden hätte, der ansprach, eine Flasche, die einen Hauch von Hygiene vermittelte, er erfand Licht- und Leuchtreklamen aller Art, er wurde zum Public-Relations-Mann seines eigenen Erzeugnisses, bis es schließlich kaum einen Menschen in Deutschland gab, der das Odol nicht kannte – zumal ein Gerichtsverfahren geklärt hatte, daß Odol zwar 70–80 % der Bakterienkeime in der Mundhöhle abtötete, aber weder den Zähnen noch dem Speichel schadete. Nicht daß Lingner dieses Mundwasser erfunden hat, war seine wirtschaftliche Tat, sondern daß er mit seiner Methode ein Modell für alle späteren Markenartikel gegeben hat – wie Hermann Tietz mit seinen Kaufhäusern.

So formte sich die Verkaufswelt, die Kehrseite der industriellen Erzeugung. Die Kaufhäuser und die Markenartikel, die Maschinen und Fabriken, die Banken und Industrieunternehmen sind heute die Faktoren, die das Leben jedes einzelnen bestimmen – und der moderne Mensch steht wie der Zauberlehrling in Goethes Gedicht etwas ratlos vor dieser Welt, die er sich selbst aufgezwungen hat. Einen Weg zurück in die scheinbare Idylle der Steinzeit, in ihre Ängste und Schrecken, ihre Brutalitäten und Probleme gibt es nicht – also bleibt nur die Aufgabe, die Probleme, die heute anstehen, aus kritischer Distanz zu sehen, um ihrer Lösung näherzukommen. Wer sich in großen Zügen klarmachen kann, wie der Weg vom Muschelgeld zum Markenartikel verlaufen ist, wird es da leichter haben: Er wird weder die unbestreitbaren Vorzüge des industriellen Fortschritts aus den Augen verlieren noch jene Kräfte, in deren Interesse es liegt, Bedürfnisse zu produzieren. Die Frage, wer Macht verwalten soll in der industriellen Gesellschaft, ist damit freilich noch nicht gestellt – sie stellt vor ein Problem, das nicht prinzipiell, sondern pragmatisch gelöst werden sollte. Die Antwort wird davon abhängen, wie der Mensch sich selbst versteht.

Literatur

Ein detaillierter Quellennachweis für dieses Buch würde den Umfang eines weiteren Buches erreichen. Deshalb ist es nur möglich, einige Titel zusammenzustellen, die nicht nur für den Autor wichtig waren, sondern auch für den Leser von Nutzen sein können. Standardwerke der Geschichtswissenschaft, Lexika, fremdsprachige Literatur und ältere Spezialuntersuchungen wurden nicht aufgeführt. Wo der Autor die hier angegebene Literatur herangezogen hat, ist der Name im Text in Klammern gesetzt. Literaturangaben aus bereits vorangegangenen Bänden werden nicht ausdrücklich wiederholt.

ACHTERBERG, Erich: Lebensbilder deutscher Bankiers aus fünf Jahrhunderten.

ANDREAE, Wilhelm: Geld und Geldschöpfung. 1953.

BAGROW, Leo: Meister der Kartographie. 1951.

BAHRDT, Hans Paul: Zwischen Drehbank und Computer. Industriearbeit im Wandel der Technik. 1970.

BECHTEL, Heinrich: Wirtschafts- und Sozialgeschichte Deutschlands. 1967.

BIRKET-SMITH, Kaj: Geschichte der Kultur. Eine allgemeine Ethnologie. 1948.

BRUSATHIS, Alois: Wirtschafts- und Sozialgeschichte des industriellen Zeitalters. 1967.

CARY, Max, WARMINGTON, Eric: Die Entdeckungen der Antike. 1963.

DOBB, Maurice: Entwicklung des Kapitalismus vom Spätfeudalismus zur Gegenwart. 1970.

EICHHORN, Werner: Kulturgeschichte Chinas. 1964.

ENGELMANN, Bernt: Meine Freunde, die Manager. 1966.

FAUST, Helmut: Geschichte der Genossenschaftsbewegung. 1965.

FELDHAUS, F. M.: Die Technik. Ein Lexikon. 1970.

FLITNER, Wilhelm: Die Geschichte der abendländischen Lebensformen. 1967.

FORBES, R. J.: Vom Steinbeil zum Überschall. Fünftausend Jahre Technik. 1954.

FRIEDELL, Egon: Kulturgeschichte der Neuzeit. 1965.

GREILING, Walter: Chemie erobert die Welt. 1950.

HART, Henry H.: Venezianische Abenteuer. Zeit, Leben und Bericht des Marco Polo. 1959.

HONORÉ, Pierre: Das Buch der Altsteinzeit oder der Streit um die Vorfahren. 1967.

JACOB, Heinrich: 6000 Jahre Brot. 1954.

KLINCKOWSTROEM, Carl von: Knaurs Geschichte der Technik. 1959.

KOCH, Hermann: Geprägtes Gold. Geschichte und Geschichten um Münzen und Medaillen. 1967.

KRASENSKY, Hans: Kurzgefaßte Bankgeschichte. 1968.

LAHNSTEIN, Peter: Report einer »guten alten Zeit«. Zeugnisse und Berichte 1750–1805. 1970.

MICHEL, Ernst: Sozialgeschichte der industriellen Arbeitswelt. 1960.

MÖNNICH, Horst: Aufbruch ins Revier. 1962.

MORTON, Frederic: Die Rothschilds. Porträt einer Familie. 1961.

PAOLI, Ugo Enrico: Das Leben im alten Rom. 1957.

Pölnitz, Götz von: Die Fugger. 1959.

Pörtner, Rudolf: Die Wikinger-Saga. 1971.

Renner, Hans: Geschichte der Musik. 1965.

Rörig, Fritz: Die europäische Stadt im Mittelalter. 1964.

Roth, Günter D.: Messen und Märkte. 1965.

Roth, Günter D.: Kurze Wirtschaftsgeschichte Mitteleuropas. 1961.

Samhaber, Ernst: Das Geld. Eine Kulturgeschichte. 1964.

Schadendorf, Wulf: Zu Pferde, im Wagen, zu Fuß. 1959.

Schmölders, Günter: Psychologie des Geldes. 1966.

Sokol, Hans: Unter der Flagge mit dem Totenkopf.

Sprague de Camp, L.: Ingenieure der Antike. 1964.

Stolze, Dieter (Hrsg.): Kapitalismus. Von Manchester bis Wallstreet. 1969.

Tietz, Georg: Hermann Tietz. Geschichte einer Familie und ihrer Warenhäuser. 1965.

Treue, Wilhelm: Wirtschaftsgeschichte der Neuzeit. 1966.

Van der Ven, Frans: Sozialgeschichte der Arbeit. Bd. 1–2. 1972.

Wagenführ, Horst: Die Geldgeschichte großer Herren.

Wurm, Franz F.: Vom Hakenpflug zur Fabrik. Wirtschafts- und Sozialgeschichte bis 1850. 1966.

Register

**Goldmann
Verlag
München**

**Michael Freund
Deutsche Geschichte**

»Die deutsche Geschichte ist
immerdar überschattet von
Teilungen und Spaltungen.«

Diese Aussage zieht sich durch
die sechsbändige „Deutsche
Geschichte" von Michael Freund.
Sie schließt vor allem eine pseu-
doobjektive Betrachtungsweise
der Geschichte oder das bloße
Aneinanderreihen von Fakten
aus.

Freund stellt deutsche Geschichte in dem Sinne durchaus
subjektiv dar, daß jede ihrer
einzelnen Epochen unter dem
Blickpunkt der Gegenwart gesehen, in ihren Nachwirkungen
auf die Gegenwart beurteilt
wird. Geschichte wird zur Pro-
blemgeschichte.

Die Kernfrage lautet: „Was ist
des Deutschen Vaterland?"
Diese Frage drängt sich bereits
für die „Geburtsstunde" des
deutschen Volkes auf. Konnten
die verschiedenen germanischen Stämme, aus denen das
deutsche Volk entstand, je
ganz in eines verschmelzen?
Freund sagt, daß der Prozeß der
Entstehung des deutschen
Volkes bis heute noch nicht
abgeschlossen ist. Die frevelnde
Frage sei nie ganz verstummt,
ob es dieses deutsche Volk
überhaupt gebe.

Professor Dr. Michael Freund
(1902–1972) lehrte lange Zeit
an der Universität Kiel. Er war
Mitherausgeber der Zeitschrift
„Die Gegenwart" und ständiger
Mitarbeiter der FAZ. Er ist darüber hinaus durch eine Reihe
weiterer Buchveröffentlichungen
zu historischen Themen bekanntgeworden.

Bd. 1: **Von den Anfängen bis
1492.** (11157)

Bd. 2: **1492–1815.** (11158)

Bd. 3: **1815–1871.** (11159)

Bd. 4: **1871–1918.** (11160)

Bd. 5: **1918–1939** (11161)

Bd. 6: **1939 bis zur Gegenwart.**
(11162)

**Goldmann
Verlag
München**

Aber wer kennt schon die Namen ihrer Entdecker? Nur wenige von ihnen wurden so berühmt wie Heinrich Schliemann oder Howard Carter. Die meisten hinterließen außer Stößen von Grabungsberichten, Briefen und Tagebüchern nur Schulden.
Was sind das für Männer? Berufene oder Besessene? Versponnene Gelehrte oder verrückte Globetrotter?

Philipp Vandenberg hat die Lebensgeschichte der bedeutendsten Archäologen der Welt nach authentischen Zeugnissen aufgezeichnet.

Philipp Vandenberg, geboren 1941, studierte in München Germanistik und Kunstgeschichte. Er arbeitete als Journalist bei großen deutschen Tageszeitungen und Illustrierten. 1973 erschien sein erstes Buch „Der Fluch der Pharaonen" – es wurde ein Welterfolg. Die zwei Jahre später veröffentlichte archäologische Biographie „Nofretete" behauptete sich monatelang auf allen Bestsellerlisten. Sein neuestes Buch „Ramses der Große" ist die erste Lebensbeschreibung des wohl ungewöhnlichsten und bedeutendsten ägyptischen Pharaos.

**Philipp Vandenberg
Auf den Spuren der
Vergangenheit**
Die größten Abenteuer der Archäologie
Mit 40 Seiten Abbildungen.

Das ist die faszinierende Geschichte jener Männer, die in verlassenen Wüsten und abgelegenen Tälern oft ein Leben lang nach Spuren unserer Vergangenheit suchten. Die Gräber, Tempel und Städte, die sie ausgruben, sind heute Reiseziel zahlreicher Touristen.

Sachbuch. (11180)
Originalausgabe.

**Goldmann
Verlag
München**

David Cox
Analytische Psychologie

Die Psychologie C. G. Jungs hat
in den letzten Jahren eine
Renaissance erfahren, das kollektive Unbewußte C. G. Jungs
rückte in den Mittelpunkt des
Interesses. Seine Lehre von den
Archetypen gibt der psychologischen Forschung neue Impulse.

Was untersucht die Psychologie?
In welcher Hinsicht erforscht sie
den Menschen? Welche Me-
thoden wendet sie an? Was
unterscheidet die Lehre C. G.
Jungs von anderen Richtungen,
insbesondere von der Lehre
Sigmund Freuds?

Sachbuch. (11119)

Gerhard Hellwig
Daten der deutschen Geschichte

Politik und Kultur im deutschen
Sprachraum von der Vergangenheit bis zur Gegenwart!
Politischen Ereignissen aus allen
Epochen der deutschen, österreichischen und schweizerischen
Geschichte sind in dieser Da-
tensammlung die philosophi-
schen, technischen, wissenschaftlichen und wirtschaftlichen
Leistungen des gleichen Zeit-
raumes gegenübergestellt.
So bekommt der Leser ein Bild
der ganzen Geschichte, ein
Datengerüst, das ihm in alle Aspekte einer historischen Epoche
Einblick gewährt.

Sachbuch. (11156)

Das Buch

In unserer Zeit, in der Zukunftsangst und Hoffnungslosigkeit immer stärker das Lebensgefühl der Menschen bestimmen, sind die Zukunftsentwürfe des 1955 gestorbenen Theologen und Naturwissenschaftlers Pierre Teilhard de Chardin von wachsender Bedeutung. Er, der Verfechter der Evolutionstheorie, glaubte, daß die Menschheit trotz aller Gefährdungen noch nicht an die Grenzen ihrer Entwicklung gekommen sei, sondern weiter voranschreiten könne und müsse, in dem Bewußtsein ihrer Verantwortung für die Zukunft der Welt. Günther Schiwy hat aus Teilhards Werk diejenigen Texte ausgewählt, in denen dieser zu den brennenden Problemen der Zeit Stellung nimmt, er hat die einzelnen Abschnitte kommentiert und im Anhang die wichtigsten Grundbegriffe Teilhards erläutert, so daß diese Auswahl auch ein Schlüssel zu Teilhards nicht immer leicht zugänglichem Werk ist.

Der Autor

Pierre Teilhard de Chardin, geboren 1881 in Clermont-Ferrand, trat 1899 in den Jesuitenorden ein und übernahm 1922 eine Professur für Geologie am Institut Catholique in Paris. Wegen der in seinen naturwissenschaftlichen Schriften vertretenen Evolutionstheorie wurde er von der Kirche in ein zwanzigjähriges »Exil« nach China geschickt, wo er sich einen internationalen Ruf als Paläontologe und Anthropologe erwarb. Auch während seiner letzten Lebensjahre in den USA – er starb 1955 in New York – kämpfte Teilhard vergeblich um die kirchliche Druckgenehmigung für seine Hauptwerke ›Der Mensch im Kosmos‹ (1955; dt. 1959) und ›Die Entstehung des Menschen‹ (1956; dt. 1961), die nach seinem Tode erscheinen durften und ihn weltweit berühmt machten.